THE
BLUE *Pocket*
BOOK OF
FRENCH VERBS

W9-BVE-170

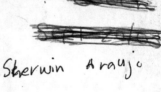

Sherwin Araujo

7G 10/28/04

THE
BLUE *Pocket*
BOOK OF
FRENCH VERBS

333
FULLY CONJUGATED VERBS

David M. Stillman, Ph.D. | **Ronni L. Gordon, Ph.D.**

McGraw·Hill

New York   Chicago   San Francisco   Lisbon   London   Madrid   Mexico City
Milan   New Delhi   San Juan   Seoul   Singapore   Sydney   Toronto

The McGraw·Hill Companies

Copyright © 2004 by David Stillman and Ronni Gordon. All rights reserved.
Printed in the United States of America. Except as permitted under the United States
Copyright Act of 1976, no part of this publication may be reproduced or distributed
in any form or by any means, or stored in a database or retrieval system, without
the prior written permission of the publisher.

1 2 3 4 5 6 7 8 9 0   LBM/LBM   2 1 0 9 8 7 6 5 4 3

ISBN 0-07-142163-7

McGraw-Hill books are available at special quantity discounts to use as premiums
and sales promotions, or for use in corporate training programs. For more
information, please write to the Director of Special Sales, Professional Publishing,
McGraw-Hill, Two Penn Plaza, New York, NY 10121-2298. Or contact your local
bookstore.

This book is printed on acid-free paper.

Contents

French Tense Profiles 1
- *Easy-to-view summaries of formation and uses of each tense*

333 Fully Conjugated Verbs 37
- *Alphabetically ordered with examples of common use*

   Top 30 Verbs: *Full page of examples adjoining select conjugations*

English-French Verb Index   403

Irregular Verb Form Index   409

French Verb Index   415

FRENCH
TENSE
PROFILES

THE BASICS OF CONJUGATION

Conjugation is a list of the forms of the verb in a conventional order. The forms of the verb in a particular tense vary to show person and number. The three persons are: the speaker, or first person (I), the person spoken to, or second person (you), and the person or thing referred to, or third person (he, she, it). There are two numbers in English and French, singular and plural. The verb forms are designated by person and number, as summarized in the chart below.

	SINGULAR	PLURAL
FIRST PERSON	I	we
SECOND PERSON	you	you
THIRD PERSON	he, she, it	they

Thus, in the English conjugation of the verb *to be*

	SINGULAR	PLURAL
FIRST PERSON	I am	we are
SECOND PERSON	you are	you are
THIRD PERSON	he, she, it is	they are

One could say that *am* is first-person singular, *is* is third-person singular. The form *are* is used for the second-person singular and plural as well as for the first- and third-persons plural. The above order of forms is called a conjugation paradigm, and is conventional in both English and French for the presentation of verb forms. This is the pattern that will be used to present the forms of French verbs in this book.

The Persons of the Verb in French

The subject pronouns in French do not correspond exactly to the English system.

	SINGULAR	PLURAL
FIRST PERSON	je	nous
SECOND PERSON	tu	vous
THIRD PERSON	il, elle, on	ils, elles

Note the following:

1 · French has two pronouns meaning you. **Tu** is used to address one person to signal an informal relationship: relatives, friends, fellow students, etc. **Vous** is used to address one person to signal a formal relationship: strangers, neighbors, adult colleagues (unless they are good friends), service personnel. **Vous** is also used to address more than one person whether the relationship is formal or informal.

2 · The third-person plural pronouns in French distinguish gender: **ils** *vs.* **elles**. The masculine form is used for groups of males or groups of males and females. The feminine form is used for groups consisting solely of females.

3 · In addition to **il** and **elle**, French has an additional third-person singular pronoun **on**. **On** means *one, people, they, you*, a pronoun that conveys the idea of an indefinite subject. In colloquial speech, **on** also means *we* and **on** + third-person singular verb often replaces **nous** + first-person plural verb.

Verb Classes

French verbs have more endings than English verbs. These endings reflect the subject and show tense and mood.

There are three major classes, called conjugations. Each conjugation has its own set of endings, although there is some overlap among the three. The conjugation to which a verb belongs is shown by the *infinitive*, the form ending in **-er**, **-ir**, **-re**. The infinitive is not marked for person or tense. The verbs **parler** *to speak*, **finir** *to finish*, and **vendre** *to sell* represent the three conjugations. Notice the various ways these verbs are designated.

parler	first-conjugation verb OR **-er** verb
finir	second-conjugation verb OR **-ir** verb
vendre	third-conjugation verb OR **-re** verb

THE SIMPLE TENSES

These are the simple (single-word) tenses or moods in French:

The Present Tense

We can analyze the present tense forms of French verbs as consisting of two parts each: the stem, which carries the meaning of the verb, and the person ending, which shows the person who performs the action and the tense or mood. The stem is formed by dropping the ending of the infinitive: -er, -ir, -re.

INFINITIVE	STEM
parler	> parl-
finir	> fin-
vendre	> vend-

Examine the conjugations of the three model verbs in the present tense.

parler *to speak*

je parle	nous parl**ons**
tu parl**es**	vous parl**ez**
il/elle/on parle	ils/elles parl**ent**

finir *to finish*

je fin**is**	nous fin**issons**
tu fin**is**	vous fin**issez**
il/elle/on fin**it**	ils/elles fin**issent**

vendre *to sell*

je vend**s**	nous vend**ons**
tu vend**s**	vous vend**ez**
il/elle/on vend	ils/elles vend**ent**

Notice the following particulars about the conjugations:

1 · The singular forms of each conjugation sound alike. In the first conjugation (**-er** verbs) the third-person plural form is identical in pronunciation to the singular.

2 · **-Ir** verbs add **-iss-** between the stem and the endings of the plural.

3 · Many **-re** verbs in French have a third-person singular ending in **-t**. Verbs whose stems end in **-d** do not add a **-t** in the third-person singular.

4 · In **-ir** and **-re** verbs the third-person plural form ends in a pronounced consonant in speech that drops (is silent) in the singular. This dropping of the final consonant in speech is characteristic of most French irregular verbs as well.

Two- and Three-Stem Verbs

Many irregular verbs in French have two stems in the present tense, one used in the **nous** and **vous** forms and a different stem in the other forms. This pattern is further complicated by the loss in the singular forms of the final consonant of the stem as it appears in the third-person plural. Examine the following conjugations.

vouloir *to want* (STEMS **voul-**, **veu(l)-**)

je **veux**	nous **voul**ons
tu **veux**	vous **voul**ez
il/elle/on **veut**	ils/elles **veul**ent

boire *to drink* (STEMS **buv-**, **boi(v)-**)

je **bois**	nous **buv**ons
tu **bois**	vous **buv**ez
il/elle/on **boit**	ils/elles **boiv**ent

recevoir *to receive* (STEMS **recev-**, **reçoi(v)-**)

je **reçois**	nous **recev**ons
tu **reçois**	vous **recev**ez
il/elle/on **reçoit**	ils/elles **reçoiv**ent

The verb **prendre** *to take* and its compounds have three stems in the present.

STEMS **pren-**, **prenn-**, **prend-**

je **prends**	nous **pren**ons
tu **prends**	vous **pren**ez
il/elle/on **prend**	ils/elles **prenn**ent

Uses of the Present Tense

1 · The present tense is used to express ongoing or habitual actions in the present.

M. Duvalier **travaille** chez lui aujourd'hui.	*Mr. Duvalier **is working** at home today.*
Je **prends** un café tous les jours avant de rentrer.	*I **have** a cup of coffee every day before going home.*
Elle ne **commande** jamais de bière.	*She never **orders** beer.*
Nous **suivons** des cours d'informatique à l'université.	*We're **taking** computer science courses at the university.*

The English auxiliary verb *do/does* is not translated before French verb forms in questions and in negative sentences.

—Tu **comprends** la leçon?	*Do you **understand** the lesson?*
—Non, je **ne comprends pas** parce que je **ne travaille pas**.	*No, I **don't understand** because I **don't study**.*
—Tu **te sens bien**?	*Do you **feel all right**?*
—Non, je **ne me sens pas bien**. Je suis enrhumé.	*No, I **don't feel well**. I have a cold.*

2 · The present tense can express future time when another element of the sentence makes it clear that the future is being referred to.

—**Tu reviens** demain?	*Will you return tomorrow?*
—Non, **je reste** jusqu'à la semaine prochaine.	*No, I'll stay until next week.*
—Quand est-ce que l'avion **arrive**?	*When will the plane arrive?*
—Il **arrive** à deux heures de l'après-midi.	*It will arrive at two in the afternoon.*

3 · The present tense is used to indicate actions that began in the past but that continue into the present. English uses *have/has been doing something* to express this.

—Depuis combien de temps **habitez**-vous ici?	*How long have you been living here?*
—Nous **habitons** ici depuis un an.	*We've been living here for a year now.*
—Depuis quand Marthe **cherche**-t-elle du travail?	*Since when has Marthe been looking for a job?*
—Elle **cherche** du travail depuis janvier.	*She's been looking for work since January.*
—Il y a longtemps qu'il **veut** venir?	*Has he been wanting to come for a long time?*
—Oui, ça fait trois ans qu'il **essaie** de faire le voyage.	*Yes, he's been trying to take the trip for three years.*

4 · The present tense can be used to refer to the past for literary or dramatic effect. This is called the historical present.

Jacques Cartier **arrive** au Canada en 1534.	*Jacques Cartier arrives in Canada in 1534.*
La Révolution française **commence** en 1789.	*The French Revolution begins in 1789.*
Trois ans plus tard on **signe** le traité de paix.	*Three years later the peace treaty is signed.*

The Imperfect Tense

The imperfect tense is one of the most regular tenses in French. To form the imperfect of all verbs except **être** you add a special set of endings to the **nous**-form of the present without the **-ons** ending.

-er verbs (nous parlons > **parl-**)

je parl**ais**	nous parl**ions**
tu parl**ais**	vous parl**iez**
il/elle/on parl**ait**	ils/elles parl**aient**

-ir verbs (nous finissons > **finiss-**)

je finiss**ais**	nous finiss**ions**
tu finiss**ais**	vous finiss**iez**
il/elle/on finiss**ait**	ils/elles finiss**aient**

-re verbs (nous vendons > **vend-**)

je vend**ais**	nous vend**ions**
tu vend**ais**	vous vend**iez**
il/elle/on vend**ait**	ils/elles vend**aient**

Only **être** *to be* has an irregular imperfect stem: **ét-**.

j'étais	nous étions
tu étais	vous étiez
il/elle/on était	ils/elles étaient

Uses of the Imperfect Tense

The imperfect tense expresses one of the two aspects of past time in French (the other is expressed by the passé composé). The imperfect is used to indicate actions that the speaker sees as continuing in the past, without reference to their beginning or end. The imperfect is therefore used to refer to:

1 · actions that are seen as backgrounds to other actions, such as time or weather; only the imperfect is used to tell what time it was in the past

    Il **était** déjà **dix heures** quand nos   *It was already ten o'clock when our*
       amis sont arrivés.   *friends arrived.*

    Quand je suis sorti, **il faisait froid**   *When I left, it was cold and it was*
       et **il pleuvait**.   *raining.*

2 · actions that were customary in the past with no reference to their beginning or end (English *used to*)

    Quand nous **habitions** à Nice, on   *When we lived in Nice, we used to go*
       allait souvent à la plage.   *to the beach a lot.*

    On **dînait** toujours dans ce   *We always used to have dinner at that*
       restaurant parce qu'on y **mangeait**   *restaurant because the food was very*
       très bien.   *good.*

3 · descriptions of states or conditions that existed in the past (as opposed to events)

La maison **était** neuve et elle **avait** de grandes pièces confortables.

*The house **was** new and **had** big, comfortable rooms.*

Le soleil **se couchait** et les réverbères **s'allumaient**. Les gens **se promenaient** déjà dans les rues.

*The sun **was setting** and the streetlights **were being turned on**. People **were** already **strolling** in the streets.*

4 · actions that were repeated in the past with no reference to their beginning or end

Quand j'**étais** étudiant, j'**allais** tous les jours à la bibliothèque.

*When I **was** a student, I **went** to the library every day.*

Le dimanche mes amis et moi, on **se voyait** au café.

*On Sundays my friends and I **would see each other** at the café.*

The imperfect tense is used in indirect discourse, that is, to report what someone said. It follows the past tenses of verbs such as **dire** *to say* and **écrire** *to write*.

Elle m'a dit qu'elle **allait** au cinéma.

*She told me she **was going** to the movies.*

Nous leur avons écrit que nous **voulions** les voir à Londres.

*We wrote them that we **wanted** to see them in London.*

The Passé Simple

The passé simple is a tense used primarily in written French.

-er verbs

je parlai	nous parlâmes
tu parlas	vous parlâtes
il/elle/on parla	ils/elles parlèrent

-ir verbs

je finis	nous finîmes
tu finis	vous finîtes
il/elle/on finit	ils/elles finirent

-re verbs

je vendis	nous vendîmes
tu vendis	vous vendîtes
il/elle/on vendit	ils/elles vendirent

Most irregular verbs in the passé simple pattern like -ir and -re verbs. Many irregular verbs in the passé simple have the vowel u before the endings.

avoir to have

j'eus	nous eûmes
tu eus	vous eûtes
il/elle/on eut	ils/elles eurent

lire to read

je lus	nous lûmes
tu lus	vous lûtes
il/elle/on lut	ils/elles lurent

Uses of the Passé Simple

Third-person singular and plural forms of the passé simple occur in newspaper writing as well as in more formal styles. In older stages of French, the passé simple was used to label a past action as completed in the past with no reference to the present. It is especially common in formal literary or historical writing.

| Les Anglais **brûlèrent** Jeanne d'Arc à Rouen. | *The English **burned** Joan of Arc at Rouen.* |
| Jefferson **acheta** la Louisiane à la France en 1803. | *Jefferson **bought** Louisiana from France in 1803.* |

Certain inverted forms of the passé simple are common in current prose to indicate who is speaking. The verbs **dire** and **faire** are frequent in this function.

« Je ne m'en irai pas », **dis-je**.	"I won't leave," **I said**.
« Sortez d'ici! » **cria-t-elle**.	"Get out of here!" **she shouted**.
« Nous sommes prêts », **fit-il**.	"We are ready," **he said**.

The Future Tense

The future tense in French is formed not from the stem, but from the infinitive. A special set of endings is added to the infinitive. These endings are the same for *all* verbs. Note that **-re** verbs drop the final **-e** before adding endings.

parler	
je parler**ai**	nous parler**ons**
tu parler**as**	vous parler**ez**
il/elle/on parler**a**	ils/elles parler**ont**

finir	
je finir**ai**	nous finir**ons**
tu finir**as**	vous finir**ez**
il/elle/on finir**a**	ils/elles finir**ont**

vendre	
je vendr**ai**	nous vendr**ons**
tu vendr**as**	vous vendr**ez**
il/elle/on vendr**a**	ils/elles vendr**ont**

Note the following irregular stems (modified infinitives) used to form the future tense.

accueillir	j'**accueiller**ai	envoyer	j'**enverr**ai	savoir	je **saur**ai
aller	j'**ir**ai	être	je **ser**ai	tenir	je **tiendr**ai
avoir	j'**aur**ai	faire	je **fer**ai	venir	je **viendr**ai
courir	je **courr**ai	mourir	je **mourr**ai	voir	je **verr**ai
cueillir	je **cueiller**ai	pouvoir	je **pourr**ai	vouloir	je **voudr**ai
devoir	je **devr**ai	recevoir	je **recevr**ai		

Other irregular futures are presented in the verb charts of this book.

Uses of the Future Tense

The future tense marks events that will take place in the future.

Il **finira** ses études l'année prochaine.	*He'll graduate next year.*
Quand est-ce que tu **viendras** nous voir?	*When will you come to see us?*

The future serves as a polite command.

Vous m'aiderez, n'est-ce pas?	*You'll help me, won't you?*
Tu me pardonneras.	*You'll forgive me.*

The future tense can be used to speculate or conjecture.

C'est aujourd'hui lundi. Elle **sera** de retour.	*Today is Monday. She'll probably be back.*
Il **aura** son rhume des foins.	*It **must be** his hay fever.*

The future is also common after **ne pas savoir si** *not to know whether* when the main verb is in the present tense.

Je ne sais pas **si** je **pourrai** venir.	*I don't know **whether** I'll be able to come.*
Nous ne savons pas **s'**il **voudra** partir.	*We don't know **whether** he **will want** to leave.*

The future is common in reporting speech (*indirect discourse*) after verbs of communication, such as **dire** or **écrire**, when the main verb of the sentence is in the present tense.

Il dit qu'il **ne** le **fera pas**.	*He says that he **won't do** it.*
Elle écrit qu'elle **viendra**.	*She writes that she **will come**.*

In sentences expressing a hypothesis, the future is used in the main clause when the **si**-clause (*if*-clause)—that is, the subordinate or dependent clause—has the verb in the present tense.

Si vous **sortez**, je **sortirai** avec vous. (OR Je **sortirai** avec vous si vous **sortez**.)	*If you **go out**, I'll **go out** with you.*

The Conditional Tense

The conditional (English *would*) is formed by adding the endings of the imperfect tense to the infinitive. Note that **-re** verbs drop the final **-e** before adding endings.

parler

je parler**ais**	nous parler**ions**
tu parler**ais**	vous parler**iez**
il/elle/on parler**ait**	ils/elles parler**aient**

finir

je finir**ais**	nous finir**ions**
tu finir**ais**	vous finir**iez**
il/elle/on finir**ait**	ils/elles finir**aient**

vendre

je vendr**ais**	nous vendr**ions**
tu vendr**ais**	vous vendr**iez**
il/elle/on vendr**ait**	ils/elles vendr**aient**

Verbs that have modified infinitives in the future use the same modified form in the conditional.

accueillir	j'**accueiller**ais
aller	j'**ir**ais
avoir	j'**aur**ais
courir	je **courr**ais
cueillir	je **cueiller**ais
devoir	je **devr**ais
envoyer	j'**enverr**ais
être	je **ser**ais
faire	je **fer**ais
mourir	je **mourr**ais
pouvoir	je **pourr**ais
recevoir	je **recevr**ais
savoir	je **saur**ais
tenir	je **tiendr**ais
venir	je **viendr**ais
voir	je **verr**ais
vouloir	je **voudr**ais

Uses of the Conditional Tense

The conditional tells what *would* happen.

Dans ce cas-là, je te **prêterais** l'argent.	*In that case, I **would lend** you the money.*

The conditional is also common after the past tense **ne pas savoir si** *not to know whether*.

Je ne savais pas **si tu viendrais**.	*I didn't know **whether you would come**.*

The conditional is common to report speech (*indirect discourse*) after verbs of communication, such as **dire** or **écrire**, when the main verb of the sentence is in one of the past tenses.

Il a dit qu'il **ne** le **ferait pas**.	*He said that he **wouldn't do** it.*
Elle a écrit qu'elle **viendrait**.	*She wrote that she **would come**.*

Note that not every occurrence of *would* in English indicates a conditional in French. English often uses the verb *would* to indicate repeated actions in the past. That use of *would* requires an imperfect, not a conditional, in French.

Quand j'étais jeune, **j'allais** tous les jours à la plage.	*When I was young, **I would go** to the beach every day.*
Elle servait du gâteau quand elle recevait.	***She would serve** cake when she had company.*

The conditional tense is used in the main clause of a conditional sentence when the **si**-clause (*if*-clause)—that is, the subordinate or dependent clause—has the verb in the imperfect tense. (These are called contrary-to-fact clauses.)

Si vous **vous en alliez**, moi je **m'en irais** aussi. (OR Moi je **m'en irais** si vous **vous en alliez**.)	*If you **were to leave**, I **would leave** too.*

The conditional is also used to soften requests or suggestions.

Je voudrais un aller et retour sur Paris.	*I'd like a round-trip ticket to Paris.*
Voudriez-vous prendre un café?	***Would you like** to have a cup of coffee?*
Pourriez-vous m'aider?	***Could you** help me?*

In journalistic language, the conditional is used to indicate allegations or facts that are not yet verified but merely claimed.

Selon le porte-parole du gouvernement un accord commercial entre les deux pays **serait signé** cette semaine.	*According to the government spokesman, a commercial agreement between the two countries **will be signed** this week.*

The Present Subjunctive

The stem of the present subjunctive is the same as that of the third-person plural of the present tense. The ending **-ent** is dropped and the subjunctive endings are added. All conjugations have the same endings in the subjunctive.

parler

que je parle	que nous parl**ions**
que tu parle**s**	que vous parl**iez**
qu'il/elle/on parle	qu'ils/elles parl**ent**

finir

que je finisse	que nous finiss**ions**
que tu finisse**s**	que vous finiss**iez**
qu'il/elle/on finisse	qu'ils/elles finiss**ent**

vendre

que je vende	que nous vend**ions**
que tu vende**s**	que vous vend**iez**
qu'il/elle/on vende	qu'ils/elles vend**ent**

Verbs with two stems show the same variety of stems in the subjunctive, except that the final consonant of the third-person plural appears in all singular forms.

boire *to drink* (STEMS **buv-, boi(v)-**)

que je **boive**	que nous **buv**ions
que tu **boive**s	que vous **buv**iez
qu'il/elle/on **boive**	qu'ils/elles **boiv**ent

recevoir *to receive* (STEMS **recev-, reçoi(v)-**)

que je **reçoive**	que nous **recev**ions
que tu **reçoive**s	que vous **recev**iez
qu'il/elle/on **reçoive**	qu'ils/elles **reçoiv**ent

The verb **prendre** *to take* and its compounds have two stems in the present subjunctive: **prenn-, pren-**.

que je **prenne**	que nous **pren**ions
que tu **prenne**s	que vous **pren**iez
qu'il/elle/on **prenne**	qu'ils/elles **prenn**ent

Some verbs have irregular stems in the present subjunctive. Check the subjunctive of **aller, avoir, être, faire, pouvoir, savoir,** and **vouloir** in the verb conjugation section of this book.

Uses of the Subjunctive

The subjunctive in French is not a tense, but a mood. Like the indicative, the French subjunctive has tenses. In modern French there are only two subjunctive tenses in use: the present subjunctive and the past subjunctive. The subjunctive is used largely in subordinate clauses (dependent clauses that are part of a larger sentence and introduced by the conjunction **que**). Most cases of the subjunctive in French are predictable.

To understand the subjunctive it is necessary to understand the role of clauses in forming sentences. Turning a sentence into a subordinate clause allows the sentence to function as a noun or an adjective or an adverb within a larger sentence.

Compare the following two sentences.

Je dis **la vérité**.	*I tell **the truth***.
Je dis **que Jean arrivera aujourd'hui**.	*I say **that Jean will arrive today***.

Both **la vérité** and **que Jean arrivera aujourd'hui** function as direct objects of the verb **dis**. Thus, the subordinate clause **que Jean arrivera aujourd'hui** functions as a noun, and is therefore called a noun clause.

Now compare the following two sentences.

Nous avons une programmeuse **française**.	*We have a **French** programmer*.
Nous avons une programmeuse **qui parle français**.	*We have a programmer **who speaks French***.

Both **française** and **qui parle français** modify the noun **programmeuse**. The subordinate clause **qui parle français** functions like an adjective and is therefore called an adjective clause (or a relative clause).

Adverb clauses are introduced by conjunctions other than **que**. Compare the following two sentences.

Jacqueline arrive **à deux heures**.	*Jacqueline is arriving **at two***.
Jacqueline arrive **quand elle veut**.	*Jacqueline arrives **when she wants***.

Both **à deux heures** and the clause **quand elle veut** modify the verb in the same way: they tell when the action takes place. **Quand elle veut** is therefore called an adverb clause.

The question then arises: In which subordinate clauses is the subjunctive used instead of the indicative? The subjunctive is used when the subordinate clause is dependent on a verb that means or implies imposition of will, emotion, doubt, or nonexistence.

Thus, the subjunctive is used in noun clauses dependent on verbs such as **vouloir que, tenir à ce que, préférer que, regretter que, douter que,** etc.

Je **ne veux pas** *que tu t'en ailles*.	*I **don't want** you to go **away**.*
Le professeur **tient à ce** *que nous fassions* le travail.	*The teacher **insists that we do** the work.*
Je **regrette** *que vous ne puissiez pas* venir.	*I'm **sorry that** you **can't** come.*
Je **préfère** *que tu prennes* le train.	*I **prefer that** you **take** the train.*
Je **doute** *qu'il soit* là.	*I **doubt that** he's there.*

The following expressions of emotion (among others) are followed by the subjunctive.

avoir peur que	*to be afraid that*
craindre que	*to fear that*
être content(e)/triste que	*to be happy/sad that*
être ravi(e)/heureux(se) que	*to be delighted/happy that*
(ne pas) aimer que	*(not) to like the fact that*
s'étonner que	*to be surprised that*
se réjouir que	*to rejoice that*
être désolé(e) que	*to be sorry that*

The subjunctive is used after the negative and interrogative of **croire** and **penser**.

Je **ne crois pas** *que tu puisses* m'aider.	*I **don't think** you **can** help me.*
Elle **ne pense pas** *que cela soit* vrai.	*She **doesn't think** that's true.*

The affirmatives of **croire** and **penser** are followed by the indicative.

Je **crois** *que tu peux* m'aider.	*I **think** you **can** help me.*
Elle **pense** *que c'est* vrai.	*She **thinks** that's true.*

The subjunctive is used in adjective clauses after indefinite or negative antecedents.

Je cherche un ami **qui puisse** m'aider.	*I'm looking for a friend **who can** help me.*
Il n'y a aucune émission **qui soit intéressante**.	*There's no TV program **that's interesting**.*
Il ne dit rien **que je puisse** comprendre.	*He doesn't say anything that I can understand.*

Note that when these antecedents are not negative or when they are definite, the indicative, not the subjunctive, is used in the adjective clause.

J'ai un ami **qui peut** m'aider.	*I have a friend **who can** help me.*
Il y a des émissions **qui sont intéressantes**.	*There are TV programs **that are interesting**.*
Il dit quelque chose **que je peux** comprendre.	*He says something **that I can** understand.*

Impersonal expressions followed by the subjunctive fall under the same categories.

Il faut que/Il est nécessaire que	*It's necessary that*
Il est important/essentiel que	*It's important/essential that*
Il est indispensable/souhaitable que	*It is indispensable/desirable that*
Il est douteux/invraisemblable que	*It's doubtful/unlikely that*
Il vaut mieux que	*It's better that*
Il est peu probable que	*It's improbable that*
Il n'est pas vrai/sûr/certain que	*It's not true/sure/certain that*

Some examples:

Il faut **que tu me le dises**.	*It's necessary **for you to tell me**.*
Il est peu probable **qu'elle nous reçoive**.	*It's improbable (unlikely) **that she will see us**.*
Il est douteux **que nous y arrivions** à l'heure.	*It's doubtful **that we'll get there** on time.*
Il n'est pas vrai **qu'il fasse froid** aujourd'hui.	*It's not true **that it's cold** today.*

Note that **il n'est pas douteux, il est probable**, and **il est vrai/sûr/certain que** do not express doubt or negation and therefore are followed by the indicative.

Il n'est pas douteux **que nous y arrivons** à l'heure.	*It's not doubtful **that we'll get there** on time.*
Il est vrai **qu'il fait froid** aujourd'hui.	*It's true **that it's cold** today.*

The Imperfect Subjunctive

To form the imperfect subjunctive, remove the last letter of the first-person singular form of the passé simple and add the imperfect subjunctive endings. (The first-person singular of the passé simple is the second of the four principal parts listed at each verb conjugation in this book.)

parler

que je parl**asse**	que nous parl**assions**
que tu parl**asses**	que vous parl**assiez**
qu'il/elle/on parl**ât**	qu'ils/elles parl**assent**

finir

que je fin**isse**	que nous fin**issions**
que tu fin**isses**	que vous fin**issiez**
qu'il/elle/on fin**ît**	qu'ils/elles fin**issent**

vendre

que je vend**isse**	que nous vend**issions**
que tu vend**isses**	que vous vend**issiez**
qu'il/elle/on vend**ît**	qu'ils/elles vend**issent**

Uses of the Imperfect Subjunctive

The imperfect subjunctive in French is a literary tense, limited to formal writing and older texts.

In very formal written French the imperfect subjunctive may replace the present subjunctive when the main verb is in the past.

Modern French (acceptable in most situations)

Il était essentiel qu'il le **sache**.	*It was essential for him* **to know** *that.*
Je ne voulais pas que tu le **fasses**.	*I didn't want you* **to do** *it.*
Je n'ai pas pensé qu'il **puisse** venir.	*I didn't think that he* **could** *come.*

Formal literary French

Il était essentiel qu'il le **sût**.	*It was essential for him* **to know** *that.*
Je ne voulais pas que tu le **fisses**.	*I didn't want you* **to do** *it.*
Je n'ai pas pensé qu'il **pût** venir.	*I didn't think that he* **could** *come.*

THE COMPOUND TENSES

Compound tenses are formed by means of an auxiliary verb, either **avoir** or **être**, and the past participle. Most verbs form the passé composé with **avoir**; a small group of intransitive verbs of motion and change of state such as **aller, arriver, descendre, devenir, entrer, monter, mourir, naître, partir, sortir,** and **venir** form the compound tenses with **être**. In addition, all reflexive verbs form the compound tenses with **être**.

The past participle is formed as follows.

-**Er** verbs replace the **-er** of the infinitive with **-é: parlé, allé, joué, arrivé**
-**Ir** verbs replace the **-ir** of the infinitive with **-i: fini, choisi, parti, dormi**
-**Re** verbs replace the **-re** of the infinitive with **-u: vendu, attendu, rompu, perdu**

Many verbs have irregular past participles. The past participles appear as the third principal part of each verb analyzed in this book and are found in the right-hand column of compound tenses.

These are the compound tenses in French:

The Passé Composé

The passé composé consists of the present tense of the appropriate auxiliary verb and the past participle (*I have spoken, finished, sold, etc.*). Here are examples of verbs of the three conjugations conjugated with **avoir**.

parler

j'**ai** parlé	nous **avons** parlé
tu **as** parlé	vous **avez** parlé
il/elle/on **a** parlé	ils/elles **ont** parlé

finir

j'**ai** fini	nous **avons** fini
tu **as** fini	vous **avez** fini
il/elle/on **a** fini	ils/elles **ont** fini

vendre

j'**ai** vendu	nous **avons** vendu
tu **as** vendu	vous **avez** vendu
il/elle/on **a** vendu	ils/elles **ont** vendu

Here are examples of the passé composé of verbs forming the compound tenses with **être**. Note that the past participle agrees with the subject in gender and number.

aller

je **suis** allé(e)	nous **sommes** allé(e)s
tu **es** allé(e)	vous **êtes** allé(e)(s)
il/elle/on **est** allé(e)	ils/elles **sont** allé(e)s

partir

je **suis** parti(e)	nous **sommes** parti(e)s
tu **es** parti(e)	vous **êtes** parti(e)(s)
il/elle/on **est** parti(e)	ils/elles **sont** parti(e)s

descendre

je **suis** descendu(e)	nous **sommes** descendu(e)s
tu **es** descendu(e)	vous **êtes** descendu(e)(s)
il/elle/on **est** descendu(e)	ils/elles **sont** descendu(e)s

The letters in parentheses are added depending on the gender and number of the subject. For instance, an entry such as **vous êtes allé(e)(s)** means that the form has four possibilities.

to a male	vous êtes allé
to a female	vous êtes allée
to a group of males or males and females	vous êtes allés
to a group of females	vous êtes allées

The third-person singular **on** form is often used informally in place of the **nous** form. In formal French, when the subject of the sentence is **on**, the past participle of **être** verbs is always masculine singular. In less formal writing there is a tendency to make the participle agree with whomever **on** refers to.

On est partis très tôt hier matin.	*We **left** very early yesterday morning.*

Use of the Passé Composé

The passé composé expresses a past event or action that the speaker sees either as completed in the past or as related to or having consequences for the present.

Elle **a fait ses études** à Paris.	*She **went to college** in Paris.*
Regarde. J'**ai fini** mes devoirs.	*Look. I've **finished** my homework.*
Tu **as compris** ce que le professeur **a dit**?	***Did** you **understand** what the teacher **said**?*
Oh, les enfants! Qu'est-ce que vous **avez fait**?	*Children! What **have** you **done**?*
Regardez cette chambre!	***Look** at this room!*
Quelqu'un **a frappé**. Va ouvrir.	*Someone **(has) knocked**. Go open the door.*

Note that French prefers the present tense for actions beginning in the past and continuing into the present, especially in sentences where you specify how long the action has been going on.

—**Cela fait** combien de temps que vous **habitez** ici?	*How long **have** you **been living** here?*
—**Ça fait** un an que nous **sommes** dans cet appartement.	*We've **been** in this apartment for one year.*

The Pluperfect Tense

This tense consists of the imperfect tense of the auxiliary, either **avoir** or **être**, and the past participle (*I had spoken, finished, gone downstairs, etc.*).

parler

j'**avais** parlé	nous **avions** parlé
tu **avais** parlé	vous **aviez** parlé
il/elle/on **avait** parlé	ils/elles **avaient** parlé

finir

j'**avais** fini	nous **avions** fini
tu **avais** fini	vous **aviez** fini
il/elle/on **avait** fini	ils/elles **avaient** fini

descendre

j'**étais** descendu(e)	nous **étions** descendu(e)s
tu **étais** descendu(e)	vous **étiez** descendu(e)(s)
il/elle/on **était** descendu(e)	ils/elles **étaient** descendu(e)s

Use of the Pluperfect Tense

The pluperfect tense is used to specify an action or event as happening further back in the past than another action or event, which usually appears in the passé composé.

Eux, ils **avaient déjà fini** le travail quand vous avez téléphoné.	*They **had already finished** the job when you called. (Their finishing the work took place further back in the past (pluperfect) than your calling.)*
Jean **n'était pas encore arrivé** quand moi, j'ai commencé à manger.	*Jean **still hadn't arrived** when I began to eat. (Jean's arrival was expected, but did not happen, further back in the past than my beginning to eat.)*

The Past Anterior Tense

The past anterior tense consists of the passé simple of the auxiliary, either **avoir** or **être**, and the past participle (*I had spoken, sold, gone out.*).

parler

j'**eus** parlé	nous **eûmes** parlé
tu **eus** parlé	vous **eûtes** parlé
il/elle/on **eut** parlé	ils/elles **eurent** parlé

vendre

j'**eus** vendu	nous **eûmes** vendu
tu **eus** vendu	vous **eûtes** vendu
il/elle/on **eut** vendu	ils/elles **eurent** vendu

sortir

je **fus** sorti(e)	nous **fûmes** sorti(e)s
tu **fus** sorti(e)	vous **fûtes** sorti(e)(s)
il/elle/on **fut** sorti(e)	ils/elles **furent** sorti(e)s

Use of the Past Anterior Tense

The past anterior tense is rarely used in speech. It is a feature of formal, literary French, where it may be used after the conjunctions **quand, lorsque** *when*, **aussitôt que, dès que, sitôt que** *as soon as*, **tant que** *as long as*, **après que** *after*, **une fois que** *once*.

J'ai fait les démarches nécessaires aussitôt qu'ils m'**eurent expliqué** l'affaire.	*I took the necessary measures as soon as they **had explained** the matter to me.*
Une fois qu'il **eut fini**, il est parti.	*Once he **had finished**, he left.*

In everyday language, the past anterior tense is replaced by the pluperfect or the passé composé.

Quand il **a fini**, il est parti.	*When he **finished**, he left.*

The Future Anterior Tense

The future anterior tense consists of the future of the auxiliary, either **avoir** or **être**, and the past participle (*I will have spoken, sold, gone out, etc.*).

parler

j'**aurai** parlé	nous **aurons** parlé
tu **auras** parlé	vous **aurez** parlé
il/elle/on **aura** parlé	ils/elles **auront** parlé

vendre

j'**aurai** vendu	nous **aurons** vendu
tu **auras** vendu	vous **aurez** vendu
il/elle/on **aura** vendu	ils/elles **auront** vendu

sortir

je **serai** sorti(e)	nous **serons** sorti(e)s
tu **seras** sorti(e)	vous **serez** sorti(e)(s)
il/elle/on **sera** sorti(e)	ils/elles **seront** sorti(e)s

Uses of the Future Anterior Tense

The future anterior is used to label a future action as completed before another future action takes place.

Nous **aurons fini** de dîner avant qu'il n'arrive.	*We **will have finished** eating before he arrives.*

The future anterior may express a conjecture or guess about what happened in the past before another past event occurred.

—Quelle surprise! Nos cousins sont déjà là.	*What a surprise! Our cousins are already here.*
—Il **auront pris** le train de dix heures.	*They **probably took** the ten o'clock train.*

The Past Conditional Tense

The past conditional tense consists of the conditional of the auxiliary, either **avoir** or **être**, and the past participle (*I would have spoken, finished, gone downstairs, etc.*).

parler

j'**aurais** parlé	nous **aurions** parlé
tu **aurais** parlé	vous **auriez** parlé
il/elle/on **aurait** parlé	ils/elles **auraient** parlé

finir

j'**aurais** fini	nous **aurions** fini
tu **aurais** fini	vous **auriez** fini
il/elle/on **aurait** fini	ils/elles **auraient** fini

descendre

je **serais** descendu(e)	nous **serions** descendu(e)s
tu **serais** descendu(e)	vous **seriez** descendu(e)(s)
il/elle/on **serait** descendu(e)	ils/elles **seraient** descendu(e)s

Uses of the Past Conditional Tense

The past conditional is most commonly used in conditional sentences that present hypotheses contrary to facts in the past, in other words, what *would have* taken place.

Fact

Jean n'est pas venu. On ne l'a donc pas vu.   *Jean didn't come. That's why we didn't see him.*

Contrary-to-fact conditional sentence

Si Jean était venu, on l'**aurait vu**.   *If Jean had come, we **would have seen** him.*

Fact

Je me suis réveillé tard. C'est pour ça que je ne suis pas arrivé à l'heure.   *I woke up late. That's why I didn't arrive on time.*

Contrary-to-fact conditional sentence

Si je ne m'étais pas réveillé tard, je **serais arrivé** à l'heure.   *If I hadn't woken up late, I **would have arrived** on time.*

The conditional perfect is used in reported speech to refer to completed actions in the future.

Elle a dit qu'avant vendredi elle les aurait aidés.   *She said that before Friday she would have helped them.*

Direct speech

Elle a dit, « Avant vendredi je les aurai aidés. »   *She said, "Before Friday I will have helped them."*

The past conditional is also used to express allegations in the past.

> Le cambrioleur aurait travaillé avec   *The burglar allegedly worked with*
>   des complices.   *accomplices.*

The Past Subjunctive

The past subjunctive consists of the present subjunctive of the appropriate auxiliary, either **avoir** or **être**, plus the past participle.

parler

que j'**aie** parlé	que nous **ayons** parlé
que tu **aies** parlé	que vous **ayez** parlé
qu'il/elle/on **ait** parlé	qu'ils/elles **aient** parlé

finir

que j'**aie** fini	que nous **ayons** fini
que tu **aies** fini	que vous **ayez** fini
qu'il/elle/on **ait** fini	qu'ils/elles **aient** fini

descendre

que je **sois** descendu(e)	que nous **soyons** descendu(e)s
que tu **sois** descendu(e)	que vous **soyez** descendu(e)(s)
qu'il/elle/on **soit** descendu(e)	qu'ils/elles **soient** descendu(e)s

Use of the Past Subjunctive

The past subjunctive is used in subordinate clauses that require the subjunctive to express past events that happened *before* the action of the main clause. The present subjunctive expresses actions simultaneous with or subsequent to the action of the main clause. Compare the following pairs of sentences.

> Je suis content **qu'elle vienne**.   *I'm happy **she's coming**.*
> Je suis content **qu'elle soit venue**.   *I'm happy **she came**.*
>
> Je ne crois pas **qu'il le fasse**.   *I don't think **he'll do it**.*
> Je ne crois pas **qu'il l'ait fait**.   *I don't think **he did it**.*
>
> Elle doute **qu'il comprenne**.   *She doubts **that he will understand**.*
> Elle doute **qu'il ait compris**.   *She doubts **that he understood**.*
>
> Nous regrettions **que vous partiez**.   *We were sorry **that you were leaving**.*
> Nous regrettions **que vous soyez   *We were sorry **that you had left**.*
>   partis**.

The Pluperfect Subjunctive

The pluperfect subjunctive consists of the imperfect subjunctive of the appropriate auxiliary, either **avoir** or **être**, plus the past participle.

parler

que j'**eusse** parlé	que nous **eussions** parlé
que tu **eusses** parlé	que vous **eussiez** parlé
qu'il/elle/on **eût** parlé	qu'ils/elles **eussent** parlé

vendre

que j'**eusse** vendu	que nous **eussions** vendu
que tu **eusses** vendu	que vous **eussiez** vendu
qu'il/elle/on **eût** vendu	qu'ils/elles **eussent** vendu

sortir

que je **fusse** sorti(e)	que nous **fussions** sorti(e)s
que tu **fusses** sorti(e)	que vous **fussiez** sorti(e)(s)
qu'il/elle/on **fût** sorti(e)	qu'ils/elles **fussent** sorti(e)s

Uses of the Pluperfect Subjunctive

The pluperfect subjunctive is limited to formal written French. It is used in place of the past subjunctive to express past events that happened *before* the action of the main clause when the main verb is in one of the past tenses.

Compare:

Modern spoken and written French

Nous regrettions que vous **soyez partis**. *We were sorry that you **had left**.*

Formal written French

Nous regrettions que vous **fussiez partis**. *We were sorry that you **had left**.*

Although rare in the modern language, the pluperfect subjunctive is sometimes used in both clauses of past contrary-to-fact conditional sentences for stylistic effect. Usually the pluperfect subjunctive is used only in the third-person singular.

Si le Président de la République **eût su** que la guerre allait éclater, il **ne fût pas parti** en mission. *If the President of the Republic **had known** that war was going to break out, he **would not have left** on a diplomatic mission.*

In normal, current style the above sentence would be written as follows.

Si le Président de la République **avait su** que la guerre allait éclater, il **ne serait pas parti** en mission.

PRINCIPAL PARTS OF THE VERB

You can predict almost all the forms of all French verbs if you know the principal parts of the verb. The principal parts are the *infinitive*, the *first-person singular of the present tense*, the *first-person singular of the passé simple*, the *past participle*, and the *present participle*.

The principal parts look like this.

> **fermer**
> **je ferme · je fermai · fermé · fermant**

From the *infinitive* (**fermer**) you form the following tenses:

1 · the future: **je fermerai, tu fermeras, il/elle/on fermera, nous fermerons, vous fermerez, ils fermeront**

2 · the conditional: **je fermerais, tu fermerais, il/elle/on fermerait, nous fermerions, vous fermeriez, ils fermeraient**

From the *first-person singular of the present tense* (**je ferme**) you can derive the rest of the present tense for **-er** verbs: **tu fermes, il/elle/on ferme, nous fermons, vous fermez, ils/elles ferment.**

From the *passé simple* you can derive the imperfect subjunctive: **que je fermasse, que tu fermasses, qu'il/elle/on fermasse, que nous fermassions, que vous fermassiez, qu'ils/elles fermassent.**

The *past participle* is used to form the following compound tenses:

1 · the passé composé: **j'ai fermé**
2 · the pluperfect: **j'avais fermé**
3 · the past anterior: **j'eus fermé**
4 · the future anterior: **j'aurai fermé**
5 · the past conditional: **j'aurais fermé**
6 · the past subjunctive: **que j'aie fermé**
7 · the pluperfect subjunctive: **que j'eusse fermé**
8 · The past participle is also used with **être** to form the passive: **La porte a été fermée par le portier.**

The *present participle* provides the stem of the verbs (for all but a few irregulars). The verb stem is arrived at by removing the **-ant** of the present participle. The following forms may be derived from this verb stem:

1 · the imperfect: **je fermais, tu fermais, il/elle/on fermait, nous fermions, vous fermiez, ils/elles fermaient**

2 · the present subjunctive: **que je ferme, que tu fermes, qu'il/elle/on ferme, que nous fermions, que vous fermiez, qu'ils/elles ferment**

3 · the plural of the present tense forms for verbs other than **-er** verbs: **nous finissons, nous recevons, nous suivons, nous lisons**, etc.

COMMANDS (THE IMPERATIVE)

French command forms are identical to the present tense form of the verb minus the subject pronoun. The **tu** form of **-er** verbs drops the final **-s** of the present tense form.

Parle.	*Speak.*
Parlons.	*Let's speak.*
Parlez.	*Speak.*
Finis le travail.	*Finish the work.*
Finissons le travail.	*Let's finish the work.*
Finissez le travail.	*Finish the work.*
Attends-le.	*Wait for him.*
Attendons-le.	*Let's wait for him.*
Attendez-le.	*Wait for him.*

The **-s** is restored (and pronounced) before the pronouns **y** and **en**.

Monte**s**-y.	*Go up there.*
Parle**s**-en.	*Talk about it.*

The verbs **être**, **avoir**, and **savoir** have irregular imperatives.

être	sois, soyons, soyez
avoir	aie, ayons, ayez
savoir	sache, sachons, sachez

The negative command is formed by placing **ne** before the imperative and **pas** after it.

Ne parle **pas**.	***Don't** speak.*
Ne finissez **pas** le travail.	***Don't** finish the work.*
Ne l'attendons **pas**.	***Let's not** wait for him.*

Uses of Command Forms

Command forms are used to tell someone to do something or not to do something. Commands may be softened by the use of **Veuillez**, the irregular command form of **vouloir**, + the infinitive. **Veuillez** adds the idea of *please*.

Veuillez venir à 3 heures.	***Please** come at three o'clock.*

A subjunctive clause beginning with the word **que** can express a command directed at a third person.

Qu'il vienne avec nous.	***Let him (have him) come** with us.*
Qu'elle apprenne le vocabulaire.	***Have her learn** the vocabulary.*
Qu'ils fassent leurs devoirs.	***Let them (have them) do** their homework.*
Qu'elles vous le **rendent**.	***Have them give** it *back* to you.*

PRONOMINAL/REFLEXIVE VERBS

French has a large class of verbs known as pronominal or reflexive verbs.
These verbs always appear with a reflexive pronoun referring back to the subject.
Pronominal verbs occur in all tenses. Study the present tense of **se lever** *to get up.*

je me lève	**nous nous** levons
tu te lèves	**vous vous** levez
il/elle/on se lève	**ils/elles se** lèvent

Here is an example of a reflexive verb in the passé composé. Note that reflexive
verbs are always conjugated with **être** in the compound tenses.

s'amuser *to have a good time*

je me **suis** amusé(e)	nous nous **sommes** amusé(e)s
tu t'**es** amusé(e)	vous vous **êtes** amusé(e)(s)
il/elle/on s'**est** amusé(e)	ils/elles se **sont** amusé(e)s

Note that in the passé composé the past participle of pronominal verbs agrees
in gender and number with the reflexive pronoun if the reflexive pronoun is a
direct object. This is the most common case. However, there are cases where the
reflexive pronoun is an indirect object and a direct object noun follows the verb.
In this case the participle does NOT agree. Study the conjugation of **se laver les
mains** *to wash one's hands*. In these sentences **les mains** is the direct object of
the verb.

Je **me suis lavé** les mains.	Nous **nous sommes lavé** les mains.
Tu **t'es lavé** les mains.	Vous **vous êtes lavé** les mains.
Il/elle/on **s'est lavé** les mains.	Ils/elles **se sont lavé** les mains.

Note that if **les mains** is replaced by the object pronoun **les**, which is placed
before the verb, the past participle will agree with **les**.

Il **se les est lavées**.	*He washed them (= his hands).*

Uses of Reflexive Verbs

In English the number of reflexive verbs (*I hurt myself*) is relatively small.
Reflexive verb forms in English are followed by a pronoun that ends in *-self*
or *-selves* (*I cut myself./They hurt themselves.*). Most reflexive verbs in French
correspond to English intransitive verbs, that is, verbs that have no direct object,
or to English verb constructions with *get* or *be.*

Elle **s'est réveillée** à sept heures.	*She woke up at seven o'clock.*
Tu **t'es fâché**.	*You got angry.*
Ils vont **se laver**.	*They're going to wash up.*

In some cases, the reflexive pronoun is an indirect object, not a direct object. These verbs can have a direct object as well as the reflexive pronoun. Some examples:

Je **me suis brossé les dents**.	*I brushed my teeth.*
(**dents** = direct object)	
Les enfants **se sont lavé le visage**.	*The children washed their faces.*
(**le visage** = direct object)	

Note that French uses the *definite article* where English uses a possessive adjective for articles of clothing and parts of the body. Some common reflexive verbs used this way:

se casser + *part of the body*	to break
se couper + *part of the body*	to cut
se laver + *part of the body*	to wash

THE PASSIVE VOICE

The passive voice in French is formed as in English. It consists of **être** + the past participle. The past participle agrees in gender and number with the subject of the sentence. The passive may be used in any tense.

Cette famille **est** très **respectée**.	*That family is very respected.*
Les ordinateurs **ont été vendus** au rabais.	*The computers were sold at a discount.*

Passives often include a phrase beginning with **par** to tell who (or what) is performing the action.

La ville **fut brûlée par l'ennemi**.	*The city was burned down by the enemy.*
Beaucoup d'écoles **seront construites par le gouvernement**.	*Many schools will be built by the government.*
Le projet de loi **va être considéré par le Sénat**.	*The bill is going to be considered by the Senate.*
La décision **avait été prise par le conseil d'administration**.	*The decision had been made by the board.*

The Use of the Passive Voice

The passive voice is more common in written French than in spoken French. In active sentences (*e.g., The dog bites the man.*) the focus is on the performer of the action (the subject). In the passive, the focus is shifted from the performer of the action to the object, which becomes the grammatical subject of the sentence (*e.g., The man is bitten by the dog.*)

In spoken French the equivalent of the English passive is a construction consisting of the pronoun **on** + the third-person singular of the verb. In this construction, the performer of the action is not mentioned. A phrase with **par** cannot be added to the construction with **on**.

On respecte beaucoup cette famille.	*That family is very respected.*
On a vendu la maison.	*The house was sold.*
Quand est-ce qu'**on trouvera** une solution?	*When will a solution be found?*
On construira beaucoup d'écoles.	*Many schools will be built.*
Ici **on parle** français.	*French is spoken here.*

When the performer of the action must be mentioned, the active voice is used in spoken French.

L'ennemi **a brûlé** la ville.	*The enemy burned down the city.*
Le gouvernement **construira** beaucoup d'écoles.	*The government will build many schools.*
Le Sénat **va considérer** le projet de loi.	*The Senate is going to consider the bill.*

DEFECTIVE VERBS

Some common verbs in French are "defective." They do not appear in all persons or in all tenses.

The verb **pleuvoir** *to rain* is used only in the third-person singular.

pleuvoir

PRESENT	il pleut
PASSÉ COMPOSÉ	il a plu
IMPERFECT	il pleuvait
PASSÉ SIMPLE	il plut
FUTURE	il pleuvra
CONDITIONAL	il pleuvrait
PRESENT SUBJUNCTIVE	qu'il pleuve
IMPERFECT SUBJUNCTIVE	qu'il plût

The present participle is **pleuvant**.

Examples:

Il pleut et je n'ai pas de parapluie!	*It's raining and I have no umbrella!*
—Je me demande s'il pleuvra.	*I wonder if it will rain.*
—La météo a dit qu'il pleuvrait.	*The weather report said it would rain.*
Il pleut des cordes.	*It's pouring.*
Il pleut à verse.	*It's pouring.*
Qu'il pleuve ou qu'il vente.	*Come what may, rain or shine.*

The verbs **neiger** *to snow* and **grêler** *to hail*, like **pleuvoir**, are used only in the third-person singular. **Neiger** has the spelling change of *g > ge/a*: **il neigea, il neigeait.**

The verb **falloir** *to be necessary, must* is used only in the third-person singular.

falloir

PRESENT	il faut
PASSÉ COMPOSÉ	il a fallu
IMPERFECT	il fallait
PASSÉ SIMPLE	il fallut
FUTURE	il faudra
CONDITIONAL	il faudrait
PRESENT SUBJUNCTIVE	qu'il faille
IMPERFECT SUBJUNCTIVE	qu'il fallût

Examples:

Il faut rentrer.	*We have to go home.*
Il fallait le lui dire.	*You should have told him.*
Il faut que tu sortes un peu.	*You must go out a little.*
s'il le faut	*if necessary*
Il faudra partir de bonne heure.	*We'll have to leave early.*
Il me faut travailler ce soir.	*I have to study this evening.*
Il faut de tout pour faire un monde.	*It takes all kinds.*

GUIDE TO IRREGULAR VERBS

Although French has many irregular verbs, there are patterns in the irregularities, so they may be learned in groups. The most important division in the French verb system is between verbs whose infinitive ends in **-er** and all other verbs. Verbs ending in **-er** have the same stem throughout their conjugation. All other verbs (with the exception of a few irregulars) lose the final consonant of the stem in the singular of the present tense. This may or may not be shown in the writing system, but is always apparent in speech. Also, all verbs other than **-er** verbs have the endings **-s, -s, -t** in the singular of the present tense.

Some examples:

1 · ils finissent *vs.* il finit (*final consonant s [written ss] drops in both speech and writing*)

2 · ils vendent *vs.* il vend (*final consonant d is written in the singular but not pronounced; note that the ending -t is never added to d*)

3 · ils lisent *vs.* il lit (*final consonant z [written s] drops in both speech and writing*)

4 · ils reçoivent *vs.* il reçoit (*final consonant v drops in both speech and writing*)

Note that in the present subjunctive the final consonant is written and pronounced in all persons of the singular.

Rare Irregular Verbs

The verb **assaillir** *to attack* is conjugated like an **-er** verb in the present, imperfect, and present subjunctive.

assaillir

PRESENT	j'assaille, tu assailles, il assaille, nous assaillons, etc.
PASSÉ COMPOSÉ	j'ai assailli
IMPERFECT	j'assaillais, etc.
PASSÉ SIMPLE	j'assaillis
FUTURE	j'assaillirai
CONDITIONAL	j'assaillirais
PRESENT SUBJUNCTIVE	que j'assaille
IMPERFECT SUBJUNCTIVE	que j'assaillisse

The present participle is **assaillant**.

The verb **clore** *to close* is rare in modern French, except in its past participle.

clore

PRESENT	je clos, tu clos, il clôt, ils closent (*nous* and *vous* forms not used)
PASSÉ COMPOSÉ	j'ai clos
IMPERFECT	—
PASSÉ SIMPLE	—
FUTURE	je clorai
CONDITIONAL	je clorais
PRESENT SUBJUNCTIVE	que je close
IMPERFECT SUBJUNCTIVE	—

The present participle is not used.

Compounds of **clore**, such as **éclore**, do not have a circumflex in the third-person singular of the present: **La fleur éclot.**

The verb **confire** *to preserve (food) in fat or sugar* is irregular.

confire

PRESENT	je confis, tu confis, il confit, nous confisons, vous confisez, ils confisent
PASSÉ COMPOSÉ	j'ai confit
IMPERFECT	je confisais
PASSÉ SIMPLE	je confis
FUTURE	je confirai
CONDITIONAL	je confirais
PRESENT SUBJUNCTIVE	que je confise
IMPERFECT SUBJUNCTIVE	que je confisse

The present participle is **confisant**.

The verb **déchoir** *to decline* is irregular; it is not used in the imperfect.

déchoir

PRESENT	je déchois, tu déchois, il déchoit, nous déchoyons, vous déchoyez, ils déchoient
PASSÉ COMPOSÉ	je suis déchu(e) OR j'ai déchu
IMPERFECT	—
PASSÉ SIMPLE	je déchus
FUTURE	je déchoirai
CONDITIONAL	je déchoirais
PRESENT SUBJUNCTIVE	que je déchoie, que tu déchoies, qu'il déchoie, que nous déchoyions, que vous déchoyiez, qu'ils déchoient
IMPERFECT SUBJUNCTIVE	que je déchusse

The present participle is not used.

The verb **faillir** *to almost do, nearly do* is rarely if ever used in any tense except passé composé or passé simple.

faillir

PRESENT	—
PASSÉ COMPOSÉ	j'ai failli
IMPERFECT	je faillais
PASSÉ SIMPLE	je faillis
FUTURE	je faillirai
CONDITIONAL	je faillirais
PRESENT SUBJUNCTIVE	—
IMPERFECT SUBJUNCTIVE	—

The verb **gésir** *to lie (in a grave)* is used only in the present and imperfect.

gésir

PRESENT	je gis, tu gis, il gît, nous gisons, vous gisez, ils gisent
IMPERFECT	je gisais

The present participle of **gésir** is **gisant**. The verb is most commonly encountered in the phrase **ci-gît** *here lies*.

The verb **ouïr** *to hear* is obsolete. It is occasionally found in the infinitive and in the compound tenses: **j'ai ouï**.

The verb **pourvoir** *to provide* is conjugated like **voir**, except that its future and conditional are regular, and the vowel **u** is used in the passé simple and the imperfect subjunctive.

pourvoir

FUTURE	je pourvoirai
CONDITIONAL	je pourvoirais
PASSÉ SIMPLE	je pourvus
IMPERFECT SUBJUNCTIVE	que je pourvusse

The present participle is **pourvoyant**.

The verb **surseoir** *to postpone* is irregular.

surseoir

PRESENT	je sursois, tu sursois, il sursoit, nous sursoyons, vous sursoyez, ils sursoient
PASSÉ COMPOSÉ	j'ai sursis
IMPERFECT	je sursoyais
PASSÉ SIMPLE	je sursis
FUTURE	je surseoirai
CONDITIONAL	je surseoirais
PRESENT SUBJUNCTIVE	que je sursoie, que tu sursoies, qu'il sursoie, que nous sursoyions, que vous sursoyiez, qu'ils sursoient
IMPERFECT SUBJUNCTIVE	que je sursisse

The present participle is **sursoyant**.

The verb **traire** *to milk (a cow)* is irregular. It is not used in the simple past or the imperfect subjunctive.

traire

PRESENT	je trais, tu trais, il trait, nous trayons, vous trayez, ils traient
PASSÉ COMPOSÉ	j'ai trait
IMPERFECT	je trayais
PASSÉ SIMPLE	—
FUTURE	je trairai
CONDITIONAL	je trairais
PRESENT SUBJUNCTIVE	que je traie, que tu traies, qu'il traie, que nous trayions, que vous trayiez, qu'ils traient
IMPERFECT SUBJUNCTIVE	—

The present participle is **trayant**.

333

FULLY CONJUGATED VERBS

TOP 30 VERBS

The following thirty verbs have been selected for their high frequency and their use in many common idiomatic expressions. For each verb, a full page of example sentences and phrases providing guidance on correct usage immediately precedes or follows the conjugation table. In the examples, **quelqu'un** *someone* is abbreviated **qqn** and **quelque chose** *something* is abbreviated **qqch**.

regular -er verb | j'abandonne · j'abandonnai · abandonné · abandonnant

PRESENT

abandonne	abandonnons
abandonnes	abandonnez
abandonne	abandonnent

IMPERFECT

abandonnais	abandonnions
abandonnais	abandonniez
abandonnait	abandonnaient

PASSÉ SIMPLE

abandonnai	abandonnâmes
abandonnas	abandonnâtes
abandonna	abandonnèrent

FUTURE

abandonnerai	abandonnerons
abandonneras	abandonnerez
abandonnera	abandonneront

CONDITIONAL

abandonnerais	abandonnerions
abandonnerais	abandonneriez
abandonnerait	abandonneraient

PRESENT SUBJUNCTIVE

abandonne	abandonnions
abandonnes	abandonniez
abandonne	abandonnent

IMPERFECT SUBJUNCTIVE

abandonnasse	abandonnassions
abandonnasses	abandonnassiez
abandonnât	abandonnassent

COMMANDS

	abandonnons
abandonne	abandonnez

PASSÉ COMPOSÉ

ai abandonné	avons abandonné
as abandonné	avez abandonné
a abandonné	ont abandonné

PLUPERFECT

avais abandonné	avions abandonné
avais abandonné	aviez abandonné
avait abandonné	avaient abandonné

PAST ANTERIOR

eus abandonné	eûmes abandonné
eus abandonné	eûtes abandonné
eut abandonné	eurent abandonné

FUTURE ANTERIOR

aurai abandonné	aurons abandonné
auras abandonné	aurez abandonné
aura abandonné	auront abandonné

PAST CONDITIONAL

aurais abandonné	aurions abandonné
aurais abandonné	auriez abandonné
aurait abandonné	auraient abandonné

PAST SUBJUNCTIVE

aie abandonné	ayons abandonné
aies abandonné	ayez abandonné
ait abandonné	aient abandonné

PLUPERFECT SUBJUNCTIVE

eusse abandonné	eussions abandonné
eusses abandonné	eussiez abandonné
eût abandonné	eussent abandonné

Usage

abandonner une propriété/des terres	*to abandon a piece of property/land*
abandonner sa famille	*to abandon one's family*
une maison abandonnée	*an abandoned house*
Les familles abandonnent les villes.	*Families are leaving the cities (for good).*
abandonner une méthode	*to give up a method*
abandonner son travail/le pouvoir	*to give up one's job/political power*
abandonner la lutte	*to give up the struggle*
abandonner la médecine	*to give up medicine/a medical practice*
abandonner la partie	*to give up the project/the undertaking*
J'abandonne!	*I give up! (games, etc.)*

abattre *to knock down*

irregular verb; only one t in the singular of the present tense

PRESENT		PASSÉ COMPOSÉ	
abats	abattons	ai abattu	avons abattu
abats	abattez	as abattu	avez abattu
abat	abattent	a abattu	ont abattu

IMPERFECT		PLUPERFECT	
abattais	abattions	avais abattu	avions abattu
abattais	abattiez	avais abattu	aviez abattu
abattait	abattaient	avait abattu	avaient abattu

PASSÉ SIMPLE		PAST ANTERIOR	
abattis	abattîmes	eus abattu	eûmes abattu
abattis	abattîtes	eus abattu	eûtes abattu
abattit	abattirent	eut abattu	eurent abattu

FUTURE		FUTURE ANTERIOR	
abattrai	abattrons	aurai abattu	aurons abattu
abattras	abattrez	auras abattu	aurez abattu
abattra	abattront	aura abattu	auront abattu

CONDITIONAL		PAST CONDITIONAL	
abattrais	abattrions	aurais abattu	aurions abattu
abattrais	abattriez	aurais abattu	auriez abattu
abattrait	abattraient	aurait abattu	auraient abattu

PRESENT SUBJUNCTIVE		PAST SUBJUNCTIVE	
abatte	abattions	aie abattu	ayons abattu
abattes	abattiez	aies abattu	ayez abattu
abatte	abattent	ait abattu	aient abattu

IMPERFECT SUBJUNCTIVE		PLUPERFECT SUBJUNCTIVE	
abattisse	abattissions	eusse abattu	eussions abattu
abattisses	abattissiez	eusses abattu	eussiez abattu
abattît	abattissent	eût abattu	eussent abattu

COMMANDS	
	abattons
abats	abattez

Usage

abattre un arbre	*to chop down a tree*
abattre une maison	*to knock down/demolish a house*
abattre un animal	*to shoot an animal dead*
Je suis abattu par la chaleur.	*The heat has gotten to me.*
abattre de la besogne/du travail	*to get a lot of work done*
Tu abats de la besogne comme quatre!	*You do the work of four people!*
se laisser abattre	*to let oneself get depressed*
Ne te laisse pas abattre!	*Keep your chin up!*

PROVERB

Petite pluie abat grand vent.	*A little rain settles a great deal of dust.*

regular *-ir* verb

j'abolis · j'abolis · aboli · abolissant

PRESENT

abolis	abolissons
abolis	abolissez
abolit	abolissent

PASSÉ COMPOSÉ

ai aboli	avons aboli
as aboli	avez aboli
a aboli	ont aboli

IMPERFECT

abolissais	abolissions
abolissais	abolissiez
abolissait	abolissaient

PLUPERFECT

avais aboli	avions aboli
avais aboli	aviez aboli
avait aboli	avaient aboli

PASSÉ SIMPLE

abolis	abolîmes
abolis	abolîtes
abolit	abolirent

PAST ANTERIOR

eus aboli	eûmes aboli
eus aboli	eûtes aboli
eut aboli	eurent aboli

FUTURE

abolirai	abolirons
aboliras	abolirez
abolira	aboliront

FUTURE ANTERIOR

aurai aboli	aurons aboli
auras aboli	aurez aboli
aura aboli	auront aboli

CONDITIONAL

abolirais	abolirions
abolirais	aboliriez
abolirait	aboliraient

PAST CONDITIONAL

aurais aboli	aurions aboli
aurais aboli	auriez aboli
aurait aboli	auraient aboli

PRESENT SUBJUNCTIVE

abolisse	abolissions
abolisses	abolissiez
abolisse	abolissent

PAST SUBJUNCTIVE

aie aboli	ayons aboli
aies aboli	ayez aboli
ait aboli	aient aboli

IMPERFECT SUBJUNCTIVE

abolisse	abolissions
abolisses	abolissiez
abolît	abolissent

PLUPERFECT SUBJUNCTIVE

eusse aboli	eussions aboli
eusses aboli	eussiez aboli
eût aboli	eussent aboli

COMMANDS

	abolissons
abolis	abolissez

Usage

abolir une loi	*to abolish a law*
une loi abolie	*an abolished law*
abolir l'esclavage	*to abolish slavery*
abolir la peine de mort	*to abolish the death penalty*

RELATED WORDS

l'abolition *(f)* de la peine de mort	*the abolition of the death penalty*
l'abolitionnisme *(m)*	*abolitionism*
un/une abolitionniste	*abolitionist*

s'abonner *to subscribe*

je m'abonne · je m'abonnai · s'étant abonné · s'abonnant

regular -er reflexive verb;
compound tenses with être

PRESENT		PASSÉ COMPOSÉ	
m'abonne	nous abonnons	me suis abonné(e)	nous sommes abonné(e)s
t'abonnes	vous abonnez	t'es abonné(e)	vous êtes abonné(e)(s)
s'abonne	s'abonnent	s'est abonné(e)	se sont abonné(e)s

IMPERFECT		PLUPERFECT	
m'abonnais	nous abonnions	m'étais abonné(e)	nous étions abonné(e)s
t'abonnais	vous abonniez	t'étais abonné(e)	vous étiez abonné(e)(s)
s'abonnait	s'abonnaient	s'était abonné(e)	s'étaient abonné(e)s

PASSÉ SIMPLE		PAST ANTERIOR	
m'abonnai	nous abonnâmes	me fus abonné(e)	nous fûmes abonné(e)s
t'abonnas	vous abonnâtes	te fus abonné(e)	vous fûtes abonné(e)(s)
s'abonna	s'abonnèrent	se fut abonné(e)	se furent abonné(e)s

FUTURE		FUTURE ANTERIOR	
m'abonnerai	nous abonnerons	me serai abonné(e)	nous serons abonné(e)s
t'abonneras	vous abonnerez	te seras abonné(e)	vous serez abonné(e)(s)
s'abonnera	s'abonneront	se sera abonné(e)	se seront abonné(e)s

CONDITIONAL		PAST CONDITIONAL	
m'abonnerais	nous abonnerions	me serais abonné(e)	nous serions abonné(e)s
t'abonnerais	vous abonneriez	te serais abonné(e)	vous seriez abonné(e)(s)
s'abonnerait	s'abonneraient	se serait abonné(e)	se seraient abonné(e)s

PRESENT SUBJUNCTIVE		PAST SUBJUNCTIVE	
m'abonne	nous abonnions	me sois abonné(e)	nous soyons abonné(e)s
t'abonnes	vous abonniez	te sois abonné(e)	vous soyez abonné(e)(s)
s'abonne	s'abonnent	se soit abonné(e)	se soient abonné(e)s

IMPERFECT SUBJUNCTIVE		PLUPERFECT SUBJUNCTIVE	
m'abonnasse	nous abonnassions	me fusse abonné(e)	nous fussions abonné(e)s
t'abonnasses	vous abonnassiez	te fusses abonné(e)	vous fussiez abonné(e)(s)
s'abonnât	s'abonnassent	se fût abonné(e)	se fussent abonné(e)s

COMMANDS

	abonnons-nous
abonne-toi	abonnez-vous

Usage

s'abonner à un magazine/à un journal	*to subscribe to a magazine/a newspaper*
s'abonner au football/au théâtre	*to get a season ticket for soccer/the theater*
abonner qqn à un magazine	*to give someone a subscription to a magazine*
abonner qqn à un sport/au théâtre	*to give someone a season ticket to a sport/ the theater*

COMPOUNDS

désabonner qqn de	*to cancel someone's subscription to*
se désabonner de	*to cancel one's (own) subscription to*
—Tu ne lis plus ce magazine?	*You don't read that magazine anymore?*
—Non, je m'en suis désabonné.	*No, I canceled my subscription.*
se réabonner à	*to renew one's subscription to*

regular *-ir* verb   **j'aboutis · j'aboutis · abouti · aboutissant**

PRESENT		PASSÉ COMPOSÉ	
aboutis	aboutissons	ai abouti	avons abouti
aboutis	aboutissez	as abouti	avez abouti
aboutit	aboutissent	a abouti	ont abouti

IMPERFECT		PLUPERFECT	
aboutissais	aboutissions	avais abouti	avions abouti
aboutissais	aboutissiez	avais abouti	aviez abouti
aboutissait	aboutissaient	avait abouti	avaient abouti

PASSÉ SIMPLE		PAST ANTERIOR	
aboutis	aboutîmes	eus abouti	eûmes abouti
aboutis	aboutîtes	eus abouti	eûtes abouti
aboutit	aboutirent	eut abouti	eurent abouti

FUTURE		FUTURE ANTERIOR	
aboutirai	aboutirons	aurai abouti	aurons abouti
aboutiras	aboutirez	auras abouti	aurez abouti
aboutira	aboutiront	aura abouti	auront abouti

CONDITIONAL		PAST CONDITIONAL	
aboutirais	aboutirions	aurais abouti	aurions abouti
aboutirais	aboutiriez	aurais abouti	auriez abouti
aboutirait	aboutiraient	aurait abouti	auraient abouti

PRESENT SUBJUNCTIVE		PAST SUBJUNCTIVE	
aboutisse	aboutissions	aie abouti	ayons abouti
aboutisses	aboutissiez	aies abouti	ayez abouti
aboutisse	aboutissent	ait abouti	aient abouti

IMPERFECT SUBJUNCTIVE		PLUPERFECT SUBJUNCTIVE	
aboutisse	aboutissions	eusse abouti	eussions abouti
aboutisses	aboutissiez	eusses abouti	eussiez abouti
aboutît	aboutissent	eût abouti	eussent abouti

COMMANDS	
	aboutissons
aboutis	aboutissez

Usage

Cette rue aboutit dans la place centrale.	*This street dead-ends at the main square.*
Sa lutte a finalement abouti.	*His struggle finally came to a head.*
Je suis déçu. Mes projets n'ont pas abouti.	*I am disappointed. My plans came to nothing.*
Il est content. Ses efforts ont abouti.	*He is happy. His efforts were successful.*
faire aboutir	*to bring to a successful conclusion*
Comment faire aboutir ces pourparlers?	*How can we bring these talks to a successful conclusion?*
L'enquête de la police n'a pas abouti.	*The police investigation was a failure.*

RELATED WORD

les tenants *(mpl)* et aboutissants *(mpl)* d'une affaire	*the ins and outs of an issue*

j'absous · j'absoudrai · absous · absolvant — irregular verb; feminine form of the past participle *absous* is *absoute*

PRESENT

absous	absolvons
absous	absolvez
absout	absolvent

PASSÉ COMPOSÉ

ai absous	avons absous
as absous	avez absous
a absous	ont absous

IMPERFECT

absolvais	absolvions
absolvais	absolviez
absolvait	absolvaient

PLUPERFECT

avais absous	avions absous
avais absous	aviez absous
avait absous	avaient absous

PASSÉ SIMPLE NOT USED

PAST ANTERIOR

eus absous	eûmes absous
eus absous	eûtes absous
eut absous	eurent absous

FUTURE

absoudrai	absoudrons
absoudras	absoudrez
absoudra	absoudront

FUTURE ANTERIOR

aurai absous	aurons absous
auras absous	aurez absous
aura absous	auront absous

CONDITIONAL

absoudrais	absoudrions
absoudrais	absoudriez
absoudrait	absoudraient

PAST CONDITIONAL

aurais absous	aurions absous
aurais absous	auriez absous
aurait absous	auraient absous

PRESENT SUBJUNCTIVE

absolve	absolvions
absolves	absolviez
absolve	absolvent

PAST SUBJUNCTIVE

aie absous	ayons absous
aies absous	ayez absous
ait absous	aient absous

IMPERFECT SUBJUNCTIVE NOT USED

PLUPERFECT SUBJUNCTIVE

eusse absous	eussions absous
eusses absous	eussiez absous
eût absous	eussent absous

COMMANDS

	absolvons
absous	absolvez

Usage

Le prêtre a absous les pénitents.	*The priest absolved the penitents.*
Elle est absoute de tous ses péchés.	*She has been forgiven for all her sins.*
Ne t'en fais pas. Je t'absous! *(humorous)*	*Don't worry. I forgive you!*

COMPOUND

dissoudre	*to dissolve*

RELATED WORDS

l'absolution (f)	*absolution/forgiveness of sin* (religious term)
donner l'absolution à qqn	*to give someone absolution* (religious term)
absolu(e)	*absolute*
absolument	*absolutely*

-er verb; spelling change:
é > è/mute e

j'accélère · j'accélérai · accéléré · accélérant

PRESENT		PASSÉ COMPOSÉ	
accélère	accélérons	ai accéléré	avons accéléré
accélères	accélérez	as accéléré	avez accéléré
accélère	accélèrent	a accéléré	ont accéléré

IMPERFECT		PLUPERFECT	
accélérais	accélérions	avais accéléré	avions accéléré
accélérais	accélériez	avais accéléré	aviez accéléré
accélérait	accéléraient	avait accéléré	avaient accéléré

PASSÉ SIMPLE		PAST ANTERIOR	
accélérai	accélérâmes	eus accéléré	eûmes accéléré
accéléras	accélérâtes	eus accéléré	eûtes accéléré
accéléra	accélérèrent	eut accéléré	eurent accéléré

FUTURE		FUTURE ANTERIOR	
accélérerai	accélérerons	aurai accéléré	aurons accéléré
accéléreras	accélérerez	auras accéléré	aurez accéléré
accélérera	accéléreront	aura accéléré	auront accéléré

CONDITIONAL		PAST CONDITIONAL	
accélérerais	accélérerions	aurais accéléré	aurions accéléré
accélérerais	accéléreriez	aurais accéléré	auriez accéléré
accélérerait	accéléreraient	aurait accéléré	auraient accéléré

PRESENT SUBJUNCTIVE		PAST SUBJUNCTIVE	
accélère	accélérions	aie accéléré	ayons accéléré
accélères	accélériez	aies accéléré	ayez accéléré
accélère	accélèrent	ait accéléré	aient accéléré

IMPERFECT SUBJUNCTIVE		PLUPERFECT SUBJUNCTIVE	
accélérasse	accélérassions	eusse accéléré	eussions accéléré
accélérasses	accélérassiez	eusses accéléré	eussiez accéléré
accélérât	accélérassent	eût accéléré	eussent accéléré

COMMANDS

	accélérons
accélère	accélérez

Usage

accélérer le mouvement/le pas	to speed up the movement/the pace
accélérer les travaux	to speed up the work
accélérer la mise en œuvre du plan	to speed up the implementation of the plan
accélérer le transfert des données	to speed up data transmission
Ici tu peux accélérer parce que la route est bonne.	Here you can go faster because the road is good.
Accélérez!	Step on the gas!
s'accélérer	to move faster
Le rythme de mon cœur s'accéléra.	My heart started to beat faster.

RELATED WORDS

l'accélérateur (m)	accelerator (car)
l'accéléré (m)	speeded-up footage in a film

accepter *to accept*

PRESENT		PASSÉ COMPOSÉ	
accepte	acceptons	ai accepté	avons accepté
acceptes	acceptez	as accepté	avez accepté
accepte	acceptent	a accepté	ont accepté

IMPERFECT		PLUPERFECT	
acceptais	acceptions	avais accepté	avions accepté
acceptais	acceptiez	avais accepté	aviez accepté
acceptait	acceptaient	avait accepté	avaient accepté

PASSÉ SIMPLE		PAST ANTERIOR	
acceptai	acceptâmes	eus accepté	eûmes accepté
acceptas	acceptâtes	eus accepté	eûtes accepté
accepta	acceptèrent	eut accepté	eurent accepté

FUTURE		FUTURE ANTERIOR	
accepterai	accepterons	aurai accepté	aurons accepté
accepteras	accepterez	auras accepté	aurez accepté
acceptera	accepteront	aura accepté	auront accepté

CONDITIONAL		PAST CONDITIONAL	
accepterais	accepterions	aurais accepté	aurions accepté
accepterais	accepteriez	aurais accepté	auriez accepté
accepterait	accepteraient	aurait accepté	auraient accepté

PRESENT SUBJUNCTIVE		PAST SUBJUNCTIVE	
accepte	acceptions	aie accepté	ayons accepté
acceptes	acceptiez	aies accepté	ayez accepté
accepte	acceptent	ait accepté	aient accepté

IMPERFECT SUBJUNCTIVE		PLUPERFECT SUBJUNCTIVE	
acceptasse	acceptassions	eusse accepté	eussions accepté
acceptasses	acceptassiez	eusses accepté	eussiez accepté
acceptât	acceptassent	eût accepté	eussent accepté

COMMANDS	
	acceptons
accepte	acceptez

Usage

accepter une invitation	*to accept an invitation*
accepter un défi	*to accept a challenge*
Ce professeur accepte tout de ses élèves.	*That teacher puts up with anything from his students.*
Accepte cette perte comme une leçon.	*Take that loss as a lesson.*
Je n'accepte pas que ma vie soit ennuyeuse.	*I can't accept that my life might be boring.*
Il n'accepte pas que son fils abandonne ses études.	*He can't agree to his son's quitting school.*
Je n'accepte pas ton explication.	*I don't buy your explanation.*

RELATED WORD

l'acception (*f*)	*meaning of a word*

regular -er verb   **j'accompagne · j'accompagnai · accompagné · accompagnant**

PRESENT

accompagne	accompagnons
accompagnes	accompagnez
accompagne	accompagnent

IMPERFECT

accompagnais	accompagnions
accompagnais	accompagniez
accompagnait	accompagnaient

PASSÉ SIMPLE

accompagnai	accompagnâmes
accompagnas	accompagnâtes
accompagna	accompagnèrent

FUTURE

accompagnerai	accompagnerons
accompagneras	accompagnerez
accompagnera	accompagneront

CONDITIONAL

accompagnerais	accompagnerions
accompagnerais	accompagneriez
accompagnerait	accompagneraient

PRESENT SUBJUNCTIVE

accompagne	accompagnions
accompagnes	accompagniez
accompagne	accompagnent

IMPERFECT SUBJUNCTIVE

accompagnasse	accompagnassions
accompagnasses	accompagnassiez
accompagnât	accompagnassent

COMMANDS

	accompagnons
accompagne	accompagnez

PASSÉ COMPOSÉ

ai accompagné	avons accompagné
as accompagné	avez accompagné
a accompagné	ont accompagné

PLUPERFECT

avais accompagné	avions accompagné
avais accompagné	aviez accompagné
avait accompagné	avaient accompagné

PAST ANTERIOR

eus accompagné	eûmes accompagné
eus accompagné	eûtes accompagné
eut accompagné	eurent accompagné

FUTURE ANTERIOR

aurai accompagné	aurons accompagné
auras accompagné	aurez accompagné
aura accompagné	auront accompagné

PAST CONDITIONAL

aurais accompagné	aurions accompagné
aurais accompagné	auriez accompagné
aurait accompagné	auraient accompagné

PAST SUBJUNCTIVE

aie accompagné	ayons accompagné
aies accompagné	ayez accompagné
ait accompagné	aient accompagné

PLUPERFECT SUBJUNCTIVE

eusse accompagné	eussions accompagné
eusses accompagné	eussiez accompagné
eût accompagné	eussent accompagné

Usage

Je ne suis pas accompagné.	*I'm alone./I've come alone.*
Il n'y a aucune carte qui accompagne ce cadeau?	*There's no card with this gift?*
un bifteck accompagné de champignons	*a steak with mushrooms*
Un pianiste accompagne la flûtiste.	*A pianist accompanies the flutist.*

COMPOUND

raccompagner qqn	*to walk someone home*
—Bon, je m'en vais.	*Well, I'm leaving.*
—Attends, je te raccompagne.	*Wait, I'll walk you home.*

accomplir *to accomplish, achieve*

j'accomplis · j'accomplis · accompli · accomplissant   regular -*ir* verb

PRESENT

accomplis	accomplissons
accomplis	accomplissez
accomplit	accomplissent

IMPERFECT

accomplissais	accomplissions
accomplissais	accomplissiez
accomplissait	accomplissaient

PASSÉ SIMPLE

accomplis	accomplîmes
accomplis	accomplîtes
accomplit	accomplirent

FUTURE

accomplirai	accomplirons
accompliras	accomplirez
accomplira	accompliront

CONDITIONAL

accomplirais	accomplirions
accomplirais	accompliriez
accomplirait	accompliraient

PRESENT SUBJUNCTIVE

accomplisse	accomplissions
accomplisses	accomplissiez
accomplisse	accomplissent

IMPERFECT SUBJUNCTIVE

accomplisse	accomplissions
accomplisses	accomplissiez
accomplît	accomplissent

COMMANDS

	accomplissons
accomplis	accomplissez

PASSÉ COMPOSÉ

ai accompli	avons accompli
as accompli	avez accompli
a accompli	ont accompli

PLUPERFECT

avais accompli	avions accompli
avais accompli	aviez accompli
avait accompli	avaient accompli

PAST ANTERIOR

eus accompli	eûmes accompli
eus accompli	eûtes accompli
eut accompli	eurent accompli

FUTURE ANTERIOR

aurai accompli	aurons accompli
auras accompli	aurez accompli
aura accompli	auront accompli

PAST CONDITIONAL

aurais accompli	aurions accompli
aurais accompli	auriez accompli
aurait accompli	auraient accompli

PAST SUBJUNCTIVE

aie accompli	ayons accompli
aies accompli	ayez accompli
ait accompli	aient accompli

PLUPERFECT SUBJUNCTIVE

eusse accompli	eussions accompli
eusses accompli	eussiez accompli
eût accompli	eussent accompli

Usage

accomplir une chose	to achieve something/complete something
accomplir un devoir	to do/fulfill one's duty
accomplir une tâche	to accomplish/finish a task
Nous avons accompli ce qu'on a décidé de faire.	We carried out what we decided to do.
accomplir une promesse	to fulfill a promise
accomplir un geste en faveur de qqn	to make a gesture to help someone
accomplir une mauvaise action	to commit an evil act
accomplir un travail	to do/perform a job

RELATED WORDS

un fait accompli	a done deed
l'accomplissement (*m*)	accomplishment/fulfillment/achievement

regular *-er* verb   **j'accroche · j'accrochai · accroché · accrochant**

PRESENT

accroche	accrochons
accroches	accrochez
accroche	accrochent

PASSÉ COMPOSÉ

ai accroché	avons accroché
as accroché	avez accroché
a accroché	ont accroché

IMPERFECT

accrochais	accrochions
accrochais	accrochiez
accrochait	accrochaient

PLUPERFECT

avais accroché	avions accroché
avais accroché	aviez accroché
avait accroché	avaient accroché

PASSÉ SIMPLE

accrochai	accrochâmes
accrochas	accrochâtes
accrocha	accrochèrent

PAST ANTERIOR

eus accroché	eûmes accroché
eus accroché	eûtes accroché
eut accroché	eurent accroché

FUTURE

accrocherai	accrocherons
accrocheras	accrocherez
accrochera	accrocheront

FUTURE ANTERIOR

aurai accroché	aurons accroché
auras accroché	aurez accroché
aura accroché	auront accroché

CONDITIONAL

accrocherais	accrocherions
accrocherais	accrocheriez
accrocherait	accrocheraient

PAST CONDITIONAL

aurais accroché	aurions accroché
aurais accroché	auriez accroché
aurait accroché	auraient accroché

PRESENT SUBJUNCTIVE

accroche	accrochions
accroches	accrochiez
accroche	accrochent

PAST SUBJUNCTIVE

aie accroché	ayons accroché
aies accroché	ayez accroché
ait accroché	aient accroché

IMPERFECT SUBJUNCTIVE

accrochasse	accrochassions
accrochasses	accrochassiez
accrochât	accrochassent

PLUPERFECT SUBJUNCTIVE

eusse accroché	eussions accroché
eusses accroché	eussiez accroché
eût accroché	eussent accroché

COMMANDS

	accrochons
accroche	accrochez

Usage

accrocher des tableaux/une affiche au mur	*to hang pictures/a poster on the wall*
accrocher sa veste	*to hang up one's jacket*
La voiture a accroché un camion.	*The car collided with a truck.*
s'accrocher	*to hold on*
Accroche-toi bien!	*Hold on tight!*
s'accrocher avec qqn *(slang)*	*to pester someone*
Il s'accroche au chef. *(slang)*	*He's always hanging around the boss.*
se l'accrocher *(slang)*	*to kiss it good-bye*
Tu peux te l'accrocher, tu sais! *(slang)*	*You can kiss it good-bye, you know!*

RELATED WORD

le crochet	*hook*

accroître	*to increase*

PRESENT

		PASSÉ COMPOSÉ	
accrois	accroissons	ai accru	avons accru
accrois	accroissez	as accru	avez accru
accroît	accroissent	a accru	ont accru

IMPERFECT

		PLUPERFECT	
accroissais	accroissions	avais accru	avions accru
accroissais	accroissiez	avais accru	aviez accru
accroissait	accroissaient	avait accru	avaient accru

PASSÉ SIMPLE

		PAST ANTERIOR	
accrus	accrûmes	eus accru	eûmes accru
accrus	accrûtes	eus accru	eûtes accru
accrut	accrurent	eut accru	eurent accru

FUTURE

		FUTURE ANTERIOR	
accroîtrai	accroîtrons	aurai accru	aurons accru
accroîtras	accroîtrez	auras accru	aurez accru
accroîtra	accroîtront	aura accru	auront accru

CONDITIONAL

		PAST CONDITIONAL	
accroîtrais	accroîtrions	aurais accru	aurions accru
accroîtrais	accroîtriez	aurais accru	auriez accru
accroîtrait	accroîtraient	aurait accru	auraient accru

PRESENT SUBJUNCTIVE

		PAST SUBJUNCTIVE	
accroisse	accroissions	aie accru	ayons accru
accroisses	accroissiez	aies accru	ayez accru
accroisse	accroissent	ait accru	aient accru

IMPERFECT SUBJUNCTIVE

		PLUPERFECT SUBJUNCTIVE	
accrusse	accrussions	eusse accru	eussions accru
accrusses	accrussiez	eusses accru	eussiez accru
accrût	accrussent	eût accru	eussent accru

COMMANDS

	accroissons
accrois	accroissez

Usage

accroître la production agricole/industrielle	*to increase agricultural/industrial production*
Le propriétaire a accru la surface de l'usine.	*The owner increased the floor space of the factory.*
s'accroître	*to increase*
La richesse du pays s'est accrue.	*The country's wealth increased.*
Mon intérêt s'est accru.	*My interest increased.*
Sa fureur s'accroissait.	*His fury was growing.*
L'amitié entre les deux jeunes gens s'accrut.	*The friendship between the two young men grew.*
Le nombre de touristes s'accroîtra cette année.	*The number of tourists will grow this year.*

PRESENT

accueille	accueillons
accueilles	accueillez
accueille	accueillent

PASSÉ COMPOSÉ

ai accueilli	avons accueilli
as accueilli	avez accueilli
a accueilli	ont accueilli

IMPERFECT

accueillais	accueillions
accueillais	accueilliez
accueillait	accueillaient

PLUPERFECT

avais accueilli	avions accueilli
avais accueilli	aviez accueilli
avait accueilli	avaient accueilli

PASSÉ SIMPLE

accueillis	accueillîmes
accueillis	accueillîtes
accueillit	accueillirent

PAST ANTERIOR

eus accueilli	eûmes accueilli
eus accueilli	eûtes accueilli
eut accueilli	eurent accueilli

FUTURE

accueillerai	accueillerons
accueilleras	accueillerez
accueillera	accueilleront

FUTURE ANTERIOR

aurai accueilli	aurons accueilli
auras accueilli	aurez accueilli
aura accueilli	auront accueilli

CONDITIONAL

accueillerais	accueillerions
accueillerais	accueilleriez
accueillerait	accueilleraient

PAST CONDITIONAL

aurais accueilli	aurions accueilli
aurais accueilli	auriez accueilli
aurait accueilli	auraient accueilli

PRESENT SUBJUNCTIVE

accueille	accueillions
accueilles	accueilliez
accueille	accueillent

PAST SUBJUNCTIVE

aie accueilli	ayons accueilli
aies accueilli	ayez accueilli
ait accueilli	aient accueilli

IMPERFECT SUBJUNCTIVE

accueillisse	accueillissions
accueillisses	accueillissiez
accueillît	accueillissent

PLUPERFECT SUBJUNCTIVE

eusse accueilli	eussions accueilli
eusses accueilli	eussiez accueilli
eût accueilli	eussent accueilli

COMMANDS

	accueillons
accueille	accueillez

Usage

La France a accueilli de nombreux réfugiés.	*France took in a good number of refugees.*
Cette auberge accueille les jeunes voyageurs.	*This hostel takes in/lodges young travelers.*
Ils nous ont bien accueillis.	*They gave us a warm welcome.*
Des cris de joie ont accueilli l'équipe.	*Cries of joy greeted the (victorious) team.*
Le peuple a mal accueilli la nouvelle loi.	*The people gave a cool reception to the new law.*

RELATED WORDS

l'accueil (*m*)	*welcome; reception office*
Demandez à l'accueil.	*Ask at the reception desk.*
un accueil chaleureux	*a warm welcome*
On leur a fait bon accueil.	*They were given a warm welcome.*

accuser _to accuse_

j'accuse · j'accusai · accusé · accusant

regular -er verb

PRESENT

accuse	accusons
accuses	accusez
accuse	accusent

PASSÉ COMPOSÉ

ai accusé	avons accusé
as accusé	avez accusé
a accusé	ont accusé

IMPERFECT

accusais	accusions
accusais	accusiez
accusait	accusaient

PLUPERFECT

avais accusé	avions accusé
avais accusé	aviez accusé
avait accusé	avaient accusé

PASSÉ SIMPLE

accusai	accusâmes
accusas	accusâtes
accusa	accusèrent

PAST ANTERIOR

eus accusé	eûmes accusé
eus accusé	eûtes accusé
eut accusé	eurent accusé

FUTURE

accuserai	accuserons
accuseras	accuserez
accusera	accuseront

FUTURE ANTERIOR

aurai accusé	aurons accusé
auras accusé	aurez accusé
aura accusé	auront accusé

CONDITIONAL

accuserais	accuserions
accuserais	accuseriez
accuserait	accuseraient

PAST CONDITIONAL

aurais accusé	aurions accusé
aurais accusé	auriez accusé
aurait accusé	auraient accusé

PRESENT SUBJUNCTIVE

accuse	accusions
accuses	accusiez
accuse	accusent

PAST SUBJUNCTIVE

aie accusé	ayons accusé
aies accusé	ayez accusé
ait accusé	aient accusé

IMPERFECT SUBJUNCTIVE

accusasse	accusassions
accusasses	accusassiez
accusât	accusassent

PLUPERFECT SUBJUNCTIVE

eusse accusé	eussions accusé
eusses accusé	eussiez accusé
eût accusé	eussent accusé

COMMANDS

	accusons
accuse	accusez

Usage

accuser qqn d'un crime	_to accuse someone of a crime_
accuser qqn de vol	_to accuse someone of theft_
accuser qqn de meurtre	_to accuse someone of murder_
accuser qqn sans preuves	_to accuse someone without proof_
accuser le destin/le sort/les événements	_to blame destiny/fate/events_
Vous n'avez pas le droit de m'accuser!	_You have no right to accuse me!_
J'accuse!	_I accuse!_ (famous 1898 manifesto by Émile Zola in the Dreyfus case)

RELATED WORDS

l'accusé(e)	_the defendant/the accused_
l'accusation (_f_)	_accusation/charge_
accusé(e)	_marked/noticeable_

-er verb; spelling change: é > è/mute e | **j'achète · j'achetai · acheté · achetant**

PRESENT		PASSÉ COMPOSÉ	
achète	achetons	ai acheté	avons acheté
achètes	achetez	as acheté	avez acheté
achète	achètent	a acheté	ont acheté

IMPERFECT		PLUPERFECT	
achetais	achetions	avais acheté	avions acheté
achetais	achetiez	avais acheté	aviez acheté
achetait	achetaient	avait acheté	avaient acheté

PASSÉ SIMPLE		PAST ANTERIOR	
achetai	achetâmes	eus acheté	eûmes acheté
achetas	achetâtes	eus acheté	eûtes acheté
acheta	achetèrent	eut acheté	eurent acheté

FUTURE		FUTURE ANTERIOR	
achèterai	achèterons	aurai acheté	aurons acheté
achèteras	achèterez	auras acheté	aurez acheté
achètera	achèteront	aura acheté	auront acheté

CONDITIONAL		PAST CONDITIONAL	
achèterais	achèterions	aurais acheté	aurions acheté
achèterais	achèteriez	aurais acheté	auriez acheté
achèterait	achèteraient	aurait acheté	auraient acheté

PRESENT SUBJUNCTIVE		PAST SUBJUNCTIVE	
achète	achetions	aie acheté	ayons acheté
achètes	achetiez	aies acheté	ayez acheté
achète	achètent	ait acheté	aient acheté

IMPERFECT SUBJUNCTIVE		PLUPERFECT SUBJUNCTIVE	
achetasse	achetassions	eusse acheté	eussions acheté
achetasses	achetassiez	eusses acheté	eussiez acheté
achetât	achetassent	eût acheté	eussent acheté

COMMANDS

	achetons
achète	achetez

Usage

NOTE: *Acheter* is often followed by the partitive, especially when talking about buying food.

acheter qqch	*to buy something*
acheter de la viande	*to buy meat*
acheter des légumes	*to buy vegetables*
acheter des fruits	*to buy fruit*
acheter du café	*to buy coffee*

RELATED WORDS

l'achat *(m)*	*purchase*
les achats *(mpl)*	*shopping*
un centre d'achats	*shopping center* (Canadian term)
l'acheteur *(m)*/acheteuse *(f)*	*buyer*

TOP 30 VERB ☞

j'achète · j'achetai · acheté · achetant   -er verb; spelling change: é > è/mute e

Qu'est-ce qu'on achète?

acheter des cadeaux de Noël	*to buy Christmas gifts*
acheter un bijou/un diamant pour sa fiancée	*to buy a jewel/a diamond for one's fiancée*

Les rapports entre acheteurs et vendeurs

acheter qqch à qqn	*to buy something for someone*
Regarde! Je t'ai acheté un pain au chocolat.	*Look! I've bought you a chocolate croissant.*
Si tu descends, achète-moi le journal.	*If you're going down, buy me the paper.*

(Notice that the same structure can have the opposite meaning.)

acheter qqch à qqn	*to buy something from someone*
Nous achetons notre café à cet épicier.	*We buy our coffee from this grocer.*
À qui as-tu acheté cette vieille voiture?	*From whom did you buy that old car?*

Comment acheter?

acheter qqch bon marché	*to buy something cheap*
acheter qqch très cher	*to pay a lot for something*
acheter qqch d'occasion	*to buy something used, secondhand*
acheter en gros	*to buy wholesale*
acheter au détail	*to buy retail*
acheter à crédit	*to buy on credit*
acheter au comptant	*to buy with cash*

La joie d'acheter

Ma mère adore acheter.	*My mother loves to shop.*
Demain je vais faire des achats.	*Tomorrow I'm going to do some shopping.*
En décembre les magasins sont pleins d'acheteurs.	*In December the stores are full of shoppers.*
Tout le monde fait ses achats de Noël.	*Everyone is doing his Christmas shopping.*

acheter et la corruption

acheter des électeurs	*to buy votes*
acheter un juge/un ministre	*to bribe a judge/a high government official*
acheter la loyauté de qqn	*to buy someone's loyalty*

racheter

le rachat	*repurchase; ransom*
racheter une propriété	*to buy back a piece of property*
Il m'a racheté cette vieille maison.	*He took that old house off my hands.*
racheter un prisonnier	*to ransom a prisoner*

TOP 30 VERBS

-er verb; spelling change: é > è/mute e | **j'achève · j'achevai · achevé · achevant**

PRESENT		PASSÉ COMPOSÉ	
achève	achevons	ai achevé	avons achevé
achèves	achevez	as achevé	avez achevé
achève	achèvent	a achevé	ont achevé

IMPERFECT		PLUPERFECT	
achevais	achevions	avais achevé	avions achevé
achevais	acheviez	avais achevé	aviez achevé
achevait	achevaient	avait achevé	avaient achevé

PASSÉ SIMPLE		PAST ANTERIOR	
achevai	achevâmes	eus achevé	eûmes achevé
achevas	achevâtes	eus achevé	eûtes achevé
acheva	achevèrent	eut achevé	eurent achevé

FUTURE		FUTURE ANTERIOR	
achèverai	achèverons	aurai achevé	aurons achevé
achèveras	achèverez	auras achevé	aurez achevé
achèvera	achèveront	aura achevé	auront achevé

CONDITIONAL		PAST CONDITIONAL	
achèverais	achèverions	aurais achevé	aurions achevé
achèverais	achèveriez	aurais achevé	auriez achevé
achèverait	achèveraient	aurait achevé	auraient achevé

PRESENT SUBJUNCTIVE		PAST SUBJUNCTIVE	
achève	achevions	aie achevé	ayons achevé
achèves	acheviez	aies achevé	ayez achevé
achève	achèvent	ait achevé	aient achevé

IMPERFECT SUBJUNCTIVE		PLUPERFECT SUBJUNCTIVE	
achevasse	achevassions	eusse achevé	eussions achevé
achevasses	achevassiez	eusses achevé	eussiez achevé
achevât	achevassent	eût achevé	eussent achevé

COMMANDS	
	achevons
achève	achevez

Usage

achever qqch	*to finish something*
achever son déjeuner	*to finish one's lunch*
achever le projet	*to complete the project*
achever sa tâche	*to finish one's task*
achever la lecture du roman	*to finish reading the novel*
achever le travail	*to finish the work*
achever sa lettre	*to finish one's letter*
achever sa réponse	*to finish one's answer*
Le peintre a achevé son tableau.	*The painter finished his painting.*
L'écrivain a achevé son conte.	*The writer finished his short story.*
L'avocat a achevé son plaidoyer.	*The lawyer finished his plea.*
L'informaticien a achevé son logiciel.	*The computer specialist finished his software program.*

PRESENT

acquiers	acquérons
acquiers	acquérez
acquiert	acquièrent

IMPERFECT

acquérais	acquérions
acquérais	acquériez
acquérait	acquéraient

PASSÉ SIMPLE

acquis	acquîmes
acquis	acquîtes
acquit	acquirent

FUTURE

acquerrai	acquerrons
acquerras	acquerrez
acquerra	acquerront

CONDITIONAL

acquerrais	acquerrions
acquerrais	acquerriez
acquerrait	acquerraient

PRESENT SUBJUNCTIVE

acquière	acquérions
acquières	acquériez
acquière	acquièrent

IMPERFECT SUBJUNCTIVE

acquisse	acquissions
acquisses	acquissiez
acquît	acquissent

COMMANDS

	acquérons
acquiers	acquérez

PASSÉ COMPOSÉ

ai acquis	avons acquis
as acquis	avez acquis
a acquis	ont acquis

PLUPERFECT

avais acquis	avions acquis
avais acquis	aviez acquis
avait acquis	avaient acquis

PAST ANTERIOR

eus acquis	eûmes acquis
eus acquis	eûtes acquis
eut acquis	eurent acquis

FUTURE ANTERIOR

aurai acquis	aurons acquis
auras acquis	aurez acquis
aura acquis	auront acquis

PAST CONDITIONAL

aurais acquis	aurions acquis
aurais acquis	auriez acquis
aurait acquis	auraient acquis

PAST SUBJUNCTIVE

aie acquis	ayons acquis
aies acquis	ayez acquis
ait acquis	aient acquis

PLUPERFECT SUBJUNCTIVE

eusse acquis	eussions acquis
eusses acquis	eussiez acquis
eût acquis	eussent acquis

Usage

acquérir un terrain	to purchase a piece of land
acquérir un terrain par succession	to inherit a piece of land
acquérir une grande renommée	to acquire fame

RELATED WORDS

C'est un fait acquis.	It's an established fact.
Il est acquis que...	It's established that . . .
Je vous suis tout acquis/tout acquise.	I'm all yours.
Je suis acquis(e) à cette idée.	I've come to be an advocate of that idea.
un acquis, de l'acquis	acquired knowledge
Les langues sont un acquis important.	Languages are a valuable acquisition.
une acquisition	purchase/acquisition
faire l'acquisition d'un immeuble	to buy an apartment building

irregular verb; only one *t* in the singular of the present tense

j'admets · j'admis · admis · admettant

PRESENT		PASSÉ COMPOSÉ	
admets	admettons	ai admis	avons admis
admets	admettez	as admis	avez admis
admet	admettent	a admis	ont admis

IMPERFECT		PLUPERFECT	
admettais	admettions	avais admis	avions admis
admettais	admettiez	avais admis	aviez admis
admettait	admettaient	avait admis	avaient admis

PASSÉ SIMPLE		PAST ANTERIOR	
admis	admîmes	eus admis	eûmes admis
admis	admîtes	eus admis	eûtes admis
admit	admirent	eut admis	eurent admis

FUTURE		FUTURE ANTERIOR	
admettrai	admettrons	aurai admis	aurons admis
admettras	admettrez	auras admis	aurez admis
admettra	admettront	aura admis	auront admis

CONDITIONAL		PAST CONDITIONAL	
admettrais	admettrions	aurais admis	aurions admis
admettrais	admettriez	aurais admis	auriez admis
admettrait	admettraient	aurait admis	auraient admis

PRESENT SUBJUNCTIVE		PAST SUBJUNCTIVE	
admette	admettions	aie admis	ayons admis
admettes	admettiez	aies admis	ayez admis
admette	admettent	ait admis	aient admis

IMPERFECT SUBJUNCTIVE		PLUPERFECT SUBJUNCTIVE	
admisse	admissions	eusse admis	eussions admis
admisses	admissiez	eusses admis	eussiez admis
admît	admissent	eût admis	eussent admis

COMMANDS	
	admettons
admets	admettez

Usage

Les animaux ne sont pas admis dans ce restaurant.	*Animals are not allowed in this restaurant.*
Il admet que nous avons raison.	*He admits we are right.*
Le ton de son ordre n'admet pas d'objection.	*The tone of his order doesn't allow any objections.*
Cette règle n'admet pas d'exception.	*This rule allows no exceptions.*
Ma fille a été admise au concours!	*My daughter passed the exam!*
Admettons qu'il sache le faire.	*Let's suppose he knows how to do it.*
En admettant qu'il puisse apparaître...	*Assuming that he might appear . . .*
Il est admis que...	*It's an accepted fact that . . .*
se faire admettre à un club	*to get accepted to a club*

RELATED WORD

l'admission (*f*) au concours	*passing the test*

admirer *to admire*

j'admire · j'admirai · admiré · admirant

regular -er verb

PRESENT		PASSÉ COMPOSÉ	
admire	admirons	ai admiré	avons admiré
admires	admirez	as admiré	avez admiré
admire	admirent	a admiré	ont admiré

IMPERFECT		PLUPERFECT	
admirais	admirions	avais admiré	avions admiré
admirais	admiriez	avais admiré	aviez admiré
admirait	admiraient	avait admiré	avaient admiré

PASSÉ SIMPLE		PAST ANTERIOR	
admirai	admirâmes	eus admiré	eûmes admiré
admiras	admirâtes	eus admiré	eûtes admiré
admira	admirèrent	eut admiré	eurent admiré

FUTURE		FUTURE ANTERIOR	
admirerai	admirerons	aurai admiré	aurons admiré
admireras	admirerez	auras admiré	aurez admiré
admirera	admireront	aura admiré	auront admiré

CONDITIONAL		PAST CONDITIONAL	
admirerais	admirerions	aurais admiré	aurions admiré
admirerais	admireriez	aurais admiré	auriez admiré
admirerait	admireraient	aurait admiré	auraient admiré

PRESENT SUBJUNCTIVE		PAST SUBJUNCTIVE	
admire	admirions	aie admiré	ayons admiré
admires	admiriez	aies admiré	ayez admiré
admire	admirent	ait admiré	aient admiré

IMPERFECT SUBJUNCTIVE		PLUPERFECT SUBJUNCTIVE	
admirasse	admirassions	eusse admiré	eussions admiré
admirasses	admirassiez	eusses admiré	eussiez admiré
admirât	admirassent	eût admiré	eussent admiré

COMMANDS	
	admirons
admire	admirez

Usage

Jacquot admire son père.	*Jacquot admires his father.*
Les étudiants admirent leur professeur.	*The students admire their teacher.*
J'admire votre franchise.	*I admire your frankness.*
Nous admirons la compétence de ce joueur de football.	*We admire the ability of this soccer player.*

RELATED WORDS

l'admiration (*f*)	*admiration*
Nous sommes remplis d'admiration pour nos soldats.	*We are filled with admiration for our soldiers.*
Je trouve que votre courage est admirable.	*I find your courage admirable.*
Sa maîtrise de la langue allemande est admirable.	*His mastery/command of the German language is admirable.*

regular -er verb

j'adore · j'adorai · adoré · adorant

PRESENT

adore	adorons
adores	adorez
adore	adorent

PASSÉ COMPOSÉ

ai adoré	avons adoré
as adoré	avez adoré
a adoré	ont adoré

IMPERFECT

adorais	adorions
adorais	adoriez
adorait	adoraient

PLUPERFECT

avais adoré	avions adoré
avais adoré	aviez adoré
avait adoré	avaient adoré

PASSÉ SIMPLE

adorai	adorâmes
adoras	adorâtes
adora	adorèrent

PAST ANTERIOR

eus adoré	eûmes adoré
eus adoré	eûtes adoré
eut adoré	eurent adoré

FUTURE

adorerai	adorerons
adoreras	adorerez
adorera	adoreront

FUTURE ANTERIOR

aurai adoré	aurons adoré
auras adoré	aurez adoré
aura adoré	auront adoré

CONDITIONAL

adorerais	adorerions
adorerais	adoreriez
adorerait	adoreraient

PAST CONDITIONAL

aurais adoré	aurions adoré
aurais adoré	auriez adoré
aurait adoré	auraient adoré

PRESENT SUBJUNCTIVE

adore	adorions
adores	adoriez
adore	adorent

PAST SUBJUNCTIVE

aie adoré	ayons adoré
aies adoré	ayez adoré
ait adoré	aient adoré

IMPERFECT SUBJUNCTIVE

adorasse	adorassions
adorasses	adorassiez
adorât	adorassent

PLUPERFECT SUBJUNCTIVE

eusse adoré	eussions adoré
eusses adoré	eussiez adoré
eût adoré	eussent adoré

COMMANDS

	adorons
adore	adorez

Usage

adorer le Seigneur	*to worship the Lord*
J'adore ce chanteur.	*I love that singer.*
Cet enfant adore le pain au chocolat.	*This child loves chocolate croissants.*
adorer faire qqch	*to love to do something*
J'adore nager dans un lac.	*I love to swim in a lake.*
J'adore regarder les matchs à la télé.	*I love watching sports on TV.*
Elle adore recevoir des cadeaux.	*She loves getting gifts.*

RELATED WORDS

l'adoration *(f)*	*worship/adoration*
adorable	*adorable/very cute*
Votre fille est adorable.	*Your daughter is adorable.*

agacer *to irritate, annoy, pester*

j'agace · j'agaçai · agacé · agaçant   -er verb; spelling change: c > ç/a, o

PRESENT		PASSÉ COMPOSÉ	
agace	agaçons	ai agacé	avons agacé
agaces	agacez	as agacé	avez agacé
agace	agacent	a agacé	ont agacé

IMPERFECT		PLUPERFECT	
agaçais	agacions	avais agacé	avions agacé
agaçais	agaciez	avais agacé	aviez agacé
agaçait	agaçaient	avait agacé	avaient agacé

PASSÉ SIMPLE		PAST ANTERIOR	
agaçai	agaçâmes	eus agacé	eûmes agacé
agaças	agaçâtes	eus agacé	eûtes agacé
agaça	agacèrent	eut agacé	eurent agacé

FUTURE		FUTURE ANTERIOR	
agacerai	agacerons	aurai agacé	aurons agacé
agaceras	agacerez	auras agacé	aurez agacé
agacera	agaceront	aura agacé	auront agacé

CONDITIONAL		PAST CONDITIONAL	
agacerais	agacerions	aurais agacé	aurions agacé
agacerais	agaceriez	aurais agacé	auriez agacé
agacerait	agaceraient	aurait agacé	auraient agacé

PRESENT SUBJUNCTIVE		PAST SUBJUNCTIVE	
agace	agacions	aie agacé	ayons agacé
agaces	agaciez	aies agacé	ayez agacé
agace	agacent	ait agacé	aient agacé

IMPERFECT SUBJUNCTIVE		PLUPERFECT SUBJUNCTIVE	
agaçasse	agaçassions	eusse agacé	eussions agacé
agaçasses	agaçassiez	eusses agacé	eussiez agacé
agaçât	agaçassent	eût agacé	eussent agacé

COMMANDS			
	agaçons		
agace	agacez		

Usage

agacer qqn	*to pester someone/get on someone's nerves*
Arrête! Tu m'agaces!	*Stop! You're getting on my nerves!*
Ses remarques m'ont agacé les nerfs.	*His remarks got on my nerves.*
Le chahut de la rue commence à m'agacer.	*The ruckus from the street is starting to get on my nerves.*
Nous étions drôlement agacés de le voir.	*We were pretty irritated at seeing him.*

RELATED WORDS

agaçant(e)	*irritating/annoying*
Tous ces potins sont agaçants.	*All this gossip is annoying.*
l'agacement *(m)*	*irritated annoyance*
Le chef a répondu avec agacement.	*The boss answered in an irritated manner.*

regular *-ir* verb | j'agis · j'agis · agi · agissant

PRESENT

agis	agissons
agis	agissez
agit	agissent

IMPERFECT

agissais	agissions
agissais	agissiez
agissait	agissaient

PASSÉ SIMPLE

agis	agîmes
agis	agîtes
agit	agirent

FUTURE

agirai	agirons
agiras	agirez
agira	agiront

CONDITIONAL

agirais	agirions
agirais	agiriez
agirait	agiraient

PRESENT SUBJUNCTIVE

agisse	agissions
agisses	agissiez
agisse	agissent

IMPERFECT SUBJUNCTIVE

agisse	agissions
agisses	agissiez
agît	agissent

COMMANDS

	agissons
agis	agissez

PASSÉ COMPOSÉ

ai agi	avons agi
as agi	avez agi
a agi	ont agi

PLUPERFECT

avais agi	avions agi
avais agi	aviez agi
avait agi	avaient agi

PAST ANTERIOR

eus agi	eûmes agi
eus agi	eûtes agi
eut agi	eurent agi

FUTURE ANTERIOR

aurai agi	aurons agi
auras agi	aurez agi
aura agi	auront agi

PAST CONDITIONAL

aurais agi	aurions agi
aurais agi	auriez agi
aurait agi	auraient agi

PAST SUBJUNCTIVE

aie agi	ayons agi
aies agi	ayez agi
ait agi	aient agi

PLUPERFECT SUBJUNCTIVE

eusse agi	eussions agi
eusses agi	eussiez agi
eût agi	eussent agi

Usage

Il faut agir!	*We have to act!/We have to do something!*
Il faut agir tout de suite!	*We have to do something right away!*
agir à temps	*to act/take action in time*
agir seul(e)	*to act alone/go it alone*
agir sagement	*to act wisely/intelligently*
agir en ami	*to act as a friend*
agir en conseiller	*to act/conduct oneself as an adviser/consultant*
agir en chef	*to behave the way a boss does/should*
Mais tu agis comme un bébé.	*But you're acting like a baby.*
Quand est-ce que vous déciderez d'agir?	*When will you decide to act/to take action?*

aider *to help*

j'aide · j'aidai · aidé · aidant

regular -er verb

PRESENT		PASSÉ COMPOSÉ	
aide	aidons	ai aidé	avons aidé
aides	aidez	as aidé	avez aidé
aide	aident	a aidé	ont aidé

IMPERFECT		PLUPERFECT	
aidais	aidions	avais aidé	avions aidé
aidais	aidiez	avais aidé	aviez aidé
aidait	aidaient	avait aidé	avaient aidé

PASSÉ SIMPLE		PAST ANTERIOR	
aidai	aidâmes	eus aidé	eûmes aidé
aidas	aidâtes	eus aidé	eûtes aidé
aida	aidèrent	eut aidé	eurent aidé

FUTURE		FUTURE ANTERIOR	
aiderai	aiderons	aurai aidé	aurons aidé
aideras	aiderez	auras aidé	aurez aidé
aidera	aideront	aura aidé	auront aidé

CONDITIONAL		PAST CONDITIONAL	
aiderais	aiderions	aurais aidé	aurions aidé
aiderais	aideriez	aurais aidé	auriez aidé
aiderait	aideraient	aurait aidé	auraient aidé

PRESENT SUBJUNCTIVE		PAST SUBJUNCTIVE	
aide	aidions	aie aidé	ayons aidé
aides	aidiez	aies aidé	ayez aidé
aide	aident	ait aidé	aient aidé

IMPERFECT SUBJUNCTIVE		PLUPERFECT SUBJUNCTIVE	
aidasse	aidassions	eusse aidé	eussions aidé
aidasses	aidassiez	eusses aidé	eussiez aidé
aidât	aidassent	eût aidé	eussent aidé

COMMANDS	
	aidons
aide	aidez

Usage

Je peux t'aider à laver la vaisselle?	*Can I help you do the dishes?*
le temps aidant	*in the course of time*
Le temps aidant, ils se sont raccommodés.	*In the course of time, they made up.*
La télé m'aide à passer le temps.	*The TV helps me pass the time.*

RELATED WORDS

l'aide *(f)*	*help*
Je te remercie de ton aide.	*I thank you for your help.*
Il l'a fait sans notre aide.	*He did it without our help.*
un/une aide	*assistant*
un/une aide de laboratoire	*a laboratory assistant*

PROVERB

Aide-toi, le ciel t'aidera.	*Heaven helps those who help themselves.*

regular -*er* verb | j'aime · j'aimai · aimé · aimant

PRESENT

aime	aimons
aimes	aimez
aime	aiment

PASSÉ COMPOSÉ

ai aimé	avons aimé
as aimé	avez aimé
a aimé	ont aimé

IMPERFECT

aimais	aimions
aimais	aimiez
aimait	aimaient

PLUPERFECT

avais aimé	avions aimé
avais aimé	aviez aimé
avait aimé	avaient aimé

PASSÉ SIMPLE

aimai	aimâmes
aimas	aimâtes
aima	aimèrent

PAST ANTERIOR

eus aimé	eûmes aimé
eus aimé	eûtes aimé
eut aimé	eurent aimé

FUTURE

aimerai	aimerons
aimeras	aimerez
aimera	aimeront

FUTURE ANTERIOR

aurai aimé	aurons aimé
auras aimé	aurez aimé
aura aimé	auront aimé

CONDITIONAL

aimerais	aimerions
aimerais	aimeriez
aimerait	aimeraient

PAST CONDITIONAL

aurais aimé	aurions aimé
aurais aimé	auriez aimé
aurait aimé	auraient aimé

PRESENT SUBJUNCTIVE

aime	aimions
aimes	aimiez
aime	aiment

PAST SUBJUNCTIVE

aie aimé	ayons aimé
aies aimé	ayez aimé
ait aimé	aient aimé

IMPERFECT SUBJUNCTIVE

aimasse	aimassions
aimasses	aimassiez
aimât	aimassent

PLUPERFECT SUBJUNCTIVE

eusse aimé	eussions aimé
eusses aimé	eussiez aimé
eût aimé	eussent aimé

COMMANDS

	aimons
aime	aimez

Usage

Je t'aime.	*I love you.*
Il aime la bonne table.	*He likes good food.*
Tu aimes la natation?	*Do you like swimming?*
Il aime qu'on lui écrive.	*He likes for people to write to him.*
Je n'aime pas que tu me parles sur ce ton.	*I don't like it when you speak to me in that tone of voice.*
J'aime le cinéma.	*I like the movies.*
Ils s'aiment beaucoup.	*They love each other a lot.*
J'aime mieux penser qu'il n'était pas au courant.	*I prefer to think that he wasn't aware of the matter.*
Il aimerait autant rester à la maison.	*He'd just as soon stay home.*

PROVERB

| Qui aime bien, châtie bien. | *Spare the rod and spoil the child.* |

ajouter *to add*

j'ajoute · j'ajoutai · ajouté · ajoutant

regular -er verb

PRESENT	
ajoute	ajoutons
ajoutes	ajoutez
ajoute	ajoutent

PASSÉ COMPOSÉ	
ai ajouté	avons ajouté
as ajouté	avez ajouté
a ajouté	ont ajouté

IMPERFECT	
ajoutais	ajoutions
ajoutais	ajoutiez
ajoutait	ajoutaient

PLUPERFECT	
avais ajouté	avions ajouté
avais ajouté	aviez ajouté
avait ajouté	avaient ajouté

PASSÉ SIMPLE	
ajoutai	ajoutâmes
ajoutas	ajoutâtes
ajouta	ajoutèrent

PAST ANTERIOR	
eus ajouté	eûmes ajouté
eus ajouté	eûtes ajouté
eut ajouté	eurent ajouté

FUTURE	
ajouterai	ajouterons
ajouteras	ajouterez
ajoutera	ajouteront

FUTURE ANTERIOR	
aurai ajouté	aurons ajouté
auras ajouté	aurez ajouté
aura ajouté	auront ajouté

CONDITIONAL	
ajouterais	ajouterions
ajouterais	ajouteriez
ajouterait	ajouteraient

PAST CONDITIONAL	
aurais ajouté	aurions ajouté
aurais ajouté	auriez ajouté
aurait ajouté	auraient ajouté

PRESENT SUBJUNCTIVE	
ajoute	ajoutions
ajoutes	ajoutiez
ajoute	ajoutent

PAST SUBJUNCTIVE	
aie ajouté	ayons ajouté
aies ajouté	ayez ajouté
ait ajouté	aient ajouté

IMPERFECT SUBJUNCTIVE	
ajoutasse	ajoutassions
ajoutasses	ajoutassiez
ajoutât	ajoutassent

PLUPERFECT SUBJUNCTIVE	
eusse ajouté	eussions ajouté
eusses ajouté	eussiez ajouté
eût ajouté	eussent ajouté

COMMANDS	
	ajoutons
ajoute	ajoutez

Usage

Combien de carottes faut-il ajouter à la soupe?	*How many carrots do you have to add to the soup?*
—Tu n'as rien à ajouter?	*You have nothing more to add?*
—Si, je voudrais ajouter que...	*Yes, I'd like to add that . . .*
Je crois que ma fille veut ajouter un mot.	*I think my daughter would like to add something.*
Permettez-moi d'ajouter quelques remarques.	*Allow me to add a few remarks.*
Si vous ajoutez son manque d'intégrité à sa grossièreté, vous pouvez comprendre pourquoi on l'a renvoyé.	*If you add his lack of honesty to his coarseness, you can understand why he was fired.*
Son arrivée n'a fait qu'ajouter à la confusion.	*His arrival did nothing but add to the confusion.*

-er verb; spelling changes:
é > è/mute e; g > ge/a, o

j'allège · j'allégeai · allégé · allégeant

PRESENT

allège	allégeons
allèges	allégez
allège	allègent

IMPERFECT

allégeais	allégions
allégeais	allégiez
allégeait	allégeaient

PASSÉ SIMPLE

allégeai	allégeâmes
allégeas	allégeâtes
allégea	allégèrent

FUTURE

allégerai	allégerons
allégeras	allégerez
allégera	allégeront

CONDITIONAL

allégerais	allégerions
allégerais	allégeriez
allégerait	allégeraient

PRESENT SUBJUNCTIVE

allège	allégions
allèges	allégiez
allège	allègent

IMPERFECT SUBJUNCTIVE

allégeasse	allégeassions
allégeasses	allégeassiez
allégeât	allégeassent

COMMANDS

	allégeons
allège	allégez

PASSÉ COMPOSÉ

ai allégé	avons allégé
as allégé	avez allégé
a allégé	ont allégé

PLUPERFECT

avais allégé	avions allégé
avais allégé	aviez allégé
avait allégé	avaient allégé

PAST ANTERIOR

eus allégé	eûmes allégé
eus allégé	eûtes allégé
eut allégé	eurent allégé

FUTURE ANTERIOR

aurai allégé	aurons allégé
auras allégé	aurez allégé
aura allégé	auront allégé

PAST CONDITIONAL

aurais allégé	aurions allégé
aurais allégé	auriez allégé
aurait allégé	auraient allégé

PAST SUBJUNCTIVE

aie allégé	ayons allégé
aies allégé	ayez allégé
ait allégé	aient allégé

PLUPERFECT SUBJUNCTIVE

eusse allégé	eussions allégé
eusses allégé	eussiez allégé
eût allégé	eussent allégé

Usage

alléger les impôts	*to reduce taxes*
alléger un emploi de temps trop chargé	*to lighten a schedule that's too heavy*
alléger la charge	*to lighten one's duties*
alléger un fardeau	*to lighten a burden*
Il faut alléger cette malle. Personne ne pourra la lever.	*You have to lighten that trunk. No one will be able to lift it.*
Tes mots ont allégé ma douleur.	*Your words have alleviated my sorrow.*
Votre présence va alléger sa peine.	*Your presence will lighten her pain.*
Je crois que mes remarques ont allégé l'atmosphère.	*I think my remarks helped clear the air.*

aller pour la santé et l'état des choses

Ça va?	*How are things?* (informal)
Comment allez-vous?	*How are you?* (formal)
Je vais bien, merci.	*I'm fine, thanks.*
Tout va bien.	*Everything is OK.*
Comment vont tes études?	*How are you doing at school?*
Ça va mal.	*There's trouble./Things are going badly.*

aller pour exprimer ce qui convient quant à la mesure, au style, etc.

Ce manteau te va très bien.	*That coat looks good on you.*
Cette couleur ne te va pas du tout.	*That color doesn't look good on you at all.*
Cette chaleur ne me va pas.	*This heat doesn't suit me.*
Ta cravate ne va pas avec ta veste.	*Your tie doesn't match your jacket.*
Tout le monde se retrouve au café à quatre heures. Ça te va?	*Everyone is meeting at the café at four. Is that OK for you?*
Ça va cahin-caha.	*Things are so-so.*
La situation va de mal en pis.	*The situation is going from bad to worse.*

aller + infinitif (le futur proche)

—Qu'est-ce tu vas faire aujourd'hui?	*What are you going to do today?*
—Je vais travailler à la bibliothèque.	*I'm going to study at the library.*
J'allais vous demander un service.	*I was going to ask you for a favor.*

aller chercher

Je vais chercher le médecin.	*I'm going to go get the doctor.*
Tu peux aller me chercher le journal?	*Can you go get me the newspaper?*

aller avec *y* et *en*

On y va?	*Shall we go?*
Il faut y aller doucement.	*Easy does it.*
Il y va de ta carrière.	*Your career is at stake.*
Il en va de même pour nous.	*The same is true of us.*

aller aux activités

aller à la pêche	*to go fishing*
aller à la chasse	*to go hunting*
aller aux nouvelles	*to go find out what's happening*

aller dans les expressions

Ça va sans dire.	*That goes without saying.*
se laisser aller	*to be unkempt/to let oneself go*

TOP 30 VERBS

irregular verb; compound tenses with *être* | je vais · j'allai · allé · allant

PRESENT

vais	allons
vas	allez
va	vont

IMPERFECT

allais	allions
allais	alliez
allait	allaient

PASSÉ SIMPLE

allai	allâmes
allas	allâtes
alla	allèrent

FUTURE

irai	irons
iras	irez
ira	iront

CONDITIONAL

irais	irions
irais	iriez
irait	iraient

PRESENT SUBJUNCTIVE

aille	allions
ailles	alliez
aille	aillent

IMPERFECT SUBJUNCTIVE

allasse	allassions
allasses	allassiez
allât	allassent

COMMANDS

	allons
va	allez

PASSÉ COMPOSÉ

suis allé(e)	sommes allé(e)s
es allé(e)	êtes allé(e)(s)
est allé(e)	sont allé(e)s

PLUPERFECT

étais allé(e)	étions allé(e)s
étais allé(e)	étiez allé(e)(s)
était allé(e)	étaient allé(e)s

PAST ANTERIOR

fus allé(e)	fûmes allé(e)s
fus allé(e)	fûtes allé(e)(s)
fut allé(e)	furent allé(e)s

FUTURE ANTERIOR

serai allé(e)	serons allé(e)s
seras allé(e)	serez allé(e)(s)
sera allé(e)	seront allé(e)s

PAST CONDITIONAL

serais allé(e)	serions allé(e)s
serais allé(e)	seriez allé(e)(s)
serait allé(e)	seraient allé(e)s

PAST SUBJUNCTIVE

sois allé(e)	soyons allé(e)s
sois allé(e)	soyez allé(e)(s)
soit allé(e)	soient allé(e)s

PLUPERFECT SUBJUNCTIVE

fusse allé(e)	fussions allé(e)s
fusses allé(e)	fussiez allé(e)(s)
fût allé(e)	fussent allé(e)s

Usage

aller à pied	*to go on foot/walk somewhere*
Je vais au bureau à pied.	*I walk to the office.*
aller en voiture	*to go by car/drive somewhere*
Elle va en voiture à la fac.	*She goes by car to the university.*
aller en avion	*to go by plane/fly somewhere*
Nous sommes allés à Rome en avion.	*We flew to Rome.*
aller à bicyclette	*to go by bike/cycle somewhere*
Nous sommes allés au village à bicyclette.	*We cycled/rode our bikes to the village.*
aller à pattes	*to hoof it/go on foot* (slang)
Mon vélo est en panne. Je suis allé à pattes.	*My bike is broken. I had to hoof it.*

s'en aller   *to go away, leave*

je me vais · je m'en allai · s'en étant allé · s'en allant

irregular verb;
compound tenses with *être*

PRESENT		PASSÉ COMPOSÉ	
m'en vais	nous en allons	m'en suis allé(e)	nous en sommes allé(e)s
t'en vas	vous en allez	t'en es allé(e)	vous en êtes allé(e)(s)
s'en va	s'en vont	s'en est allé(e)	s'en sont allé(e)s

IMPERFECT		PLUPERFECT	
m'en allais	nous en allions	m'en étais allé(e)	nous en étions allé(e)s
t'en allais	vous en alliez	t'en étais allé(e)	vous en étiez allé(e)(s)
s'en allait	s'en allaient	s'en était allé(e)	s'en étaient allé(e)s

PASSÉ SIMPLE		PAST ANTERIOR	
m'en allai	nous en allâmes	m'en fus allé(e)	nous en fûmes allé(e)s
t'en allas	vous en allâtes	t'en fus allé(e)	vous en fûtes allé(e)(s)
s'en alla	s'en allèrent	s'en fut allé(e)	s'en furent allé(e)s

FUTURE		FUTURE ANTERIOR	
m'en irai	nous en irons	m'en serai allé(e)	nous en serons allé(e)s
t'en iras	vous en irez	t'en seras allé(e)	vous en serez allé(e)(s)
s'en ira	s'en iront	s'en sera allé(e)	s'en seront allé(e)s

CONDITIONAL		PAST CONDITIONAL	
m'en irais	nous en irions	m'en serais allé(e)	nous en serions allé(e)s
t'en irais	vous en iriez	t'en serais allé(e)	vous en seriez allé(e)(s)
s'en irait	s'en iraient	s'en serait allé(e)	s'en seraient allé(e)s

PRESENT SUBJUNCTIVE		PAST SUBJUNCTIVE	
m'en aille	nous en allions	m'en sois allé(e)	nous en soyons allé(e)s
t'en ailles	vous en alliez	t'en sois allé(e)	vous en soyez allé(e)(s)
s'en aille	s'en aillent	s'en soit allé(e)	s'en soient allé(e)s

IMPERFECT SUBJUNCTIVE		PLUPERFECT SUBJUNCTIVE	
m'en allasse	nous en allassions	m'en fusse allé(e)	nous en fussions allé(e)s
t'en allasses	vous en allassiez	t'en fusses allé(e)	vous en fussiez allé(e)(s)
s'en allât	s'en allassent	s'en fût allé(e)	s'en fussent allé(e)s

COMMANDS

	allons-nous-en
va-t'en	allez-vous-en

Usage

—Tu t'en vas? Pourquoi?	*You're leaving? Why?*
—Il est tard. Il faut que je m'en aille.	*It's late. I've got to go.*
Je m'en suis allé furieux.	*I left furious.*
Ils s'en vont de Paris.	*They are moving away from Paris.*
Tu t'en vas en vacances?	*Are you leaving on vacation?*
Pour trouver un bon travail, il faut s'en aller à Paris.	*To find a good job, you have to go away to/off to Paris.*
Le malade s'en est allé doucement.	*The patient slipped away quietly (i.e., died).*
Cette tache s'en ira au lavage.	*This stain will come out in the wash.*
Mes projets s'en sont allés en fumée.	*My plans fizzled.*

regular -er verb

j'allume · j'allumai · allumé · allumant

PRESENT

allume	allumons
allumes	allumez
allume	allument

IMPERFECT

allumais	allumions
allumais	allumiez
allumait	allumaient

PASSÉ SIMPLE

allumai	allumâmes
allumas	allumâtes
alluma	allumèrent

FUTURE

allumerai	allumerons
allumeras	allumerez
allumera	allumeront

CONDITIONAL

allumerais	allumerions
allumerais	allumeriez
allumerait	allumeraient

PRESENT SUBJUNCTIVE

allume	allumions
allumes	allumiez
allume	allument

IMPERFECT SUBJUNCTIVE

allumasse	allumassions
allumasses	allumassiez
allumât	allumassent

COMMANDS

	allumons
allume	allumez

PASSÉ COMPOSÉ

ai allumé	avons allumé
as allumé	avez allumé
a allumé	ont allumé

PLUPERFECT

avais allumé	avions allumé
avais allumé	aviez allumé
avait allumé	avaient allumé

PAST ANTERIOR

eus allumé	eûmes allumé
eus allumé	eûtes allumé
eut allumé	eurent allumé

FUTURE ANTERIOR

aurai allumé	aurons allumé
auras allumé	aurez allumé
aura allumé	auront allumé

PAST CONDITIONAL

aurais allumé	aurions allumé
aurais allumé	auriez allumé
aurait allumé	auraient allumé

PAST SUBJUNCTIVE

aie allumé	ayons allumé
aies allumé	ayez allumé
ait allumé	aient allumé

PLUPERFECT SUBJUNCTIVE

eusse allumé	eussions allumé
eusses allumé	eussiez allumé
eût allumé	eussent allumé

Usage

allumer la lumière/la radio	*to turn on the light/the radio*
allumer le feu	*to light the fire*
—Tu n'as pas allumé le poêle?	*You didn't turn on the stove?*
—Non, j'ai allumé la télé.	*No, I turned on the TV.*
Laissez la lampe allumée.	*Leave the lamp on.*

RELATED WORDS

une allumette	*a match*
une boîte d'allumettes	*a box of matches*
une pochette d'allumettes	*a matchbook*

aménager	*to fix up, make livable*

j'aménage · j'aménageai · aménagé · aménageant	*-er* verb; spelling change: g > ge/a, o

PRESENT

aménage	aménageons
aménages	aménagez
aménage	aménagent

PASSÉ COMPOSÉ

ai aménagé	avons aménagé
as aménagé	avez aménagé
a aménagé	ont aménagé

IMPERFECT

aménageais	aménagions
aménageais	aménagiez
aménageait	aménageaient

PLUPERFECT

avais aménagé	avions aménagé
avais aménagé	aviez aménagé
avait aménagé	avaient aménagé

PASSÉ SIMPLE

aménageai	aménageâmes
aménageas	aménageâtes
aménagea	aménagèrent

PAST ANTERIOR

eus aménagé	eûmes aménagé
eus aménagé	eûtes aménagé
eut aménagé	eurent aménagé

FUTURE

aménagerai	aménagerons
aménageras	aménagerez
aménagera	aménageront

FUTURE ANTERIOR

aurai aménagé	aurons aménagé
auras aménagé	aurez aménagé
aura aménagé	auront aménagé

CONDITIONAL

aménagerais	aménagerions
aménagerais	aménageriez
aménagerait	aménageraient

PAST CONDITIONAL

aurais aménagé	aurions aménagé
aurais aménagé	auriez aménagé
aurait aménagé	auraient aménagé

PRESENT SUBJUNCTIVE

aménage	aménagions
aménages	aménagiez
aménage	aménagent

PAST SUBJUNCTIVE

aie aménagé	ayons aménagé
aies aménagé	ayez aménagé
ait aménagé	aient aménagé

IMPERFECT SUBJUNCTIVE

aménageasse	aménageassions
aménageasses	aménageassiez
aménageât	aménageassent

PLUPERFECT SUBJUNCTIVE

eusse aménagé	eussions aménagé
eusses aménagé	eussiez aménagé
eût aménagé	eussent aménagé

COMMANDS

	aménageons
aménage	aménagez

Usage

aménager sa chambre	*to fix up one's room*
—Vous allez aménager votre maison?	*Are you going to fix up your house?*
—Oui, on va aménager la mansarde en chambre à coucher.	*Yes, we're going to convert the attic into a bedroom.*
aménager la plage	*to improve the beach*
aménager le programme d'études	*to improve the curriculum*
aménager les conditions du travail	*to improve working conditions*

RELATED WORDS

l'aménagement *(m)*	*fixing up/improvement/adjustment*
l'aménagement *(m)* du territoire	*national planning for use of space*
un aménagement fiscal	*a tax rebate*

-*er* verb; spelling change:
é > è/mute e

j'amène · j'amenai · amené · amenant

PRESENT		PASSÉ COMPOSÉ	
amène	amenons	ai amené	avons amené
amènes	amenez	as amené	avez amené
amène	amènent	a amené	ont amené

IMPERFECT		PLUPERFECT	
amenais	amenions	avais amené	avions amené
amenais	ameniez	avais amené	aviez amené
amenait	amenaient	avait amené	avaient amené

PASSÉ SIMPLE		PAST ANTERIOR	
amenai	amenâmes	eus amené	eûmes amené
amenas	amenâtes	eus amené	eûtes amené
amena	amenèrent	eut amené	eurent amené

FUTURE		FUTURE ANTERIOR	
amènerai	amènerons	aurai amené	aurons amené
amèneras	amènerez	auras amené	aurez amené
amènera	amèneront	aura amené	auront amené

CONDITIONAL		PAST CONDITIONAL	
amènerais	amènerions	aurais amené	aurions amené
amènerais	amèneriez	aurais amené	auriez amené
amènerait	amèneraient	aurait amené	auraient amené

PRESENT SUBJUNCTIVE		PAST SUBJUNCTIVE	
amène	amenions	aie amené	ayons amené
amènes	ameniez	aies amené	ayez amené
amène	amènent	ait amené	aient amené

IMPERFECT SUBJUNCTIVE		PLUPERFECT SUBJUNCTIVE	
amenasse	amenassions	eusse amené	eussions amené
amenasses	amenassiez	eusses amené	eussiez amené
amenât	amenassent	eût amené	eussent amené

COMMANDS	
	amenons
amène	amenez

Usage

Qu'est-ce qui t'amène?	*What brings you here?*
Quel bon vent t'amène?	*To what do I owe the pleasure of seeing you?*
Voilà Richard qui s'amène.	*There's Richard coming this way.*
Ne m'amenez plus de gens comme ça.	*Don't bring any more people like that to me.*
Si vous voulez sortir, vous pouvez nous amener les enfants.	*If you want to go out, you can bring the children to us.*
Tu peux amener ta petite amie dîner avec nous.	*You can bring your girlfriend to have dinner with us.*
Rien ne m'amènera à cet avis.	*Nothing will make me accept that opinion.*
Ses arguments nous ont amenés à cette conclusion.	*His arguments brought us to this conclusion.*
Ses dépenses amèneront une crise.	*His expenses will cause a crisis.*

amorcer	*to put bait on a hook; to begin a project; to boot (computer)*

j'amorce · j'amorçai · amorcé · amorçant

-er verb; spelling change:
c > ç/a, o

PRESENT

amorce	amorçons
amorces	amorcez
amorce	amorcent

PASSÉ COMPOSÉ

ai amorcé	avons amorcé
as amorcé	avez amorcé
a amorcé	ont amorcé

IMPERFECT

amorçais	amorcions
amorçais	amorciez
amorçait	amorçaient

PLUPERFECT

avais amorcé	avions amorcé
avais amorcé	aviez amorcé
avait amorcé	avaient amorcé

PASSÉ SIMPLE

amorçai	amorçâmes
amorças	amorçâtes
amorça	amorcèrent

PAST ANTERIOR

eus amorcé	eûmes amorcé
eus amorcé	eûtes amorcé
eut amorcé	eurent amorcé

FUTURE

amorcerai	amorcerons
amorceras	amorcerez
amorcera	amorceront

FUTURE ANTERIOR

aurai amorcé	aurons amorcé
auras amorcé	aurez amorcé
aura amorcé	auront amorcé

CONDITIONAL

amorcerais	amorcerions
amorcerais	amorceriez
amorcerait	amorceraient

PAST CONDITIONAL

aurais amorcé	aurions amorcé
aurais amorcé	auriez amorcé
aurait amorcé	auraient amorcé

PRESENT SUBJUNCTIVE

amorce	amorcions
amorces	amorciez
amorce	amorcent

PAST SUBJUNCTIVE

aie amorcé	ayons amorcé
aies amorcé	ayez amorcé
ait amorcé	aient amorcé

IMPERFECT SUBJUNCTIVE

amorçasse	amorçassions
amorçasses	amorçassiez
amorçât	amorçassent

PLUPERFECT SUBJUNCTIVE

eusse amorcé	eussions amorcé
eusses amorcé	eussiez amorcé
eût amorcé	eussent amorcé

COMMANDS

	amorçons
amorce	amorcez

Usage

—Qu'est-ce que tu as pour amorcer l'hameçon?	*What do you have to put on the hook as bait?*
—J'amorce toujours au pain.	*I always use bread as bait.*
amorcer un projet	*to begin a project*
amorcer les travaux	*to begin construction/renovation work*
amorcer une conversation	*to begin a conversation*
amorcer des pourparlers avec	*to begin talks with*
Après le virage, une pente s'amorça.	*After the turn, a slope began.*

RELATED WORD

l'amorce (f)	*beginning*
Cette conversation est l'amorce d'une amitié.	*This conversation is the beginning of a friendship.*

regular -er reflexive verb;   **je m'amuse · je m'amusai · s'étant amusé · s'amusant**
compound tenses with *être*

PRESENT

m'amuse	nous amusons
t'amuses	vous amusez
s'amuse	s'amusent

PASSÉ COMPOSÉ

me suis amusé(e)	nous sommes amusé(e)s
t'es amusé(e)	vous êtes amusé(e)(s)
s'est amusé(e)	se sont amusé(e)s

IMPERFECT

m'amusais	nous amusions
t'amusais	vous amusiez
s'amusait	s'amusaient

PLUPERFECT

m'étais amusé(e)	nous étions amusé(e)s
t'étais amusé(e)	vous étiez amusé(e)(s)
s'était amusé(e)	s'étaient amusé(e)s

PASSÉ SIMPLE

m'amusai	nous amusâmes
t'amusas	vous amusâtes
s'amusa	s'amusèrent

PAST ANTERIOR

me fus amusé(e)	nous fûmes amusé(e)s
te fus amusé(e)	vous fûtes amusé(e)(s)
se fut amusé(e)	se furent amusé(e)s

FUTURE

m'amuserai	nous amuserons
t'amuseras	vous amuserez
s'amusera	s'amuseront

FUTURE ANTERIOR

me serai amusé(e)	nous serons amusé(e)s
te seras amusé(e)	vous serez amusé(e)(s)
se sera amusé(e)	se seront amusé(e)s

CONDITIONAL

m'amuserais	nous amuserions
t'amuserais	vous amuseriez
s'amuserait	s'amuseraient

PAST CONDITIONAL

me serais amusé(e)	nous serions amusé(e)s
te serais amusé(e)	vous seriez amusé(e)(s)
se serait amusé(e)	se seraient amusé(e)s

PRESENT SUBJUNCTIVE

m'amuse	nous amusions
t'amuses	vous amusiez
s'amuse	s'amusent

PAST SUBJUNCTIVE

me sois amusé(e)	nous soyons amusé(e)s
te sois amusé(e)	vous soyez amusé(e)(s)
se soit amusé(e)	se soient amusé(e)s

IMPERFECT SUBJUNCTIVE

m'amusasse	nous amusassions
t'amusasses	vous amusassiez
s'amusât	s'amusassent

PLUPERFECT SUBJUNCTIVE

me fusse amusé(e)	nous fussions amusé(e)s
te fusses amusé(e)	vous fussiez amusé(e)(s)
se fût amusé(e)	se fussent amusé(e)s

COMMANDS

	amusons-nous
amuse-toi	amusez-vous

Usage

Si je veux m'amuser, je vais danser.	If I want to have fun, I go dancing.
Nous nous sommes bien amusés en France.	We had a very good time in France.
Je m'amuse à faire du jardinage.	I enjoy gardening.
Je m'amuse à parler avec vous.	I enjoy talking with you.
Les enfants se sont amusés comme des fous.	The children had a ball.
Qu'est-ce qu'ils s'amusent!	Boy, are they having fun!
Il s'amuse à taquiner sa petite sœur.	He thinks it's fun to tease his younger sister.
Tu ne peux pas t'amuser avec toute la besogne qui te reste.	You can't waste any time with all the work you have to do.

apercevoir   *to perceive*

j'aperçois · j'aperçus · aperçu · apercevant   irregular verb; spelling change:
c > ç/o, u

PRESENT		PASSÉ COMPOSÉ	
aperçois	apercevons	ai aperçu	avons aperçu
aperçois	apercevez	as aperçu	avez aperçu
aperçoit	aperçoivent	a aperçu	ont aperçu

IMPERFECT		PLUPERFECT	
apercevais	apercevions	avais aperçu	avions aperçu
apercevais	aperceviez	avais aperçu	aviez aperçu
apercevait	apercevaient	avait aperçu	avaient aperçu

PASSÉ SIMPLE		PAST ANTERIOR	
aperçus	aperçûmes	eus aperçu	eûmes aperçu
aperçus	aperçûtes	eus aperçu	eûtes aperçu
aperçut	aperçurent	eut aperçu	eurent aperçu

FUTURE		FUTURE ANTERIOR	
apercevrai	apercevrons	aurai aperçu	aurons aperçu
apercevras	apercevrez	auras aperçu	aurez aperçu
apercevra	apercevront	aura aperçu	auront aperçu

CONDITIONAL		PAST CONDITIONAL	
apercevrais	apercevrions	aurais aperçu	aurions aperçu
apercevrais	apercevriez	aurais aperçu	auriez aperçu
apercevrait	apercevraient	aurait aperçu	auraient aperçu

PRESENT SUBJUNCTIVE		PAST SUBJUNCTIVE	
aperçoive	apercevions	aie aperçu	ayons aperçu
aperçoives	aperceviez	aies aperçu	ayez aperçu
aperçoive	aperçoivent	ait aperçu	aient aperçu

IMPERFECT SUBJUNCTIVE		PLUPERFECT SUBJUNCTIVE	
aperçusse	aperçussions	eusse aperçu	eussions aperçu
aperçusses	aperçussiez	eusses aperçu	eussiez aperçu
aperçût	aperçussent	eût aperçu	eussent aperçu

COMMANDS	
	apercevons
aperçois	apercevez

Usage

En descendant la montagne, nous avons aperçu le village.	*Coming down the mountain we caught sight of the village.*
Je t'ai aperçu dans la foule.	*I caught sight of you in the crowd.*
—Ma jupe s'est déchirée.	*My skirt got torn.*
—Ne t'en fais pas. Ça ne s'aperçoit pas.	*Don't worry. It's imperceptible./You can't see it.*

RELATED WORDS

un aperçu	*a survey/general view*
Le professeur nous a donné un aperçu de l'œuvre de ce philosophe.	*The teacher gave us a survey of the work of that philosopher.*
inaperçu(e)	*unnoticed*
Son erreur a passé inaperçue.	*His error went unnoticed.*

irregular verb; sometimes conjugated with *être*

j'apparais · j'apparus · apparu · apparaissant

PRESENT

apparais	apparaissons
apparais	apparaissez
apparaît	apparaissent

IMPERFECT

apparaissais	apparaissions
apparaissais	apparaissiez
apparaissait	apparaissaient

PASSÉ SIMPLE

apparus	apparûmes
apparus	apparûtes
apparut	apparurent

FUTURE

apparaîtrai	apparaîtrons
apparaîtras	apparaîtrez
apparaîtra	apparaîtront

CONDITIONAL

apparaîtrais	apparaîtrions
apparaîtrais	apparaîtriez
apparaîtrait	apparaîtraient

PRESENT SUBJUNCTIVE

apparaisse	apparaissions
apparaisses	apparaissiez
apparaisse	apparaissent

IMPERFECT SUBJUNCTIVE

apparusse	apparussions
apparusses	apparussiez
apparût	apparussent

COMMANDS

	apparaissons
apparais	apparaissez

PASSÉ COMPOSÉ

ai apparu	avons apparu
as apparu	avez apparu
a apparu	ont apparu

PLUPERFECT

avais apparu	avions apparu
avais apparu	aviez apparu
avait apparu	avaient apparu

PAST ANTERIOR

eus apparu	eûmes apparu
eus apparu	eûtes apparu
eut apparu	eurent apparu

FUTURE ANTERIOR

aurai apparu	aurons apparu
auras apparu	aurez apparu
aura apparu	auront apparu

PAST CONDITIONAL

aurais apparu	aurions apparu
aurais apparu	auriez apparu
aurait apparu	auraient apparu

PAST SUBJUNCTIVE

aie apparu	ayons apparu
aies apparu	ayez apparu
ait apparu	aient apparu

PLUPERFECT SUBJUNCTIVE

eusse apparu	eussions apparu
eusses apparu	eussiez apparu
eût apparu	eussent apparu

Usage

Le jour apparaît.	*Day is breaking./It's dawn.*
Il a apparu sans cravate.	*He showed up without a tie.*
Peu à peu les difficultés apparaissaient.	*Little by little, the difficulties appeared.*
Tout d'un coup, la vérité m'a apparu/ m'est apparue.	*All of a sudden the truth became clear to me.*
Elle apparaît dans les restaurants de luxe.	*She is seen in fancy restaurants.*

RELATED WORDS

les apparences *(fpl)*	*appearance(s)*
contre toute apparence	*in spite of what things seemed*
sauver les apparences	*to keep up appearances*
apparent(e)	*apparent*
apparemment	*apparently*

appartenir *to belong*

j'appartiens · j'appartins · appartenu · appartenant   irregular verb

PRESENT

appartiens	appartenons
appartiens	appartenez
appartient	appartiennent

PASSÉ COMPOSÉ

ai appartenu	avons appartenu
as appartenu	avez appartenu
a appartenu	ont appartenu

IMPERFECT

appartenais	appartenions
appartenais	apparteniez
appartenait	appartenaient

PLUPERFECT

avais appartenu	avions appartenu
avais appartenu	aviez appartenu
avait appartenu	avaient appartenu

PASSÉ SIMPLE

appartins	appartînmes
appartins	appartîntes
appartint	appartinrent

PAST ANTERIOR

eus appartenu	eûmes appartenu
eus appartenu	eûtes appartenu
eut appartenu	eurent appartenu

FUTURE

appartiendrai	appartiendrons
appartiendras	appartiendrez
appartiendra	appartiendront

FUTURE ANTERIOR

aurai appartenu	aurons appartenu
auras appartenu	aurez appartenu
aura appartenu	auront appartenu

CONDITIONAL

appartiendrais	appartiendrions
appartiendrais	appartiendriez
appartiendrait	appartiendraient

PAST CONDITIONAL

aurais appartenu	aurions appartenu
aurais appartenu	auriez appartenu
aurait appartenu	auraient appartenu

PRESENT SUBJUNCTIVE

appartienne	appartenions
appartiennes	apparteniez
appartienne	appartiennent

PAST SUBJUNCTIVE

aie appartenu	ayons appartenu
aies appartenu	ayez appartenu
ait appartenu	aient appartenu

IMPERFECT SUBJUNCTIVE

appartinsse	appartinssions
appartinsses	appartinssiez
appartînt	appartinssent

PLUPERFECT SUBJUNCTIVE

eusse appartenu	eussions appartenu
eusses appartenu	eussiez appartenu
eût appartenu	eussent appartenu

COMMANDS

	appartenons
appartiens	appartenez

Usage

—Qu'est-ce qui t'appartient?	*What belongs to you?*
—Ces terrains m'appartiennent.	*These parcels of land belong to me.*
Il ne m'appartient pas de vous critiquer.	*It is not for me to criticize you.*
Il ne nous appartient pas de le lui reprocher.	*It is not our right to reproach him.*
Il l'a fait pour des raisons qui lui appartiennent.	*He did it for reasons of his own.*
Il appartient au PDG de prendre cette décision.	*It is the province of the CEO to make that decision.*
Avec tout le travail qu'ils ont, ils ne s'appartiennent plus.	*With all the work they have, their time is no longer their own.*

-er verb; spelling change: *l* to *ll*/mute e | **j'appelle · j'appelai · appelé · appelant**

PRESENT

appelle	appelons
appelles	appelez
appelle	appellent

PASSÉ COMPOSÉ

ai appelé	avons appelé
as appelé	avez appelé
a appelé	ont appelé

IMPERFECT

appelais	appelions
appelais	appeliez
appelait	appelaient

PLUPERFECT

avais appelé	avions appelé
avais appelé	aviez appelé
avait appelé	avaient appelé

PASSÉ SIMPLE

appelai	appelâmes
appelas	appelâtes
appela	appelèrent

PAST ANTERIOR

eus appelé	eûmes appelé
eus appelé	eûtes appelé
eut appelé	eurent appelé

FUTURE

appellerai	appellerons
appelleras	appellerez
appellera	appelleront

FUTURE ANTERIOR

aurai appelé	aurons appelé
auras appelé	aurez appelé
aura appelé	auront appelé

CONDITIONAL

appellerais	appellerions
appellerais	appelleriez
appellerait	appelleraient

PAST CONDITIONAL

aurais appelé	aurions appelé
aurais appelé	auriez appelé
aurait appelé	auraient appelé

PRESENT SUBJUNCTIVE

appelle	appelions
appelles	appeliez
appelle	appellent

PAST SUBJUNCTIVE

aie appelé	ayons appelé
aies appelé	ayez appelé
ait appelé	aient appelé

IMPERFECT SUBJUNCTIVE

appelasse	appelassions
appelasses	appelassiez
appelât	appelassent

PLUPERFECT SUBJUNCTIVE

eusse appelé	eussions appelé
eusses appelé	eussiez appelé
eût appelé	eussent appelé

COMMANDS

	appelons
appelle	appelez

Usage

Il appelle son chien.	*He's calling his dog.*
Elle m'appelle tous les jours.	*She calls me up every day.*
appeler les pompiers/la police/ le SAMU	*to call the fire department/the police/ emergency rescue*
Il m'appelle par mon prénom.	*He calls me by my first name.*
appeler un chat un chat	*to call a spade a spade*
Ça, c'est ce que j'appelle un repas!	*That's what I call a meal!*
Un mensonge en appelle un autre.	*One lie leads to another.*

RELATED WORDS

l'appel *(m)*	*call/roll call*
Le professeur fait l'appel.	*The teacher calls the roll/takes attendance.*
l'appel *(m)* du devoir	*the call of duty*
un appel à l'aide	*a call for help*

| | s'appeler | *to be called, named* |

PRESENT

m'appelle	nous appelons
t'appelles	vous appelez
s'appelle	s'appellent

IMPERFECT

m'appelais	nous appelions
t'appelais	vous appeliez
s'appelait	s'appelaient

PASSÉ SIMPLE

m'appelai	nous appelâmes
t'appelas	vous appelâtes
s'appela	s'appelèrent

FUTURE

m'appellerai	nous appellerons
t'appelleras	vous appellerez
s'appellera	s'appelleront

CONDITIONAL

m'appellerais	nous appellerions
t'appellerais	vous appelleriez
s'appellerait	s'appelleraient

PRESENT SUBJUNCTIVE

m'appelle	nous appelions
t'appelles	vous appeliez
s'appelle	s'appellent

IMPERFECT SUBJUNCTIVE

m'appelasse	nous appelassions
t'appelasses	vous appelassiez
s'appelât	s'appelassent

COMMANDS

	appelons-nous
appelle-toi	appelez-vous

PASSÉ COMPOSÉ

me suis appelé(e)	nous sommes appelé(e)s
t'es appelé(e)	vous êtes appelé(e)(s)
s'est appelé(e)	se sont appelé(e)s

PLUPERFECT

m'étais appelé(e)	nous étions appelé(e)s
t'étais appelé(e)	vous étiez appelé(e)(s)
s'était appelé(e)	s'étaient appelé(e)s

PAST ANTERIOR

me fus appelé(e)	nous fûmes appelé(e)s
te fus appelé(e)	vous fûtes appelé(e)(s)
se fut appelé(e)	se furent appelé(e)s

FUTURE ANTERIOR

me serai appelé(e)	nous serons appelé(e)s
te seras appelé(e)	vous serez appelé(e)(s)
se sera appelé(e)	se seront appelé(e)s

PAST CONDITIONAL

me serais appelé(e)	nous serions appelé(e)s
te serais appelé(e)	vous seriez appelé(e)(s)
se serait appelé(e)	se seraient appelé(e)s

PAST SUBJUNCTIVE

me sois appelé(e)	nous soyons appelé(e)s
te sois appelé(e)	vous soyez appelé(e)(s)
se soit appelé(e)	se soient appelé(e)s

PLUPERFECT SUBJUNCTIVE

me fusse appelé(e)	nous fussions appelé(e)s
te fusses appelé(e)	vous fussiez appelé(e)(s)
se fût appelé(e)	se fussent appelé(e)s

Usage

—Comment vous appelez-vous?	*What's your name?*
—Je m'appelle Marie-Christine Daumier.	*My name is Marie-Christine Daumier.*
Je ne sais pas comment il s'appelle.	*I don't know what his name is.*
Comment s'appelle ce village?	*What is the name of this village?*
Comment s'appelle cette machine en anglais?	*What is this machine called in English?*
Voilà ce qui s'appelle une bêtise!	*That's what I call a stupid thing to do!*

regular -ir verb | j'applaudis · j'applaudis · applaudi · applaudissant

PRESENT

applaudis	applaudissons
applaudis	applaudissez
applaudit	applaudissent

PASSÉ COMPOSÉ

ai applaudi	avons applaudi
as applaudi	avez applaudi
a applaudi	ont applaudi

IMPERFECT

applaudissais	applaudissions
applaudissais	applaudissiez
applaudissait	applaudissaient

PLUPERFECT

avais applaudi	avions applaudi
avais applaudi	aviez applaudi
avait applaudi	avaient applaudi

PASSÉ SIMPLE

applaudis	applaudîmes
applaudis	applaudîtes
applaudit	applaudirent

PAST ANTERIOR

eus applaudi	eûmes applaudi
eus applaudi	eûtes applaudi
eut applaudi	eurent applaudi

FUTURE

applaudirai	applaudirons
applaudiras	applaudirez
applaudira	applaudiront

FUTURE ANTERIOR

aurai applaudi	aurons applaudi
auras applaudi	aurez applaudi
aura applaudi	auront applaudi

CONDITIONAL

applaudirais	applaudirions
applaudirais	applaudiriez
applaudirait	applaudiraient

PAST CONDITIONAL

aurais applaudi	aurions applaudi
aurais applaudi	auriez applaudi
aurait applaudi	auraient applaudi

PRESENT SUBJUNCTIVE

applaudisse	applaudissions
applaudisses	applaudissiez
applaudisse	applaudissent

PAST SUBJUNCTIVE

aie applaudi	ayons applaudi
aies applaudi	ayez applaudi
ait applaudi	aient applaudi

IMPERFECT SUBJUNCTIVE

applaudisse	applaudissions
applaudisses	applaudissiez
applaudît	applaudissent

PLUPERFECT SUBJUNCTIVE

eusse applaudi	eussions applaudi
eusses applaudi	eussiez applaudi
eût applaudi	eussent applaudi

COMMANDS

	applaudissons
applaudis	applaudissez

Usage

applaudir les acteurs	*to applaud the actors*
applaudir le gagnant	*to applaud the winner*
Le public a applaudi à tout rompre.	*The audience brought the house down with their applause.*
s'applaudir d'avoir fait qqch	*to pat oneself on the back for having done something*
Il s'applaudit d'avoir renoncé à ce travail avant la faillite de l'entreprise.	*He's patting himself on the back for having quit that job before the company went bankrupt.*

RELATED WORD

les applaudissements *(mpl)*	*applause*
L'actrice est sortie pour recevoir des applaudissements.	*The actress came out to take a bow/receive the applause.*

apporter *to bring*

j'apporte · j'apportai · apporté · apportant

regular -er verb

PRESENT

apporte	apportons
apportes	apportez
apporte	apportent

IMPERFECT

apportais	apportions
apportais	apportiez
apportait	apportaient

PASSÉ SIMPLE

apportai	apportâmes
apportas	apportâtes
apporta	apportèrent

FUTURE

apporterai	apporterons
apporteras	apporterez
apportera	apporteront

CONDITIONAL

apporterais	apporterions
apporterais	apporteriez
apporterait	apporteraient

PRESENT SUBJUNCTIVE

apporte	apportions
apportes	apportiez
apporte	apportent

IMPERFECT SUBJUNCTIVE

apportasse	apportassions
apportasses	apportassiez
apportât	apportassent

COMMANDS

	apportons
apporte	apportez

PASSÉ COMPOSÉ

ai apporté	avons apporté
as apporté	avez apporté
a apporté	ont apporté

PLUPERFECT

avais apporté	avions apporté
avais apporté	aviez apporté
avait apporté	avaient apporté

PAST ANTERIOR

eus apporté	eûmes apporté
eus apporté	eûtes apporté
eut apporté	eurent apporté

FUTURE ANTERIOR

aurai apporté	aurons apporté
auras apporté	aurez apporté
aura apporté	auront apporté

PAST CONDITIONAL

aurais apporté	aurions apporté
aurais apporté	auriez apporté
aurait apporté	auraient apporté

PAST SUBJUNCTIVE

aie apporté	ayons apporté
aies apporté	ayez apporté
ait apporté	aient apporté

PLUPERFECT SUBJUNCTIVE

eusse apporté	eussions apporté
eusses apporté	eussiez apporté
eût apporté	eussent apporté

Usage

apporter qqch à qqn	*to bring something to someone*
Apporte-le-nous en descendant.	*Bring it to us when you come downstairs.*
Ce contrat va vous apporter des ennuis.	*That contract will spell trouble for you.*
Son discours n'a rien apporté d'intéressant.	*His speech contributed nothing interesting.*
Il a apporté sa contribution à l'informatique.	*He made his contribution to computer science.*
Sa déclaration apporte de l'eau à mon moulin.	*His statement is grist for the mill.*
Il faudra apporter du soin à cette tâche.	*You will have to use care in this task.*
Sa lettre m'a apporté beaucoup de satisfaction.	*His letter brought me a great deal of satisfaction.*

irregular verb

j'apprends · j'appris · appris · apprenant

PRESENT

apprends	apprenons
apprends	apprenez
apprend	apprennent

PASSÉ COMPOSÉ

ai appris	avons appris
as appris	avez appris
a appris	ont appris

IMPERFECT

apprenais	apprenions
apprenais	appreniez
apprenait	apprenaient

PLUPERFECT

avais appris	avions appris
avais appris	aviez appris
avait appris	avaient appris

PASSÉ SIMPLE

appris	apprîmes
appris	apprîtes
apprit	apprirent

PAST ANTERIOR

eus appris	eûmes appris
eus appris	eûtes appris
eut appris	eurent appris

FUTURE

apprendrai	apprendrons
apprendras	apprendrez
apprendra	apprendront

FUTURE ANTERIOR

aurai appris	aurons appris
auras appris	aurez appris
aura appris	auront appris

CONDITIONAL

apprendrais	apprendrions
apprendrais	apprendriez
apprendrait	apprendraient

PAST CONDITIONAL

aurais appris	aurions appris
aurais appris	auriez appris
aurait appris	auraient appris

PRESENT SUBJUNCTIVE

apprenne	apprenions
apprennes	appreniez
apprenne	apprennent

PAST SUBJUNCTIVE

aie appris	ayons appris
aies appris	ayez appris
ait appris	aient appris

IMPERFECT SUBJUNCTIVE

apprisse	apprissions
apprisses	apprissiez
apprît	apprissent

PLUPERFECT SUBJUNCTIVE

eusse appris	eussions appris
eusses appris	eussiez appris
eût appris	eussent appris

COMMANDS

	apprenons
apprends	apprenez

Usage

apprendre à faire qqch	*to learn how to do something*
J'ai appris à nager à l'âge de six ans.	*I learned how to swim when I was six.*
Ce programme s'apprend facilement.	*This program is easily learned.*
J'ai appris que votre mère était souffrante.	*I learned that your mother was ill.*
Nous avons appris la nouvelle par la télé.	*We heard the news on the TV.*
apprendre à qqn à faire qqch	*to teach someone to do something*
Il m'a appris à programmer.	*He taught me how to program.*
Je t'apprendrai à vivre!	*I'll teach you (a lesson)!/I'll teach you a thing or two!*
Je vais t'apprendre à me répondre sur ce ton!	*I'll teach you to answer me in that tone of voice!*

RELATED WORD

l'apprentissage (m)	*learning*

s'approcher *to approach*

je m'approche · je m'approchai · s'étant approché ·
s'approchant

*regular -er reflexive verb;
compound tenses with être*

PRESENT

m'approche	nous approchons
t'approches	vous approchez
s'approche	s'approchent

PASSÉ COMPOSÉ

me suis approché(e)	nous sommes approché(e)s
t'es approché(e)	vous êtes approché(e)(s)
s'est approché(e)	se sont approché(e)s

IMPERFECT

m'approchais	nous approchions
t'approchais	vous approchiez
s'approchait	s'approchaient

PLUPERFECT

m'étais approché(e)	nous étions approché(e)s
t'étais approché(e)	vous étiez approché(e)(s)
s'était approché(e)	s'étaient approché(e)s

PASSÉ SIMPLE

m'approchai	nous approchâmes
t'approchas	vous approchâtes
s'approcha	s'approchèrent

PAST ANTERIOR

me fus approché(e)	nous fûmes approché(e)s
te fus approché(e)	vous fûtes approché(e)(s)
se fut approché(e)	se furent approché(e)s

FUTURE

m'approcherai	nous approcherons
t'approcheras	vous approcherez
s'approchera	s'approcheront

FUTURE ANTERIOR

me serai approché(e)	nous serons approché(e)s
te seras approché(e)	vous serez approché(e)(s)
se sera approché(e)	se seront approché(e)s

CONDITIONAL

m'approcherais	nous approcherions
t'approcherais	vous approcheriez
s'approcherait	s'approcheraient

PAST CONDITIONAL

me serais approché(e)	nous serions approché(e)s
te serais approché(e)	vous seriez approché(e)(s)
se serait approché(e)	se seraient approché(e)s

PRESENT SUBJUNCTIVE

m'approche	nous approchions
t'approches	vous approchiez
s'approche	s'approchent

PAST SUBJUNCTIVE

me sois approché(e)	nous soyons approché(e)s
te sois approché(e)	vous soyez approché(e)(s)
se soit approché(e)	se soient approché(e)s

IMPERFECT SUBJUNCTIVE

m'approchasse	nous approchassions
t'approchasses	vous approchassiez
s'approchât	s'approchassent

PLUPERFECT SUBJUNCTIVE

me fusse approché(e)	nous fussions approché(e)s
te fusses approché(e)	vous fussiez approché(e)(s)
se fût approché(e)	se fussent approché(e)s

COMMANDS

	approchons-nous
approche-toi	approchez-vous

Usage

s'approcher de qqch/de qqn	*to come close to/near to/approach*
La voiture s'approcha de l'immeuble.	*The car came close to the apartment house.*
Ne vous approchez pas de nous!	*Don't come near us!*
Le chanteur s'est approché du micro.	*The singer came up to the mike.*
Ce poème s'approche de la perfection.	*This poem comes close to perfection.*
s'approcher de qqch à pas de loup	*to sneak up on something stealthily*

RELATED WORDS

l'approche *(f)*	*approach*
à l'approche des examens	*when exam time draws near*
être d'approche facile	*to be approachable*

regular -er verb | **j'approuve · j'approuvai · approuvé · approuvant**

PRESENT		**PASSÉ COMPOSÉ**	
approuve	approuvons	ai approuvé	avons approuvé
approuves	approuvez	as approuvé	avez approuvé
approuve	approuvent	a approuvé	ont approuvé

IMPERFECT		**PLUPERFECT**	
approuvais	approuvions	avais approuvé	avions approuvé
approuvais	approuviez	avais approuvé	aviez approuvé
approuvait	approuvaient	avait approuvé	avaient approuvé

PASSÉ SIMPLE		**PAST ANTERIOR**	
approuvai	approuvâmes	eus approuvé	eûmes approuvé
approuvas	approuvâtes	eus approuvé	eûtes approuvé
approuva	approuvèrent	eut approuvé	eurent approuvé

FUTURE		**FUTURE ANTERIOR**	
approuverai	approuverons	aurai approuvé	aurons approuvé
approuveras	approuverez	auras approuvé	aurez approuvé
approuvera	approuveront	aura approuvé	auront approuvé

CONDITIONAL		**PAST CONDITIONAL**	
approuverais	approuverions	aurais approuvé	aurions approuvé
approuverais	approuveriez	aurais approuvé	auriez approuvé
approuverait	approuveraient	aurait approuvé	auraient approuvé

PRESENT SUBJUNCTIVE		**PAST SUBJUNCTIVE**	
approuve	approuvions	aie approuvé	ayons approuvé
approuves	approuviez	aies approuvé	ayez approuvé
approuve	approuvent	ait approuvé	aient approuvé

IMPERFECT SUBJUNCTIVE		**PLUPERFECT SUBJUNCTIVE**	
approuvasse	approuvassions	eusse approuvé	eussions approuvé
approuvasses	approuvassiez	eusses approuvé	eussiez approuvé
approuvât	approuvassent	eût approuvé	eussent approuvé

COMMANDS			
	approuvons		
approuve	approuvez		

Usage

J'ai renoncé à mon poste. J'espère que vous m'approuvez.	*I have quit my job. I hope you agree with me.*
Elle ne se sent pas approuvée.	*She doesn't feel she has the approval of others.*
Je n'approuve pas votre démarche.	*I don't approve of the way you've gone about it.*
Il n'approuve pas la conduite de sa sœur.	*He doesn't approve of his sister's behavior.*
Mon père n'approuve pas que nous sortions ensemble.	*My father doesn't approve of our dating.*
approuver un projet de loi	*to pass a bill*

RELATED WORD

l'approbation (f)	*approval*
Il désire notre approbation.	*He wants our approval.*

s'appuyer *to lean on*

je m'appuie · je m'appuyai · s'appuyé ·
s'appuyant

*-er reflexive verb; spelling change:
y > i/mute e; compound tenses with être*

PRESENT

m'appuie	nous appuyons
t'appuies	vous appuyez
s'appuie	s'appuient

IMPERFECT

m'appuyais	nous appuyions
t'appuyais	vous appuyiez
s'appuyait	s'appuyaient

PASSÉ SIMPLE

m'appuyai	nous appuyâmes
t'appuyas	vous appuyâtes
s'appuya	s'appuyèrent

FUTURE

m'appuierai	nous appuierons
t'appuieras	vous appuierez
s'appuiera	s'appuieront

CONDITIONAL

m'appuierais	nous appuierions
t'appuierais	vous appuieriez
s'appuierait	s'appuieraient

PRESENT SUBJUNCTIVE

m'appuie	nous appuyions
t'appuies	vous appuyiez
s'appuie	s'appuient

IMPERFECT SUBJUNCTIVE

m'appuyasse	nous appuyassions
t'appuyasses	vous appuyassiez
s'appuyât	s'appuyassent

PASSÉ COMPOSÉ

me suis appuyé(e)	nous sommes appuyé(e)s
t'es appuyé(e)	vous êtes appuyé(e)(s)
s'est appuyé(e)	se sont appuyé(e)s

PLUPERFECT

m'étais appuyé(e)	nous étions appuyé(e)s
t'étais appuyé(e)	vous étiez appuyé(e)(s)
s'était appuyé(e)	s'étaient appuyé(e)s

PAST ANTERIOR

me fus appuyé(e)	nous fûmes appuyé(e)s
te fus appuyé(e)	vous fûtes appuyé(e)(s)
se fut appuyé(e)	se furent appuyé(e)s

FUTURE ANTERIOR

me serai appuyé(e)	nous serons appuyé(e)s
te seras appuyé(e)	vous serez appuyé(e)(s)
se sera appuyé(e)	se seront appuyé(e)s

PAST CONDITIONAL

me serais appuyé(e)	nous serions appuyé(e)s
te serais appuyé(e)	vous seriez appuyé(e)(s)
se serait appuyé(e)	se seraient appuyé(e)s

PAST SUBJUNCTIVE

me sois appuyé(e)	nous soyons appuyé(e)s
te sois appuyé(e)	vous soyez appuyé(e)(s)
se soit appuyé(e)	se soient appuyé(e)s

PLUPERFECT SUBJUNCTIVE

me fusse appuyé(e)	nous fussions appuyé(e)s
te fusses appuyé(e)	vous fussiez appuyé(e)(s)
se fût appuyé(e)	se fussent appuyé(e)s

COMMANDS

	appuyons-nous
appuie-toi	appuyez-vous

Usage

s'appuyer sur qqch/contre qqch	*to lean on something*
Appuyez-vous à mon bras.	*Lean on my arm.*
Je m'appuie sur vous.	*I'm counting on you.*
Il s'appuie sur mon amitié.	*He's counting on my friendship.*
Je m'appuie sur votre article dans ma conférence.	*I'm using your article as a basis for my lecture.*
Aujourd'hui je m'appuie les courses.	*I'll take on the errands today.*
Je me suis appuyé une année de six cours.	*I forced myself to take six courses in one year.*

RELATED WORD

appuyer	*to press*
appuyer sur le bouton	*to press the button*

-er verb; spelling change:
g > ge/a, o

j'arrange · j'arrangeai · arrangé · arrangeant

PRESENT

arrange	arrangeons
arranges	arrangez
arrange	arrangent

IMPERFECT

arrangeais	arrangions
arrangeais	arrangiez
arrangeait	arrangeaient

PASSÉ SIMPLE

arrangeai	arrangeâmes
arrangeas	arrangeâtes
arrangea	arrangèrent

FUTURE

arrangerai	arrangerons
arrangeras	arrangerez
arrangera	arrangeront

CONDITIONAL

arrangerais	arrangerions
arrangerais	arrangeriez
arrangerait	arrangeraient

PRESENT SUBJUNCTIVE

arrange	arrangions
arranges	arrangiez
arrange	arrangent

IMPERFECT SUBJUNCTIVE

arrangeasse	arrangeassions
arrangeasses	arrangeassiez
arrangeât	arrangeassent

COMMANDS

	arrangeons
arrange	arrangez

PASSÉ COMPOSÉ

ai arrangé	avons arrangé
as arrangé	avez arrangé
a arrangé	ont arrangé

PLUPERFECT

avais arrangé	avions arrangé
avais arrangé	aviez arrangé
avait arrangé	avaient arrangé

PAST ANTERIOR

eus arrangé	eûmes arrangé
eus arrangé	eûtes arrangé
eut arrangé	eurent arrangé

FUTURE ANTERIOR

aurai arrangé	aurons arrangé
auras arrangé	aurez arrangé
aura arrangé	auront arrangé

PAST CONDITIONAL

aurais arrangé	aurions arrangé
aurais arrangé	auriez arrangé
aurait arrangé	auraient arrangé

PAST SUBJUNCTIVE

aie arrangé	ayons arrangé
aies arrangé	ayez arrangé
ait arrangé	aient arrangé

PLUPERFECT SUBJUNCTIVE

eusse arrangé	eussions arrangé
eusses arrangé	eussiez arrangé
eût arrangé	eussent arrangé

Usage

arranger sa coiffure	to straighten up one's hair/put one's hair in place
arranger sa cravate	to straighten one's tie
arranger sa vie	to organize one's life
Ça m'arrange.	That suits me/is good for me.
Ça ne nous arrange pas.	That doesn't help us.
arranger une réunion/un match à l'avance	to arrange a meeting/a sporting event in advance
Tout ça va s'arranger, ne t'en fais pas.	Everything will work out all right, don't worry.
Arrange-toi pour finir tes devoirs.	Do what you have to do to get your homework done.
On lui a arrangé un rendez-vous avec Louis.	They fixed her up with Louis.

arrêter *to stop*

j'arrête · j'arrêtai · arrêté · arrêtant

regular -er verb

PRESENT

arrête	arrêtons
arrêtes	arrêtez
arrête	arrêtent

PASSÉ COMPOSÉ

ai arrêté	avons arrêté
as arrêté	avez arrêté
a arrêté	ont arrêté

IMPERFECT

arrêtais	arrêtions
arrêtais	arrêtiez
arrêtait	arrêtaient

PLUPERFECT

avais arrêté	avions arrêté
avais arrêté	aviez arrêté
avait arrêté	avaient arrêté

PASSÉ SIMPLE

arrêtai	arrêtâmes
arrêtas	arrêtâtes
arrêta	arrêtèrent

PAST ANTERIOR

eus arrêté	eûmes arrêté
eus arrêté	eûtes arrêté
eut arrêté	eurent arrêté

FUTURE

arrêterai	arrêterons
arrêteras	arrêterez
arrêtera	arrêteront

FUTURE ANTERIOR

aurai arrêté	aurons arrêté
auras arrêté	aurez arrêté
aura arrêté	auront arrêté

CONDITIONAL

arrêterais	arrêterions
arrêterais	arrêteriez
arrêterait	arrêteraient

PAST CONDITIONAL

aurais arrêté	aurions arrêté
aurais arrêté	auriez arrêté
aurait arrêté	auraient arrêté

PRESENT SUBJUNCTIVE

arrête	arrêtions
arrêtes	arrêtiez
arrête	arrêtent

PAST SUBJUNCTIVE

aie arrêté	ayons arrêté
aies arrêté	ayez arrêté
ait arrêté	aient arrêté

IMPERFECT SUBJUNCTIVE

arrêtasse	arrêtassions
arrêtasses	arrêtassiez
arrêtât	arrêtassent

PLUPERFECT SUBJUNCTIVE

eusse arrêté	eussions arrêté
eusses arrêté	eussiez arrêté
eût arrêté	eussent arrêté

COMMANDS

	arrêtons
arrête	arrêtez

Usage

Il a arrêté la voiture devant le cinéma.	*He stopped the car in front of the movie theater.*
À quelle heure la station arrête-t-elle ses émissions?	*At what time does the station sign off?*
arrêter des dispositions générales	*to lay down basic rules*
arrêter un plan	*to decide on a plan/finalize a plan*
arrêter une décision	*to make a decision*
arrêter ses études	*to give up one's studies*
arrêter le football	*to give up soccer*
arrêter de fumer	*to stop smoking*
On ne l'arrête pas de parler.	*You just can't shut her up/get her to stop talking.*
se faire arrêter	*to get arrested*

regular -er reflexive verb;   **je m'arrête · je m'arrêtai · s'étant arrêté · s'arrêtant**
compound tenses with *être*

PRESENT

m'arrête	nous arrêtons
t'arrêtes	vous arrêtez
s'arrête	s'arrêtent

IMPERFECT

m'arrêtais	nous arrêtions
t'arrêtais	vous arrêtiez
s'arrêtait	s'arrêtaient

PASSÉ SIMPLE

m'arrêtai	nous arrêtâmes
t'arrêtas	vous arrêtâtes
s'arrêta	s'arrêtèrent

FUTURE

m'arrêterai	nous arrêterons
t'arrêteras	vous arrêterez
s'arrêtera	s'arrêteront

CONDITIONAL

m'arrêterais	nous arrêterions
t'arrêterais	vous arrêteriez
s'arrêterait	s'arrêteraient

PRESENT SUBJUNCTIVE

m'arrête	nous arrêtions
t'arrêtes	vous arrêtiez
s'arrête	s'arrêtent

IMPERFECT SUBJUNCTIVE

m'arrêtasse	nous arrêtassions
t'arrêtasses	vous arrêtassiez
s'arrêtât	s'arrêtassent

PASSÉ COMPOSÉ

me suis arrêté(e)	nous sommes arrêté(e)s
t'es arrêté(e)	vous êtes arrêté(e)(s)
s'est arrêté(e)	se sont arrêté(e)s

PLUPERFECT

m'étais arrêté(e)	nous étions arrêté(e)s
t'étais arrêté(e)	vous étiez arrêté(e)(s)
s'était arrêté(e)	s'étaient arrêté(e)s

PAST ANTERIOR

me fus arrêté(e)	nous fûmes arrêté(e)s
te fus arrêté(e)	vous fûtes arrêté(e)(s)
se fut arrêté(e)	se furent arrêté(e)s

FUTURE ANTERIOR

me serai arrêté(e)	nous serons arrêté(e)s
te seras arrêté(e)	vous serez arrêté(e)(s)
se sera arrêté(e)	se seront arrêté(e)s

PAST CONDITIONAL

me serais arrêté(e)	nous serions arrêté(e)s
te serais arrêté(e)	vous seriez arrêté(e)(s)
se serait arrêté(e)	se seraient arrêté(e)s

PAST SUBJUNCTIVE

me sois arrêté(e)	nous soyons arrêté(e)s
te sois arrêté(e)	vous soyez arrêté(e)(s)
se soit arrêté(e)	se soient arrêté(e)s

PLUPERFECT SUBJUNCTIVE

me fusse arrêté(e)	nous fussions arrêté(e)s
te fusses arrêté(e)	vous fussiez arrêté(e)(s)
se fût arrêté(e)	se fussent arrêté(e)s

COMMANDS

	arrêtons-nous
arrête-toi	arrêtez-vous

Usage

Le train s'est arrêté dans le village.	*The train stopped in the village.*
On va s'arrêter au prochain relais.	*We'll stop at the next service area.*
s'arrêter net, s'arrêter court	*to stop short/stop suddenly*
On s'arrête une semaine dans le Midi.	*We'll stay for a week in southern France.*
Tu dois t'arrêter pour te reposer.	*You ought to stop to rest.*
Dans notre bureau on s'arrête à cinq heures.	*In our office we stop work at five o'clock.*
On s'arrête aux détails.	*We're paying too much attention to details.*

RELATED WORDS

l'arrêt *(m)*	*stop* (bus, train)
l'arrêt d'autobus	*bus stop*
On descend au prochain arrêt.	*We get off at the next stop.*

arriver   *to arrive, get to*

j'arrive · j'arrivai · arrivé · arrivant

regular -er verb;
compound tenses with *être*

PRESENT		PASSÉ COMPOSÉ	
arrive	arrivons	suis arrivé(e)	sommes arrivé(e)s
arrives	arrivez	es arrivé(e)	êtes arrivé(e)(s)
arrive	arrivent	est arrivé(e)	sont arrivé(e)s

IMPERFECT		PLUPERFECT	
arrivais	arrivions	étais arrivé(e)	étions arrivé(e)s
arrivais	arriviez	étais arrivé(e)	étiez arrivé(e)(s)
arrivait	arrivaient	était arrivé(e)	étaient arrivé(e)s

PASSÉ SIMPLE		PAST ANTERIOR	
arrivai	arrivâmes	fus arrivé(e)	fûmes arrivé(e)s
arrivas	arrivâtes	fus arrivé(e)	fûtes arrivé(e)(s)
arriva	arrivèrent	fut arrivé(e)	furent arrivé(e)s

FUTURE		FUTURE ANTERIOR	
arriverai	arriverons	serai arrivé(e)	serons arrivé(e)s
arriveras	arriverez	seras arrivé(e)	serez arrivé(e)(s)
arrivera	arriveront	sera arrivé(e)	seront arrivé(e)s

CONDITIONAL		PAST CONDITIONAL	
arriverais	arriverions	serais arrivé(e)	serions arrivé(e)s
arriverais	arriveriez	serais arrivé(e)	seriez arrivé(e)(s)
arriverait	arriveraient	serait arrivé(e)	seraient arrivé(e)s

PRESENT SUBJUNCTIVE		PAST SUBJUNCTIVE	
arrive	arrivions	sois arrivé(e)	soyons arrivé(e)s
arrives	arriviez	sois arrivé(e)	soyez arrivé(e)(s)
arrive	arrivent	soit arrivé(e)	soient arrivé(e)s

IMPERFECT SUBJUNCTIVE		PLUPERFECT SUBJUNCTIVE	
arrivasse	arrivassions	fusse arrivé(e)	fussions arrivé(e)s
arrivasses	arrivassiez	fusses arrivé(e)	fussiez arrivé(e)(s)
arrivât	arrivassent	fût arrivé(e)	fussent arrivé(e)s

COMMANDS	
	arrivons
arrive	arrivez

Usage

L'avion arrive à quelle heure?	*What time does the plane arrive?*
Il faut que vous arriviez à l'heure.	*You have to arrive on time.*
Nous sommes arrivés en taxi.	*We came by cab.*
Votre paquet n'est pas encore arrivé.	*Your package hasn't gotten here yet.*
Il commence à faire chaud. L'été arrive.	*It's beginning to get warm. Summer is almost here.*
Je suis arrivé chez moi à six heures.	*I got home at six o'clock.*
Quand êtes-vous arrivé à Paris?	*When did you get to Paris?*
—Où est Jean-Christophe?	*Where is Jean-Christophe?*
—Il arrive.	*He'll be here any minute.*

RELATED WORD

l'arrivée *(f)*   *arrival*

irregular reflexive verb;   **je m'assieds (*or* je m'assois) · je m'assis ·**
compound tenses with *être*   **s'étant assis · s'asseyant (*or* s'assoyant)**

PRESENT

		PASSÉ COMPOSÉ	
m'assieds	nous asseyons	me suis assis(e)	nous sommes assis(es)
t'assieds	vous asseyez	t'es assis(e)	vous êtes assis(e)
s'assied	s'asseyent	s'est assis(e)	se sont assis(es)

IMPERFECT

		PLUPERFECT	
m'asseyais	nous asseyions	m'étais assis(e)	nous étions assis(es)
t'asseyais	vous asseyiez	t'étais assis(e)	vous étiez assis(e)
s'asseyait	s'asseyaient	s'était assis(e)	s'étaient assis(es)

PASSÉ SIMPLE

		PAST ANTERIOR	
m'assis	nous assîmes	me fus assis(e)	nous fûmes assis(es)
t'assis	vous assîtes	te fus assis(e)	vous fûtes assis(e)
s'assit	s'assirent	se fut assis(e)	se furent assis(es)

FUTURE

		FUTURE ANTERIOR	
m'assiérai	nous assiérons	me serai assis(e)	nous serons assis(es)
t'assiéras	vous assiérez	te seras assis(e)	vous serez assis(e)
s'assiéra	s'assiéront	se sera assis(e)	se seront assis(es)

CONDITIONAL

		PAST CONDITIONAL	
m'assiérais	nous assiérions	me serais assis(e)	nous serions assis(es)
t'assiérais	vous assiériez	te serais assis(e)	vous seriez assis(e)
s'assiérait	s'assiéraient	se serait assis(e)	se seraient assis(es)

PRESENT SUBJUNCTIVE

		PAST SUBJUNCTIVE	
m'asseye	nous asseyions	me sois assis(e)	nous soyons assis(es)
t'asseyes	vous asseyiez	te sois assis(e)	vous soyez assis(e)
s'asseye	s'asseyent	se soit assis(e)	se soient assis(es)

IMPERFECT SUBJUNCTIVE

		PLUPERFECT SUBJUNCTIVE	
m'assisse	nous assissions	me fusse assis(e)	nous fussions assis(es)
t'assisses	vous assissiez	te fusses assis(e)	vous fussiez assis(e)
s'assît	s'assissent	se fût assis(e)	se fussent assis(es)

COMMANDS

		ALTERNATE COMMAND FORMS	
	asseyons-nous		assoyons-nous
assieds-toi	asseyez-vous	assois-toi	assoyez-vous

ALTERNATE FORMS

PRESENT	m'assieds *or* m'assois
IMPERFECT	m'asseyais *or* m'assoyais
FUTURE	m'assiérai *or* m'assoirai
CONDITIONAL	m'assiérais *or* m'assoirais
PRESENT SUBJUNCTIVE	m'asseye *or* m'assoie

Usage

Je peux m'asseoir?	*May I sit down?*
Oui, asseyez-vous, s'il vous plaît.	*Yes, sit down please.*
Asseyons-nous à table.	*Let's sit down at the table.*
s'asseoir sur une chaise/sur le canapé	*to sit down on a chair/on the sofa*
Où s'est-elle assise?	*Where did she sit?*
Ils se sont assis à notre table.	*They sat down at our table.*

assister *to attend; to assist*

j'assiste · j'assistai · assisté · assistant | regular -er verb

PRESENT

assiste	assistons
assistes	assistez
assiste	assistent

IMPERFECT

assistais	assistions
assistais	assistiez
assistait	assistaient

PASSÉ SIMPLE

assistai	assistâmes
assistas	assistâtes
assista	assistèrent

FUTURE

assisterai	assisterons
assisteras	assisterez
assistera	assisteront

CONDITIONAL

assisterais	assisterions
assisterais	assisteriez
assisterait	assisteraient

PRESENT SUBJUNCTIVE

assiste	assistions
assistes	assistiez
assiste	assistent

IMPERFECT SUBJUNCTIVE

assistasse	assistassions
assistasses	assistassiez
assistât	assistassent

COMMANDS

	assistons
assiste	assistez

PASSÉ COMPOSÉ

ai assisté	avons assisté
as assisté	avez assisté
a assisté	ont assisté

PLUPERFECT

avais assisté	avions assisté
avais assisté	aviez assisté
avait assisté	avaient assisté

PAST ANTERIOR

eus assisté	eûmes assisté
eus assisté	eûtes assisté
eut assisté	eurent assisté

FUTURE ANTERIOR

aurai assisté	aurons assisté
auras assisté	aurez assisté
aura assisté	auront assisté

PAST CONDITIONAL

aurais assisté	aurions assisté
aurais assisté	auriez assisté
aurait assisté	auraient assisté

PAST SUBJUNCTIVE

aie assisté	ayons assisté
aies assisté	ayez assisté
ait assisté	aient assisté

PLUPERFECT SUBJUNCTIVE

eusse assisté	eussions assisté
eusses assisté	eussiez assisté
eût assisté	eussent assisté

Usage

assister à | *to attend*

—Ton frère assiste à toutes ses classes? | *Does your brother attend all his classes?*
—Non, mais il assiste à tous les concerts de rock. | *No, but he attends all the rock concerts.*

—Tu assistes aux matchs de football? | *Do you attend soccer matches?*
—Non, je n'assiste qu'aux matchs de tennis. | *No, I attend only tennis matches.*

RELATED WORDS

un assistant/une assistante | *assistant*
l'assistance *(f)* | *audience/attendance*
direction assistée | *power steering*

regular -er verb | **j'assure · j'assurai · assuré · assurant**

PRESENT

assure	assurons
assures	assurez
assure	assurent

IMPERFECT

assurais	assurions
assurais	assuriez
assurait	assuraient

PASSÉ SIMPLE

assurai	assurâmes
assuras	assurâtes
assura	assurèrent

FUTURE

assurerai	assurerons
assureras	assurerez
assurera	assureront

CONDITIONAL

assurerais	assurerions
assurerais	assureriez
assurerait	assureraient

PRESENT SUBJUNCTIVE

assure	assurions
assures	assuriez
assure	assurent

IMPERFECT SUBJUNCTIVE

assurasse	assurassions
assurasses	assurassiez
assurât	assurassent

COMMANDS

	assurons
assure	assurez

PASSÉ COMPOSÉ

ai assuré	avons assuré
as assuré	avez assuré
a assuré	ont assuré

PLUPERFECT

avais assuré	avions assuré
avais assuré	aviez assuré
avait assuré	avaient assuré

PAST ANTERIOR

eus assuré	eûmes assuré
eus assuré	eûtes assuré
eut assuré	eurent assuré

FUTURE ANTERIOR

aurai assuré	aurons assuré
auras assuré	aurez assuré
aura assuré	auront assuré

PAST CONDITIONAL

aurais assuré	aurions assuré
aurais assuré	auriez assuré
aurait assuré	auraient assuré

PAST SUBJUNCTIVE

aie assuré	ayons assuré
aies assuré	ayez assuré
ait assuré	aient assuré

PLUPERFECT SUBJUNCTIVE

eusse assuré	eussions assuré
eusses assuré	eussiez assuré
eût assuré	eussent assuré

Usage

assurer à qqn que	to assure someone that
Je vous assure que cet hôtel va vous plaire.	I assure you that you'll like this hotel.
assurer un service	to provide a service
Cette compagnie assure notre accès à l'Internet.	That company provides our Internet access.
assurer qqn (sur)	to insure someone
assurer qqn sur la vie	to insure someone's life
être assuré(e)	to be insured
s'assurer contre qqch	to insure oneself against something
s'assurer sur la vie	to take out life insurance

RELATED WORD

l'assurance (f)	insurance

atteindre *to reach, attain*

PRESENT

atteins	atteignons
atteins	atteignez
atteint	atteignent

IMPERFECT

atteignais	atteignions
atteignais	atteigniez
atteignait	atteignaient

PASSÉ SIMPLE

atteignis	atteignîmes
atteignis	atteignîtes
atteignit	atteignirent

FUTURE

atteindrai	atteindrons
atteindras	atteindrez
atteindra	atteindront

CONDITIONAL

atteindrais	atteindrions
atteindrais	atteindriez
atteindrait	atteindraient

PRESENT SUBJUNCTIVE

atteigne	atteignions
atteignes	atteigniez
atteigne	atteignent

IMPERFECT SUBJUNCTIVE

atteignisse	atteignissions
atteignisses	atteignissiez
atteignît	atteignissent

COMMANDS

	atteignons
atteins	atteignez

PASSÉ COMPOSÉ

ai atteint	avons atteint
as atteint	avez atteint
a atteint	ont atteint

PLUPERFECT

avais atteint	avions atteint
avais atteint	aviez atteint
avait atteint	avaient atteint

PAST ANTERIOR

eus atteint	eûmes atteint
eus atteint	eûtes atteint
eut atteint	eurent atteint

FUTURE ANTERIOR

aurai atteint	aurons atteint
auras atteint	aurez atteint
aura atteint	auront atteint

PAST CONDITIONAL

aurais atteint	aurions atteint
aurais atteint	auriez atteint
aurait atteint	auraient atteint

PAST SUBJUNCTIVE

aie atteint	ayons atteint
aies atteint	ayez atteint
ait atteint	aient atteint

PLUPERFECT SUBJUNCTIVE

eusse atteint	eussions atteint
eusses atteint	eussiez atteint
eût atteint	eussent atteint

Usage

L'autocar a atteint Lyon.	*The bus reached Lyons.*
Les enfants ne peuvent pas atteindre les bonbons, parce que je les ai placés trop haut.	*The children can't reach the candy because I put it too high up.*
atteindre un but	*to reach a goal*
La critique de son œuvre n'a pas atteint ce peintre.	*The criticism of his work did not affect this painter.*
Cette famille a été atteinte par une grande tragédie.	*That family was struck by a great tragedy.*
La balle l'a atteint au mollet.	*The bullet struck him in the calf.*
Dans ce pays pauvre, la population est atteinte de beaucoup de maladies.	*In this poor country the population suffers from many illnesses.*

regular -re verb

j'attends · j'attendis · attendu · attendant

PRESENT

attends	attendons
attends	attendez
attend	attendent

PASSÉ COMPOSÉ

ai attendu	avons attendu
as attendu	avez attendu
a attendu	ont attendu

IMPERFECT

attendais	attendions
attendais	attendiez
attendait	attendaient

PLUPERFECT

avais attendu	avions attendu
avais attendu	aviez attendu
avait attendu	avaient attendu

PASSÉ SIMPLE

attendis	attendîmes
attendis	attendîtes
attendit	attendirent

PAST ANTERIOR

eus attendu	eûmes attendu
eus attendu	eûtes attendu
eut attendu	eurent attendu

FUTURE

attendrai	attendrons
attendras	attendrez
attendra	attendront

FUTURE ANTERIOR

aurai attendu	aurons attendu
auras attendu	aurez attendu
aura attendu	auront attendu

CONDITIONAL

attendrais	attendrions
attendrais	attendriez
attendrait	attendraient

PAST CONDITIONAL

aurais attendu	aurions attendu
aurais attendu	auriez attendu
aurait attendu	auraient attendu

PRESENT SUBJUNCTIVE

attende	attendions
attendes	attendiez
attende	attendent

PAST SUBJUNCTIVE

aie attendu	ayons attendu
aies attendu	ayez attendu
ait attendu	aient attendu

IMPERFECT SUBJUNCTIVE

attendisse	attendissions
attendisses	attendissiez
attendît	attendissent

PLUPERFECT SUBJUNCTIVE

eusse attendu	eussions attendu
eusses attendu	eussiez attendu
eût attendu	eussent attendu

COMMANDS

	attendons
attends	attendez

Usage

attendre l'autobus/le métro	*to wait for the bus/the subway*
attendre un ami/le professeur	*to wait for a friend/the teacher*
attendre une heure/un mois	*to wait an hour/a month*
Attends-moi! Je descends tout de suite.	*Wait for me! I'll be right down.*
—J'attends qu'il s'en aille.	*I'm waiting for him to leave.*
—Moi aussi, j'attends son départ avec impatience.	*I'm also waiting impatiently for him to leave.*
Qu'attend-il pour t'inviter à dîner?	*What's he waiting for to ask you to dinner?*
Un grand avenir vous attend!	*A great future awaits you!*
Quand tu verras l'accueil qui t'attend!	*Wait till you see the welcome that's in store for you!*
Il n'attend pas grand-chose de ces négociations.	*He doesn't expect much from these negotiations.*

54 | s'attendre to expect

je m'attends · je m'attendis · s'étant attendu · s'attendant

regular -re reflexive verb; compound tenses with être

PRESENT

m'attends	nous attendons
t'attends	vous attendez
s'attend	s'attendent

PASSÉ COMPOSÉ

me suis attendu(e)	nous sommes attendu(e)s
t'es attendu(e)	vous êtes attendu(e)(s)
s'est attendu(e)	se sont attendu(e)s

IMPERFECT

m'attendais	nous attendions
t'attendais	vous attendiez
s'attendait	s'attendaient

PLUPERFECT

m'étais attendu(e)	nous étions attendu(e)s
t'étais attendu(e)	vous étiez attendu(e)(s)
s'était attendu(e)	s'étaient attendu(e)s

PASSÉ SIMPLE

m'attendis	nous attendîmes
t'attendis	vous attendîtes
s'attendit	s'attendirent

PAST ANTERIOR

me fus attendu(e)	nous fûmes attendu(e)s
te fus attendu(e)	vous fûtes attendu(e)(s)
se fut attendu(e)	se furent attendu(e)s

FUTURE

m'attendrai	nous attendrons
t'attendras	vous attendrez
s'attendra	s'attendront

FUTURE ANTERIOR

me serai attendu(e)	nous serons attendu(e)s
te seras attendu(e)	vous serez attendu(e)(s)
se sera attendu(e)	se seront attendu(e)s

CONDITIONAL

m'attendrais	nous attendrions
t'attendrais	vous attendriez
s'attendrait	s'attendraient

PAST CONDITIONAL

me serais attendu(e)	nous serions attendu(e)s
te serais attendu(e)	vous seriez attendu(e)(s)
se serait attendu(e)	se seraient attendu(e)s

PRESENT SUBJUNCTIVE

m'attende	nous attendions
t'attendes	vous attendiez
s'attende	s'attendent

PAST SUBJUNCTIVE

me sois attendu(e)	nous soyons attendu(e)s
te sois attendu(e)	vous soyez attendu(e)(s)
se soit attendu(e)	se soient attendu(e)s

IMPERFECT SUBJUNCTIVE

m'attendisse	nous attendissions
t'attendisses	vous attendissiez
s'attendît	s'attendissent

PLUPERFECT SUBJUNCTIVE

me fusse attendu(e)	nous fussions attendu(e)s
te fusses attendu(e)	vous fussiez attendu(e)(s)
se fût attendu(e)	se fussent attendu(e)s

COMMANDS

	attendons-nous
attends-toi	attendez-vous

Usage

s'attendre à qqch	*to expect something*
Je ne m'attendais pas à perdre tant d'argent.	*I wasn't expecting to lose so much money.*
Il faut s'attendre au pire.	*We must expect the worst.*
—On ne s'attendait pas à vous voir ici.	*We didn't expect to see you here.*
—Je ne m'attendais pas à pouvoir venir.	*I didn't expect to be able to come.*
Maman s'attend à ce que tu fasses tes devoirs.	*Mother expects you to finish your homework.*
Il ne s'attendait pas à ce que tu lui dises des mensonges.	*He wasn't expecting that you would tell him lies.*

regular -er verb

j'attire · j'attirai · attiré · attirant

PRESENT		**PASSÉ COMPOSÉ**	
attire	attirons	ai attiré	avons attiré
attires	attirez	as attiré	avez attiré
attire	attirent	a attiré	ont attiré

IMPERFECT		**PLUPERFECT**	
attirais	attirions	avais attiré	avions attiré
attirais	attiriez	avais attiré	aviez attiré
attirait	attiraient	avait attiré	avaient attiré

PASSÉ SIMPLE		**PAST ANTERIOR**	
attirai	attirâmes	eus attiré	eûmes attiré
attiras	attirâtes	eus attiré	eûtes attiré
attira	attirèrent	eut attiré	eurent attiré

FUTURE		**FUTURE ANTERIOR**	
attirerai	attirerons	aurai attiré	aurons attiré
attireras	attirerez	auras attiré	aurez attiré
attirera	attireront	aura attiré	auront attiré

CONDITIONAL		**PAST CONDITIONAL**	
attirerais	attirerions	aurais attiré	aurions attiré
attirerais	attireriez	aurais attiré	auriez attiré
attirerait	attireraient	aurait attiré	auraient attiré

PRESENT SUBJUNCTIVE		**PAST SUBJUNCTIVE**	
attire	attirions	aie attiré	ayons attiré
attires	attiriez	aies attiré	ayez attiré
attire	attirent	ait attiré	aient attiré

IMPERFECT SUBJUNCTIVE		**PLUPERFECT SUBJUNCTIVE**	
attirasse	attirassions	eusse attiré	eussions attiré
attirasses	attirassiez	eusses attiré	eussiez attiré
attirât	attirassent	eût attiré	eussent attiré

COMMANDS	
	attirons
attire	attirez

Usage

Il l'attira dans la cuisine.	*He drew her into the kitchen.*
J'essaie de l'attirer dans un piège.	*I'm trying to lure him into a trap.*
Sa tenue attira tous les regards.	*Her outfit attracted everyone's glances.*
C'est une belle femme qui attire tous les regards.	*She's a beautiful woman who is the center of attention.*
Le cirque attire des foules d'enfants.	*The circus draws crowds of children.*
Je ne veux pas leur attirer des ennuis.	*I don't want to cause them any trouble.*
Sa situation attira la pitié des voisins.	*His situation gained him the neighbors' pity.*
Permettez que j'attire votre attention sur ce fait.	*Allow me to draw your attention to this fact.*
Tu vas t'attirer la colère du patron.	*You're going to make the boss angry at you.*
C'est ça qui m'attire.	*That's what I like about it.*

attraper *to catch*

j'attrape · j'attrapai · attrapé · attrapant

regular -er verb

PRESENT		PASSÉ COMPOSÉ	
attrape	attrapons	ai attrapé	avons attrapé
attrapes	attrapez	as attrapé	avez attrapé
attrape	attrapent	a attrapé	ont attrapé

IMPERFECT		PLUPERFECT	
attrapais	attrapions	avais attrapé	avions attrapé
attrapais	attrapiez	avais attrapé	aviez attrapé
attrapait	attrapaient	avait attrapé	avaient attrapé

PASSÉ SIMPLE		PAST ANTERIOR	
attrapai	attrapâmes	eus attrapé	eûmes attrapé
attrapas	attrapâtes	eus attrapé	eûtes attrapé
attrapa	attrapèrent	eut attrapé	eurent attrapé

FUTURE		FUTURE ANTERIOR	
attraperai	attraperons	aurai attrapé	aurons attrapé
attraperas	attraperez	auras attrapé	aurez attrapé
attrapera	attraperont	aura attrapé	auront attrapé

CONDITIONAL		PAST CONDITIONAL	
attraperais	attraperions	aurais attrapé	aurions attrapé
attraperais	attraperiez	aurais attrapé	auriez attrapé
attraperait	attraperaient	aurait attrapé	auraient attrapé

PRESENT SUBJUNCTIVE		PAST SUBJUNCTIVE	
attrape	attrapions	aie attrapé	ayons attrapé
attrapes	attrapiez	aies attrapé	ayez attrapé
attrape	attrapent	ait attrapé	aient attrapé

IMPERFECT SUBJUNCTIVE		PLUPERFECT SUBJUNCTIVE	
attrapasse	attrapassions	eusse attrapé	eussions attrapé
attrapasses	attrapassiez	eusses attrapé	eussiez attrapé
attrapât	attrapassent	eût attrapé	eussent attrapé

COMMANDS	
	attrapons
attrape	attrapez

Usage

attraper un rhume/la grippe/une maladie	to catch a cold/the flu/a disease
Cette infection s'attrape facilement.	*This infection is very contagious.*
On a attrapé le cambrioleur la main dans le sac.	*They caught the burglar red-handed.*
Tu ne vas pas l'attraper avec une ruse comme ça.	*You're not going to trap him with a trick like that.*
Je commence à attraper le coup.	*I'm beginning to get the hang of it.*
Je vais jeter la balle. Attrape!	*I'm going to throw the ball. Catch!*
Tu attrapes quelques mots quand on parle vite?	*Do you catch a few words when we talk fast?*
Cours si tu veux attraper le train.	*Run if you want to catch the train.*
Gare à toi si tes parents t'attrapent!	*Just watch it if your parents get hold of you!*

regular *-ir* verb

j'avertis · j'avertis · averti · avertissant

PRESENT

avertis	avertissons
avertis	avertissez
avertit	avertissent

PASSÉ COMPOSÉ

ai averti	avons averti
as averti	avez averti
a averti	ont averti

IMPERFECT

avertissais	avertissions
avertissais	avertissiez
avertissait	avertissaient

PLUPERFECT

avais averti	avions averti
avais averti	aviez averti
avait averti	avaient averti

PASSÉ SIMPLE

avertis	avertîmes
avertis	avertîtes
avertit	avertirent

PAST ANTERIOR

eus averti	eûmes averti
eus averti	eûtes averti
eut averti	eurent averti

FUTURE

avertirai	avertirons
avertiras	avertirez
avertira	avertiront

FUTURE ANTERIOR

aurai averti	aurons averti
auras averti	aurez averti
aura averti	auront averti

CONDITIONAL

avertirais	avertirions
avertirais	avertiriez
avertirait	avertiraient

PAST CONDITIONAL

aurais averti	aurions averti
aurais averti	auriez averti
aurait averti	auraient averti

PRESENT SUBJUNCTIVE

avertisse	avertissions
avertisses	avertissiez
avertisse	avertissent

PAST SUBJUNCTIVE

aie averti	ayons averti
aies averti	ayez averti
ait averti	aient averti

IMPERFECT SUBJUNCTIVE

avertisse	avertissions
avertisses	avertissiez
avertît	avertissent

PLUPERFECT SUBJUNCTIVE

eusse averti	eussions averti
eusses averti	eussiez averti
eût averti	eussent averti

COMMANDS

	avertissons
avertis	avertissez

Usage

Je vous avertis de son départ.	*I'm alerting you to his departure.*
Le chef m'a averti qu'il n'était pas content de mon travail.	*The boss let me know that he wasn't happy with my work.*
C'est un public averti qui assiste à ces concerts.	*It's an informed audience that attends these concerts.*
Tiens-toi pour averti.	*Consider yourself notified/warned.*
Je t'avertis que ta conduite est inacceptable.	*I'm alerting you that your behavior is unacceptable.*

RELATED WORDS

un avertissement	*a warning*
Les étudiants ont reçu un avertissement.	*The students received a warning.*
avertissement au lecteur	*foreword*

avoir + noun *to be* + adjective

avoir faim	*to be hungry*
avoir soif	*to be thirsty*
avoir sommeil	*to be sleepy*
avoir chaud	*to be warm* (said of people)
avoir froid	*to be cold* (said of people)
avoir raison	*to be right*
avoir tort	*to be wrong*
avoir de la chance	*to be lucky*

avoir pour exprimer le rapport entre la personne et ses circonstances

avoir besoin de qqch	*to need something*
avoir hâte de faire qqch	*to be in a hurry to do something*
avoir envie de faire qqch	*to feel like doing something*
avoir du mal à faire qqch	*to have trouble/difficulty doing something*

en avoir pour

—Tu en as pour longtemps? *Will you be long?*
—J'en ai pour cinq minutes. *It will take me five minutes.*

avoir à

Je n'ai rien à faire.	*I have nothing to do.*
On n'a pas à se plaindre.	*We can't complain.*
J'ai qqch à vous dire.	*I have something to tell you.*
Nous avons trois cents pages à lire.	*We have three hundred pages to read.*
Elle a à faire le ménage avant de sortir.	*She has to do the housework before going out.*

n'avoir qu'à all one has to do is

Tu n'as qu'à lui demander.	*All you have to do is ask him.*
On n'a qu'à patienter.	*All we have to do is be patient.*
Je n'avais qu'à ne pas sortir.	*I shouldn't have gone out in the first place.*

ne rien avoir

Je n'ai rien à te dire.	*I have nothing to say to you.*
Cela n'a rien à voir avec cette affaire.	*That has nothing to do with this matter.*
Il n'y a rien à faire.	*There's nothing to be done.*

avoir to get

Vous pouvez m'avoir ce journal? *Can you get that newspaper for me?*
J'ai eu ce livre pour dix euros. *I got this book for ten euros.*

TOP 30 VERBS

irregular verb

j'ai · j'eus · eu · ayant

PRESENT		PASSÉ COMPOSÉ	
ai	avons	ai eu	avons eu
as	avez	as eu	avez eu
a	ont	a eu	ont eu

IMPERFECT		PLUPERFECT	
avais	avions	avais eu	avions eu
avais	aviez	avais eu	aviez eu
avait	avaient	avait eu	avaient eu

PASSÉ SIMPLE		PAST ANTERIOR	
eus	eûmes	eus eu	eûmes eu
eus	eûtes	eus eu	eûtes eu
eut	eurent	eut eu	eurent eu

FUTURE		FUTURE ANTERIOR	
aurai	aurons	aurai eu	aurons eu
auras	aurez	auras eu	aurez eu
aura	auront	aura eu	auront eu

CONDITIONAL		PAST CONDITIONAL	
aurais	aurions	aurais eu	aurions eu
aurais	auriez	aurais eu	auriez eu
aurait	auraient	aurait eu	auraient eu

PRESENT SUBJUNCTIVE		PAST SUBJUNCTIVE	
aie	ayons	aie eu	ayons eu
aies	ayez	aies eu	ayez eu
ait	aient	ait eu	aient eu

IMPERFECT SUBJUNCTIVE		PLUPERFECT SUBJUNCTIVE	
eusse	eussions	eusse eu	eussions eu
eusses	eussiez	eusses eu	eussiez eu
eût	eussent	eût eu	eussent eu

COMMANDS	
	ayons
aie	ayez

Usage

—Tu as des pièces de cinquante centimes?	*Do you have any fifty-cent coins?*
—Non, je regrette, je n'ai pas de monnaie.	*No, sorry, I have no change.*
—J'ai rendez-vous avec Julie.	*I have a date with Julie.*
—Tu as de la chance.	*You're lucky.*
—Qu'est-ce que tu as?	*What's wrong with you?*
—Ne t'en fais pas. Je n'ai rien.	*Don't worry. It's nothing.*
—Nous n'avons pas de viande.	*We have no meat.*
—Il faudra faire avec ce que nous avons.	*We'll have to make do with what we have.*
—Il y a combien d'élèves dans cette classe?	*How many students are there in this class?*
—Il y en a vingt-trois.	*There are twenty-three.*

PRESENT		PASSÉ COMPOSÉ	
baisse	baissons	ai baissé	avons baissé
baisses	baissez	as baissé	avez baissé
baisse	baissent	a baissé	ont baissé

IMPERFECT		PLUPERFECT	
baissais	baissions	avais baissé	avions baissé
baissais	baissiez	avais baissé	aviez baissé
baissait	baissaient	avait baissé	avaient baissé

PASSÉ SIMPLE		PAST ANTERIOR	
baissai	baissâmes	eus baissé	eûmes baissé
baissas	baissâtes	eus baissé	eûtes baissé
baissa	baissèrent	eut baissé	eurent baissé

FUTURE		FUTURE ANTERIOR	
baisserai	baisserons	aurai baissé	aurons baissé
baisseras	baisserez	auras baissé	aurez baissé
baissera	baisseront	aura baissé	auront baissé

CONDITIONAL		PAST CONDITIONAL	
baisserais	baisserions	aurais baissé	aurions baissé
baisserais	baisseriez	aurais baissé	auriez baissé
baisserait	baisseraient	aurait baissé	auraient baissé

PRESENT SUBJUNCTIVE		PAST SUBJUNCTIVE	
baisse	baissions	aie baissé	ayons baissé
baisses	baissiez	aies baissé	ayez baissé
baisse	baissent	ait baissé	aient baissé

IMPERFECT SUBJUNCTIVE		PLUPERFECT SUBJUNCTIVE	
baissasse	baissassions	eusse baissé	eussions baissé
baissasses	baissassiez	eusses baissé	eussiez baissé
baissât	baissassent	eût baissé	eussent baissé

COMMANDS	
	baissons
baisse	baissez

Usage

baisser la tête	to lower one's head
Il est entré la tête baissée.	He came in with his head lowered.
baisser les yeux	to lower one's eyes/to look down
La température baisse.	The temperature is dropping.
—Tu crois qu'il demande trop d'argent pour cette vieille voiture?	Do you think he's asking too much for that old car?
—Oui. Essaie de lui faire baisser le prix.	Yes. Try to make him lower the price.
Le rideau baisse.	The curtain comes down.
Le jour baisse.	It's beginning to get dark.
Vers cinq heures je baisse les stores.	Around five o'clock I lower the blinds.
Le boxeur a baissé les bras.	The boxer threw in the towel.
Sur l'autoroute il faut baisser les phares.	On the highway you must dim your headlights.

-er verb; spelling change:
y > i/mute e

je balaie · je balayai · balayé · balayant

PRESENT

balaie	balayons
balaies	balayez
balaie	balaient

IMPERFECT

balayais	balayions
balayais	balayiez
balayait	balayaient

PASSÉ SIMPLE

balayai	balayâmes
balayas	balayâtes
balaya	balayèrent

FUTURE

balaierai	balaierons
balaieras	balaierez
balaiera	balaieront

CONDITIONAL

balaierais	balaierions
balaierais	balaieriez
balaierait	balaieraient

PRESENT SUBJUNCTIVE

balaie	balayions
balaies	balayiez
balaie	balaient

IMPERFECT SUBJUNCTIVE

balayasse	balayassions
balayasses	balayassiez
balayât	balayassent

COMMANDS

	balayons
balaie	balayez

PASSÉ COMPOSÉ

ai balayé	avons balayé
as balayé	avez balayé
a balayé	ont balayé

PLUPERFECT

avais balayé	avions balayé
avais balayé	aviez balayé
avait balayé	avaient balayé

PAST ANTERIOR

eus balayé	eûmes balayé
eus balayé	eûtes balayé
eut balayé	eurent balayé

FUTURE ANTERIOR

aurai balayé	aurons balayé
auras balayé	aurez balayé
aura balayé	auront balayé

PAST CONDITIONAL

aurais balayé	aurions balayé
aurais balayé	auriez balayé
aurait balayé	auraient balayé

PAST SUBJUNCTIVE

aie balayé	ayons balayé
aies balayé	ayez balayé
ait balayé	aient balayé

PLUPERFECT SUBJUNCTIVE

eusse balayé	eussions balayé
eusses balayé	eussiez balayé
eût balayé	eussent balayé

Usage

NOTE: This verb is sometimes seen without the y > i change, such as *balaye*.

balayer le plancher/l'escalier/la cuisine	to sweep the floor/the stairs/the kitchen
balayer les feuilles/la poussière	to sweep up the leaves/the dust
balayer les obstacles	to sweep away all obstacles
L'arrivée des enfants a balayé nos soucis.	The arrival of the children made us forget our cares.
L'orage a tout balayé sur son passage.	The storm swept away everything in its path.
Le chef a balayé une dizaine d'employés.	The boss fired about ten employees.

RELATED WORDS

le balai	broom
le balayeur	street sweeper

PRESENT

bâtis	bâtissons
bâtis	bâtissez
bâtit	bâtissent

PASSÉ COMPOSÉ

ai bâti	avons bâti
as bâti	avez bâti
a bâti	ont bâti

IMPERFECT

bâtissais	bâtissions
bâtissais	bâtissiez
bâtissait	bâtissaient

PLUPERFECT

avais bâti	avions bâti
avais bâti	aviez bâti
avait bâti	avaient bâti

PASSÉ SIMPLE

bâtis	bâtîmes
bâtis	bâtîtes
bâtit	bâtirent

PAST ANTERIOR

eus bâti	eûmes bâti
eus bâti	eûtes bâti
eut bâti	eurent bâti

FUTURE

bâtirai	bâtirons
bâtiras	bâtirez
bâtira	bâtiront

FUTURE ANTERIOR

aurai bâti	aurons bâti
auras bâti	aurez bâti
aura bâti	auront bâti

CONDITIONAL

bâtirais	bâtirions
bâtirais	bâtiriez
bâtirait	bâtiraient

PAST CONDITIONAL

aurais bâti	aurions bâti
aurais bâti	auriez bâti
aurait bâti	auraient bâti

PRESENT SUBJUNCTIVE

bâtisse	bâtissions
bâtisses	bâtissiez
bâtisse	bâtissent

PAST SUBJUNCTIVE

aie bâti	ayons bâti
aies bâti	ayez bâti
ait bâti	aient bâti

IMPERFECT SUBJUNCTIVE

bâtisse	bâtissions
bâtisses	bâtissiez
bâtît	bâtissent

PLUPERFECT SUBJUNCTIVE

eusse bâti	eussions bâti
eusses bâti	eussiez bâti
eût bâti	eussent bâti

COMMANDS

	bâtissons
bâtis	bâtissez

Usage

bâtir un immeuble/une maison	to build an apartment house/a house
bâtir son avenir	to construct one's future
bâtir un plan	to draw up a plan
bâtir sa réputation	to build up one's reputation
(se) faire bâtir	to have something built
Nous (nous) faisons bâtir une maison à la campagne.	We're having a house built in the country.

RELATED WORDS

un bâtiment	a building
Lui, il est du bâtiment.	He knows which end is up.

irregular verb; only one *t* in the singular of the present tense

je bats · je battis · battu · battant

PRESENT

bats	battons
bats	battez
bat	battent

IMPERFECT

battais	battions
battais	battiez
battait	battaient

PASSÉ SIMPLE

battis	battîmes
battis	battîtes
battit	battirent

FUTURE

battrai	battrons
battras	battrez
battra	battront

CONDITIONAL

battrais	battrions
battrais	battriez
battrait	battraient

PRESENT SUBJUNCTIVE

batte	battions
battes	battiez
batte	battent

IMPERFECT SUBJUNCTIVE

battisse	battissions
battisses	battissiez
battît	battissent

COMMANDS

	battons
bats	battez

PASSÉ COMPOSÉ

ai battu	avons battu
as battu	avez battu
a battu	ont battu

PLUPERFECT

avais battu	avions battu
avais battu	aviez battu
avait battu	avaient battu

PAST ANTERIOR

eus battu	eûmes battu
eus battu	eûtes battu
eut battu	eurent battu

FUTURE ANTERIOR

aurai battu	aurons battu
auras battu	aurez battu
aura battu	auront battu

PAST CONDITIONAL

aurais battu	aurions battu
aurais battu	auriez battu
aurait battu	auraient battu

PAST SUBJUNCTIVE

aie battu	ayons battu
aies battu	ayez battu
ait battu	aient battu

PLUPERFECT SUBJUNCTIVE

eusse battu	eussions battu
eusses battu	eussiez battu
eût battu	eussent battu

Usage

battre qqn	*to beat/hit someone*
battre des œufs	*to beat eggs*
battre les cartes	*to shuffle the deck*
battre des mains	*to clap one's hands*
battre la retraite	*to beat a retreat/have the army withdraw*
Je ne bats jamais mes enfants.	*I never hit my children.*
On a battu la victime à mort.	*The victim was beaten to death.*
Elle sort les tapis au jardin pour les battre.	*She takes the rugs out to the garden to beat them.*
battre qqn/un rival	*to defeat someone/a rival*
Notre équipe a battu nos rivaux.	*Our team beat our rivals.*
Je ne me tiens pas pour battu!	*I don't consider myself defeated.*
Ils nous ont battus 10 à 6.	*They beat us 10 to 6.*

PRESENT		PASSÉ COMPOSÉ	
bavarde	bavardons	ai bavardé	avons bavardé
bavardes	bavardez	as bavardé	avez bavardé
bavarde	bavardent	a bavardé	ont bavardé

IMPERFECT		PLUPERFECT	
bavardais	bavardions	avais bavardé	avions bavardé
bavardais	bavardiez	avais bavardé	aviez bavardé
bavardait	bavardaient	avait bavardé	avaient bavardé

PASSÉ SIMPLE		PAST ANTERIOR	
bavardai	bavardâmes	eus bavardé	eûmes bavardé
bavardas	bavardâtes	eus bavardé	eûtes bavardé
bavarda	bavardèrent	eut bavardé	eurent bavardé

FUTURE		FUTURE ANTERIOR	
bavarderai	bavarderons	aurai bavardé	aurons bavardé
bavarderas	bavarderez	auras bavardé	aurez bavardé
bavardera	bavarderont	aura bavardé	auront bavardé

CONDITIONAL		PAST CONDITIONAL	
bavarderais	bavarderions	aurais bavardé	aurions bavardé
bavarderais	bavarderiez	aurais bavardé	auriez bavardé
bavarderait	bavarderaient	aurait bavardé	auraient bavardé

PRESENT SUBJUNCTIVE		PAST SUBJUNCTIVE	
bavarde	bavardions	aie bavardé	ayons bavardé
bavardes	bavardiez	aies bavardé	ayez bavardé
bavarde	bavardent	ait bavardé	aient bavardé

IMPERFECT SUBJUNCTIVE		PLUPERFECT SUBJUNCTIVE	
bavardasse	bavardassions	eusse bavardé	eussions bavardé
bavardasses	bavardassiez	eusses bavardé	eussiez bavardé
bavardât	bavardassent	eût bavardé	eussent bavardé

COMMANDS	
	bavardons
bavarde	bavardez

Usage

Tu perds tout ton temps à bavarder.	*You're wasting all your time gabbing.*
C'est affolant. Ils n'arrêtent pas de bavarder.	*It's maddening. They don't stop talking.*
Tout le monde est au courant! Qui aura bavardé?	*Everyone knows about it! Who could have talked?*

RELATED WORDS

bavard(e)	*talkative*
bavard(e) comme une pie	*a real chatterbox*
Lui, c'est un bavard intarissable.	*He never gets tired of talking.*
le bavardage	*chatter/talk*
Je ne peux pas travailler. Mes collègues n'arrêtent pas leur bavardage.	*I can't work. My coworkers won't stop their talking.*

regular *-ir* verb | **je bénis · je bénis · béni · bénissant**

PRESENT

bénis	bénissons
bénis	bénissez
bénit	bénissent

PASSÉ COMPOSÉ

ai béni	avons béni
as béni	avez béni
a béni	ont béni

IMPERFECT

bénissais	bénissions
bénissais	bénissiez
bénissait	bénissaient

PLUPERFECT

avais béni	avions béni
avais béni	aviez béni
avait béni	avaient béni

PASSÉ SIMPLE

bénis	bénîmes
bénis	bénîtes
bénit	bénirent

PAST ANTERIOR

eus béni	eûmes béni
eus béni	eûtes béni
eut béni	eurent béni

FUTURE

bénirai	bénirons
béniras	bénirez
bénira	béniront

FUTURE ANTERIOR

aurai béni	aurons béni
auras béni	aurez béni
aura béni	auront béni

CONDITIONAL

bénirais	bénirions
bénirais	béniriez
bénirait	béniraient

PAST CONDITIONAL

aurais béni	aurions béni
aurais béni	auriez béni
aurait béni	auraient béni

PRESENT SUBJUNCTIVE

bénisse	bénissions
bénisses	bénissiez
bénisse	bénissent

PAST SUBJUNCTIVE

aie béni	ayons béni
aies béni	ayez béni
ait béni	aient béni

IMPERFECT SUBJUNCTIVE

bénisse	bénissions
bénisses	bénissiez
bénît	bénissent

PLUPERFECT SUBJUNCTIVE

eusse béni	eussions béni
eusses béni	eussiez béni
eût béni	eussent béni

COMMANDS

	bénissons
bénis	bénissez

Usage

Le curé du village a béni leur mariage.	*The village priest blessed their marriage.*
Dieu vous bénisse!	*God bless you!* (said to someone who sneezes)
Dieu soit béni!	*Praise the Lord!*
Je bénis l'agent de police qui m'a sauvé.	*I am thankful to the policeman who saved me.*
Nous bénissons cette coïncidence.	*We are so grateful for this coincidence.*

RELATED WORDS

bénit(e)	*blessed* (when used as an adjective)
l'eau bénite	*holy water*
le bénitier	*holy water font*

PRESENT		PASSÉ COMPOSÉ	
blague	blaguons	ai blagué	avons blagué
blagues	blaguez	as blagué	avez blagué
blague	blaguent	a blagué	ont blagué

IMPERFECT		PLUPERFECT	
blaguais	blaguions	avais blagué	avions blagué
blaguais	blaguiez	avais blagué	aviez blagué
blaguait	blaguaient	avait blagué	avaient blagué

PASSÉ SIMPLE		PAST ANTERIOR	
blaguai	blaguâmes	eus blagué	eûmes blagué
blaguas	blaguâtes	eus blagué	eûtes blagué
blagua	blaguèrent	eut blagué	eurent blagué

FUTURE		FUTURE ANTERIOR	
blaguerai	blaguerons	aurai blagué	aurons blagué
blagueras	blaguerez	auras blagué	aurez blagué
blaguera	blagueront	aura blagué	auront blagué

CONDITIONAL		PAST CONDITIONAL	
blaguerais	blaguerions	aurais blagué	aurions blagué
blaguerais	blagueriez	aurais blagué	auriez blagué
blaguerait	blagueraient	aurait blagué	auraient blagué

PRESENT SUBJUNCTIVE		PAST SUBJUNCTIVE	
blague	blaguions	aie blagué	ayons blagué
blagues	blaguiez	aies blagué	ayez blagué
blague	blaguent	ait blagué	aient blagué

IMPERFECT SUBJUNCTIVE		PLUPERFECT SUBJUNCTIVE	
blaguasse	blaguassions	eusse blagué	eussions blagué
blaguasses	blaguassiez	eusses blagué	eussiez blagué
blaguât	blaguassent	eût blagué	eussent blagué

COMMANDS	
	blaguons
blague	blaguez

Usage

NOTE: *Blaguer* is colloquial for *plaisanter*.

Tu blagues!	*You're kidding!*
Sans blaguer.	*I'm not kidding.*
Ne t'offense pas. Je l'ai dit pour blaguer.	*Don't be offended. I said it as a joke.*
Tu ne blagues pas?	*Are you on the level?*

RELATED WORDS

la blague	*joke/trick*
Sans blague?	*No kidding?*
Il nous a fait une blague.	*He played a trick on us.*
Tout ça c'est de la blague.	*That's just hogwash.*
Quelle blague!	*What baloney!*
un blagueur/une blagueuse	*a kidder/jokester*

regular -er verb

je blâme · je blâmai · blâmé · blâmant

PRESENT		PASSÉ COMPOSÉ	
blâme	blâmons	ai blâmé	avons blâmé
blâmes	blâmez	as blâmé	avez blâmé
blâme	blâment	a blâmé	ont blâmé

IMPERFECT		PLUPERFECT	
blâmais	blâmions	avais blâmé	avions blâmé
blâmais	blâmiez	avais blâmé	aviez blâmé
blâmait	blâmaient	avait blâmé	avaient blâmé

PASSÉ SIMPLE		PAST ANTERIOR	
blâmai	blâmâmes	eus blâmé	eûmes blâmé
blâmas	blâmâtes	eus blâmé	eûtes blâmé
blâma	blâmèrent	eut blâmé	eurent blâmé

FUTURE		FUTURE ANTERIOR	
blâmerai	blâmerons	aurai blâmé	aurons blâmé
blâmeras	blâmerez	auras blâmé	aurez blâmé
blâmera	blâmeront	aura blâmé	auront blâmé

CONDITIONAL		PAST CONDITIONAL	
blâmerais	blâmerions	aurais blâmé	aurions blâmé
blâmerais	blâmeriez	aurais blâmé	auriez blâmé
blâmerait	blâmeraient	aurait blâmé	auraient blâmé

PRESENT SUBJUNCTIVE		PAST SUBJUNCTIVE	
blâme	blâmions	aie blâmé	ayons blâmé
blâmes	blâmiez	aies blâmé	ayez blâmé
blâme	blâment	ait blâmé	aient blâmé

IMPERFECT SUBJUNCTIVE		PLUPERFECT SUBJUNCTIVE	
blâmasse	blâmassions	eusse blâmé	eussions blâmé
blâmasses	blâmassiez	eusses blâmé	eussiez blâmé
blâmât	blâmassent	eût blâmé	eussent blâmé

COMMANDS	
	blâmons
blâme	blâmez

Usage

Il me blâme de son renvoi.
Je ne te blâme pas. Tu n'y es pour rien.
Cet enfant n'est pas à blâmer. Il est
à plaindre.

He blames me for his getting fired.
I don't blame you. You're not at fault.
This child is not deserving of blame.
He is to be pitied.

RELATED WORDS

le blâme
L'arbitre lui a donné un blâme.
Il mérite un blâme.
Il a encouru un blâme.
Votre collègue essaie de rejeter le
blâme sur vous.
blâmable

blame/reprimand (school or sports)
The umpire gave him a reprimand.
He deserves a formal reprimand.
He got a reprimand.
*Your colleague is trying to make you look
like the guilty party.*
blameful/deserving of blame

blesser *to wound*

je blesse · je blessai · blessé · blessant

regular -er verb

PRESENT	
blesse	blessons
blesses	blessez
blesse	blessent

PASSÉ COMPOSÉ	
ai blessé	avons blessé
as blessé	avez blessé
a blessé	ont blessé

IMPERFECT	
blessais	blessions
blessais	blessiez
blessait	blessaient

PLUPERFECT	
avais blessé	avions blessé
avais blessé	aviez blessé
avait blessé	avaient blessé

PASSÉ SIMPLE	
blessai	blessâmes
blessas	blessâtes
blessa	blessèrent

PAST ANTERIOR	
eus blessé	eûmes blessé
eus blessé	eûtes blessé
eut blessé	eurent blessé

FUTURE	
blesserai	blesserons
blesseras	blesserez
blessera	blesseront

FUTURE ANTERIOR	
aurai blessé	aurons blessé
auras blessé	aurez blessé
aura blessé	auront blessé

CONDITIONAL	
blesserais	blesserions
blesserais	blesseriez
blesserait	blesseraient

PAST CONDITIONAL	
aurais blessé	aurions blessé
aurais blessé	auriez blessé
aurait blessé	auraient blessé

PRESENT SUBJUNCTIVE	
blesse	blessions
blesses	blessiez
blesse	blessent

PAST SUBJUNCTIVE	
aie blessé	ayons blessé
aies blessé	ayez blessé
ait blessé	aient blessé

IMPERFECT SUBJUNCTIVE	
blessasse	blessassions
blessasses	blessassiez
blessât	blessassent

PLUPERFECT SUBJUNCTIVE	
eusse blessé	eussions blessé
eusses blessé	eussiez blessé
eût blessé	eussent blessé

COMMANDS	
	blessons
blesse	blessez

Usage

L'agresseur a blessé sa victime d'un coup de couteau.	*The attacker stabbed his victim.*
Il a été blessé dans un accident.	*He was hurt in an accident.*
Ma grand-mère s'est blessée en tombant.	*My grandmother fell and hurt herself.*
Je me suis blessé le bras.	*I hurt my arm.*
Cette musique blesse l'oreille!	*This music hurts your ears!*
Ces sacrées chaussures me blessent!	*These darned shoes are hurting me!*
Votre remarque m'a blessé au vif.	*Your remark hurt me deeply.*
Ça m'a profondément blessé.	*That really hurt me.*
Tu te blesses pour un rien.	*You get offended too easily.*
Votre commentaire a blessé mon amour-propre.	*Your comment hurt my pride.*

irregular verb

je bois · je bus · bu · buvant

PRESENT

bois	buvons
bois	buvez
boit	boivent

PASSÉ COMPOSÉ

ai bu	avons bu
as bu	avez bu
a bu	ont bu

IMPERFECT

buvais	buvions
buvais	buviez
buvait	buvaient

PLUPERFECT

avais bu	avions bu
avais bu	aviez bu
avait bu	avaient bu

PASSÉ SIMPLE

bus	bûmes
bus	bûtes
but	burent

PAST ANTERIOR

eus bu	eûmes bu
eus bu	eûtes bu
eut bu	eurent bu

FUTURE

boirai	boirons
boiras	boirez
boira	boiront

FUTURE ANTERIOR

aurai bu	aurons bu
auras bu	aurez bu
aura bu	auront bu

CONDITIONAL

boirais	boirions
boirais	boiriez
boirait	boiraient

PAST CONDITIONAL

aurais bu	aurions bu
aurais bu	auriez bu
aurait bu	auraient bu

PRESENT SUBJUNCTIVE

boive	buvions
boives	buviez
boive	boivent

PAST SUBJUNCTIVE

aie bu	ayons bu
aies bu	ayez bu
ait bu	aient bu

IMPERFECT SUBJUNCTIVE

busse	bussions
busses	bussiez
bût	bussent

PLUPERFECT SUBJUNCTIVE

eusse bu	eussions bu
eusses bu	eussiez bu
eût bu	eussent bu

COMMANDS

	buvons
bois	buvez

Usage

boire du café/du thé/du vin/de la bière	*to drink coffee/tea/wine/beer*
Allons boire un verre!	*Let's go have a drink!*
Tu veux boire un coup?	*Do you want to have a drink?*
Tu as soif? Je vais te donner à boire.	*Are you thirsty? I'll give you something to drink.*
Chez nous on boit du vin à table.	*We drink wine with our meals.*
Nous allons boire à votre réussite.	*We are going to drink to your health.*
Le vin blanc se boit avec le poisson.	*White wine is drunk with fish.*
Ce n'est pas la mer à boire!	*It's not really so hard to do!*
Les étudiants buvaient les paroles du professeur.	*The students were hanging on the professor's every word.*

bouger *to move*

je bouge · je bougeai · bougé · bougeant

-er verb; spelling change:
g > ge/a, o

PRESENT		PASSÉ COMPOSÉ	
bouge	bougeons	ai bougé	avons bougé
bouges	bougez	as bougé	avez bougé
bouge	bougent	a bougé	ont bougé

IMPERFECT		PLUPERFECT	
bougeais	bougions	avais bougé	avions bougé
bougeais	bougiez	avais bougé	aviez bougé
bougeait	bougeaient	avait bougé	avaient bougé

PASSÉ SIMPLE		PAST ANTERIOR	
bougeai	bougeâmes	eus bougé	eûmes bougé
bougeas	bougeâtes	eus bougé	eûtes bougé
bougea	bougèrent	eut bougé	eurent bougé

FUTURE		FUTURE ANTERIOR	
bougerai	bougerons	aurai bougé	aurons bougé
bougeras	bougerez	auras bougé	aurez bougé
bougera	bougeront	aura bougé	auront bougé

CONDITIONAL		PAST CONDITIONAL	
bougerais	bougerions	aurais bougé	aurions bougé
bougerais	bougeriez	aurais bougé	auriez bougé
bougerait	bougeraient	aurait bougé	auraient bougé

PRESENT SUBJUNCTIVE		PAST SUBJUNCTIVE	
bouge	bougions	aie bougé	ayons bougé
bouges	bougiez	aies bougé	ayez bougé
bouge	bougent	ait bougé	aient bougé

IMPERFECT SUBJUNCTIVE		PLUPERFECT SUBJUNCTIVE	
bougeasse	bougeassions	eusse bougé	eussions bougé
bougeasses	bougeassiez	eusses bougé	eussiez bougé
bougeât	bougeassent	eût bougé	eussent bougé

COMMANDS	
	bougeons
bouge	bougez

Usage

Ne bouge pas! On va nous entendre!	*Don't move! They'll hear us!*
Tu peux venir à n'importe quelle heure. Je ne bouge pas de chez moi aujourd'hui.	*You can come at any time. I'm not budging from my house today.*
Le prix de l'essence n'a pas bougé.	*The price of gasoline has stayed the same.*
Elle n'a pas bougé le petit doigt.	*She didn't lift a finger (to help with the task).*

RELATED WORDS

la bougeotte	*moving around/fidgetiness*
Ils ont vécu un peu partout. Ils ont la bougeotte.	*They've lived almost everywhere. They're always on the move.*
Tu as la bougeotte aujourd'hui. Qu'est-ce qui t'arrive?	*You're fidgety today. What's the matter with you?*

irregular verb

je bous · je bouillis · bouilli · bouillant

PRESENT

bous	bouillons
bous	bouillez
bout	bouillent

IMPERFECT

bouillais	bouillions
bouillais	bouilliez
bouillait	bouillaient

PASSÉ SIMPLE

bouillis	bouillîmes
bouillis	bouillîtes
bouillit	bouillirent

FUTURE

bouillirai	bouillirons
bouilliras	bouillirez
bouillira	bouilliront

CONDITIONAL

bouillirais	bouillirions
bouillirais	bouilliriez
bouillirait	bouilliraient

PRESENT SUBJUNCTIVE

bouille	bouillions
bouilles	bouilliez
bouille	bouillent

IMPERFECT SUBJUNCTIVE

bouillisse	bouillissions
bouillisses	bouillissiez
bouillît	bouillissent

COMMANDS

	bouillons
bous	bouillez

PASSÉ COMPOSÉ

ai bouilli	avons bouilli
as bouilli	avez bouilli
a bouilli	ont bouilli

PLUPERFECT

avais bouilli	avions bouilli
avais bouilli	aviez bouilli
avait bouilli	avaient bouilli

PAST ANTERIOR

eus bouilli	eûmes bouilli
eus bouilli	eûtes bouilli
eut bouilli	eurent bouilli

FUTURE ANTERIOR

aurai bouilli	aurons bouilli
auras bouilli	aurez bouilli
aura bouilli	auront bouilli

PAST CONDITIONAL

aurais bouilli	aurions bouilli
aurais bouilli	auriez bouilli
aurait bouilli	auraient bouilli

PAST SUBJUNCTIVE

aie bouilli	ayons bouilli
aies bouilli	ayez bouilli
ait bouilli	aient bouilli

PLUPERFECT SUBJUNCTIVE

eusse bouilli	eussions bouilli
eusses bouilli	eussiez bouilli
eût bouilli	eussent bouilli

Usage

L'eau bout.	*The water is boiling.*
Je vais faire bouillir l'eau pour la soupe.	*I'm going to bring the water to a boil for soup.*
de l'eau bouillie	*boiled water*
de l'eau bouillante	*boiling water*
faire bouillir à gros bouillons	*to bring to a full boil*
Il bout de colère.	*He's seething with anger.*

RELATED WORDS

la bouillie	*baby's cereal*
C'est de la bouillie pour les chats.	*It's an illegible text./This text is a mess.*
mettre/réduire en bouillie	*to beat to a pulp*
Son ennemi était réduit en bouillie.	*His enemy was beaten to a pulp.*
le bouillon	*broth/stock*

brosser *to brush*

PRESENT		PASSÉ COMPOSÉ	
brosse	brossons	ai brossé	avons brossé
brosses	brossez	as brossé	avez brossé
brosse	brossent	a brossé	ont brossé

IMPERFECT		PLUPERFECT	
brossais	brossions	avais brossé	avions brossé
brossais	brossiez	avais brossé	aviez brossé
brossait	brossaient	avait brossé	avaient brossé

PASSÉ SIMPLE		PAST ANTERIOR	
brossai	brossâmes	eus brossé	eûmes brossé
brossas	brossâtes	eus brossé	eûtes brossé
brossa	brossèrent	eut brossé	eurent brossé

FUTURE		FUTURE ANTERIOR	
brosserai	brosserons	aurai brossé	aurons brossé
brosseras	brosserez	auras brossé	aurez brossé
brossera	brosseront	aura brossé	auront brossé

CONDITIONAL		PAST CONDITIONAL	
brosserais	brosserions	aurais brossé	aurions brossé
brosserais	brosseriez	aurais brossé	auriez brossé
brosserait	brosseraient	aurait brossé	auraient brossé

PRESENT SUBJUNCTIVE		PAST SUBJUNCTIVE	
brosse	brossions	aie brossé	ayons brossé
brosses	brossiez	aies brossé	ayez brossé
brosse	brossent	ait brossé	aient brossé

IMPERFECT SUBJUNCTIVE		PLUPERFECT SUBJUNCTIVE	
brossasse	brossassions	eusse brossé	eussions brossé
brossasses	brossassiez	eusses brossé	eussiez brossé
brossât	brossassent	eût brossé	eussent brossé

COMMANDS	
	brossons
brosse	brossez

Usage

Brosse le manteau.	*Brush (off) the coat.*
se brosser les dents	*to brush one's teeth*
se brosser les cheveux	*to brush one's hair*

RELATED WORDS

une brosse à dents	*a toothbrush*
une brosse à cheveux	*a hairbrush*
une brosse à vêtements	*a clothing brush*
donner un coup de brosse à	*to brush (especially clothing)*
avoir/porter les cheveux en brosse	*to have a crew cut*

regular -er verb | je brûle · je brûlai · brûlé · brûlant

PRESENT	
brûle	brûlons
brûles	brûlez
brûle	brûlent

PASSÉ COMPOSÉ	
ai brûlé	avons brûlé
as brûlé	avez brûlé
a brûlé	ont brûlé

IMPERFECT	
brûlais	brûlions
brûlais	brûliez
brûlait	brûlaient

PLUPERFECT	
avais brûlé	avions brûlé
avais brûlé	aviez brûlé
avait brûlé	avaient brûlé

PASSÉ SIMPLE	
brûlai	brûlâmes
brûlas	brûlâtes
brûla	brûlèrent

PAST ANTERIOR	
eus brûlé	eûmes brûlé
eus brûlé	eûtes brûlé
eut brûlé	eurent brûlé

FUTURE	
brûlerai	brûlerons
brûleras	brûlerez
brûlera	brûleront

FUTURE ANTERIOR	
aurai brûlé	aurons brûlé
auras brûlé	aurez brûlé
aura brûlé	auront brûlé

CONDITIONAL	
brûlerais	brûlerions
brûlerais	brûleriez
brûlerait	brûleraient

PAST CONDITIONAL	
aurais brûlé	aurions brûlé
aurais brûlé	auriez brûlé
aurait brûlé	auraient brûlé

PRESENT SUBJUNCTIVE	
brûle	brûlions
brûles	brûliez
brûle	brûlent

PAST SUBJUNCTIVE	
aie brûlé	ayons brûlé
aies brûlé	ayez brûlé
ait brûlé	aient brûlé

IMPERFECT SUBJUNCTIVE	
brûlasse	brûlassions
brûlasses	brûlassiez
brûlât	brûlassent

PLUPERFECT SUBJUNCTIVE	
eusse brûlé	eussions brûlé
eusses brûlé	eussiez brûlé
eût brûlé	eussent brûlé

COMMANDS	
	brûlons
brûle	brûlez

Usage

On brûle les ordures.	We burn the garbage.
Les soldats ont brûlé la ville.	The soldiers burned the city.
Il a le visage brûlé par le soleil.	His face is sunburned.
Au feu! La maison brûle!	Fire! The house is burning!
Cet appareil brûle beaucoup d'électricité.	This machine consumes a lot of electricity.
Il a brûlé un feu rouge.	He went through a red light.
Tu brûles!	You're getting warmer! (children's guessing games)
Fais attention au feu. Tu vas te brûler.	Careful of the fire. You're going to get burned.
brûler de faire qqch	to be dying to do something
Je brûle de l'interroger.	I am dying to question him.

cacher *to hide*

je cache · je cachai · caché · cachant

regular -er verb

PRESENT	
cache	cachons
caches	cachez
cache	cachent

PASSÉ COMPOSÉ	
ai caché	avons caché
as caché	avez caché
a caché	ont caché

IMPERFECT	
cachais	cachions
cachais	cachiez
cachait	cachaient

PLUPERFECT	
avais caché	avions caché
avais caché	aviez caché
avait caché	avaient caché

PASSÉ SIMPLE	
cachai	cachâmes
cachas	cachâtes
cacha	cachèrent

PAST ANTERIOR	
eus caché	eûmes caché
eus caché	eûtes caché
eut caché	eurent caché

FUTURE	
cacherai	cacherons
cacheras	cacherez
cachera	cacheront

FUTURE ANTERIOR	
aurai caché	aurons caché
auras caché	aurez caché
aura caché	auront caché

CONDITIONAL	
cacherais	cacherions
cacherais	cacheriez
cacherait	cacheraient

PAST CONDITIONAL	
aurais caché	aurions caché
aurais caché	auriez caché
aurait caché	auraient caché

PRESENT SUBJUNCTIVE	
cache	cachions
caches	cachiez
cache	cachent

PAST SUBJUNCTIVE	
aie caché	ayons caché
aies caché	ayez caché
ait caché	aient caché

IMPERFECT SUBJUNCTIVE	
cachasse	cachassions
cachasses	cachassiez
cachât	cachassent

PLUPERFECT SUBJUNCTIVE	
eusse caché	eussions caché
eusses caché	eussiez caché
eût caché	eussent caché

COMMANDS	
	cachons
cache	cachez

Usage

Ils ont caché l'argent au sous-sol.	*They hid the money in the basement.*
Les arbres cachent la plage.	*You can't see the beach because of the trees.*
Il fait frais ici. Les arbres cachent le soleil.	*It's cool here. The trees block the sun.*
Il cache ses vraies intentions.	*He's hiding his real intentions.*
Je ne leur ai pas caché ma colère.	*I didn't hide my anger from them.*
Je ne vous cache pas que je suis inquiet.	*I won't pretend that I am not nervous.*
Tu n'as rien à cacher.	*You have nothing to hide.*
Il ne se cache pas de sa peur.	*He doesn't hide from the fact that he's afraid.*
Il ne faut pas se cacher de ses sentiments.	*You mustn't deny your feelings.*
Les enfants jouent à cache-cache. Ils se cachent derrière les arbres.	*The children are playing bide-and-seek. They're hiding behind the trees.*

regular -er verb | je casse · je cassai · cassé · cassant

PRESENT		PASSÉ COMPOSÉ	
casse	cassons	ai cassé	avons cassé
casses	cassez	as cassé	avez cassé
casse	cassent	a cassé	ont cassé

IMPERFECT		PLUPERFECT	
cassais	cassions	avais cassé	avions cassé
cassais	cassiez	avais cassé	aviez cassé
cassait	cassaient	avait cassé	avaient cassé

PASSÉ SIMPLE		PAST ANTERIOR	
cassai	cassâmes	eus cassé	eûmes cassé
cassas	cassâtes	eus cassé	eûtes cassé
cassa	cassèrent	eut cassé	eurent cassé

FUTURE		FUTURE ANTERIOR	
casserai	casserons	aurai cassé	aurons cassé
casseras	casserez	auras cassé	aurez cassé
cassera	casseront	aura cassé	auront cassé

CONDITIONAL		PAST CONDITIONAL	
casserais	casserions	aurais cassé	aurions cassé
casserais	casseriez	aurais cassé	auriez cassé
casserait	casseraient	aurait cassé	auraient cassé

PRESENT SUBJUNCTIVE		PAST SUBJUNCTIVE	
casse	cassions	aie cassé	ayons cassé
casses	cassiez	aies cassé	ayez cassé
casse	cassent	ait cassé	aient cassé

IMPERFECT SUBJUNCTIVE		PLUPERFECT SUBJUNCTIVE	
cassasse	cassassions	eusse cassé	eussions cassé
cassasses	cassassiez	eusses cassé	eussiez cassé
cassât	cassassent	eût cassé	eussent cassé

COMMANDS	
	cassons
casse	cassez

Usage

casser un carreau
J'ai cassé trois assiettes aujourd'hui.
Et moi, j'ai cassé un verre.
Oh, cet enfant casse tout.

Il a cassé le poste de télé en morceaux.
Après Noël, les commerçants cassent les prix.
Je vais te casser la figure! *(slang)*
Ils lui ont cassé le bras pendant la bagarre.

to smash a windowpane
I broke three plates today.
And I broke a glass.
Oh, this child is always breaking something.

He smashed the TV to pieces.
After Christmas, the storekeepers slash prices.
I'll break your neck!
They broke his arm during the fight.

casser *to break*

se casser

se casser le bras/la jambe	*to break one's arm/one's leg*
se casser un bras/une jambe	*to break one's arm/one's leg*
Ne te casse pas la tête (là-dessus).	*Don't worry about it.*
Tu vas te casser la figure!	*You'll break your neck/get killed!*
Tu vas te casser la gueule! *(vulgar)*	*You'll break your neck/get killed!*

Des expressions

J'ai entendu un bruit à tout casser.	*I heard a deafening noise.*
On nous a servi un repas à tout casser.	*They served us a first-rate meal.*
casser la croûte	*to have a snack*
des paroles cassantes	*sharp words*

casser en argot

casser sa pipe	*to die/kick the bucket* (slang)
—Je vois que tu ne t'es pas cassé la tête.	*I see you haven't overworked.*
—Et toi, tu t'es cassé?	*And you strained, I suppose?*
Tu me casses la tête avec tes histoires.	*You're boring me to tears with your stories.*
Ce plat ne casse rien.	*This dish is nothing special.*
Ce film ne casse pas des briques.	*This movie is no great shakes.*

Des mots composés avec *casse-*

le casse-cou	*daredevil*
être casse-cou	*to be reckless*
le casse-pieds	*pain in the neck*
le casse-tête	*puzzle/brainteaser*
le casse-noisette	*nutcracker*
Casse-Noisette	*Tchaikovsky's "Nutcracker Suite"*
le casse-croûte	*snack*
prendre son casse-croûte	*to take along one's snack*

Related Words

la cassation d'un testament *(legal)*	*the annulling of a will*
la cour de cassation	*court of final appeal*
une voix cassée	*a hoarse, raspy voice*

casser intransitif

Le câble a cassé.	*The cable broke.*
Fais attention! Ça casse.	*Careful! That can break.*

TOP 30 VERBS

regular *-er* verb · je cause · je causai · causé · causant

PRESENT

cause	causons
causes	causez
cause	causent

IMPERFECT

causais	causions
causais	causiez
causait	causaient

PASSÉ SIMPLE

causai	causâmes
causas	causâtes
causa	causèrent

FUTURE

causerai	causerons
causeras	causerez
causera	causeront

CONDITIONAL

causerais	causerions
causerais	causeriez
causerait	causeraient

PRESENT SUBJUNCTIVE

cause	causions
causes	causiez
cause	causent

IMPERFECT SUBJUNCTIVE

causasse	causassions
causasses	causassiez
causât	causassent

COMMANDS

	causons
cause	causez

PASSÉ COMPOSÉ

ai causé	avons causé
as causé	avez causé
a causé	ont causé

PLUPERFECT

avais causé	avions causé
avais causé	aviez causé
avait causé	avaient causé

PAST ANTERIOR

eus causé	eûmes causé
eus causé	eûtes causé
eut causé	eurent causé

FUTURE ANTERIOR

aurai causé	aurons causé
auras causé	aurez causé
aura causé	auront causé

PAST CONDITIONAL

aurais causé	aurions causé
aurais causé	auriez causé
aurait causé	auraient causé

PAST SUBJUNCTIVE

aie causé	ayons causé
aies causé	ayez causé
ait causé	aient causé

PLUPERFECT SUBJUNCTIVE

eusse causé	eussions causé
eusses causé	eussiez causé
eût causé	eussent causé

Usage

Cet accident m'a causé beaucoup d'ennuis.	*That accident caused me a lot of trouble.*
Je ne veux pas vous causer de la peine.	*I don't want to hurt you/cause you grief.*

RELATED WORDS

Quelle est la cause de l'accident?	*What is the cause of the accident?*
agir en connaissance de cause	*to act in full knowledge of what one is doing*

SLANG MEANING

causer	*to chat*
faire un petit bout de causette	*to have a chat*
la causerie	*talking/chatting*

céder   *to yield, give up, give in*

je cède · je cédai · cédé · cédant   -er verb; spelling change: é > è/mute e

PRESENT		PASSÉ COMPOSÉ	
cède	cédons	ai cédé	avons cédé
cèdes	cédez	as cédé	avez cédé
cède	cèdent	a cédé	ont cédé

IMPERFECT		PLUPERFECT	
cédais	cédions	avais cédé	avions cédé
cédais	cédiez	avais cédé	aviez cédé
cédait	cédaient	avait cédé	avaient cédé

PASSÉ SIMPLE		PAST ANTERIOR	
cédai	cédâmes	eus cédé	eûmes cédé
cédas	cédâtes	eus cédé	eûtes cédé
céda	cédèrent	eut cédé	eurent cédé

FUTURE		FUTURE ANTERIOR	
céderai	céderons	aurai cédé	aurons cédé
céderas	céderez	auras cédé	aurez cédé
cédera	céderont	aura cédé	auront cédé

CONDITIONAL		PAST CONDITIONAL	
céderais	céderions	aurais cédé	aurions cédé
céderais	céderiez	aurais cédé	auriez cédé
céderait	céderaient	aurait cédé	auraient cédé

PRESENT SUBJUNCTIVE		PAST SUBJUNCTIVE	
cède	cédions	aie cédé	ayons cédé
cèdes	cédiez	aies cédé	ayez cédé
cède	cèdent	ait cédé	aient cédé

IMPERFECT SUBJUNCTIVE		PLUPERFECT SUBJUNCTIVE	
cédasse	cédassions	eusse cédé	eussions cédé
cédasses	cédassiez	eusses cédé	eussiez cédé
cédât	cédassent	eût cédé	eussent cédé

COMMANDS	
	cédons
cède	cédez

Usage

céder qqch à qqn	*to give something up to someone/ yield something*
Je vous cède ma place.	*You may have my seat.*
L'armée a cédé du terrain.	*The army gave up ground.*
céder le pas à	*to yield one's place/let someone get ahead of one*
Les problèmes économiques cèdent le pas maintenant aux problèmes de l'environnement.	*Economic concerns are now taking a back seat to environmental problems.*
Il m'a cédé son tour.	*He gave me his turn.*
Il a cédé à sa peur.	*He gave in to his fear.*

-er verb; spelling change:
é > è/mute e

je célèbre · je célébrai · célébré · célébrant

PRESENT

célèbre	célébrons
célèbres	célébrez
célèbre	célèbrent

PASSÉ COMPOSÉ

ai célébré	avons célébré
as célébré	avez célébré
a célébré	ont célébré

IMPERFECT

célébrais	célébrions
célébrais	célébriez
célébrait	célébraient

PLUPERFECT

avais célébré	avions célébré
avais célébré	aviez célébré
avait célébré	avaient célébré

PASSÉ SIMPLE

célébrai	célébrâmes
célébras	célébrâtes
célébra	célébrèrent

PAST ANTERIOR

eus célébré	eûmes célébré
eus célébré	eûtes célébré
eut célébré	eurent célébré

FUTURE

célébrerai	célébrerons
célébreras	célébrerez
célébrera	célébreront

FUTURE ANTERIOR

aurai célébré	aurons célébré
auras célébré	aurez célébré
aura célébré	auront célébré

CONDITIONAL

célébrerais	célébrerions
célébrerais	célébreriez
célébrerait	célébreraient

PAST CONDITIONAL

aurais célébré	aurions célébré
aurais célébré	auriez célébré
aurait célébré	auraient célébré

PRESENT SUBJUNCTIVE

célèbre	célébrions
célèbres	célébriez
célèbre	célèbrent

PAST SUBJUNCTIVE

aie célébré	ayons célébré
aies célébré	ayez célébré
ait célébré	aient célébré

IMPERFECT SUBJUNCTIVE

célébrasse	célébrassions
célébrasses	célébrassiez
célébrât	célébrassent

PLUPERFECT SUBJUNCTIVE

eusse célébré	eussions célébré
eusses célébré	eussiez célébré
eût célébré	eussent célébré

COMMANDS

	célébrons
célèbre	célébrez

Usage

Elle a célébré son anniversaire.	*She celebrated her birthday.*
célébrer un mariage	*to celebrate a marriage*
célébrer la messe	*to celebrate/conduct mass*
Nous célébrerons le fête légale.	*We will observe the legal holiday.*
célébrer l'œuvre littéraire d'un auteur	*to celebrate an author's literary work*
célébrer la mémoire de qqn	*to celebrate/commemorate someone's memory*

RELATED WORDS

la célébration de la messe/d'un mariage	*the celebration of mass/of a marriage*
un artiste célèbre	*a famous artist*
se rendre/devenir célèbre	*to become famous*

-er verb; spelling change:
g > ge/a, o

changer = transformer

changer qqch en qqch	to change something into something
Il a changé son salle de séjour en cabinet de travail.	He changed his living room into a study.

Changer de l'argent

changer de l'argent	to change money/convert currency
le bureau de change	foreign currency exchange office
gagner/perdre au change	to gain/lose money in an exchange operation

changer de + singular noun

changer d'adresse	to move/change addresses
changer de train/d'autobus/d'avion	to change trains/buses/planes
changer de vêtements	to change one's clothes
changer d'avis, changer d'idée	to change one's mind
changer de ton	to change one's tune
Quand elle a vu son ancien fiancé, elle a changé de couleur.	When she saw her former fiancé, she changed color.
Ce politicien a changé de camp.	This politician has changed sides.
Changeons de route pour qu'on ne nous poursuive pas.	Let's go a different way so that they don't follow us.

changer qqch

changer ses plans	to change one's plans
changer les draps	to change the sheets
changer sa voiture	to get a different car
changer sa façon de vivre	to change one's way of life
changer les couches à un enfant	to change a child's diapers
changer qqch contre qqch	to exchange something for something
changer un enfant	to change a child (clothing, diapers)
Il a changé sa vieille bicyclette contre une nouvelle.	He exchanged his old bicycle for a new one.

changer qqch de place to move something

Nous avons changé tous les meubles de place.	We've moved all the furniture.
On m'a changé de poste.	They moved me to a different job.

se changer to change one's clothes

Tu vas te changer avant de sortir?	Are you going to change before going out?

TOP 30
VERBS

-er verb; spelling change: **je change · je changeai · changé · changeant**
g > ge/a, o

PRESENT

change	changeons
changes	changez
change	changent

IMPERFECT

changeais	changions
changeais	changiez
changeait	changeaient

PASSÉ SIMPLE

changeai	changeâmes
changeas	changeâtes
changea	changèrent

FUTURE

changerai	changerons
changeras	changerez
changera	changeront

CONDITIONAL

changerais	changerions
changerais	changeriez
changerait	changeraient

PRESENT SUBJUNCTIVE

change	changions
changes	changiez
change	changent

IMPERFECT SUBJUNCTIVE

changeasse	changeassions
changeasses	changeassiez
changeât	changeassent

COMMANDS

	changeons
change	changez

PASSÉ COMPOSÉ

ai changé	avons changé
as changé	avez changé
a changé	ont changé

PLUPERFECT

avais changé	avions changé
avais changé	aviez changé
avait changé	avaient changé

PAST ANTERIOR

eus changé	eûmes changé
eus changé	eûtes changé
eut changé	eurent changé

FUTURE ANTERIOR

aurai changé	aurons changé
auras changé	aurez changé
aura changé	auront changé

PAST CONDITIONAL

aurais changé	aurions changé
aurais changé	auriez changé
aurait changé	auraient changé

PAST SUBJUNCTIVE

aie changé	ayons changé
aies changé	ayez changé
ait changé	aient changé

PLUPERFECT SUBJUNCTIVE

eusse changé	eussions changé
eusses changé	eussiez changé
eût changé	eussent changé

Usage

Tout ça ne change rien.	*All that changes nothing/makes no difference.*
Je vois que rien ne te changera.	*I see that nothing will change you.*
changer une ampoule	*to change a lightbulb*
On ne peut pas le changer.	*He'll never change.*
changer les idées à qqn	*to take someone's mind off things*
Un dîner en ville te changera les idées.	*A dinner out will take your mind off things.*
Il a démissionné? Ça change tout!	*He resigned? That makes all the difference.*

PHRASE CÉLÈBRE

Plus ça change, plus c'est la même chose.	*The more things change the more they remain the same.*

je chante · je chantai · chanté · chantant

regular -er verb

PRESENT

chante	chantons
chantes	chantez
chante	chantent

IMPERFECT

chantais	chantions
chantais	chantiez
chantait	chantaient

PASSÉ SIMPLE

chantai	chantâmes
chantas	chantâtes
chanta	chantèrent

FUTURE

chanterai	chanterons
chanteras	chanterez
chantera	chanteront

CONDITIONAL

chanterais	chanterions
chanterais	chanteriez
chanterait	chanteraient

PRESENT SUBJUNCTIVE

chante	chantions
chantes	chantiez
chante	chantent

IMPERFECT SUBJUNCTIVE

chantasse	chantassions
chantasses	chantassiez
chantât	chantassent

COMMANDS

	chantons
chante	chantez

PASSÉ COMPOSÉ

ai chanté	avons chanté
as chanté	avez chanté
a chanté	ont chanté

PLUPERFECT

avais chanté	avions chanté
avais chanté	aviez chanté
avait chanté	avaient chanté

PAST ANTERIOR

eus chanté	eûmes chanté
eus chanté	eûtes chanté
eut chanté	eurent chanté

FUTURE ANTERIOR

aurai chanté	aurons chanté
auras chanté	aurez chanté
aura chanté	auront chanté

PAST CONDITIONAL

aurais chanté	aurions chanté
aurais chanté	auriez chanté
aurait chanté	auraient chanté

PAST SUBJUNCTIVE

aie chanté	ayons chanté
aies chanté	ayez chanté
ait chanté	aient chanté

PLUPERFECT SUBJUNCTIVE

eusse chanté	eussions chanté
eusses chanté	eussiez chanté
eût chanté	eussent chanté

Usage

chanter une chanson	to sing a song
chanter juste	to sing on key
chanter faux	to sing off key
Il chante en parlant.	He speaks in a singsong.
C'est comme si je chantais!	I see I'm wasting my breath!
Qu'est-ce que tu me chantes là?	What nonsense are you telling me?
On peut aller au cinéma si le film te chante.	We can go to the movies if the film appeals to you.
Ça ne me chante pas de passer la soirée avec eux.	I really don't feel like spending the evening with them.
Il téléphone à ses parents quand ça lui chante.	He calls his parents when he feels like it.

-er verb; spelling change:
g > ge/a, o

je charge · je chargeai · chargé · chargeant

PRESENT

charge	chargeons
charges	chargez
charge	chargent

PASSÉ COMPOSÉ

ai chargé	avons chargé
as chargé	avez chargé
a chargé	ont chargé

IMPERFECT

chargeais	chargions
chargeais	chargiez
chargeait	chargeaient

PLUPERFECT

avais chargé	avions chargé
avais chargé	aviez chargé
avait chargé	avaient chargé

PASSÉ SIMPLE

chargeai	chargeâmes
chargeas	chargeâtes
chargea	chargèrent

PAST ANTERIOR

eus chargé	eûmes chargé
eus chargé	eûtes chargé
eut chargé	eurent chargé

FUTURE

chargerai	chargerons
chargeras	chargerez
chargera	chargeront

FUTURE ANTERIOR

aurai chargé	aurons chargé
auras chargé	aurez chargé
aura chargé	auront chargé

CONDITIONAL

chargerais	chargerions
chargerais	chargeriez
chargerait	chargeraient

PAST CONDITIONAL

aurais chargé	aurions chargé
aurais chargé	auriez chargé
aurait chargé	auraient chargé

PRESENT SUBJUNCTIVE

charge	chargions
charges	chargiez
charge	chargent

PAST SUBJUNCTIVE

aie chargé	ayons chargé
aies chargé	ayez chargé
ait chargé	aient chargé

IMPERFECT SUBJUNCTIVE

chargeasse	chargeassions
chargeasses	chargeassiez
chargeât	chargeassent

PLUPERFECT SUBJUNCTIVE

eusse chargé	eussions chargé
eusses chargé	eussiez chargé
eût chargé	eussent chargé

COMMANDS

	chargeons
charge	chargez

Usage

charger le camion	to load the truck
avoir les bras chargés	to be loaded down/have a lot to carry
Il a chargé le paquet sur son épaule.	He put the package on his shoulder.
Les escargots m'ont chargé l'estomac.	The snails upset my stomach.
J'ai la mémoire chargée de détails.	My memory is overloaded with details.
J'ai l'horaire très chargé aujourd'hui.	I have a very full schedule today.
télécharger	to download/upload

charger qqn de (faire) qqch

charger qqn de qqch	to put someone in charge of something
charger qqn de faire qqch	to give someone the responsibility for doing something

je cherche · je cherchai · cherché · cherchant

regular -er verb

D'autres sens du mot

Il faut chercher un taxi pour y aller.	We have to get a cab to get there.
chercher à tâtons	to grope for
Je cherchais mes lunettes à tâtons dans le noir.	I was hunting around for my glasses in the dark.
Qu'est-ce que vous cherchez en disant cela?	What do you mean by that?
Ça va chercher dans les cinq mille euros.	That's going to cost about five thousand euros.

verb of motion + *chercher*

aller chercher qqn	to go pick up/get someone
Tu peux aller chercher papa à la gare?	Can you go pick up Dad at the station?
Il faut aller chercher du secours.	We have to get help.
Va me chercher le journal, s'il te plaît.	Go get me the newspaper, please.
Qu'est-ce que tu viens chercher?	What have you come to get?
Maman est descendue chercher une baguette pour le dîner.	Mother went downstairs to get a baguette for dinner.
Sortons chercher la voiture.	Let's go out and pick up the car.
Cherche! Cherche!/Va chercher! *(to a dog)*	Go get it!/Fetch!

Expressions

Ce type est pénible. Il cherche toujours midi à quatorze heures.	That guy is annoying. He's always looking for complications.
Il est toujours à chercher la bagarre.	He's always looking for a fight.
—Alors, comment s'appelle-t-elle?	So, what's her name?
—Attendez un peu, je cherche encore son nom.	Wait a minute, I'm still trying to remember her name.
C'est comme chercher une aiguille dans une botte de foin.	It's like looking for a needle in a haystack.
chercher la petite bête	to split hairs
Je la trouve fatigante. Elle cherche toujours des noises à tout le monde.	I find her tiresome. She's always trying to pick a quarrel with everyone.
Méfiez-vous de cet homme. Il vous cherche des histoires.	Be careful of that man. He's trying to make trouble for you.
Les agents de police lui ont cherché des poux/des crosses.	The policemen gave him a hard time.
chercher ses mots	to have trouble finding words
Cherchez la femme.	Look for the woman. (as the explanation for events)

TOP 30 VERBS

regular -er verb | je cherche · je cherchai · cherché · cherchant

PRESENT	
cherche	cherchons
cherches	cherchez
cherche	cherchent

IMPERFECT	
cherchais	cherchions
cherchais	cherchiez
cherchait	cherchaient

PASSÉ SIMPLE	
cherchai	cherchâmes
cherchas	cherchâtes
chercha	cherchèrent

FUTURE	
chercherai	chercherons
chercheras	chercherez
cherchera	chercheront

CONDITIONAL	
chercherais	chercherions
chercherais	chercheriez
chercherait	chercheraient

PRESENT SUBJUNCTIVE	
cherche	cherchions
cherches	cherchiez
cherche	cherchent

IMPERFECT SUBJUNCTIVE	
cherchasse	cherchassions
cherchasses	cherchassiez
cherchât	cherchassent

COMMANDS	
	cherchons
cherche	cherchez

PASSÉ COMPOSÉ	
ai cherché	avons cherché
as cherché	avez cherché
a cherché	ont cherché

PLUPERFECT	
avais cherché	avions cherché
avais cherché	aviez cherché
avait cherché	avaient cherché

PAST ANTERIOR	
eus cherché	eûmes cherché
eus cherché	eûtes cherché
eut cherché	eurent cherché

FUTURE ANTERIOR	
aurai cherché	aurons cherché
auras cherché	aurez cherché
aura cherché	auront cherché

PAST CONDITIONAL	
aurais cherché	aurions cherché
aurais cherché	auriez cherché
aurait cherché	auraient cherché

PAST SUBJUNCTIVE	
aie cherché	ayons cherché
aies cherché	ayez cherché
ait cherché	aient cherché

PLUPERFECT SUBJUNCTIVE	
eusse cherché	eussions cherché
eusses cherché	eussiez cherché
eût cherché	eussent cherché

Usage

chercher qqn	*to look for someone*
La mère cherche son enfant.	*The mother is looking for her child.*
chercher qqch	*to look for something*
chercher un objet perdu	*to look for a lost object*
chercher un emploi	*to look for a job*
chercher une solution/une excuse	*to look for a solution/an excuse*
chercher un mot dans le dictionnaire	*to look up a word in the dictionary*
chercher un logement	*to be looking for a place to live*
chercher partout	*to look everywhere*
J'ai cherché une pièce dans ma poche.	*I looked for a coin in my pocket.*
Tu n'as pas bien cherché!	*You didn't look carefully.*
chercher à faire qqch	*to try to do something*
Je vais chercher à savoir la date.	*I'll try to find out the date.*

PRESENT

choisis	choisissons
choisis	choisissez
choisit	choisissent

PASSÉ COMPOSÉ

ai choisi	avons choisi
as choisi	avez choisi
a choisi	ont choisi

IMPERFECT

choisissais	choisissions
choisissais	choisissiez
choisissait	choisissaient

PLUPERFECT

avais choisi	avions choisi
avais choisi	aviez choisi
avait choisi	avaient choisi

PASSÉ SIMPLE

choisis	choisîmes
choisis	choisîtes
choisit	choisirent

PAST ANTERIOR

eus choisi	eûmes choisi
eus choisi	eûtes choisi
eut choisi	eurent choisi

FUTURE

choisirai	choisirons
choisiras	choisirez
choisira	choisiront

FUTURE ANTERIOR

aurai choisi	aurons choisi
auras choisi	aurez choisi
aura choisi	auront choisi

CONDITIONAL

choisirais	choisirions
choisirais	choisiriez
choisirait	choisiraient

PAST CONDITIONAL

aurais choisi	aurions choisi
aurais choisi	auriez choisi
aurait choisi	auraient choisi

PRESENT SUBJUNCTIVE

choisisse	choisissions
choisisses	choisissiez
choisisse	choisissent

PAST SUBJUNCTIVE

aie choisi	ayons choisi
aies choisi	ayez choisi
ait choisi	aient choisi

IMPERFECT SUBJUNCTIVE

choisisse	choisissions
choisisses	choisissiez
choisît	choisissent

PLUPERFECT SUBJUNCTIVE

eusse choisi	eussions choisi
eusses choisi	eussiez choisi
eût choisi	eussent choisi

COMMANDS

	choisissons
choisis	choisissez

Usage

Tu n'as qu'à choisir.	*All you have to do is choose.*
Je ne sais pas pourquoi on m'a choisi pour ce travail.	*I don't know why I got picked for this job.*
Vous avez choisi, monsieur?	*Have you decided, sir?* (waiter to customer)

RELATED WORDS

le choix	*choice*
l'embarras du choix	*too much to choose from*
Je n'avais pas le choix.	*I had no choice.*
question au choix	*optional question*
Tu peux louer la voiture de ton choix.	*You can rent the car you like best.*
des fruits de premier choix	*choice fruit*

irregular verb; only one *t* in
the singular of the present tense

je combats · je combattis · combattu · combattant

PRESENT		PASSÉ COMPOSÉ	
combats	combattons	ai combattu	avons combattu
combats	combattez	as combattu	avez combattu
combat	combattent	a combattu	ont combattu

IMPERFECT		PLUPERFECT	
combattais	combattions	avais combattu	avions combattu
combattais	combattiez	avais combattu	aviez combattu
combattait	combattaient	avait combattu	avaient combattu

PASSÉ SIMPLE		PAST ANTERIOR	
combattis	combattîmes	eus combattu	eûmes combattu
combattis	combattîtes	eus combattu	eûtes combattu
combattit	combattirent	eut combattu	eurent combattu

FUTURE		FUTURE ANTERIOR	
combattrai	combattrons	aurai combattu	aurons combattu
combattras	combattrez	auras combattu	aurez combattu
combattra	combattront	aura combattu	auront combattu

CONDITIONAL		PAST CONDITIONAL	
combattrais	combattrions	aurais combattu	aurions combattu
combattrais	combattriez	aurais combattu	auriez combattu
combattrait	combattraient	aurait combattu	auraient combattu

PRESENT SUBJUNCTIVE		PAST SUBJUNCTIVE	
combatte	combattions	aie combattu	ayons combattu
combattes	combattiez	aies combattu	ayez combattu
combatte	combattent	ait combattu	aient combattu

IMPERFECT SUBJUNCTIVE		PLUPERFECT SUBJUNCTIVE	
combattisse	combattissions	eusse combattu	eussions combattu
combattisses	combattissiez	eusses combattu	eussiez combattu
combattît	combattissent	eût combattu	eussent combattu

COMMANDS

	combattons
combats	combattez

Usage

Les femmes ont combattu pour avoir leurs droits.	*Women fought to get their rights.*
Les soldats sont prêts à combattre.	*The soldiers are ready to fight.*
Ils combattront pour défendre nos frontières.	*They will fight to protect our borders.*
Les forces armées combattent l'ennemi.	*The armed forces are fighting the enemy.*
Ce malade combat le cancer.	*This patient is fighting cancer.*

RELATED WORDS

le combat	*fight*
Ce régiment n'est jamais allé au combat.	*This regiment never fought.*
un combat aérien/naval	*an air/sea battle*
un combat corps à corps	*hand-to-hand combat*

commander *to order, command*

PRESENT	
commande	commandons
commandes	commandez
commande	commandent

PASSÉ COMPOSÉ	
ai commandé	avons commandé
as commandé	avez commandé
a commandé	ont commandé

IMPERFECT	
commandais	commandions
commandais	commandiez
commandait	commandaient

PLUPERFECT	
avais commandé	avions commandé
avais commandé	aviez commandé
avait commandé	avaient commandé

PASSÉ SIMPLE	
commandai	commandâmes
commandas	commandâtes
commanda	commandèrent

PAST ANTERIOR	
eus commandé	eûmes commandé
eus commandé	eûtes commandé
eut commandé	eurent commandé

FUTURE	
commanderai	commanderons
commanderas	commanderez
commandera	commanderont

FUTURE ANTERIOR	
aurai commandé	aurons commandé
auras commandé	aurez commandé
aura commandé	auront commandé

CONDITIONAL	
commanderais	commanderions
commanderais	commanderiez
commanderait	commanderaient

PAST CONDITIONAL	
aurais commandé	aurions commandé
aurais commandé	auriez commandé
aurait commandé	auraient commandé

PRESENT SUBJUNCTIVE	
commande	commandions
commandes	commandiez
commande	commandent

PAST SUBJUNCTIVE	
aie commandé	ayons commandé
aies commandé	ayez commandé
ait commandé	aient commandé

IMPERFECT SUBJUNCTIVE	
commandasse	commandassions
commandasses	commandassiez
commandât	commandassent

PLUPERFECT SUBJUNCTIVE	
eusse commandé	eussions commandé
eusses commandé	eussiez commandé
eût commandé	eussent commandé

COMMANDS	
	commandons
commande	commandez

Usage

—Est-ce que vous avez commandé?	*Have you ordered?* (in a restaurant)
—Nous avons commandé le poulet.	*We ordered chicken.*
commander à qqn de faire qqch	*to order someone to do something*
Qui commande ici?	*Who gives the orders here?*
Tu n'as pas le droit de me commander.	*You have no right to order me around.*
Chez eux c'est Madame qui commande.	*In their house it's the wife who gives the orders.*
commander des livres sur Internet	*to order books online*
Il faut faire ce que les circonstances commandent.	*We have to do what the circumstances require.*
Il ne se commande plus.	*He can't control himself anymore.*

-er verb; spelling change: c > ç/a, o   je commence · je commençai · commencé · commençant

PRESENT

commence	commençons
commences	commencez
commence	commencent

PASSÉ COMPOSÉ

ai commencé	avons commencé
as commencé	avez commencé
a commencé	ont commencé

IMPERFECT

commençais	commencions
commençais	commenciez
commençait	commençaient

PLUPERFECT

avais commencé	avions commencé
avais commencé	aviez commencé
avait commencé	avaient commencé

PASSÉ SIMPLE

commençai	commençâmes
commenças	commençâtes
commença	commencèrent

PAST ANTERIOR

eus commencé	eûmes commencé
eus commencé	eûtes commencé
eut commencé	eurent commencé

FUTURE

commencerai	commencerons
commenceras	commencerez
commencera	commenceront

FUTURE ANTERIOR

aurai commencé	aurons commencé
auras commencé	aurez commencé
aura commencé	auront commencé

CONDITIONAL

commencerais	commencerions
commencerais	commenceriez
commencerait	commenceraient

PAST CONDITIONAL

aurais commencé	aurions commencé
aurais commencé	auriez commencé
aurait commencé	auraient commencé

PRESENT SUBJUNCTIVE

commence	commencions
commences	commenciez
commence	commencent

PAST SUBJUNCTIVE

aie commencé	ayons commencé
aies commencé	ayez commencé
ait commencé	aient commencé

IMPERFECT SUBJUNCTIVE

commençasse	commençassions
commençasses	commençassiez
commençât	commençassent

PLUPERFECT SUBJUNCTIVE

eusse commencé	eussions commencé
eusses commencé	eussiez commencé
eût commencé	eussent commencé

COMMANDS

	commençons
commence	commencez

Usage

commencer qqch	to begin something
commencer son travail	to begin one's work
commencer un projet	to begin a project
commencer le jeu	to begin the game
commencer le violon/la flûte	to start taking violin/flute lessons
—Qu'est-ce que tu attends? Commence la lessive.	What are you waiting for? Get started on the laundry.
—Ne commence pas. J'ai beaucoup à faire.	Don't start. I have a lot to do.
commencer à faire qqch	to begin to do something
commencer à laver la voiture	to begin washing the car
commencer à travailler	to begin working

commettre *to commit*

je commets · je commis · commis · commettant

irregular verb; only one *t* in
the singular of the present tense

PRESENT		PASSÉ COMPOSÉ	
commets	commettons	ai commis	avons commis
commets	commettez	as commis	avez commis
commet	commettent	a commis	ont commis

IMPERFECT		PLUPERFECT	
commettais	commettions	avais commis	avions commis
commettais	commettiez	avais commis	aviez commis
commettait	commettaient	avait commis	avaient commis

PASSÉ SIMPLE		PAST ANTERIOR	
commis	commîmes	eus commis	eûmes commis
commis	commîtes	eus commis	eûtes commis
commit	commirent	eut commis	eurent commis

FUTURE		FUTURE ANTERIOR	
commettrai	commettrons	aurai commis	aurons commis
commettras	commettrez	auras commis	aurez commis
commettra	commettront	aura commis	auront commis

CONDITIONAL		PAST CONDITIONAL	
commettrais	commettrions	aurais commis	aurions commis
commettrais	commettriez	aurais commis	auriez commis
commettrait	commettraient	aurait commis	auraient commis

PRESENT SUBJUNCTIVE		PAST SUBJUNCTIVE	
commette	commettions	aie commis	ayons commis
commettes	commettiez	aies commis	ayez commis
commette	commettent	ait commis	aient commis

IMPERFECT SUBJUNCTIVE		PLUPERFECT SUBJUNCTIVE	
commisse	commissions	eusse commis	eussions commis
commisses	commissiez	eusses commis	eussiez commis
commît	commissent	eût commis	eussent commis

COMMANDS		
	commettons	
commets	commettez	

Usage

Il a commis un crime.	*He committed a crime.*
commettre une gaffe	*to make a blunder*
commettre une indiscrétion	*to be indiscreet*
commettre une maladresse	*to do/say something awkward*
commettre une erreur	*to make a mistake*
Je crains d'avoir commis une imprudence.	*I'm afraid I've done something unwise.*
Il a commis un poème.	*He wrote a terrible poem.*
commettre un avocat	*to appoint a lawyer*
avocat commis d'office	*a lawyer appointed by the court*

regular -er verb

je compare · je comparai · comparé · comparant

PRESENT

compare	comparons
compares	comparez
compare	comparent

PASSÉ COMPOSÉ

ai comparé	avons comparé
as comparé	avez comparé
a comparé	ont comparé

IMPERFECT

comparais	comparions
comparais	compariez
comparait	comparaient

PLUPERFECT

avais comparé	avions comparé
avais comparé	aviez comparé
avait comparé	avaient comparé

PASSÉ SIMPLE

comparai	comparâmes
comparas	comparâtes
compara	comparèrent

PAST ANTERIOR

eus comparé	eûmes comparé
eus comparé	eûtes comparé
eut comparé	eurent comparé

FUTURE

comparerai	comparerons
compareras	comparerez
comparera	compareront

FUTURE ANTERIOR

aurai comparé	aurons comparé
auras comparé	aurez comparé
aura comparé	auront comparé

CONDITIONAL

comparerais	comparerions
comparerais	comparereiez
comparerait	compareraient

PAST CONDITIONAL

aurais comparé	aurions comparé
aurais comparé	auriez comparé
aurait comparé	auraient comparé

PRESENT SUBJUNCTIVE

compare	comparions
compares	compariez
compare	comparent

PAST SUBJUNCTIVE

aie comparé	ayons comparé
aies comparé	ayez comparé
ait comparé	aient comparé

IMPERFECT SUBJUNCTIVE

comparasse	comparassions
comparasses	comparassiez
comparât	comparassent

PLUPERFECT SUBJUNCTIVE

eusse comparé	eussions comparé
eusses comparé	eussiez comparé
eût comparé	eussent comparé

COMMANDS

	comparons
compare	comparez

Usage

comparer deux livres	*to compare two books*
comparer un article à un autre	*to compare one article to another*
Il faut comparer les prix avant d'acheter.	*You should compare prices before buying.*
On la compare toujours à Céline Dion.	*People always compare her to Céline Dion.*

RELATED WORDS

la comparaison	*comparison*
Cette ville est sans comparaison avec Paris.	*This city cannot be compared to Paris.*
un adverbe de comparaison	*an adverb of comparison*
comparatif/comparative	*comparative*
Le comparatif se fait avec *plus* ou *moins*.	*The comparative is formed with* plus *or* moins.

PRESENT

comprends	comprenons
comprends	comprenez
comprend	comprennent

PASSÉ COMPOSÉ

ai compris	avons compris
as compris	avez compris
a compris	ont compris

IMPERFECT

comprenais	comprenions
comprenais	compreniez
comprenait	comprenaient

PLUPERFECT

avais compris	avions compris
avais compris	aviez compris
avait compris	avaient compris

PASSÉ SIMPLE

compris	comprîmes
compris	comprîtes
comprit	comprirent

PAST ANTERIOR

eus compris	eûmes compris
eus compris	eûtes compris
eut compris	eurent compris

FUTURE

comprendrai	comprendrons
comprendras	comprendrez
comprendra	comprendront

FUTURE ANTERIOR

aurai compris	aurons compris
auras compris	aurez compris
aura compris	auront compris

CONDITIONAL

comprendrais	comprendrions
comprendrais	comprendriez
comprendrait	comprendraient

PAST CONDITIONAL

aurais compris	aurions compris
aurais compris	auriez compris
aurait compris	auraient compris

PRESENT SUBJUNCTIVE

comprenne	comprenions
comprennes	compreniez
comprenne	comprennent

PAST SUBJUNCTIVE

aie compris	ayons compris
aies compris	ayez compris
ait compris	aient compris

IMPERFECT SUBJUNCTIVE

comprisse	comprissions
comprisses	comprissiez
comprît	comprissent

PLUPERFECT SUBJUNCTIVE

eusse compris	eussions compris
eusses compris	eussiez compris
eût compris	eussent compris

COMMANDS

	comprenons
comprends	comprenez

Usage

comprendre le français	to understand French
comprendre le sens d'un mot	to understand the meaning of a word
comprendre l'importance de la situation	to understand the importance of the situation
comprendre une explication	to understand an explanation
comprendre une plaisanterie	to understand a joke
comprendre la blague	to understand the joke (slang)
comprendre le problème	to understand the problem
comprendre la vie	to understand life
comprendre les choses	to understand things

RELATED WORD

compréhensif/compréhensive	*comprehensive/understanding*

regular -er verb | **je compte · je comptai · compté · comptant**

PRESENT		PASSÉ COMPOSÉ	
compte	comptons	ai compté	avons compté
comptes	comptez	as compté	avez compté
compte	comptent	a compté	ont compté

IMPERFECT		PLUPERFECT	
comptais	comptions	avais compté	avions compté
comptais	comptiez	avais compté	aviez compté
comptait	comptaient	avait compté	avaient compté

PASSÉ SIMPLE		PAST ANTERIOR	
comptai	comptâmes	eus compté	eûmes compté
comptas	comptâtes	eus compté	eûtes compté
compta	comptèrent	eut compté	eurent compté

FUTURE		FUTURE ANTERIOR	
compterai	compterons	aurai compté	aurons compté
compteras	compterez	auras compté	aurez compté
comptera	compteront	aura compté	auront compté

CONDITIONAL		PAST CONDITIONAL	
compterais	compterions	aurais compté	aurions compté
compterais	compteriez	aurais compté	auriez compté
compterait	compteraient	aurait compté	auraient compté

PRESENT SUBJUNCTIVE		PAST SUBJUNCTIVE	
compte	comptions	aie compté	ayons compté
comptes	comptiez	aies compté	ayez compté
compte	comptent	ait compté	aient compté

IMPERFECT SUBJUNCTIVE		PLUPERFECT SUBJUNCTIVE	
comptasse	comptassions	eusse compté	eussions compté
comptasses	comptassiez	eusses compté	eussiez compté
comptât	comptassent	eût compté	eussent compté

COMMANDS	
	comptons
compte	comptez

Usage

Cet enfant sait compter de un à dix.	*This child knows how to count from one to ten.*
Comptez votre argent.	*Count your money.*
Comptez les étudiants dans ce cours.	*Count the students in this class.*
C'est le premier pas qui compte.	*It's the first step that is the most important.*
compter sur qqn	*to rely on someone*
—Je compte sur vous.	*I'm counting on you.*
—Et vous pouvez compter sur moi.	*And you can count on me.*
compter faire qqch	*to intend to do something*
Nous comptons passer nos vacances à Baton Rouge.	*We intend to spend our vacation in Baton Rouge.*

conclure *to conclude*

je conclus · je conclus · conclu · concluant *irregular verb*

PRESENT

conclus	concluons
conclus	concluez
conclut	concluent

IMPERFECT

concluais	concluions
concluais	concluiez
concluait	concluaient

PASSÉ SIMPLE

conclus	conclûmes
conclus	conclûtes
conclut	conclurent

FUTURE

conclurai	conclurons
concluras	conclurez
conclura	concluront

CONDITIONAL

conclurais	conclurions
conclurais	concluriez
conclurait	concluraient

PRESENT SUBJUNCTIVE

conclue	concluions
conclues	concluiez
conclue	concluent

IMPERFECT SUBJUNCTIVE

conclusse	conclussions
conclusses	conclussiez
conclût	conclussent

COMMANDS

	concluons
conclus	concluez

PASSÉ COMPOSÉ

ai conclu	avons conclu
as conclu	avez conclu
a conclu	ont conclu

PLUPERFECT

avais conclu	avions conclu
avais conclu	aviez conclu
avait conclu	avaient conclu

PAST ANTERIOR

eus conclu	eûmes conclu
eus conclu	eûtes conclu
eut conclu	eurent conclu

FUTURE ANTERIOR

aurai conclu	aurons conclu
auras conclu	aurez conclu
aura conclu	auront conclu

PAST CONDITIONAL

aurais conclu	aurions conclu
aurais conclu	auriez conclu
aurait conclu	auraient conclu

PAST SUBJUNCTIVE

aie conclu	ayons conclu
aies conclu	ayez conclu
ait conclu	aient conclu

PLUPERFECT SUBJUNCTIVE

eusse conclu	eussions conclu
eusses conclu	eussiez conclu
eût conclu	eussent conclu

Usage

conclure la paix	*to make peace/sign a peace treaty*
conclure un traité	*to sign a treaty*
Marché conclu!	*It's a deal!*
conclure que	*to conclude that*
J'en conclus qu'ils ne veulent pas venir.	*I conclude that they don't want to come.*
Il a conclu son discours avec un proverbe.	*He ended his speech with a proverb.*

RELATED WORD

la conclusion	*conclusion*
Je suis arrivé à la conclusion que ce projet ne peut pas se réaliser.	*I have come to the conclusion that this project cannot be carried out.*
Nous pouvons tirer des conclusions de ces renseignements.	*We can draw conclusions from this information.*

irregular verb | je conduis · je conduisis · conduit · conduisant

PRESENT		**PASSÉ COMPOSÉ**	
conduis	conduisons	ai conduit	avons conduit
conduis	conduisez	as conduit	avez conduit
conduit	conduisent	a conduit	ont conduit

IMPERFECT		**PLUPERFECT**	
conduisais	conduisions	avais conduit	avions conduit
conduisais	conduisiez	avais conduit	aviez conduit
conduisait	conduisaient	avait conduit	avaient conduit

PASSÉ SIMPLE		**PAST ANTERIOR**	
conduisis	conduisîmes	eus conduit	eûmes conduit
conduisis	conduisîtes	eus conduit	eûtes conduit
conduisit	conduisirent	eut conduit	eurent conduit

FUTURE		**FUTURE ANTERIOR**	
conduirai	conduirons	aurai conduit	aurons conduit
conduiras	conduirez	auras conduit	aurez conduit
conduira	conduiront	aura conduit	auront conduit

CONDITIONAL		**PAST CONDITIONAL**	
conduirais	conduirions	aurais conduit	aurions conduit
conduirais	conduiriez	aurais conduit	auriez conduit
conduirait	conduiraient	aurait conduit	auraient conduit

PRESENT SUBJUNCTIVE		**PAST SUBJUNCTIVE**	
conduise	conduisions	aie conduit	ayons conduit
conduises	conduisiez	aies conduit	ayez conduit
conduise	conduisent	ait conduit	aient conduit

IMPERFECT SUBJUNCTIVE		**PLUPERFECT SUBJUNCTIVE**	
conduisisse	conduisissions	eusse conduit	eussions conduit
conduisisses	conduisissiez	eusses conduit	eussiez conduit
conduisît	conduisissent	eût conduit	eussent conduit

COMMANDS	
	conduisons
conduis	conduisez

Usage

conduire une voiture	*to drive a car*
savoir conduire	*to know how to drive*
Vous conduisez vite!	*You drive fast!*
conduire à droite/à gauche	*to drive on the right/on the left*
passer son permis de conduire	*to take one's driver's license test*
Qu'est-ce qui vous a conduit à cette conclusion?	*What led you to this conclusion?*
Dutoit conduira l'orchestre.	*Dutoit will conduct the orchestra.*
se conduire	*to behave*
—Lui, il ne sait pas se conduire avec les gens.	*He doesn't know how to behave with people.*
—Il ose se conduire comme ça?	*He dares to behave like that?*

je connais · je connus · connu · connaissant   irregular verb

connaître les gens

—Est-ce que tu connais beaucoup de
monde à Montréal?

—Oui, je connais tout le monde, moi.

—Je croyais que tu n'allais pas
protester.

—Tu me connais mal.

—Tu connais le nouveau PDG?

—Non, mais présente-moi. Je voudrais
le connaître.

—Je le connais depuis longtemps.

—Où est-ce que tu l'as connu?

Si tu ne m'invites pas, je ne te connais
plus.

Personne ne lui connaissait d'ennemis.

Je connais un peu la programmation.

Do you know a lot of people in Montreal?

Yes, I know everyone.

I thought you were not going to protest.

You don't know me at all.

Do you know the new CEO?

No, but introduce me. I'd like to meet him.

I've known him for a long time.

Where did you get to know/meet him?

*If you don't invite me I'll have nothing
more to do with you.*

He had no known enemies.

I know some programming.

connaître les endroits

Je connais Paris comme ma poche.

Je voudrais connaître la Louisiane.

Tu connais un bon restaurant dans
le coin?

I know Paris like the back of my hand.

I'd like to visit Louisiana.

*Do you know a good restaurant in the
neighborhood?*

connaître les choses

—Tu y connais quelque chose en
bureautique?

—Je n'y connais rien.

Notre entreprise a connu des revers.

La pauvreté, il a connu ça.

*Do you know anything about office
automation?*

I don't know anything about it.

Our firm has had setbacks.

He knows what poverty is.

se connaître

On a refusé de faire un vol en
parapente. On se connaît.

s'y connaître

Il s'y connaît en littérature.

*We refused to take a hang glider/
paraglider flight. We know ourselves/
our limits.*

to be an expert/well-versed

He's well-versed in literature.

faire connaître

Il nous fera connaître sa stratégie.

Je vous ferai connaître mon avis.

He will inform us of his strategy.

I'll let you know what I think.

**TOP 30
VERBS**

irregular verb   je connais · je connus · connu · connaissant

PRESENT

connais	connaissons
connais	connaissez
connaît	connaissent

PASSÉ COMPOSÉ

ai connu	avons connu
as connu	avez connu
a connu	ont connu

IMPERFECT

connaissais	connaissions
connaissais	connaissiez
connaissait	connaissaient

PLUPERFECT

avais connu	avions connu
avais connu	aviez connu
avait connu	avaient connu

PASSÉ SIMPLE

connus	connûmes
connus	connûtes
connut	connurent

PAST ANTERIOR

eus connu	eûmes connu
eus connu	eûtes connu
eut connu	eurent connu

FUTURE

connaîtrai	connaîtrons
connaîtras	connaîtrez
connaîtra	connaîtront

FUTURE ANTERIOR

aurai connu	aurons connu
auras connu	aurez connu
aura connu	auront connu

CONDITIONAL

connaîtrais	connaîtrions
connaîtrais	connaîtriez
connaîtrait	connaîtraient

PAST CONDITIONAL

aurais connu	aurions connu
aurais connu	auriez connu
aurait connu	auraient connu

PRESENT SUBJUNCTIVE

connaisse	connaissions
connaisses	connaissiez
connaisse	connaissent

PAST SUBJUNCTIVE

aie connu	ayons connu
aies connu	ayez connu
ait connu	aient connu

IMPERFECT SUBJUNCTIVE

connusse	connussions
connusses	connussiez
connût	connussent

PLUPERFECT SUBJUNCTIVE

eusse connu	eussions connu
eusses connu	eussiez connu
eût connu	eussent connu

COMMANDS

	connaissons
connais	connaissez

Usage

Je connais votre père.	*I know your father.*
Il connaît bien Paris.	*He knows Paris well.*
Je ne connais pas Lyon.	*I've never been to Lyons.*

RELATED WORDS

connu(e)	*famous/well-known*
un auteur très connu	*a very famous author*
la connaissance	*acquaintance*
faire la connaissance de qqn	*to make someone's acquaintance*
Je suis enchanté de faire votre connaissance, Mademoiselle.	*I'm delighted to meet you, Miss. (formal)*
les connaissances *(fpl)*	*knowledge*
Il a de bonnes connaissances en informatique.	*He has a good knowledge of computer science.*

conquérir *to conquer*

je conquiers · je conquis · conquis · conquérant

irregular verb

PRESENT		PASSÉ COMPOSÉ	
conquiers	conquérons	ai conquis	avons conquis
conquiers	conquérez	as conquis	avez conquis
conquiert	conquièrent	a conquis	ont conquis

IMPERFECT		PLUPERFECT	
conquérais	conquérions	avais conquis	avions conquis
conquérais	conquériez	avais conquis	aviez conquis
conquérait	conquéraient	avait conquis	avaient conquis

PASSÉ SIMPLE		PAST ANTERIOR	
conquis	conquîmes	eus conquis	eûmes conquis
conquis	conquîtes	eus conquis	eûtes conquis
conquit	conquirent	eut conquis	eurent conquis

FUTURE		FUTURE ANTERIOR	
conquerrai	conquerrons	aurai conquis	aurons conquis
conquerras	conquerrez	auras conquis	aurez conquis
conquerra	conquerront	aura conquis	auront conquis

CONDITIONAL		PAST CONDITIONAL	
conquerrais	conquerrions	aurais conquis	aurions conquis
conquerrais	conquerriez	aurais conquis	auriez conquis
conquerrait	conquerraient	aurait conquis	auraient conquis

PRESENT SUBJUNCTIVE		PAST SUBJUNCTIVE	
conquière	conquérions	aie conquis	ayons conquis
conquières	conquériez	aies conquis	ayez conquis
conquière	conquièrent	ait conquis	aient conquis

IMPERFECT SUBJUNCTIVE		PLUPERFECT SUBJUNCTIVE	
conquisse	conquissions	eusse conquis	eussions conquis
conquisses	conquissiez	eusses conquis	eussiez conquis
conquît	conquissent	eût conquis	eussent conquis

COMMANDS	
	conquérons
conquiers	conquérez

Usage

Notre produit a conquis dix pour cent du marché.	*Our product has captured 10 percent of the market.*
conquérir le monde	*to conquer the world*
être conquis(e) à	*to be won over to*
Je suis conquis à cette idée.	*I have been won over to that idea.*

RELATED WORDS

la conquête	*conquest*
faire la conquête du pays	*to conquer the country*
Il a fait ses conquêtes.	*He's had his success with women.*

regular -er verb　　　　**je conseille · je conseillai · conseillé · conseillant**

PRESENT

conseille	conseillons
conseilles	conseillez
conseille	conseillent

PASSÉ COMPOSÉ

ai conseillé	avons conseillé
as conseillé	avez conseillé
a conseillé	ont conseillé

IMPERFECT

conseillais	conseillions
conseillais	conseilliez
conseillait	conseillaient

PLUPERFECT

avais conseillé	avions conseillé
avais conseillé	aviez conseillé
avait conseillé	avaient conseillé

PASSÉ SIMPLE

conseillai	conseillâmes
conseillas	conseillâtes
conseilla	conseillèrent

PAST ANTERIOR

eus conseillé	eûmes conseillé
eus conseillé	eûtes conseillé
eut conseillé	eurent conseillé

FUTURE

conseillerai	conseillerons
conseilleras	conseillerez
conseillera	conseilleront

FUTURE ANTERIOR

aurai conseillé	aurons conseillé
auras conseillé	aurez conseillé
aura conseillé	auront conseillé

CONDITIONAL

conseillerais	conseillerions
conseillerais	conseilleriez
conseillerait	conseilleraient

PAST CONDITIONAL

aurais conseillé	aurions conseillé
aurais conseillé	auriez conseillé
aurait conseillé	auraient conseillé

PRESENT SUBJUNCTIVE

conseille	conseillions
conseilles	conseilliez
conseille	conseillent

PAST SUBJUNCTIVE

aie conseillé	ayons conseillé
aies conseillé	ayez conseillé
ait conseillé	aient conseillé

IMPERFECT SUBJUNCTIVE

conseillasse	conseillassions
conseillasses	conseillassiez
conseillât	conseillassent

PLUPERFECT SUBJUNCTIVE

eusse conseillé	eussions conseillé
eusses conseillé	eussiez conseillé
eût conseillé	eussent conseillé

COMMANDS

	conseillons
conseille	conseillez

Usage

conseiller qqn	*to advise someone*
Il sait conseiller ses amis.	*He knows how to advise his friends.*
J'ai l'impression d'avoir été mal conseillé.	*I have the impression that I was ill-advised.*
conseiller qqch à qqn	*to suggest something to someone*
Le médecin lui a conseillé le repos.	*The doctor advised rest for him.*
conseiller à qqn de faire qqch	*to advise someone to do something*
On leur a conseillé de ne plus attendre.	*We advised them not to wait any longer.*

RELATED WORDS

le conseil	*piece of advice*
les conseils	*advice*
La nuit porte conseil.	*Sleep on it.*
C'est une femme de bon conseil.	*She gives good advice.*

consentir *to consent*

PRESENT		PASSÉ COMPOSÉ	
consens	consentons	ai consenti	avons consenti
consens	consentez	as consenti	avez consenti
consent	consentent	a consenti	ont consenti

IMPERFECT		PLUPERFECT	
consentais	consentions	avais consenti	avions consenti
consentais	consentiez	avais consenti	aviez consenti
consentait	consentaient	avait consenti	avaient consenti

PASSÉ SIMPLE		PAST ANTERIOR	
consentis	consentîmes	eus consenti	eûmes consenti
consentis	consentîtes	eus consenti	eûtes consenti
consentit	consentirent	eut consenti	eurent consenti

FUTURE		FUTURE ANTERIOR	
consentirai	consentirons	aurai consenti	aurons consenti
consentiras	consentirez	auras consenti	aurez consenti
consentira	consentiront	aura consenti	auront consenti

CONDITIONAL		PAST CONDITIONAL	
consentirais	consentirions	aurais consenti	aurions consenti
consentirais	consentiriez	aurais consenti	auriez consenti
consentirait	consentiraient	aurait consenti	auraient consenti

PRESENT SUBJUNCTIVE		PAST SUBJUNCTIVE	
consente	consentions	aie consenti	ayons consenti
consentes	consentiez	aies consenti	ayez consenti
consente	consentent	ait consenti	aient consenti

IMPERFECT SUBJUNCTIVE		PLUPERFECT SUBJUNCTIVE	
consentisse	consentissions	eusse consenti	eussions consenti
consentisses	consentissiez	eusses consenti	eussiez consenti
consentît	consentissent	eût consenti	eussent consenti

COMMANDS	
	consentons
consens	consentez

Usage

consentir à faire qqch	*to agree to do something*
Je consens à y aller avec vous.	*I agree to go there with you.*
consentir à ce que qqn fasse qqch	*to allow someone to do something*
Je consens à ce qu'il y aille avec vous.	*I allow him to go there with you.*
—Vous y consentez?	*Do you agree to it?*
—Non, je n'y consentirai jamais.	*No, I will never agree to it.*
consentir qqch à qqn	*to grant someone something*
Je leur ai consenti un prêt.	*I decided to make them a loan.*

RELATED WORD

Elle se déplace avec/sans le consentement de son frère.	*She's traveling with/without her brother's consent.*
Ils ont donné leur consentement au mariage.	*They gave their consent to the marriage.*

irregular verb   je construis · je construisis · construit · construisant

PRESENT

		PASSÉ COMPOSÉ	
construis	construisons	ai construit	avons construit
construis	construisez	as construit	avez construit
construit	construisent	a construit	ont construit

IMPERFECT

		PLUPERFECT	
construisais	construisions	avais construit	avions construit
construisais	construisiez	avais construit	aviez construit
construisait	construisaient	avait construit	avaient construit

PASSÉ SIMPLE

		PAST ANTERIOR	
construisis	construisîmes	eus construit	eûmes construit
construisis	construisîtes	eus construit	eûtes construit
construisit	construisirent	eut construit	eurent construit

FUTURE

		FUTURE ANTERIOR	
construirai	construirons	aurai construit	aurons construit
construiras	construirez	auras construit	aurez construit
construira	construiront	aura construit	auront construit

CONDITIONAL

		PAST CONDITIONAL	
construirais	construirions	aurais construit	aurions construit
construirais	construiriez	aurais construit	auriez construit
construirait	construiraient	aurait construit	auraient construit

PRESENT SUBJUNCTIVE

		PAST SUBJUNCTIVE	
construise	construisions	aie construit	ayons construit
construises	construisiez	aies construit	ayez construit
construise	construisent	ait construit	aient construit

IMPERFECT SUBJUNCTIVE

		PLUPERFECT SUBJUNCTIVE	
construisisse	construisissions	eusse construit	eussions construit
construisisses	construisissiez	eusses construit	eussiez construit
construisît	construisissent	eût construit	eussent construit

COMMANDS

	construisons
construis	construisez

Usage

construire une maison	*to build a house*
faire construire une maison	*to have a house built*
construire une phrase	*to construct/build a sentence*
—Cette expression se construit avec le subjonctif?	*Does this expression take the subjunctive?*
—Non, elle se construit avec l'indicatif.	*No, it takes the indicative.*

RELATED WORDS

la construction	*building*
la construction de navires	*shipbuilding*
les matériaux de construction	*construction materials*
de construction américaine	*American-built*
la construction de la phrase	*the structure of the sentence*
le constructeur/la constructrice	*builder/manufacturer*

contenir   *to contain*

je contiens · je contins · contenu · contenant   irregular verb

PRESENT		PASSÉ COMPOSÉ	
contiens	contenons	ai contenu	avons contenu
contiens	contenez	as contenu	avez contenu
contient	contiennent	a contenu	ont contenu

IMPERFECT		PLUPERFECT	
contenais	contenions	avais contenu	avions contenu
contenais	conteniez	avais contenu	aviez contenu
contenait	contenaient	avait contenu	avaient contenu

PASSÉ SIMPLE		PAST ANTERIOR	
contins	contînmes	eus contenu	eûmes contenu
contins	contîntes	eus contenu	eûtes contenu
contint	continrent	eut contenu	eurent contenu

FUTURE		FUTURE ANTERIOR	
contiendrai	contiendrons	aurai contenu	aurons contenu
contiendras	contiendrez	auras contenu	aurez contenu
contiendra	contiendront	aura contenu	auront contenu

CONDITIONAL		PAST CONDITIONAL	
contiendrais	contiendrions	aurais contenu	aurions contenu
contiendrais	contiendriez	aurais contenu	auriez contenu
contiendrait	contiendraient	aurait contenu	auraient contenu

PRESENT SUBJUNCTIVE		PAST SUBJUNCTIVE	
contienne	contenions	aie contenu	ayons contenu
contiennes	conteniez	aies contenu	ayez contenu
contienne	contiennent	ait contenu	aient contenu

IMPERFECT SUBJUNCTIVE		PLUPERFECT SUBJUNCTIVE	
continsse	continssions	eusse contenu	eussions contenu
continsses	continssiez	eusses contenu	eussiez contenu
contînt	continssent	eût contenu	eussent contenu

COMMANDS		
	contenons	
contiens	contenez	

Usage

—Cette bouteille contient un litre d'eau?	*Does this bottle hold a liter of water?*
—Non, elle en contient un litre et demi.	*No, it holds a liter and a half.*
La foule a été contenue par la barrière.	*The barrier held the crowd back.*
Cette composition contient des fautes.	*This composition contains mistakes.*
Son livre contient beaucoup d'idées importantes.	*His book contains many important ideas.*
se contenir	*to control one's emotions*

RELATED WORDS

le contenu	*content*
le contenu du livre	*the contents of the book*
le contenu bouleversant de son message	*the disturbing content of his message*
contenu(e)	*contained/restrained*
des sentiments contenus	*restrained feelings*

regular -er verb		je continue · je continuai · continué · continuant	

PRESENT		PASSÉ COMPOSÉ	
continue	continuons	ai continué	avons continué
continues	continuez	as continué	avez continué
continue	continuent	a continué	ont continué

IMPERFECT		PLUPERFECT	
continuais	continuions	avais continué	avions continué
continuais	continuiez	avais continué	aviez continué
continuait	continuaient	avait continué	avaient continué

PASSÉ SIMPLE		PAST ANTERIOR	
continuai	continuâmes	eus continué	eûmes continué
continuas	continuâtes	eus continué	eûtes continué
continua	continuèrent	eut continué	eurent continué

FUTURE		FUTURE ANTERIOR	
continuerai	continuerons	aurai continué	aurons continué
continueras	continuerez	auras continué	aurez continué
continuera	continueront	aura continué	auront continué

CONDITIONAL		PAST CONDITIONAL	
continuerais	continuerions	aurais continué	aurions continué
continuerais	continueriez	aurais continué	auriez continué
continuerait	continueraient	aurait continué	auraient continué

PRESENT SUBJUNCTIVE		PAST SUBJUNCTIVE	
continue	continuions	aie continué	ayons continué
continues	continuiez	aies continué	ayez continué
continue	continuent	ait continué	aient continué

IMPERFECT SUBJUNCTIVE		PLUPERFECT SUBJUNCTIVE	
continuasse	continuassions	eusse continué	eussions continué
continuasses	continuassiez	eusses continué	eussiez continué
continuât	continuassent	eût continué	eussent continué

COMMANDS			
	continuons		
continue	continuez		

Usage

Nous continuons nos traditions.	*We are continuing our traditions.*
Le gouvernement continue sa politique.	*The government goes on with its policy.*
Le nouveau président continue l'ancien.	*The new president is picking up where the former one left off.*
Gare à toi si tu continues comme ça!	*You'd better watch it if you keep up like this!*
continuer à/de faire qqch	*to keep on doing something/continue to do something*
Je continue à essayer de la contacter.	*I'm continuing to try to get in touch with her.*
L'autoroute continue jusqu'à La Nouvelle Orléans.	*The highway continues until New Orleans.*

je contrains · je contraignis · contraint · contraignant | irregular verb

PRESENT		PASSÉ COMPOSÉ	
contrains	contraignons	ai contraint	avons contraint
contrains	contraignez	as contraint	avez contraint
contraint	contraignent	a contraint	ont contraint

IMPERFECT		PLUPERFECT	
contraignais	contraignions	avais contraint	avions contraint
contraignais	contraigniez	avais contraint	aviez contraint
contraignait	contraignaient	avait contraint	avaient contraint

PASSÉ SIMPLE		PAST ANTERIOR	
contraignis	contraignîmes	eus contraint	eûmes contraint
contraignis	contraignîtes	eus contraint	eûtes contraint
contraignit	contraignirent	eut contraint	eurent contraint

FUTURE		FUTURE ANTERIOR	
contraindrai	contraindrons	aurai contraint	aurons contraint
contraindras	contraindrez	auras contraint	aurez contraint
contraindra	contraindront	aura contraint	auront contraint

CONDITIONAL		PAST CONDITIONAL	
contraindrais	contraindrions	aurais contraint	aurions contraint
contraindrais	contraindriez	aurais contraint	auriez contraint
contraindrait	contraindraient	aurait contraint	auraient contraint

PRESENT SUBJUNCTIVE		PAST SUBJUNCTIVE	
contraigne	contraignions	aie contraint	ayons contraint
contraignes	contraigniez	aies contraint	ayez contraint
contraigne	contraignent	ait contraint	aient contraint

IMPERFECT SUBJUNCTIVE		PLUPERFECT SUBJUNCTIVE	
contraignisse	contraignissions	eusse contraint	eussions contraint
contraignisses	contraignissiez	eusses contraint	eussiez contraint
contraignît	contraignissent	eût contraint	eussent contraint

COMMANDS	
	contraignons
contrains	contraignez

Usage

Les circonstances me contraignent à la frugalité.	*Circumstances are forcing me to be frugal.*
être contraint(e) de faire qqch	*to be obliged to do something*
Je suis contraint de partir en voyage.	*I'm obliged to leave on a trip.*
—Tu es allé avec lui chez son oncle?	*Did you go with him to his uncle's?*
—Je me suis contraint.	*I forced myself.*
contraindre qqn à faire qqch	*to force someone to do something*
contraint et forcé	*under duress*
J'ai avoué contraint et forcé.	*I confessed under duress.*

RELATED WORD

la contrainte	*constraint/limitation*
Il m'a parlé sans contrainte.	*He spoke to me without any reservation.*

irregular verb | **je contredis · je contredis · contredit · contredisant**

PRESENT		PASSÉ COMPOSÉ	
contredis	contredisons	ai contredit	avons contredit
contredis	contredisez	as contredit	avez contredit
contredit	contredisent	a contredit	ont contredit

IMPERFECT		PLUPERFECT	
contredisais	contredisions	avais contredit	avions contredit
contredisais	contredisiez	avais contredit	aviez contredit
contredisait	contredisaient	avait contredit	avaient contredit

PASSÉ SIMPLE		PAST ANTERIOR	
contredis	contredîmes	eus contredit	eûmes contredit
contredis	contredîtes	eus contredit	eûtes contredit
contredit	contredirent	eut contredit	eurent contredit

FUTURE		FUTURE ANTERIOR	
contredirai	contredirons	aurai contredit	aurons contredit
contrediras	contredirez	auras contredit	aurez contredit
contredira	contrediront	aura contredit	auront contredit

CONDITIONAL		PAST CONDITIONAL	
contredirais	contredirions	aurais contredit	aurions contredit
contredirais	contrediriez	aurais contredit	auriez contredit
contredirait	contrediraient	aurait contredit	auraient contredit

PRESENT SUBJUNCTIVE		PAST SUBJUNCTIVE	
contredise	contredisions	aie contredit	ayons contredit
contredises	contredisiez	aies contredit	ayez contredit
contredise	contredisent	ait contredit	aient contredit

IMPERFECT SUBJUNCTIVE		PLUPERFECT SUBJUNCTIVE	
contredisse	contredissions	eusse contredit	eussions contredit
contredisses	contredissiez	eusses contredit	eussiez contredit
contredît	contredissent	eût contredit	eussent contredit

COMMANDS		
	contredisons	
contredis	contredisez	

Usage

Tu oses contredire le professeur?	*You dare to contradict the teacher?*
—Arrête de me contredire.	*Stop contradicting me.*
—Je ne contredis personne.	*I'm not contradicting anyone.*
J'hésite à le contredire.	*I am reluctant to contradict him.*
Permettez-moi de vous contredire.	*Allow me to contradict you.*
Son explication contredit les faits.	*His explanation contradicts the facts.*
se contredire	*to contradict oneself/each other*
Tu te contredis tout le temps.	*You're contradicting yourself all the time.*
Les deux déclarations se contredisent.	*The two statements contradict each other.*

RELATED WORDS

la contradiction	*contradiction*
avoir un esprit de contradiction	*to be contrary*

PRESENT

convaincs	convainquons
convaincs	convainquez
convainc	convainquent

PASSÉ COMPOSÉ

ai convaincu	avons convaincu
as convaincu	avez convaincu
a convaincu	ont convaincu

IMPERFECT

convainquais	convainquions
convainquais	convainquiez
convainquait	convainquaient

PLUPERFECT

avais convaincu	avions convaincu
avais convaincu	aviez convaincu
avait convaincu	avaient convaincu

PASSÉ SIMPLE

convainquis	convainquîmes
convainquis	convainquîtes
convainquit	convainquirent

PAST ANTERIOR

eus convaincu	eûmes convaincu
eus convaincu	eûtes convaincu
eut convaincu	eurent convaincu

FUTURE

convaincrai	convaincrons
convaincras	convaincrez
convaincra	convaincront

FUTURE ANTERIOR

aurai convaincu	aurons convaincu
auras convaincu	aurez convaincu
aura convaincu	auront convaincu

CONDITIONAL

convaincrais	convaincrions
convaincrais	convaincriez
convaincrait	convaincraient

PAST CONDITIONAL

aurais convaincu	aurions convaincu
aurais convaincu	auriez convaincu
aurait convaincu	auraient convaincu

PRESENT SUBJUNCTIVE

convainque	convainquions
convainques	convainquiez
convainque	convainquent

PAST SUBJUNCTIVE

aie convaincu	ayons convaincu
aies convaincu	ayez convaincu
ait convaincu	aient convaincu

IMPERFECT SUBJUNCTIVE

convainquisse	convainquissions
convainquisses	convainquissiez
convainquît	convainquissent

PLUPERFECT SUBJUNCTIVE

eusse convaincu	eussions convaincu
eusses convaincu	eussiez convaincu
eût convaincu	eussent convaincu

COMMANDS

	convainquons
convaincs	convainquez

Usage

convaincre qqn de qqch	*to convince someone of something*
Il m'a convaincu de l'importance de la programmation.	*He convinced me of the importance of programming.*
Je l'ai convaincu de nous accompagner.	*I convinced him to accompany us.*

RELATED WORDS

convaincant(e)	*convincing*
un témoignage convaincant	*a convincing testimony*
une preuve convaincante	*a convincing piece of evidence*
convaincu(e)	*convinced/dyed-in-the-wool*
C'est un socialiste convaincu.	*He's a socialist through and through.*

irregular verb | **je conviens · je convins · convenu · convenant**

PRESENT		**PASSÉ COMPOSÉ**	
conviens	convenons	ai convenu	avons convenu
conviens	convenez	as convenu	avez convenu
convient	conviennent	a convenu	ont convenu

IMPERFECT		**PLUPERFECT**	
convenais	convenions	avais convenu	avions convenu
convenais	conveniez	avais convenu	aviez convenu
convenait	convenaient	avait convenu	avaient convenu

PASSÉ SIMPLE		**PAST ANTERIOR**	
convins	convînmes	eus convenu	eûmes convenu
convins	convîntes	eus convenu	eûtes convenu
convint	convinrent	eut convenu	eurent convenu

FUTURE		**FUTURE ANTERIOR**	
conviendrai	conviendrons	aurai convenu	aurons convenu
conviendras	conviendrez	auras convenu	aurez convenu
conviendra	conviendront	aura convenu	auront convenu

CONDITIONAL		**PAST CONDITIONAL**	
conviendrais	conviendrions	aurais convenu	aurions convenu
conviendrais	conviendriez	aurais convenu	auriez convenu
conviendrait	conviendraient	aurait convenu	auraient convenu

PRESENT SUBJUNCTIVE		**PAST SUBJUNCTIVE**	
convienne	convenions	aie convenu	ayons convenu
conviennes	conveniez	aies convenu	ayez convenu
convienne	conviennent	ait convenu	aient convenu

IMPERFECT SUBJUNCTIVE		**PLUPERFECT SUBJUNCTIVE**	
convinsse	convinssions	eusse convenu	eussions convenu
convinsses	convinssiez	eusses convenu	eussiez convenu
convînt	convinssent	eût convenu	eussent convenu

COMMANDS			
	convenons		
conviens	convenez		

Usage

Nous convenons que c'est dangereux.	*We agree that it's dangerous.*
Vous n'en convenez pas?	*Do you disagree?*
Ça ne convient pas.	*That's not suitable.*
Tes vêtements ne conviennent pas à l'occasion.	*Your clothes are inappropriate for the occasion.*
—Il convient que vous partiez tout de suite.	*You ought to leave right away.*
—Je n'en conviens pas.	*I don't agree.*

RELATED WORDS

convenable	*suitable*
une tenue convenable	*a suitable/appropriate outfit*
convenu(e)	*agreed upon*
C'est convenu, alors.	*Then it's agreed upon.*

| | corriger | *to correct* |

je corrige · je corrigeai · corrigé · corrigeant   *-er* verb; spelling change:
g > ge/a, o

PRESENT

corrige	corrigeons
corriges	corrigez
corrige	corrigent

IMPERFECT

corrigeais	corrigions
corrigeais	corrigiez
corrigeait	corrigeaient

PASSÉ SIMPLE

corrigeai	corrigeâmes
corrigeas	corrigeâtes
corrigea	corrigèrent

FUTURE

corrigerai	corrigerons
corrigeras	corrigerez
corrigera	corrigeront

CONDITIONAL

corrigerais	corrigerions
corrigerais	corrigeriez
corrigerait	corrigeraient

PRESENT SUBJUNCTIVE

corrige	corrigions
corriges	corrigiez
corrige	corrigent

IMPERFECT SUBJUNCTIVE

corrigeasse	corrigeassions
corrigeasses	corrigeassiez
corrigeât	corrigeassent

COMMANDS

| | corrigeons |
| corrige | corrigez |

PASSÉ COMPOSÉ

ai corrigé	avons corrigé
as corrigé	avez corrigé
a corrigé	ont corrigé

PLUPERFECT

avais corrigé	avions corrigé
avais corrigé	aviez corrigé
avait corrigé	avaient corrigé

PAST ANTERIOR

eus corrigé	eûmes corrigé
eus corrigé	eûtes corrigé
eut corrigé	eurent corrigé

FUTURE ANTERIOR

aurai corrigé	aurons corrigé
auras corrigé	aurez corrigé
aura corrigé	auront corrigé

PAST CONDITIONAL

aurais corrigé	aurions corrigé
aurais corrigé	auriez corrigé
aurait corrigé	auraient corrigé

PAST SUBJUNCTIVE

aie corrigé	ayons corrigé
aies corrigé	ayez corrigé
ait corrigé	aient corrigé

PLUPERFECT SUBJUNCTIVE

eusse corrigé	eussions corrigé
eusses corrigé	eussiez corrigé
eût corrigé	eussent corrigé

Usage

Le professeur corrige les copies.	The teacher corrects the compositions.
—Vous permettez que je vous corrige?	May I correct you?
—Oui, corrigez-moi si je fais une faute en parlant.	Yes, correct me if I make a mistake while speaking.
Si tu continues comme ça tu vas te faire corriger!	If you keep that up you're going to get a spanking!

RELATED WORDS

le correctif	qualifying statement
Permettez-moi d'apporter un correctif à votre compte-rendu.	Allow me to qualify what you said in your report.
la correction	correction/correctness; spanking
Le professeur fait ses corrections.	The teacher is marking papers.

regular -re verb | je corromps · je corrompis · corrompu · corrompant

PRESENT

corromps	corrompons
corromps	corrompez
corrompt	corrompent

IMPERFECT

corrompais	corrompions
corrompais	corrompiez
corrompait	corrompaient

PASSÉ SIMPLE

corrompis	corrompîmes
corrompis	corrompîtes
corrompit	corrompirent

FUTURE

corromprai	corromprons
corrompras	corromprez
corrompra	corrompront

CONDITIONAL

corromprais	corromprions
corromprais	corrompriez
corromprait	corrompraient

PRESENT SUBJUNCTIVE

corrompe	corrompions
corrompes	corrompiez
corrompe	corrompent

IMPERFECT SUBJUNCTIVE

corrompisse	corrompissions
corrompisses	corrompissiez
corrompît	corrompissent

COMMANDS

	corrompons
corromps	corrompez

PASSÉ COMPOSÉ

ai corrompu	avons corrompu
as corrompu	avez corrompu
a corrompu	ont corrompu

PLUPERFECT

avais corrompu	avions corrompu
avais corrompu	aviez corrompu
avait corrompu	avaient corrompu

PAST ANTERIOR

eus corrompu	eûmes corrompu
eus corrompu	eûtes corrompu
eut corrompu	eurent corrompu

FUTURE ANTERIOR

aurai corrompu	aurons corrompu
auras corrompu	aurez corrompu
aura corrompu	auront corrompu

PAST CONDITIONAL

aurais corrompu	aurions corrompu
aurais corrompu	auriez corrompu
aurait corrompu	auraient corrompu

PAST SUBJUNCTIVE

aie corrompu	ayons corrompu
aies corrompu	ayez corrompu
ait corrompu	aient corrompu

PLUPERFECT SUBJUNCTIVE

eusse corrompu	eussions corrompu
eusses corrompu	eussiez corrompu
eût corrompu	eussent corrompu

Usage

Son jugement est corrompu par sa colère.	*His judgment is distorted by his anger.*
La chaleur a corrompu la viande.	*The heat spoiled the meat.*
corrompre un témoin	*to bribe a witness*
Ce juge est corrompu.	*That judge can be bribed.*

RELATED WORDS

la corruption	*corruption/debasement*
la corruption de la langue	*the debasement/corruption of language*
la corruption des mœurs	*the corruption of conduct*

se coucher   *to go to bed*

je me couche · je me couchai · s'étant couché ·   regular -er reflexive verb;
se couchant   compound tenses with *être*

PRESENT

me couche	nous couchons
te couches	vous couchez
se couche	se couchent

IMPERFECT

me couchais	nous couchions
te couchais	vous couchiez
se couchait	se couchaient

PASSÉ SIMPLE

me couchai	nous couchâmes
te couchas	vous couchâtes
se coucha	se couchèrent

FUTURE

me coucherai	nous coucherons
te coucheras	vous coucherez
se couchera	se coucheront

CONDITIONAL

me coucherais	nous coucherions
te coucherais	vous coucheriez
se coucherait	se coucheraient

PRESENT SUBJUNCTIVE

me couche	nous couchions
te couches	vous couchiez
se couche	se couchent

IMPERFECT SUBJUNCTIVE

me couchasse	nous couchassions
te couchasses	vous couchassiez
se couchât	se couchassent

PASSÉ COMPOSÉ

me suis couché(e)	nous sommes couché(e)s
t'es couché(e)	vous êtes couché(e)(s)
s'est couché(e)	se sont couché(e)s

PLUPERFECT

m'étais couché(e)	nous étions couché(e)s
t'étais couché(e)	vous étiez couché(e)(s)
s'était couché(e)	s'étaient couché(e)s

PAST ANTERIOR

me fus couché(e)	nous fûmes couché(e)s
te fus couché(e)	vous fûtes couché(e)(s)
se fut couché(e)	se furent couché(e)s

FUTURE ANTERIOR

me serai couché(e)	nous serons couché(e)s
te seras couché(e)	vous serez couché(e)(s)
se sera couché(e)	se seront couché(e)s

PAST CONDITIONAL

me serais couché(e)	nous serions couché(e)s
te serais couché(e)	vous seriez couché(e)(s)
se serait couché(e)	se seraient couché(e)s

PAST SUBJUNCTIVE

me sois couché(e)	nous soyons couché(e)s
te sois couché(e)	vous soyez couché(e)(s)
se soit couché(e)	se soient couché(e)s

PLUPERFECT SUBJUNCTIVE

me fusse couché(e)	nous fussions couché(e)s
te fusses couché(e)	vous fussiez couché(e)(s)
se fût couché(e)	se fussent couché(e)s

COMMANDS

| | couchons-nous |
| couche-toi | couchez-vous |

Usage

—Nous, on se couche tôt.	*We go to bed early.*
—Vous faites bien. Moi je me couche trop tard.	*You're right to do so. I go to bed too late.*
se coucher comme les poules	*to go to bed early*
Va te coucher!	*Get out of here!*
Je l'ai envoyé se coucher.	*I sent him packing/told him where to get off.*
Le cycliste se couchait sur le guidon.	*The cyclist bent over the handlebars.*

irregular verb | **je couds · je cousis · cousu · cousant**

PRESENT

couds	cousons
couds	cousez
coud	cousent

PASSÉ COMPOSÉ

ai cousu	avons cousu
as cousu	avez cousu
a cousu	ont cousu

IMPERFECT

cousais	cousions
cousais	cousiez
cousait	cousaient

PLUPERFECT

avais cousu	avions cousu
avais cousu	aviez cousu
avait cousu	avaient cousu

PASSÉ SIMPLE

cousis	cousîmes
cousis	cousîtes
cousit	cousirent

PAST ANTERIOR

eus cousu	eûmes cousu
eus cousu	eûtes cousu
eut cousu	eurent cousu

FUTURE

coudrai	coudrons
coudras	coudrez
coudra	coudront

FUTURE ANTERIOR

aurai cousu	aurons cousu
auras cousu	aurez cousu
aura cousu	auront cousu

CONDITIONAL

coudrais	coudrions
coudrais	coudriez
coudrait	coudraient

PAST CONDITIONAL

aurais cousu	aurions cousu
aurais cousu	auriez cousu
aurait cousu	auraient cousu

PRESENT SUBJUNCTIVE

couse	cousions
couses	cousiez
couse	cousent

PAST SUBJUNCTIVE

aie cousu	ayons cousu
aies cousu	ayez cousu
ait cousu	aient cousu

IMPERFECT SUBJUNCTIVE

cousisse	cousissions
cousisses	cousissiez
cousît	cousissent

PLUPERFECT SUBJUNCTIVE

eusse cousu	eussions cousu
eusses cousu	eussiez cousu
eût cousu	eussent cousu

COMMANDS

	cousons
couds	cousez

Usage

—Tu sais coudre un bouton à un vêtement?	*Do you know how to sew a button on an article of clothing?*
—Non, je dois apprendre à coudre.	*No, I ought to learn how to sew.*
coudre à la main	*to sew by hand*
coudre à la machine	*to sew by machine*
être cousu(e) d'or	*to be very wealthy*

RELATED WORDS

la couture	*sewing; fashion; seam*
sans couture	*seamless*
le couturier/la couturière	*fashion designer*
la haute couture	*high fashion*
une maison de couture	*fashion house*

PRESENT

cours	courons
cours	courez
court	courent

PASSÉ COMPOSÉ

ai couru	avons couru
as couru	avez couru
a couru	ont couru

IMPERFECT

courais	courions
courais	couriez
courait	couraient

PLUPERFECT

avais couru	avions couru
avais couru	aviez couru
avait couru	avaient couru

PASSÉ SIMPLE

courus	courûmes
courus	courûtes
courut	coururent

PAST ANTERIOR

eus couru	eûmes couru
eus couru	eûtes couru
eut couru	eurent couru

FUTURE

courrai	courrons
courras	courrez
courra	courront

FUTURE ANTERIOR

aurai couru	aurons couru
auras couru	aurez couru
aura couru	auront couru

CONDITIONAL

courrais	courrions
courrais	courriez
courrait	courraient

PAST CONDITIONAL

aurais couru	aurions couru
aurais couru	auriez couru
aurait couru	auraient couru

PRESENT SUBJUNCTIVE

coure	courions
coures	couriez
coure	courent

PAST SUBJUNCTIVE

aie couru	ayons couru
aies couru	ayez couru
ait couru	aient couru

IMPERFECT SUBJUNCTIVE

courusse	courussions
courusses	courussiez
courût	courussent

PLUPERFECT SUBJUNCTIVE

eusse couru	eussions couru
eusses couru	eussiez couru
eût couru	eussent couru

COMMANDS

	courons
cours	courez

Usage

courir vite	*to run fast*
courir chercher le médecin	*to run off to get the doctor*
J'ai couru partout pour trouver ce livre.	*I ran everywhere to find this book.*
Elle est entrée en courant.	*She ran in.*
Les enfants sont sortis au jardin en courant.	*The children ran out into the garden.*
La police est montée en courant.	*The police ran upstairs.*
—Tu as fini?	*Did you finish?*
—Oui, mais j'ai tout fait en courant.	*Yes, but I rushed through everything.*
Il y a un bruit qui court.	*There's a rumor going around.*
courir un risque	*to run a risk*
Un prof comme ça, ça ne court pas les rues.	*You don't find teachers like him everywhere.*

irregular verb | **je couvre · je couvris · couvert · couvrant**

PRESENT		**PASSÉ COMPOSÉ**	
couvre	couvrons	ai couvert	avons couvert
couvres	couvrez	as couvert	avez couvert
couvre	couvrent	a couvert	ont couvert

IMPERFECT		**PLUPERFECT**	
couvrais	couvrions	avais couvert	avions couvert
couvrais	couvriez	avais couvert	aviez couvert
couvrait	couvraient	avait couvert	avaient couvert

PASSÉ SIMPLE		**PAST ANTERIOR**	
couvris	couvrîmes	eus couvert	eûmes couvert
couvris	couvrîtes	eus couvert	eûtes couvert
couvrit	couvrirent	eut couvert	eurent couvert

FUTURE		**FUTURE ANTERIOR**	
couvrirai	couvrirons	aurai couvert	aurons couvert
couvriras	couvrirez	auras couvert	aurez couvert
couvrira	couvriront	aura couvert	auront couvert

CONDITIONAL		**PAST CONDITIONAL**	
couvrirais	couvririons	aurais couvert	aurions couvert
couvrirais	couvririez	aurais couvert	auriez couvert
couvrirait	couvriraient	aurait couvert	auraient couvert

PRESENT SUBJUNCTIVE		**PAST SUBJUNCTIVE**	
couvre	couvrions	aie couvert	ayons couvert
couvres	couvriez	aies couvert	ayez couvert
couvre	couvrent	ait couvert	aient couvert

IMPERFECT SUBJUNCTIVE		**PLUPERFECT SUBJUNCTIVE**	
couvrisse	couvrissions	eusse couvert	eussions couvert
couvrisses	couvrissiez	eusses couvert	eussiez couvert
couvrît	couvrissent	eût couvert	eussent couvert

COMMANDS			
	couvrons		
couvre	couvrez		

Usage

J'ai couvert les murs d'affiches.	*I covered the walls with posters.*
Couvrez la casserole de son couvercle.	*Cover the pot with its lid.*
Il fait froid aujourd'hui. Couvre-toi bien!	*It's cold today. Dress warmly!*
La mère a couvert sa fille de baisers.	*The mother covered her daughter with kisses.*
Il s'est couvert de honte.	*He disgraced himself.*
—Ne me demande pas de couvrir tes fautes.	*Don't ask me to cover up for your mistakes.*
—J'ai peur de me couvrir de ridicule.	*I'm afraid to look ridiculous.*

je crains · je craignis · craint · craignant

irregular verb

PRESENT

crains	craignons
crains	craignez
craint	craignent

IMPERFECT

craignais	craignions
craignais	craigniez
craignait	craignaient

PASSÉ SIMPLE

craignis	craignîmes
craignis	craignîtes
craignit	craignirent

FUTURE

craindrai	craindrons
craindras	craindrez
craindra	craindront

CONDITIONAL

craindrais	craindrions
craindrais	craindriez
craindrait	craindraient

PRESENT SUBJUNCTIVE

craigne	craignions
craignes	craigniez
craigne	craignent

IMPERFECT SUBJUNCTIVE

craignisse	craignissions
craignisses	craignissiez
craignît	craignissent

COMMANDS

	craignons
crains	craignez

PASSÉ COMPOSÉ

ai craint	avons craint
as craint	avez craint
a craint	ont craint

PLUPERFECT

avais craint	avions craint
avais craint	aviez craint
avait craint	avaient craint

PAST ANTERIOR

eus craint	eûmes craint
eus craint	eûtes craint
eut craint	eurent craint

FUTURE ANTERIOR

aurai craint	aurons craint
auras craint	aurez craint
aura craint	auront craint

PAST CONDITIONAL

aurais craint	aurions craint
aurais craint	auriez craint
aurait craint	auraient craint

PAST SUBJUNCTIVE

aie craint	ayons craint
aies craint	ayez craint
ait craint	aient craint

PLUPERFECT SUBJUNCTIVE

eusse craint	eussions craint
eusses craint	eussiez craint
eût craint	eussent craint

Usage

—Je crains qu'il soit déjà parti.	*I fear he has already left.*
—C'est exactement ce que je craignais!	*That's just what I was afraid of!*
Je craignais qu'il ne vienne.	*I was afraid he would come.*
Il craint que vous ne le sachiez pas.	*He fears that you won't know it.*
Je crains le pire.	*I fear the worst.*
Il ne craindra pas de vous le dire.	*He won't hesitate to tell you.*
C'est un danger à craindre.	*It's a danger one should be afraid of.*

RELATED WORDS

la crainte	*fear*
Vous pouvez être sans crainte au sujet de votre fils.	*You have no reason to have any fear about your son.*
Je l'ai caché de crainte qu'il ne le voie.	*I hid it for fear that he would see it.*

regular -er verb

je crée · je créai · créé · créant

PRESENT		**PASSÉ COMPOSÉ**	
crée	créons	ai créé	avons créé
crées	créez	as créé	avez créé
crée	créent	a créé	ont créé

IMPERFECT		**PLUPERFECT**	
créais	créions	avais créé	avions créé
créais	créiez	avais créé	aviez créé
créait	créaient	avait créé	avaient créé

PASSÉ SIMPLE		**PAST ANTERIOR**	
créai	créâmes	eus créé	eûmes créé
créas	créâtes	eus créé	eûtes créé
créa	créèrent	eut créé	eurent créé

FUTURE		**FUTURE ANTERIOR**	
créerai	créerons	aurai créé	aurons créé
créeras	créerez	auras créé	aurez créé
créera	créeront	aura créé	auront créé

CONDITIONAL		**PAST CONDITIONAL**	
créerais	créerions	aurais créé	aurions créé
créerais	créeriez	aurais créé	auriez créé
créerait	créeraient	aurait créé	auraient créé

PRESENT SUBJUNCTIVE		**PAST SUBJUNCTIVE**	
crée	créions	aie créé	ayons créé
crées	créiez	aies créé	ayez créé
crée	créent	ait créé	aient créé

IMPERFECT SUBJUNCTIVE		**PLUPERFECT SUBJUNCTIVE**	
créasse	créassions	eusse créé	eussions créé
créasses	créassiez	eusses créé	eussiez créé
créât	créassent	eût créé	eussent créé

COMMANDS	
	créons
crée	créez

Usage

la nécessité de créer	*the need to create*
Ce type m'a créé des ennuis avec le chef.	*That guy made trouble for me with the boss.*
Ce commerçant a su se créer une clientèle.	*This storekeeper was able to build up a clientele.*
créer un mot	*to coin a word*
créer une histoire de toutes pièces	*to make up a story from beginning to end*

RELATED WORDS

la création	*creation*
créateur/créatrice	*creative*
la créativité	*creativity/creative spirit*
le créateur/la créatrice	*creator/designer*
des investissements créateurs d'emplois	*investments that create jobs*

crever *to burst, puncture; to wear out; to die* (slang)

je crève · je crevai · crevé · crevant

-er verb; spelling change:
e > è/mute e

PRESENT		PASSÉ COMPOSÉ	
crève	crevons	ai crevé	avons crevé
crèves	crevez	as crevé	avez crevé
crève	crèvent	a crevé	ont crevé

IMPERFECT		PLUPERFECT	
crevais	crevions	avais crevé	avions crevé
crevais	creviez	avais crevé	aviez crevé
crevait	crevaient	avait crevé	avaient crevé

PASSÉ SIMPLE		PAST ANTERIOR	
crevai	crevâmes	eus crevé	eûmes crevé
crevas	crevâtes	eus crevé	eûtes crevé
creva	crevèrent	eut crevé	eurent crevé

FUTURE		FUTURE ANTERIOR	
crèverai	crèverons	aurai crevé	aurons crevé
crèveras	crèverez	auras crevé	aurez crevé
crèvera	crèveront	aura crevé	auront crevé

CONDITIONAL		PAST CONDITIONAL	
crèverais	crèverions	aurais crevé	aurions crevé
crèverais	crèveriez	aurais crevé	auriez crevé
crèverait	crèveraient	aurait crevé	auraient crevé

PRESENT SUBJUNCTIVE		PAST SUBJUNCTIVE	
crève	crevions	aie crevé	ayons crevé
crèves	creviez	aies crevé	ayez crevé
crève	crèvent	ait crevé	aient crevé

IMPERFECT SUBJUNCTIVE		PLUPERFECT SUBJUNCTIVE	
crevasse	crevassions	eusse crevé	eussions crevé
crevasses	crevassiez	eusses crevé	eussiez crevé
crevât	crevassent	eût crevé	eussent crevé

COMMANDS	
	crevons
crève	crevez

Usage

Le pneu de sa voiture a crevé.	*The tire on his car burst/got punctured.*
J'avais mis tant de papiers dans ma serviette qu'elle a crevé.	*I had put so many papers into my briefcase that it broke.*
Ça crève les yeux! (slang)	*It's obvious!/It's as plain as the nose on your face!*
Qu'il crève! (vulgar)	*I hope he drops dead!*
Il crève de faim.	*He's famished/starving.*
On crève de froid ici!	*You could freeze to death here!*
On crève de chaud!	*We're dying of the heat!*

RELATED WORDS

crevé(e)	*exhausted*
Je suis crevé.	*I'm beat.*
un pneu crevé	*a flat tire*
une crevaison	*a flat tire*

regular -er verb

je crie · je criai · crié · criant

PRESENT	
crie	crions
cries	criez
crie	crient

IMPERFECT	
criais	criions
criais	criiez
criait	criaient

PASSÉ SIMPLE	
criai	criâmes
crias	criâtes
cria	crièrent

FUTURE	
crierai	crierons
crieras	crierez
criera	crieront

CONDITIONAL	
crierais	crierions
crierais	crieriez
crierait	crieraient

PRESENT SUBJUNCTIVE	
crie	criions
cries	criiez
crie	crient

IMPERFECT SUBJUNCTIVE	
criasse	criassions
criasses	criassiez
criât	criassent

COMMANDS	
	crions
crie	criez

PASSÉ COMPOSÉ	
ai crié	avons crié
as crié	avez crié
a crié	ont crié

PLUPERFECT	
avais crié	avions crié
avais crié	aviez crié
avait crié	avaient crié

PAST ANTERIOR	
eus crié	eûmes crié
eus crié	eûtes crié
eut crié	eurent crié

FUTURE ANTERIOR	
aurai crié	aurons crié
auras crié	aurez crié
aura crié	auront crié

PAST CONDITIONAL	
aurais crié	aurions crié
aurais crié	auriez crié
aurait crié	auraient crié

PAST SUBJUNCTIVE	
aie crié	ayons crié
aies crié	ayez crié
ait crié	aient crié

PLUPERFECT SUBJUNCTIVE	
eusse crié	eussions crié
eusses crié	eussiez crié
eût crié	eussent crié

Usage

—Les enfants crient à tue-tête.	*The children are screaming their heads off.*
—Pourquoi est-ce qu'ils crient comme ça?	*Why are they shouting like that?*
Il crie fort.	*He's screaming loudly.*
Je lui ai crié de s'en aller.	*I yelled at him to leave.*
crier au loup	*to cry wolf*
crier à l'assassin	*to cry murder*

RELATED WORDS

le cri	*shout/scream*
un cri de joie/de douleur	*a shout of joy/pain*
C'est le dernier cri.	*It's all the rage now./It's the latest.*
criard(e)	*loud/gaudy*
des couleurs criardes	*gaudy colors*

croire *to believe, think*

je crois · je crus · cru · croyant   irregular verb

croire = penser, accepter comme vrai

Je crois que non.	*I don't think so.*
Je crois que oui.	*I think so.*
—Elle n'est pas encore arrivée?	*Hasn't she arrived yet?*
—Je crois que si.	*I think so.*
Je n'en crois pas mes yeux/mes oreilles!	*I can't believe my eyes/my ears!*
Je crois bien qu'il est souffrant.	*I think he's ill.*
Vous pouvez m'en croire.	*You can take it from me.*
À l'en croire,...	*If he is to be believed . . ./If you go by what he says . . .*
C'est à n'y pas croire.	*It's unbelievable.*
—Je crois dur comme fer qu'elle m'aime sincèrement.	*I firmly believe that she loves me sincerely.*
—Elle n'est pas celle que tu crois.	*She's not the kind of person you think she is.*
J'aime à croire qu'il nous avertira.	*I would like to think he will notify us.*
Je le crois capable de tout.	*I wouldn't put anything past him.*
Je le crois méchant et malhonnête.	*I think he is wicked and dishonest.*

croire à

Personne ne croit à son innocence.	*No one believes in his innocence.*
Je ne crois plus à ses promesses.	*I don't believe his promises anymore.*
Il faut croire à l'avenir.	*One must have faith in the future.*
Ils croient à l'astrologie.	*They believe in astrology.*
Tu crois aux fantômes?	*Do you believe in ghosts?*

croire en

croire en Dieu	*to believe in God*
Nous croyions en lui.	*We had confidence in him.*

se croire

Tu te crois malin, toi!	*You think you're clever!*
Il se croit très important.	*He thinks he's very important.*
Il se croit une grosse tête.	*He thinks he's a genius.*

faire croire

faire croire qqch à qqn	*to convince someone of something*
Tu ne peux pas me faire croire qu'on a congédié tout le monde.	*You can't expect me to believe that everyone was fired.*

Proverb

Voir, c'est croire.	*Seeing is believing.*

TOP 30
VERBS

irregular verb   je crois · je crus · cru · croyant

PRESENT		PASSÉ COMPOSÉ	
crois	croyons	ai cru	avons cru
crois	croyez	as cru	avez cru
croit	croient	a cru	ont cru

IMPERFECT		PLUPERFECT	
croyais	croyions	avais cru	avions cru
croyais	croyiez	avais cru	aviez cru
croyait	croyaient	avait cru	avaient cru

PASSÉ SIMPLE		PAST ANTERIOR	
crus	crûmes	eus cru	eûmes cru
crus	crûtes	eus cru	eûtes cru
crut	crurent	eut cru	eurent cru

FUTURE		FUTURE ANTERIOR	
croirai	croirons	aurai cru	aurons cru
croiras	croirez	auras cru	aurez cru
croira	croiront	aura cru	auront cru

CONDITIONAL		PAST CONDITIONAL	
croirais	croirions	aurais cru	aurions cru
croirais	croiriez	aurais cru	auriez cru
croirait	croiraient	aurait cru	auraient cru

PRESENT SUBJUNCTIVE		PAST SUBJUNCTIVE	
croie	croyions	aie cru	ayons cru
croies	croyiez	aies cru	ayez cru
croie	croient	ait cru	aient cru

IMPERFECT SUBJUNCTIVE		PLUPERFECT SUBJUNCTIVE	
crusse	crussions	eusse cru	eussions cru
crusses	crussiez	eusses cru	eussiez cru
crût	crussent	eût cru	eussent cru

COMMANDS	
	croyons
crois	croyez

Usage

croire qqn	*to believe someone*
—Croyez-moi, c'était bien dangereux.	*Believe me, it was very dangerous.*
—Je vous crois.	*I believe you.*
croire que	*to believe that*
Je crois qu'il est là.	*I think he's here.*
Je ne crois pas qu'il comprendra.	*I don't think he'll understand.*
Je ne crois pas qu'il comprenne.	*I (really) don't think he'll understand.*
Croyez-vous qu'il comprenne?	*Do you think he'll understand?*
croire qqch	*to believe something*
Je ne crois pas cette explication.	*I don't believe this explanation.*
Elle ne croit pas ce que je lui dis.	*She doesn't believe what I'm telling her.*

croître	*to grow*

je crois · je crûs · crû · croissant   irregular verb

PRESENT

crois	croissons
crois	croissez
croît	croissent

IMPERFECT

croissais	croissions
croissais	croissiez
croissait	croissaient

PASSÉ SIMPLE

crûs	crûmes
crûs	crûtes
crût	crûrent

FUTURE

croîtrai	croîtrons
croîtras	croîtrez
croîtra	croîtront

CONDITIONAL

croîtrais	croîtrions
croîtrais	croîtriez
croîtrait	croîtraient

PRESENT SUBJUNCTIVE

croisse	croissions
croisses	croissiez
croisse	croissent

IMPERFECT SUBJUNCTIVE

crûsse	crûssions
crûsses	crûssiez
crût	crûssent

COMMANDS

	croissons
crois	croissez

PASSÉ COMPOSÉ

ai crû	avons crû
as crû	avez crû
a crû	ont crû

PLUPERFECT

avais crû	avions crû
avais crû	aviez crû
avait crû	avaient crû

PAST ANTERIOR

eus crû	eûmes crû
eus crû	eûtes crû
eut crû	eurent crû

FUTURE ANTERIOR

aurai crû	aurons crû
auras crû	aurez crû
aura crû	auront crû

PAST CONDITIONAL

aurais crû	aurions crû
aurais crû	auriez crû
aurait crû	auraient crû

PAST SUBJUNCTIVE

aie crû	ayons crû
aies crû	ayez crû
ait crû	aient crû

PLUPERFECT SUBJUNCTIVE

eusse crû	eussions crû
eusses crû	eussiez crû
eût crû	eussent crû

Usage

croître en richesse	*to grow in wealth*
Les fleurs croissent dans notre jardin.	*The flowers are growing in our garden.*
La chaleur n'arrête pas de croître.	*The heat keeps increasing.*

RELATED WORDS

la croissance	*growth*
être en pleine croissance	*to be in a growth phase*
Cet enfant est en pleine croissance.	*This child is growing rapidly.*
Cette entreprise est en pleine croissance.	*This company is expanding steadily.*

irregular verb   je cueille · je cueillis · cueilli · cueillant

PRESENT		PASSÉ COMPOSÉ	
cueille	cueillons	ai cueilli	avons cueilli
cueilles	cueillez	as cueilli	avez cueilli
cueille	cueillent	a cueilli	ont cueilli

IMPERFECT		PLUPERFECT	
cueillais	cueillions	avais cueilli	avions cueilli
cueillais	cueilliez	avais cueilli	aviez cueilli
cueillait	cueillaient	avait cueilli	avaient cueilli

PASSÉ SIMPLE		PAST ANTERIOR	
cueillis	cueillîmes	eus cueilli	eûmes cueilli
cueillis	cueillîtes	eus cueilli	eûtes cueilli
cueillit	cueillirent	eut cueilli	eurent cueilli

FUTURE		FUTURE ANTERIOR	
cueillerai	cueillerons	aurai cueilli	aurons cueilli
cueilleras	cueillerez	auras cueilli	aurez cueilli
cueillera	cueilleront	aura cueilli	auront cueilli

CONDITIONAL		PAST CONDITIONAL	
cueillerais	cueillerions	aurais cueilli	aurions cueilli
cueillerais	cueilleriez	aurais cueilli	auriez cueilli
cueillerait	cueilleraient	aurait cueilli	auraient cueilli

PRESENT SUBJUNCTIVE		PAST SUBJUNCTIVE	
cueille	cueillions	aie cueilli	ayons cueilli
cueilles	cueilliez	aies cueilli	ayez cueilli
cueille	cueillent	ait cueilli	aient cueilli

IMPERFECT SUBJUNCTIVE		PLUPERFECT SUBJUNCTIVE	
cueillisse	cueillissions	eusse cueilli	eussions cueilli
cueillisses	cueillissiez	eusses cueilli	eussiez cueilli
cueillît	cueillissent	eût cueilli	eussent cueilli

COMMANDS	
	cueillons
cueille	cueillez

Usage

cueillir des fleurs/pommes/fraises	to pick flowers/apples/strawberries
cueillir qqn	to nab someone
La police a cueilli le malfaiteur dans sa cachette.	The police caught the criminal in his hiding place.
cueillir qqn à froid	to catch someone off guard

RELATED WORDS

la cueillette	picking/gathering
Les hommes primitifs pratiquaient la cueillette.	Primitive humans were gatherers.

cuire _to cook_

je cuis · je cuisis · cuit · cuisant   irregular verb

PRESENT		PASSÉ COMPOSÉ	
cuis	cuisons	ai cuit	avons cuit
cuis	cuisez	as cuit	avez cuit
cuit	cuisent	a cuit	ont cuit

IMPERFECT		PLUPERFECT	
cuisais	cuisions	avais cuit	avions cuit
cuisais	cuisiez	avais cuit	aviez cuit
cuisait	cuisaient	avait cuit	avaient cuit

PASSÉ SIMPLE		PAST ANTERIOR	
cuisis	cuisîmes	eus cuit	eûmes cuit
cuisis	cuisîtes	eus cuit	eûtes cuit
cuisit	cuisirent	eut cuit	eurent cuit

FUTURE		FUTURE ANTERIOR	
cuirai	cuirons	aurai cuit	aurons cuit
cuiras	cuirez	auras cuit	aurez cuit
cuira	cuiront	aura cuit	auront cuit

CONDITIONAL		PAST CONDITIONAL	
cuirais	cuirions	aurais cuit	aurions cuit
cuirais	cuiriez	aurais cuit	auriez cuit
cuirait	cuiraient	aurait cuit	auraient cuit

PRESENT SUBJUNCTIVE		PAST SUBJUNCTIVE	
cuise	cuisions	aie cuit	ayons cuit
cuises	cuisiez	aies cuit	ayez cuit
cuise	cuisent	ait cuit	aient cuit

IMPERFECT SUBJUNCTIVE		PLUPERFECT SUBJUNCTIVE	
cuisisse	cuisissions	eusse cuit	eussions cuit
cuisisses	cuisissiez	eusses cuit	eussiez cuit
cuisît	cuisissent	eût cuit	eussent cuit

COMMANDS	
	cuisons
cuis	cuisez

Usage

La viande cuit.	_The meat is cooking._
Je fais cuire de la viande.	_I'm cooking meat._
J'aime la viande bien cuite.	_I like well-done meat._
Le poulet était cuit à point.	_The chicken was done to perfection._
La climatisation ne marche pas. On cuit!	_The air conditioning is not working._ _We're roasting!_
Dans la politique il faut être un dur à cuir.	_In politics you have to be thick-skinned._
Elle m'a dit d'aller me faire cuire un œuf.	_She told me to go fly a kite._
Les carottes sont cuites!	_That's it for us! We're done for!_
Nous sommes cuits!	_We're done for!_
Tu auras cet emploi. C'est du tout cuit.	_You'll get that job. It's in the bag._
Si tu ne fais pas ce que je t'ordonne, il t'en cuira.	_If you don't do what I order you to, you'll be in for it._

regular *-er* verb | **je danse · je dansai · dansé · dansant**

PRESENT

danse	dansons
danses	dansez
danse	dansent

IMPERFECT

dansais	dansions
dansais	dansiez
dansait	dansaient

PASSÉ SIMPLE

dansai	dansâmes
dansas	dansâtes
dansa	dansèrent

FUTURE

danserai	danserons
danseras	danserez
dansera	danseront

CONDITIONAL

danserais	danserions
danserais	danseriez
danserait	danseraient

PRESENT SUBJUNCTIVE

danse	dansions
danses	dansiez
danse	dansent

IMPERFECT SUBJUNCTIVE

dansasse	dansassions
dansasses	dansassiez
dansât	dansassent

PASSÉ COMPOSÉ

ai dansé	avons dansé
as dansé	avez dansé
a dansé	ont dansé

PLUPERFECT

avais dansé	avions dansé
avais dansé	aviez dansé
avait dansé	avaient dansé

PAST ANTERIOR

eus dansé	eûmes dansé
eus dansé	eûtes dansé
eut dansé	eurent dansé

FUTURE ANTERIOR

aurai dansé	aurons dansé
auras dansé	aurez dansé
aura dansé	auront dansé

PAST CONDITIONAL

aurais dansé	aurions dansé
aurais dansé	auriez dansé
aurait dansé	auraient dansé

PAST SUBJUNCTIVE

aie dansé	ayons dansé
aies dansé	ayez dansé
ait dansé	aient dansé

PLUPERFECT SUBJUNCTIVE

eusse dansé	eussions dansé
eusses dansé	eussiez dansé
eût dansé	eussent dansé

COMMANDS

	dansons
danse	dansez

Usage

—Vous savez danser? — *Do you know how to dance?*
—Non, pas du tout. Je n'aime pas danser. — *No, not at all. I don't like dancing.*
Vous dansez?/On danse? — *Would you like to dance?*
Je ne savais pas sur quel pied danser en attendant ton coup de fil. — *I was on pins and needles waiting for your call.*
danser sur la corde raide — *to walk a tightrope*
C'est un empêcheur de danser en rond. — *He's a spoilsport/wet blanket.*
J'ai trop bu. Tout danse devant mes yeux. — *I've had too much to drink. Everything is swimming before my eyes.*

RELATED WORDS

la danse — *dance*
entrer dans la danse — *to join in*

décevoir *to disappoint*

je déçois · je déçus · déçu · décevant

irregular verb; spelling
change: *c* > *ç/o, u*

PRESENT	
déçois	décevons
déçois	décevez
déçoit	déçoivent

PASSÉ COMPOSÉ	
ai déçu	avons déçu
as déçu	avez déçu
a déçu	ont déçu

IMPERFECT	
décevais	décevions
décevais	déceviez
décevait	décevaient

PLUPERFECT	
avais déçu	avions déçu
avais déçu	aviez déçu
avait déçu	avaient déçu

PASSÉ SIMPLE	
déçus	déçûmes
déçus	déçûtes
déçut	déçurent

PAST ANTERIOR	
eus déçu	eûmes déçu
eus déçu	eûtes déçu
eut déçu	eurent déçu

FUTURE	
décevrai	décevrons
décevras	décevrez
décevra	décevront

FUTURE ANTERIOR	
aurai déçu	aurons déçu
auras déçu	aurez déçu
aura déçu	auront déçu

CONDITIONAL	
décevrais	décevrions
décevrais	décevriez
décevrait	décevraient

PAST CONDITIONAL	
aurais déçu	aurions déçu
aurais déçu	auriez déçu
aurait déçu	auraient déçu

PRESENT SUBJUNCTIVE	
déçoive	décevions
déçoives	déceviez
déçoive	déçoivent

PAST SUBJUNCTIVE	
aie déçu	ayons déçu
aies déçu	ayez déçu
ait déçu	aient déçu

IMPERFECT SUBJUNCTIVE	
déçusse	déçussions
déçusses	déçussiez
déçût	déçussent

PLUPERFECT SUBJUNCTIVE	
eusse déçu	eussions déçu
eusses déçu	eussiez déçu
eût déçu	eussent déçu

COMMANDS	
	décevons
déçois	décevez

Usage

—Le repas ne vous a pas déçu?	*You found the meal disappointing?*
—Non, ce restaurant ne déçoit jamais.	*No, this restaurant is consistently good.*
Ma petite amie m'a déçu.	*My girlfriend disappointed me.*
Les étudiants ont déçu leurs professeurs.	*The students disappointed their*
	professors.
Ce voyage m'a déçu.	*That trip disappointed me.*

RELATED WORDS

la déception	*disappointment*
éprouver une déception	*to experience a disappointment*
Sa vie est pleine de cruelles déceptions.	*His life is full of bitter disappointments.*
décevant(e)	*disappointing*
Les résultats sont assez décevants.	*The results are rather disappointing.*

-er verb; spelling change: g > ge/a, o

je décharge · je déchargeai · déchargé · déchargeant

PRESENT

décharge	déchargeons
décharges	déchargez
décharge	déchargent

PASSÉ COMPOSÉ

ai déchargé	avons déchargé
as déchargé	avez déchargé
a déchargé	ont déchargé

IMPERFECT

déchargeais	déchargions
déchargeais	déchargiez
déchargeait	déchargeaient

PLUPERFECT

avais déchargé	avions déchargé
avais déchargé	aviez déchargé
avait déchargé	avaient déchargé

PASSÉ SIMPLE

déchargeai	déchargeâmes
déchargeas	déchargeâtes
déchargea	déchargèrent

PAST ANTERIOR

eus déchargé	eûmes déchargé
eus déchargé	eûtes déchargé
eut déchargé	eurent déchargé

FUTURE

déchargerai	déchargerons
déchargeras	déchargerez
déchargera	déchargeront

FUTURE ANTERIOR

aurai déchargé	aurons déchargé
auras déchargé	aurez déchargé
aura déchargé	auront déchargé

CONDITIONAL

déchargerais	déchargerions
déchargerais	déchargeriez
déchargerait	déchargeraient

PAST CONDITIONAL

aurais déchargé	aurions déchargé
aurais déchargé	auriez déchargé
aurait déchargé	auraient déchargé

PRESENT SUBJUNCTIVE

décharge	déchargions
décharges	déchargiez
décharge	déchargent

PAST SUBJUNCTIVE

aie déchargé	ayons déchargé
aies déchargé	ayez déchargé
ait déchargé	aient déchargé

IMPERFECT SUBJUNCTIVE

déchargeasse	déchargeassions
déchargeasses	déchargeassiez
déchargeât	déchargeassent

PLUPERFECT SUBJUNCTIVE

eusse déchargé	eussions déchargé
eusses déchargé	eussiez déchargé
eût déchargé	eussent déchargé

COMMANDS

	déchargeons
décharge	déchargez

Usage

décharger un véhicule	*to unload a vehicle*
décharger les caisses d'un camion	*to unload the crates from a truck*
—J'ai tant de bagages.	*I have so much luggage.*
—Permettez-moi de vous décharger.	*Let me take your bags for you.*
L'autobus déchargeait ses passagers.	*The bus was letting off its passengers.*
Nous pouvons vous décharger de cette responsabilité.	*We can take that responsibility off your shoulders.*
On l'a déchargé de ses fonctions.	*He was fired.*
La pile s'est déchargée.	*The battery ran down.*

RELATED WORDS

le déchargement	*unloading*
la décharge	*defense* (legal)

déchirer   *to tear, rip*

je déchire · je déchirai · déchiré · déchirant

regular -er verb

PRESENT	
déchire	déchirons
déchires	déchirez
déchire	déchirent

PASSÉ COMPOSÉ	
ai déchiré	avons déchiré
as déchiré	avez déchiré
a déchiré	ont déchiré

IMPERFECT	
déchirais	déchirions
déchirais	déchiriez
déchirait	déchiraient

PLUPERFECT	
avais déchiré	avions déchiré
avais déchiré	aviez déchiré
avait déchiré	avaient déchiré

PASSÉ SIMPLE	
déchirai	déchirâmes
déchiras	déchirâtes
déchira	déchirèrent

PAST ANTERIOR	
eus déchiré	eûmes déchiré
eus déchiré	eûtes déchiré
eut déchiré	eurent déchiré

FUTURE	
déchirerai	déchirerons
déchireras	déchirerez
déchirera	déchireront

FUTURE ANTERIOR	
aurai déchiré	aurons déchiré
auras déchiré	aurez déchiré
aura déchiré	auront déchiré

CONDITIONAL	
déchirerais	déchirerions
déchirerais	déchireriez
déchirerait	déchireraient

PAST CONDITIONAL	
aurais déchiré	aurions déchiré
aurais déchiré	auriez déchiré
aurait déchiré	auraient déchiré

PRESENT SUBJUNCTIVE	
déchire	déchirions
déchires	déchiriez
déchire	déchirent

PAST SUBJUNCTIVE	
aie déchiré	ayons déchiré
aies déchiré	ayez déchiré
ait déchiré	aient déchiré

IMPERFECT SUBJUNCTIVE	
déchirasse	déchirassions
déchirasses	déchirassiez
déchirât	déchirassent

PLUPERFECT SUBJUNCTIVE	
eusse déchiré	eussions déchiré
eusses déchiré	eussiez déchiré
eût déchiré	eussent déchiré

COMMANDS	
	déchirons
déchire	déchirez

Usage

—Elle a déchiré sa lettre?	*Did she tear up his letter?*
—Oui, elle l'a déchirée en petits morceaux.	*Yes, she tore it into little pieces.*
Regarde! Tu as déchiré ta chemise!	*Look! You tore your shirt!*
Tu ne peux pas sortir avec ce pantalon déchiré.	*You can't go out in those torn pants.*
se déchirer un muscle	*to tear a muscle*
Ta robe s'est déchirée.	*Your dress has gotten torn.*
Ils se déchirent.	*They're tearing each other apart/ destroying each other.*

RELATED WORDS

la déchirure	*tear*
le déchirement	*emotional pain*

regular -er verb

je décide · je décidai · décidé · décidant

PRESENT	
décide	décidons
décides	décidez
décide	décident

PASSÉ COMPOSÉ	
ai décidé	avons décidé
as décidé	avez décidé
a décidé	ont décidé

IMPERFECT	
décidais	décidions
décidais	décidiez
décidait	décidaient

PLUPERFECT	
avais décidé	avions décidé
avais décidé	aviez décidé
avait décidé	avaient décidé

PASSÉ SIMPLE	
décidai	décidâmes
décidas	décidâtes
décida	décidèrent

PAST ANTERIOR	
eus décidé	eûmes décidé
eus décidé	eûtes décidé
eut décidé	eurent décidé

FUTURE	
déciderai	déciderons
décideras	déciderez
décidera	décideront

FUTURE ANTERIOR	
aurai décidé	aurons décidé
auras décidé	aurez décidé
aura décidé	auront décidé

CONDITIONAL	
déciderais	déciderions
déciderais	décideriez
déciderait	décideraient

PAST CONDITIONAL	
aurais décidé	aurions décidé
aurais décidé	auriez décidé
aurait décidé	auraient décidé

PRESENT SUBJUNCTIVE	
décide	décidions
décides	décidiez
décide	décident

PAST SUBJUNCTIVE	
aie décidé	ayons décidé
aies décidé	ayez décidé
ait décidé	aient décidé

IMPERFECT SUBJUNCTIVE	
décidasse	décidassions
décidasses	décidassiez
décidât	décidassent

PLUPERFECT SUBJUNCTIVE	
eusse décidé	eussions décidé
eusses décidé	eussiez décidé
eût décidé	eussent décidé

COMMANDS	
	décidons
décide	décidez

Usage

—On a décidé de partir demain.	*We have decided to leave tomorrow.*
—Comment avez-vous décidé cela?	*How did you come to that decision?*
Rien n'est encore décidé.	*Nothing has been decided./Everything is still up in the air.*
se décider	*to make up one's mind*
Mais décidez-vous donc!	*Make up your mind already!*
décider qqn à faire qqch	*to persuade someone to do something*
Il faut décider Pierre à nous aider.	*We've got to persuade Pierre to help us.*

RELATED WORDS

prendre une décision	*to make a decision*
le décideur/la décideuse	*decision maker*
décidé(e)	*resolute/decisive*

déclarer   *to declare*

PRESENT

déclare	déclarons
déclares	déclarez
déclare	déclarent

PASSÉ COMPOSÉ

ai déclaré	avons déclaré
as déclaré	avez déclaré
a déclaré	ont déclaré

IMPERFECT

déclarais	déclarions
déclarais	déclariez
déclarait	déclaraient

PLUPERFECT

avais déclaré	avions déclaré
avais déclaré	aviez déclaré
avait déclaré	avaient déclaré

PASSÉ SIMPLE

déclarai	déclarâmes
déclaras	déclarâtes
déclara	déclarèrent

PAST ANTERIOR

eus déclaré	eûmes déclaré
eus déclaré	eûtes déclaré
eut déclaré	eurent déclaré

FUTURE

déclarerai	déclarerons
déclareras	déclarerez
déclarera	déclareront

FUTURE ANTERIOR

aurai déclaré	aurons déclaré
auras déclaré	aurez déclaré
aura déclaré	auront déclaré

CONDITIONAL

déclarerais	déclarerions
déclarerais	déclareriez
déclarerait	déclareraient

PAST CONDITIONAL

aurais déclaré	aurions déclaré
aurais déclaré	auriez déclaré
aurait déclaré	auraient déclaré

PRESENT SUBJUNCTIVE

déclare	déclarions
déclares	déclariez
déclare	déclarent

PAST SUBJUNCTIVE

aie déclaré	ayons déclaré
aies déclaré	ayez déclaré
ait déclaré	aient déclaré

IMPERFECT SUBJUNCTIVE

déclarasse	déclarassions
déclarasses	déclarassiez
déclarât	déclarassent

PLUPERFECT SUBJUNCTIVE

eusse déclaré	eussions déclaré
eusses déclaré	eussiez déclaré
eût déclaré	eussent déclaré

COMMANDS

	déclarons
déclare	déclarez

Usage

déclarer que	to declare that
Le Président a déclaré que l'économie est en pleine croissance.	The president declared that the economy is growing apace.
On déclare les enfants à la mairie.	The births of children are registered at city hall.
Le juge l'a déclaré coupable.	The judge declared him guilty.
déclarer la guerre (à)	to declare war (on)
se déclarer	to state one's opinion; to declare one's love
Je ne veux pas me déclarer sur l'état de l'entreprise.	I don't want to state my opinion about the condition of the firm.
Marc s'est déclaré à Nicole.	Marc told Nicole that he loved her.

irregular verb | **je découvre · je découvris · découvert · découvrant**

PRESENT		PASSÉ COMPOSÉ	
découvre	découvrons	ai découvert	avons découvert
découvres	découvrez	as découvert	avez découvert
découvre	découvrent	a découvert	ont découvert

IMPERFECT		PLUPERFECT	
découvrais	découvrions	avais découvert	avions découvert
découvrais	découvriez	avais découvert	aviez découvert
découvrait	découvraient	avait découvert	avaient découvert

PASSÉ SIMPLE		PAST ANTERIOR	
découvris	découvrîmes	eus découvert	eûmes découvert
découvris	découvrîtes	eus découvert	eûtes découvert
découvrit	découvrirent	eut découvert	eurent découvert

FUTURE		FUTURE ANTERIOR	
découvrirai	découvrirons	aurai découvert	aurons découvert
découvriras	découvrirez	auras découvert	aurez découvert
découvrira	découvriront	aura découvert	auront découvert

CONDITIONAL		PAST CONDITIONAL	
découvrirais	découvririons	aurais découvert	aurions découvert
découvrirais	découvririez	aurais découvert	auriez découvert
découvrirait	découvriraient	aurait découvert	auraient découvert

PRESENT SUBJUNCTIVE		PAST SUBJUNCTIVE	
découvre	découvrions	aie découvert	ayons découvert
découvres	découvriez	aies découvert	ayez découvert
découvre	découvrent	ait découvert	aient découvert

IMPERFECT SUBJUNCTIVE		PLUPERFECT SUBJUNCTIVE	
découvrisse	découvrissions	eusse découvert	eussions découvert
découvrisses	découvrissiez	eusses découvert	eussiez découvert
découvrît	découvrissent	eût découvert	eussent découvert

COMMANDS	
	découvrons
découvre	découvrez

Usage

J'ai découvert quelqu'un que je connaissais dans l'amphithéâtre.	*I spotted someone I knew in the lecture hall.*
Le chien policier a découvert le criminel.	*The police dog sniffed out the criminal.*
découvrir St Pierre pour couvrir St Paul	*to rob Peter to pay Paul*
En voyageant dans le Midi nous avons découvert des petits villages charmants.	*Traveling through the south of France we discovered delightful little villages.*
Les médecins ont découvert la cause de sa maladie.	*The doctors discovered the cause of his illness.*
Christophe Colomb a découvert l'Amérique.	*Christopher Columbus discovered America.*
Dans l'adversité on se découvre.	*We get to know ourselves in adversity.*

	décrire	*to describe*

je décris · je décrivis · décrit · décrivant   irregular verb

PRESENT

décris	décrivons
décris	décrivez
décrit	décrivent

PASSÉ COMPOSÉ

ai décrit	avons décrit
as décrit	avez décrit
a décrit	ont décrit

IMPERFECT

décrivais	décrivions
décrivais	décriviez
décrivait	décrivaient

PLUPERFECT

avais décrit	avions décrit
avais décrit	aviez décrit
avait décrit	avaient décrit

PASSÉ SIMPLE

décrivis	décrivîmes
décrivis	décrivîtes
décrivit	décrivirent

PAST ANTERIOR

eus décrit	eûmes décrit
eus décrit	eûtes décrit
eut décrit	eurent décrit

FUTURE

décrirai	décrirons
décriras	décrirez
décrira	décriront

FUTURE ANTERIOR

aurai décrit	aurons décrit
auras décrit	aurez décrit
aura décrit	auront décrit

CONDITIONAL

décrirais	décririons
décrirais	décririez
décrirait	décriraient

PAST CONDITIONAL

aurais décrit	aurions décrit
aurais décrit	auriez décrit
aurait décrit	auraient décrit

PRESENT SUBJUNCTIVE

décrive	décrivions
décrives	décriviez
décrive	décrivent

PAST SUBJUNCTIVE

aie décrit	ayons décrit
aies décrit	ayez décrit
ait décrit	aient décrit

IMPERFECT SUBJUNCTIVE

décrivisse	décrivissions
décrivisses	décrivissiez
décrivît	décrivissent

PLUPERFECT SUBJUNCTIVE

eusse décrit	eussions décrit
eusses décrit	eussiez décrit
eût décrit	eussent décrit

COMMANDS

	décrivons
décris	décrivez

Usage

Décrivez vos amis.	*Describe your friends.*
Vous avez très bien décrit la situation.	*You have described the situation very well.*
Décrivez-moi l'arbre que vous avez vu.	*Describe for me the tree you saw.*
Il nous a décrit les animaux de l'Australie.	*He described the animals of Australia for us.*
Le chef a décrit le projet en détail.	*The boss gave a detailed description of the project.*

RELATED WORDS

la description	*description*
L'agent nous a donné une description de la maison.	*The agent gave us a description of the house.*
descriptif/descriptive	*descriptive*

irregular verb | **je déduis · je déduisis · déduit · déduisant**

PRESENT		PASSÉ COMPOSÉ	
déduis	déduisons	ai déduit	avons déduit
déduis	déduisez	as déduit	avez déduit
déduit	déduisent	a déduit	ont déduit

IMPERFECT		PLUPERFECT	
déduisais	déduisions	avais déduit	avions déduit
déduisais	déduisiez	avais déduit	aviez déduit
déduisait	déduisaient	avait déduit	avaient déduit

PASSÉ SIMPLE		PAST ANTERIOR	
déduisis	déduisîmes	eus déduit	eûmes déduit
déduisis	déduisîtes	eus déduit	eûtes déduit
déduisit	déduisirent	eut déduit	eurent déduit

FUTURE		FUTURE ANTERIOR	
déduirai	déduirons	aurai déduit	aurons déduit
déduiras	déduirez	auras déduit	aurez déduit
déduira	déduiront	aura déduit	auront déduit

CONDITIONAL		PAST CONDITIONAL	
déduirais	déduirions	aurais déduit	aurions déduit
déduirais	déduiriez	aurais déduit	auriez déduit
déduirait	déduiraient	aurait déduit	auraient déduit

PRESENT SUBJUNCTIVE		PAST SUBJUNCTIVE	
déduise	déduisions	aie déduit	ayons déduit
déduises	déduisiez	aies déduit	ayez déduit
déduise	déduisent	ait déduit	aient déduit

IMPERFECT SUBJUNCTIVE		PLUPERFECT SUBJUNCTIVE	
déduisisse	déduisissions	eusse déduit	eussions déduit
déduisisses	déduisissiez	eusses déduit	eussiez déduit
déduisît	déduisissent	eût déduit	eussent déduit

COMMANDS	
	déduisons
déduis	déduisez

Usage

—Il a dit qu'il veut partir.	*He said he wants to leave.*
—J'en déduis qu'il n'est pas content ici.	*I conclude therefore that he isn't happy here.*
déduire les frais de voyage de la somme	*to deduct travel expenses from the amount*

RELATED WORD

la déduction	*deduction/conclusion*
tirer des déductions	*to draw conclusions*

défaire *to undo*

je défais · je défis · défait · défaisant

irregular verb

PRESENT		PASSÉ COMPOSÉ	
défais	défaisons	ai défait	avons défait
défais	défaites	as défait	avez défait
défait	défont	a défait	ont défait

IMPERFECT		PLUPERFECT	
défaisais	défaisions	avais défait	avions défait
défaisais	défaisiez	avais défait	aviez défait
défaisait	défaisaient	avait défait	avaient défait

PASSÉ SIMPLE		PAST ANTERIOR	
défis	défîmes	eus défait	eûmes défait
défis	défîtes	eus défait	eûtes défait
défit	défirent	eut défait	eurent défait

FUTURE		FUTURE ANTERIOR	
déferai	déferons	aurai défait	aurons défait
déferas	déferez	auras défait	aurez défait
défera	déferont	aura défait	auront défait

CONDITIONAL		PAST CONDITIONAL	
déferais	déferions	aurais défait	aurions défait
déferais	déferiez	aurais défait	auriez défait
déferait	déferaient	aurait défait	auraient défait

PRESENT SUBJUNCTIVE		PAST SUBJUNCTIVE	
défasse	défassions	aie défait	ayons défait
défasses	défassiez	aies défait	ayez défait
défasse	défassent	ait défait	aient défait

IMPERFECT SUBJUNCTIVE		PLUPERFECT SUBJUNCTIVE	
défisse	défissions	eusse défait	eussions défait
défisses	défissiez	eusses défait	eussiez défait
défît	défissent	eût défait	eussent défait

COMMANDS	
	défaisons
défais	défaites

Usage

défaire sa cravate	*to undo one's tie*
défaire ses cheveux	*to let one's hair down*
avec les cheveux défaits	*with one's hair down*
défaire les valises	*to unpack*
défaire sa tente	*to take down one's tent*
défaire le lit	*to unmake the bed*
un lit défait	*an unmade bed*
un lit qui n'avait pas été défait	*a bed which hadn't been slept in*
un visage défait par la douleur	*a face visibly affected by grief*
se défaire de qqn/de qqch	*to get rid of someone/something*
Je voudrais me défaire de cet imbécile.	*I'd like to get that moron out of here.*
Il ne réussit pas à se défaire de cette mauvaise habitude.	*He can't get rid of that bad habit.*

regular -re verb   je défends · je défendis · défendu · défendant

PRESENT		PASSÉ COMPOSÉ	
défends	défendons	ai défendu	avons défendu
défends	défendez	as défendu	avez défendu
défend	défendent	a défendu	ont défendu

IMPERFECT		PLUPERFECT	
défendais	défendions	avais défendu	avions défendu
défendais	défendiez	avais défendu	aviez défendu
défendait	défendaient	avait défendu	avaient défendu

PASSÉ SIMPLE		PAST ANTERIOR	
défendis	défendîmes	eus défendu	eûmes défendu
défendis	défendîtes	eus défendu	eûtes défendu
défendit	défendirent	eut défendu	eurent défendu

FUTURE		FUTURE ANTERIOR	
défendrai	défendrons	aurai défendu	aurons défendu
défendras	défendrez	auras défendu	aurez défendu
défendra	défendront	aura défendu	auront défendu

CONDITIONAL		PAST CONDITIONAL	
défendrais	défendrions	aurais défendu	aurions défendu
défendrais	défendriez	aurais défendu	auriez défendu
défendrait	défendraient	aurait défendu	auraient défendu

PRESENT SUBJUNCTIVE		PAST SUBJUNCTIVE	
défende	défendions	aie défendu	ayons défendu
défendes	défendiez	aies défendu	ayez défendu
défende	défendent	ait défendu	aient défendu

IMPERFECT SUBJUNCTIVE		PLUPERFECT SUBJUNCTIVE	
défendisse	défendissions	eusse défendu	eussions défendu
défendisses	défendissiez	eusses défendu	eussiez défendu
défendît	défendissent	eût défendu	eussent défendu

COMMANDS	
	défendons
défends	défendez

Usage

défendre les frontières du pays	to defend the borders of the country
Mon grand-père se défend bien pour son âge.	My grandfather is doing well for his age.
Je ne peux pas me défendre de me fâcher contre lui.	I can't help getting angry with him.
Il s'est défendu d'avoir fait ta connaissance.	He denied having met you.
défendre qqch à qqn	to forbid someone to have something
Le médecin lui a défendu le sel.	The doctor took him off salt.
défendre à qqn de faire qqch	to forbid someone to do something
Je te défends de me parler sur ce ton.	I forbid you to speak to me in that tone.

je demande · je demandai · demandé · demandant   regular -er verb

PRESENT

demande	demandons
demandes	demandez
demande	demandent

PASSÉ COMPOSÉ

ai demandé	avons demandé
as demandé	avez demandé
a demandé	ont demandé

IMPERFECT

demandais	demandions
demandais	demandiez
demandait	demandaient

PLUPERFECT

avais demandé	avions demandé
avais demandé	aviez demandé
avait demandé	avaient demandé

PASSÉ SIMPLE

demandai	demandâmes
demandas	demandâtes
demanda	demandèrent

PAST ANTERIOR

eus demandé	eûmes demandé
eus demandé	eûtes demandé
eut demandé	eurent demandé

FUTURE

demanderai	demanderons
demanderas	demanderez
demandera	demanderont

FUTURE ANTERIOR

aurai demandé	aurons demandé
auras demandé	aurez demandé
aura demandé	auront demandé

CONDITIONAL

demanderais	demanderions
demanderais	demanderiez
demanderait	demanderaient

PAST CONDITIONAL

aurais demandé	aurions demandé
aurais demandé	auriez demandé
aurait demandé	auraient demandé

PRESENT SUBJUNCTIVE

demande	demandions
demandes	demandiez
demande	demandent

PAST SUBJUNCTIVE

aie demandé	ayons demandé
aies demandé	ayez demandé
ait demandé	aient demandé

IMPERFECT SUBJUNCTIVE

demandasse	demandassions
demandasses	demandassiez
demandât	demandassent

PLUPERFECT SUBJUNCTIVE

eusse demandé	eussions demandé
eusses demandé	eussiez demandé
eût demandé	eussent demandé

COMMANDS

	demandons
demande	demandez

Usage

Il m'a demandé si je voulais boire.	*He asked me if I wanted something to drink.*
Demandez-lui quand elle sera de retour.	*Ask her when she'll be back.*
demander le chemin	*to ask directions*
demander qqch à qqn	*to ask someone for something*
—Qu'est-ce qu'il a demandé à ses amis?	*What did he ask his friends for?*
—Il leur a demandé un prêt.	*He asked them for a loan.*
Il a demandé une voiture à ses parents.	*He asked his parents for a car.*
J'ai un service à vous demander.	*I have a favor to ask of you.*
demander à qqn de faire qqch	*to ask someone to do something*
Ils m'ont demandé de passer les voir.	*They asked me to stop by to see them.*
Je ne t'ai pas demandé de faire la vaisselle?	*Didn't I ask you to do the dishes?*

-er verb; spelling change: **je déménage · je déménageai · déménagé ·**
g > ge/a, o **déménageant**

PRESENT

déménage	déménageons
déménages	déménagez
déménage	déménagent

IMPERFECT

déménageais	déménagions
déménageais	déménagiez
déménageait	déménageaient

PASSÉ SIMPLE

déménageai	déménageâmes
déménageas	déménageâtes
déménagea	déménagèrent

FUTURE

déménagerai	déménagerons
déménageras	déménagerez
déménagera	déménageront

CONDITIONAL

déménagerais	déménagerions
déménagerais	déménageriez
déménagerait	déménageraient

PRESENT SUBJUNCTIVE

déménage	déménagions
déménages	déménagiez
déménage	déménagent

IMPERFECT SUBJUNCTIVE

déménageasse	déménageassions
déménageasses	déménageassiez
déménageât	déménageassent

COMMANDS

	déménageons
déménage	déménagez

PASSÉ COMPOSÉ

ai déménagé	avons déménagé
as déménagé	avez déménagé
a déménagé	ont déménagé

PLUPERFECT

avais déménagé	avions déménagé
avais déménagé	aviez déménagé
avait déménagé	avaient déménagé

PAST ANTERIOR

eus déménagé	eûmes déménagé
eus déménagé	eûtes déménagé
eut déménagé	eurent déménagé

FUTURE ANTERIOR

aurai déménagé	aurons déménagé
auras déménagé	aurez déménagé
aura déménagé	auront déménagé

PAST CONDITIONAL

aurais déménagé	aurions déménagé
aurais déménagé	auriez déménagé
aurait déménagé	auraient déménagé

PAST SUBJUNCTIVE

aie déménagé	ayons déménagé
aies déménagé	ayez déménagé
ait déménagé	aient déménagé

PLUPERFECT SUBJUNCTIVE

eusse déménagé	eussions déménagé
eusses déménagé	eussiez déménagé
eût déménagé	eussent déménagé

Usage

Nous déménageons demain.	*We're moving tomorrow.*
déménager le frigo	*to move the refrigerator out of the house*
déménager le salon	*to move the furniture out of the living room*
Il nous a fait déménager.	*He threw us out/sent us on our merry way.*

RELATED WORDS

le déménagement	*move*
Le déménagement du bureau a été très difficile.	*Moving the office was very hard.*
faire un déménagement	*to move*
les déménageurs *(mpl)*	*movers*
emménager	*to move in*

dépasser *to pass, exceed*

je dépasse · je dépassai · dépassé · dépassant   regular -er verb

PRESENT		PASSÉ COMPOSÉ	
dépasse	dépassons	ai dépassé	avons dépassé
dépasses	dépassez	as dépassé	avez dépassé
dépasse	dépassent	a dépassé	ont dépassé

IMPERFECT		PLUPERFECT	
dépassais	dépassions	avais dépassé	avions dépassé
dépassais	dépassiez	avais dépassé	aviez dépassé
dépassait	dépassaient	avait dépassé	avaient dépassé

PASSÉ SIMPLE		PAST ANTERIOR	
dépassai	dépassâmes	eus dépassé	eûmes dépassé
dépassas	dépassâtes	eus dépassé	eûtes dépassé
dépassa	dépassèrent	eut dépassé	eurent dépassé

FUTURE		FUTURE ANTERIOR	
dépasserai	dépasserons	aurai dépassé	aurons dépassé
dépasseras	dépasserez	auras dépassé	aurez dépassé
dépassera	dépasseront	aura dépassé	auront dépassé

CONDITIONAL		PAST CONDITIONAL	
dépasserais	dépasserions	aurais dépassé	aurions dépassé
dépasserais	dépasseriez	aurais dépassé	auriez dépassé
dépasserait	dépasseraient	aurait dépassé	auraient dépassé

PRESENT SUBJUNCTIVE		PAST SUBJUNCTIVE	
dépasse	dépassions	aie dépassé	ayons dépassé
dépasses	dépassiez	aies dépassé	ayez dépassé
dépasse	dépassent	ait dépassé	aient dépassé

IMPERFECT SUBJUNCTIVE		PLUPERFECT SUBJUNCTIVE	
dépassasse	dépassassions	eusse dépassé	eussions dépassé
dépassasses	dépassassiez	eusses dépassé	eussiez dépassé
dépassât	dépassassent	eût dépassé	eussent dépassé

COMMANDS	
	dépassons
dépasse	dépassez

Usage

dépasser une personne en marchant	*to walk past someone*
dépasser une voiture	*to pass a car* (while driving)
dépasser tout le monde	*to beat/be better than everyone*
dépasser ses amis	*to outshine/exceed his friends*
dépasser une limite	*to exceed/go beyond a limit*
dépasser une frontière	*to go beyond a border/have prominence abroad*
dépasser une certaine somme d'argent	*to cost more than a certain amount of money*

RELATED WORDS

le dépassement	*passing/overtaking another car while driving*
se sentir dépassé(e)	*to feel out of one's depth*

regular -er reflexive verb;
compound tenses with *être*

je me dépêche · je me dépêchai ·
s'étant dépêché · se dépêchant

PRESENT

me dépêche	nous dépêchons
te dépêches	vous dépêchez
se dépêche	se dépêchent

PASSÉ COMPOSÉ

me suis dépêché(e)	nous sommes dépêché(e)s
t'es dépêché(e)	vous êtes dépêché(e)(s)
s'est dépêché(e)	se sont dépêché(e)s

IMPERFECT

me dépêchais	nous dépêchions
te dépêchais	vous dépêchiez
se dépêchait	se dépêchaient

PLUPERFECT

m'étais dépêché(e)	nous étions dépêché(e)s
t'étais dépêché(e)	vous étiez dépêché(e)(s)
s'était dépêché(e)	s'étaient dépêché(e)s

PASSÉ SIMPLE

me dépêchai	nous dépêchâmes
te dépêchas	vous dépêchâtes
se dépêcha	se dépêchèrent

PAST ANTERIOR

me fus dépêché(e)	nous fûmes dépêché(e)s
te fus dépêché(e)	vous fûtes dépêché(e)(s)
se fut dépêché(e)	se furent dépêché(e)s

FUTURE

me dépêcherai	nous dépêcherons
te dépêcheras	vous dépêcherez
se dépêchera	se dépêcheront

FUTURE ANTERIOR

me serai dépêché(e)	nous serons dépêché(e)s
te seras dépêché(e)	vous serez dépêché(e)(s)
se sera dépêché(e)	se seront dépêché(e)s

CONDITIONAL

me dépêcherais	nous dépêcherions
te dépêcherais	vous dépêcheriez
se dépêcherait	se dépêcheraient

PAST CONDITIONAL

me serais dépêché(e)	nous serions dépêché(e)s
te serais dépêché(e)	vous seriez dépêché(e)(s)
se serait dépêché(e)	se seraient dépêché(e)s

PRESENT SUBJUNCTIVE

me dépêche	nous dépêchions
te dépêches	vous dépêchiez
se dépêche	se dépêchent

PAST SUBJUNCTIVE

me sois dépêché(e)	nous soyons dépêché(e)s
te sois dépêché(e)	vous soyez dépêché(e)(s)
se soit dépêché(e)	se soient dépêché(e)s

IMPERFECT SUBJUNCTIVE

me dépêchasse	nous dépêchassions
te dépêchasses	vous dépêchassiez
se dépêchât	se dépêchassent

PLUPERFECT SUBJUNCTIVE

me fusse dépêché(e)	nous fussions dépêché(e)s
te fusses dépêché(e)	vous fussiez dépêché(e)(s)
se fût dépêché(e)	se fussent dépêché(e)s

COMMANDS

	dépêchons-nous
dépêche-toi	dépêchez-vous

Usage

Dépêche-toi! Le train est déjà en gare.

Je me suis dépêché de faire le ménage.
Dépêche-toi de préparer le dîner. Tout
le monde a faim.
On s'est dépêchés de partir.
Il faut que vous vous dépêchiez si vous
voulez arriver à l'heure.

*Hurry up! The train is already in the
station.*
I hurried to do the housework.
*Hurry and make dinner. Everyone is
hungry.*
We rushed away./We hurried and left.
*You have to hurry up if you want to
arrive on time.*

dépenser *to spend (money)*

PRESENT

dépense	dépensons
dépenses	dépensez
dépense	dépensent

IMPERFECT

dépensais	dépensions
dépensais	dépensiez
dépensait	dépensaient

PASSÉ SIMPLE

dépensai	dépensâmes
dépensas	dépensâtes
dépensa	dépensèrent

FUTURE

dépenserai	dépenserons
dépenseras	dépenserez
dépensera	dépenseront

CONDITIONAL

dépenserais	dépenserions
dépenserais	dépenseriez
dépenserait	dépenseraient

PRESENT SUBJUNCTIVE

dépense	dépensions
dépenses	dépensiez
dépense	dépensent

IMPERFECT SUBJUNCTIVE

dépensasse	dépensassions
dépensasses	dépensassiez
dépensât	dépensassent

COMMANDS

	dépensons
dépense	dépensez

PASSÉ COMPOSÉ

ai dépensé	avons dépensé
as dépensé	avez dépensé
a dépensé	ont dépensé

PLUPERFECT

avais dépensé	avions dépensé
avais dépensé	aviez dépensé
avait dépensé	avaient dépensé

PAST ANTERIOR

eus dépensé	eûmes dépensé
eus dépensé	eûtes dépensé
eut dépensé	eurent dépensé

FUTURE ANTERIOR

aurai dépensé	aurons dépensé
auras dépensé	aurez dépensé
aura dépensé	auront dépensé

PAST CONDITIONAL

aurais dépensé	aurions dépensé
aurais dépensé	auriez dépensé
aurait dépensé	auraient dépensé

PAST SUBJUNCTIVE

aie dépensé	ayons dépensé
aies dépensé	ayez dépensé
ait dépensé	aient dépensé

PLUPERFECT SUBJUNCTIVE

eusse dépensé	eussions dépensé
eusses dépensé	eussiez dépensé
eût dépensé	eussent dépensé

Usage

—Il a dépensé tout son argent à acheter des vêtements.	*He spent all his money buying clothing.*
—Oui, il dépense sans compter.	*Yes, he spends too freely.*
se dépenser	*to expend one's energy*
Tu te dépenses trop pour les autres.	*You overwork yourself too much for other people.*

RELATED WORDS

la dépense	*expense*
pouvoir se permettre une dépense	*to be able to afford an outlay of money*
les dépenses d'exploitation	*operating costs/expenses*
les dépenses du ménage	*household expenses*
une grande dépense de temps	*a big expenditure of time*

-er verb; spelling
change: c > ç/a, o

je déplace · je déplaçai · déplacé · déplaçant

PRESENT

déplace	déplaçons
déplaces	déplacez
déplace	déplacent

IMPERFECT

déplaçais	déplacions
déplaçais	déplaciez
déplaçait	déplaçaient

PASSÉ SIMPLE

déplaçai	déplaçâmes
déplaças	déplaçâtes
déplaça	déplacèrent

FUTURE

déplacerai	déplacerons
déplaceras	déplacerez
déplacera	déplaceront

CONDITIONAL

déplacerais	déplacerions
déplacerais	déplaceriez
déplacerait	déplaceraient

PRESENT SUBJUNCTIVE

déplace	déplacions
déplaces	déplaciez
déplace	déplacent

IMPERFECT SUBJUNCTIVE

déplaçasse	déplaçassions
déplaçasses	déplaçassiez
déplaçât	déplaçassent

COMMANDS

	déplaçons
déplace	déplacez

PASSÉ COMPOSÉ

ai déplacé	avons déplacé
as déplacé	avez déplacé
a déplacé	ont déplacé

PLUPERFECT

avais déplacé	avions déplacé
avais déplacé	aviez déplacé
avait déplacé	avaient déplacé

PAST ANTERIOR

eus déplacé	eûmes déplacé
eus déplacé	eûtes déplacé
eut déplacé	eurent déplacé

FUTURE ANTERIOR

aurai déplacé	aurons déplacé
auras déplacé	aurez déplacé
aura déplacé	auront déplacé

PAST CONDITIONAL

aurais déplacé	aurions déplacé
aurais déplacé	auriez déplacé
aurait déplacé	auraient déplacé

PAST SUBJUNCTIVE

aie déplacé	ayons déplacé
aies déplacé	ayez déplacé
ait déplacé	aient déplacé

PLUPERFECT SUBJUNCTIVE

eusse déplacé	eussions déplacé
eusses déplacé	eussiez déplacé
eût déplacé	eussent déplacé

Usage

Déplacez le canapé vers la gauche.	*Move the sofa to the left.*
On a déplacé la date de la réunion.	*They moved the date of the meeting forward.*
se déplacer	*to move/shift position/travel*
Avec Internet, on peut faire ses achats sans se déplacer.	*With the Internet you can do your shopping without leaving the house.*
Après l'accident il se déplaçait avec une canne.	*After the accident he got around with a cane.*
Il se déplace beaucoup pour affaires.	*He travels a lot on business.*

RELATED WORDS

déplacé(e)	*out of place/uncalled for*
Vos propos déplacés ont agacé tout le monde.	*Your inappropriate remarks disturbed everyone.*

déplaire   *to displease, cause not to like*

je déplais · je déplus · déplu · déplaisant   irregular verb

PRESENT		PASSÉ COMPOSÉ	
déplais	déplaisons	ai déplu	avons déplu
déplais	déplaisez	as déplu	avez déplu
déplaît	déplaisent	a déplu	ont déplu

IMPERFECT		PLUPERFECT	
déplaisais	déplaisions	avais déplu	avions déplu
déplaisais	déplaisiez	avais déplu	aviez déplu
déplaisait	déplaisaient	avait déplu	avaient déplu

PASSÉ SIMPLE		PAST ANTERIOR	
déplus	déplûmes	eus déplu	eûmes déplu
déplus	déplûtes	eus déplu	eûtes déplu
déplut	déplurent	eut déplu	eurent déplu

FUTURE		FUTURE ANTERIOR	
déplairai	déplairons	aurai déplu	aurons déplu
déplairas	déplairez	auras déplu	aurez déplu
déplaira	déplairont	aura déplu	auront déplu

CONDITIONAL		PAST CONDITIONAL	
déplairais	déplairions	aurais déplu	aurions déplu
déplairais	déplairiez	aurais déplu	auriez déplu
déplairait	déplairaient	aurait déplu	auraient déplu

PRESENT SUBJUNCTIVE		PAST SUBJUNCTIVE	
déplaise	déplaisions	aie déplu	ayons déplu
déplaises	déplaisiez	aies déplu	ayez déplu
déplaise	déplaisent	ait déplu	aient déplu

IMPERFECT SUBJUNCTIVE		PLUPERFECT SUBJUNCTIVE	
déplusse	déplussions	eusse déplu	eussions déplu
déplusses	déplussiez	eusses déplu	eussiez déplu
déplût	déplussent	eût déplu	eussent déplu

COMMANDS	
	déplaisons
déplais	déplaisez

Usage

Le trajet en autobus déplaît à tout le monde.	*Nobody likes the bus trip.*
Ce chef déplaît à tous ses employés.	*This boss is disliked by all his employees.*
Ça me déplaît qu'il ne vienne pas.	*I don't like it that he is not coming.*
Ça me déplaît que tu aies dit ça.	*I don't like it that you said that.*
Il ne te déplaît pas de te conduire comme ça.	*You can't enjoy behaving like that.*
Elle a rompu avec son petit ami. Elle dit qu'il lui avait déplu.	*She broke it off with her boyfriend. She says that he no longer appealed to her.*
se déplaire (à)	*to be unhappy (in a place)/not to like being (in a place)*
Ils ont déménagé à Paris parce qu'ils se déplaisaient à Marseille.	*They moved to Paris because they didn't like it in Marseilles.*

-*er* verb; spelling change: *g > ge/a, o*

je dérange · je dérangeai · dérangé · dérangeant

PRESENT		PASSÉ COMPOSÉ	
dérange	dérangeons	ai dérangé	avons dérangé
déranges	dérangez	as dérangé	avez dérangé
dérange	dérangent	a dérangé	ont dérangé

IMPERFECT		PLUPERFECT	
dérangeais	dérangions	avais dérangé	avions dérangé
dérangeais	dérangiez	avais dérangé	aviez dérangé
dérangeait	dérangeaient	avait dérangé	avaient dérangé

PASSÉ SIMPLE		PAST ANTERIOR	
dérangeai	dérangeâmes	eus dérangé	eûmes dérangé
dérangeas	dérangeâtes	eus dérangé	eûtes dérangé
dérangea	dérangèrent	eut dérangé	eurent dérangé

FUTURE		FUTURE ANTERIOR	
dérangerai	dérangerons	aurai dérangé	aurons dérangé
dérangeras	dérangerez	auras dérangé	aurez dérangé
dérangera	dérangeront	aura dérangé	auront dérangé

CONDITIONAL		PAST CONDITIONAL	
dérangerais	dérangerions	aurais dérangé	aurions dérangé
dérangerais	dérangeriez	aurais dérangé	auriez dérangé
dérangerait	dérangeraient	aurait dérangé	auraient dérangé

PRESENT SUBJUNCTIVE		PAST SUBJUNCTIVE	
dérange	dérangions	aie dérangé	ayons dérangé
déranges	dérangiez	aies dérangé	ayez dérangé
dérange	dérangent	ait dérangé	aient dérangé

IMPERFECT SUBJUNCTIVE		PLUPERFECT SUBJUNCTIVE	
dérangeasse	dérangeassions	eusse dérangé	eussions dérangé
dérangeasses	dérangeassiez	eusses dérangé	eussiez dérangé
dérangeât	dérangeassent	eût dérangé	eussent dérangé

COMMANDS	
	dérangeons
dérange	dérangez

Usage

Ne pas déranger, s'il vous plaît.	*Please do not disturb.* (sign)
Tu peux baisser la radio? Le bruit me dérange.	*Can you turn down the radio? The noise is bothering me.*
Vous travaillez. Je ne vous dérangerai pas.	*You're working. I won't disturb you.*
J'ai trop bien mangé et maintenant je suis un peu dérangé.	*I ate too much and now I've got an upset stomach.*
Ne vous dérangez pas.	*Don't bother.*

RELATED WORDS

le dérangement	*bothering; malfunction*
Ce téléphone est en dérangement.	*This phone is out of order.*
Cette ligne téléphonique est en dérangement.	*This phone line is having problems.*

je descends · je descendis · descendu ·   regular -re verb; compound tenses with
descendant   être, with avoir when verb is transitive

PRESENT

descends	descendons
descends	descendez
descend	descendent

PASSÉ COMPOSÉ

suis descendu(e)	sommes descendu(e)s
es descendu(e)	êtes descendu(e)(s)
est descendu(e)	sont descendu(e)s

IMPERFECT

descendais	descendions
descendais	descendiez
descendait	descendaient

PLUPERFECT

étais descendu(e)	étions descendu(e)s
étais descendu(e)	étiez descendu(e)(s)
était descendu(e)	étaient descendu(e)s

PASSÉ SIMPLE

descendis	descendîmes
descendis	descendîtes
descendit	descendirent

PAST ANTERIOR

fus descendu(e)	fûmes descendu(e)s
fus descendu(e)	fûtes descendu(e)(s)
fut descendu(e)	furent descendu(e)s

FUTURE

descendrai	descendrons
descendras	descendrez
descendra	descendront

FUTURE ANTERIOR

serai descendu(e)	serons descendu(e)s
seras descendu(e)	serez descendu(e)(s)
sera descendu(e)	seront descendu(e)s

CONDITIONAL

descendrais	descendrions
descendrais	descendriez
descendrait	descendraient

PAST CONDITIONAL

serais descendu(e)	serions descendu(e)s
serais descendu(e)	seriez descendu(e)(s)
serait descendu(e)	seraient descendu(e)s

PRESENT SUBJUNCTIVE

descende	descendions
descendes	descendiez
descende	descendent

PAST SUBJUNCTIVE

sois descendu(e)	soyons descendu(e)s
sois descendu(e)	soyez descendu(e)(s)
soit descendu(e)	soient descendu(e)s

IMPERFECT SUBJUNCTIVE

descendisse	descendissions
descendisses	descendissiez
descendît	descendissent

PLUPERFECT SUBJUNCTIVE

fusse descendu(e)	fussions descendu(e)s
fusses descendu(e)	fussiez descendu(e)(s)
fût descendu(e)	fussent descendu(e)s

COMMANDS

	descendons
descends	descendez

Usage

descendre faire les courses	to go out to do the shopping
Maman est descendue acheter du pain.	Mother went down to get bread.
descendre l'escalier	to go down the stairs
L'ascenseur est en panne. Nous avons descendu l'escalier.	The elevator is out of order. We took the stairs down.
descendre qqch	to take/bring something down
—Est-ce le chasseur a descendu les valises?	Has the bellboy brought the suitcases down?
—Non, il ne les a pas encore descendues.	No, he hasn't brought them down yet.
descendre qqn	to shoot someone (down)
Le policier a descendu le cambrioleur.	The policeman shot the burglar dead.

regular -re reflexive verb;
compound tenses with être

**je me détends · je me détendis ·
s'étant détendu · se détendant**

PRESENT

me détends	nous détendons
te détends	vous détendez
se détend	se détendent

PASSÉ COMPOSÉ

me suis détendu(e)	nous sommes détendu(e)s
t'es détendu(e)	vous êtes détendu(e)(s)
s'est détendu(e)	se sont détendu(e)s

IMPERFECT

me détendais	nous détendions
te détendais	vous détendiez
se détendait	se détendaient

PLUPERFECT

m'étais détendu(e)	nous étions détendu(e)s
t'étais détendu(e)	vous étiez détendu(e)(s)
s'était détendu(e)	s'étaient détendu(e)s

PASSÉ SIMPLE

me détendis	nous détendîmes
te détendis	vous détendîtes
se détendit	se détendirent

PAST ANTERIOR

me fus détendu(e)	nous fûmes détendu(e)s
te fus détendu(e)	vous fûtes détendu(e)(s)
se fut détendu(e)	se furent détendu(e)s

FUTURE

me détendrai	nous détendrons
te détendras	vous détendrez
se détendra	se détendront

FUTURE ANTERIOR

me serai détendu(e)	nous serons détendu(e)s
te seras détendu(e)	vous serez détendu(e)(s)
se sera détendu(e)	se seront détendu(e)s

CONDITIONAL

me détendrais	nous détendrions
te détendrais	vous détendriez
se détendrait	se détendraient

PAST CONDITIONAL

me serais détendu(e)	nous serions détendu(e)s
te serais détendu(e)	vous seriez détendu(e)(s)
se serait détendu(e)	se seraient détendu(e)s

PRESENT SUBJUNCTIVE

me détende	nous détendions
te détendes	vous détendiez
se détende	se détendent

PAST SUBJUNCTIVE

me sois détendu(e)	nous soyons détendu(e)s
te sois détendu(e)	vous soyez détendu(e)(s)
se soit détendu(e)	se soient détendu(e)s

IMPERFECT SUBJUNCTIVE

me détendisse	nous détendissions
te détendisses	vous détendissiez
se détendît	se détendissent

PLUPERFECT SUBJUNCTIVE

me fusse détendu(e)	nous fussions détendu(e)s
te fusses détendu(e)	vous fussiez détendu(e)(s)
se fût détendu(e)	se fussent détendu(e)s

COMMANDS

	détendons-nous
détends-toi	détendez-vous

Usage

Détendez-vous un peu!	*Relax a little!*
—Je me suis assis à côté du fleuve pour me détendre.	*I sat down next to the river to relax.*
—C'est bien. Il faut que vous vous détendiez.	*Good. You have to relax.*

RELATED WORDS

la détente	*relaxation; spring/trigger*
J'ai besoin d'une demi-heure de détente.	*I need a half hour of relaxation.*
Les employés n'ont pas une minute de détente.	*The employees don't have a minute to relax.*
appuyer sur la détente	*to pull the trigger*

détester   to hate

PRESENT		PASSÉ COMPOSÉ	
déteste	détestons	ai détesté	avons détesté
détestes	détestez	as détesté	avez détesté
déteste	détestent	a détesté	ont détesté

IMPERFECT		PLUPERFECT	
détestais	détestions	avais détesté	avions détesté
détestais	détestiez	avais détesté	aviez détesté
détestait	détestaient	avait détesté	avaient détesté

PASSÉ SIMPLE		PAST ANTERIOR	
détestai	détestâmes	eus détesté	eûmes détesté
détestas	détestâtes	eus détesté	eûtes détesté
détesta	détestèrent	eut détesté	eurent détesté

FUTURE		FUTURE ANTERIOR	
détesterai	détesterons	aurai détesté	aurons détesté
détesteras	détesterez	auras détesté	aurez détesté
détestera	détesteront	aura détesté	auront détesté

CONDITIONAL		PAST CONDITIONAL	
détesterais	détesterions	aurais détesté	aurions détesté
détesterais	détesteriez	aurais détesté	auriez détesté
détesterait	détesteraient	aurait détesté	auraient détesté

PRESENT SUBJUNCTIVE		PAST SUBJUNCTIVE	
déteste	détestions	aie détesté	ayons détesté
détestes	détestiez	aies détesté	ayez détesté
déteste	détestent	ait détesté	aient détesté

IMPERFECT SUBJUNCTIVE		PLUPERFECT SUBJUNCTIVE	
détestasse	détestassions	eusse détesté	eussions détesté
détestasses	détestassiez	eusses détesté	eussiez détesté
détestât	détestassent	eût détesté	eussent détesté

COMMANDS	
	détestons
déteste	détestez

Usage

détester qqn/qqch	to hate someone/something
Je déteste ce fonctionnaire.	I hate that government official/worker.
—Elle ne l'aime plus. Elle dit qu'elle le déteste.	She doesn't like him anymore. She says she hates him.
—Lui, il dit la même chose. Ils se détestent donc.	He says the same thing. So they hate each other.
Je déteste la chaleur.	I hate the heat.
Je déteste les légumes surgelés.	I hate frozen vegetables.
détester faire qqch	to hate doing something
Je déteste apporter mon déjeuner.	I hate bringing my lunch.

RELATED WORD

détestable	detestable

regular *-er* verb   **je détourne · je détournai · détourné · détournant**

PRESENT		**PASSÉ COMPOSÉ**	
détourne	détournons	ai détourné	avons détourné
détournes	détournez	as détourné	avez détourné
détourne	détournent	a détourné	ont détourné

IMPERFECT		**PLUPERFECT**	
détournais	détournions	avais détourné	avions détourné
détournais	détourniez	avais détourné	aviez détourné
détournait	détournaient	avait détourné	avaient détourné

PASSÉ SIMPLE		**PAST ANTERIOR**	
détournai	détournâmes	eus détourné	eûmes détourné
détournas	détournâtes	eus détourné	eûtes détourné
détourna	détournèrent	eut détourné	eurent détourné

FUTURE		**FUTURE ANTERIOR**	
détournerai	détournerons	aurai détourné	aurons détourné
détourneras	détournerez	auras détourné	aurez détourné
détournera	détourneront	aura détourné	auront détourné

CONDITIONAL		**PAST CONDITIONAL**	
détournerais	détournerions	aurais détourné	aurions détourné
détournerais	détourneriez	aurais détourné	auriez détourné
détournerait	détourneraient	aurait détourné	auraient détourné

PRESENT SUBJUNCTIVE		**PAST SUBJUNCTIVE**	
détourne	détournions	aie détourné	ayons détourné
détournes	détourniez	aies détourné	ayez détourné
détourne	détournent	ait détourné	aient détourné

IMPERFECT SUBJUNCTIVE		**PLUPERFECT SUBJUNCTIVE**	
détournasse	détournassions	eusse détourné	eussions détourné
détournasses	détournassiez	eusses détourné	eussiez détourné
détournât	détournassent	eût détourné	eussent détourné

COMMANDS		
	détournons	
détourne	détournez	

Usage

On a détourné notre train par Lyon.	*Our train was rerouted through Lyons.*
Ses amies l'ont détournée du droit chemin.	*Her friends caused her to go astray.*
Les terroristes ont détourné un avion.	*The terrorists hijacked a plane.*
détourner les yeux	*to avert one's glance*
détourner l'attention de qqn	*to divert someone's attention*
détourner des fonds	*to embezzle money*

RELATED WORDS

le détournement d'un avion	*the hijacking of a plane*
le détournement des fonds	*embezzlement*

détruire	*to destroy*

PRESENT

détruis	détruisons
détruis	détruisez
détruit	détruisent

PASSÉ COMPOSÉ

ai détruit	avons détruit
as détruit	avez détruit
a détruit	ont détruit

IMPERFECT

détruisais	détruisions
détruisais	détruisiez
détruisait	détruisaient

PLUPERFECT

avais détruit	avions détruit
avais détruit	aviez détruit
avait détruit	avaient détruit

PASSÉ SIMPLE

détruisis	détruisîmes
détruisis	détruisîtes
détruisit	détruisirent

PAST ANTERIOR

eus détruit	eûmes détruit
eus détruit	eûtes détruit
eut détruit	eurent détruit

FUTURE

détruirai	détruirons
détruiras	détruirez
détruira	détruiront

FUTURE ANTERIOR

aurai détruit	aurons détruit
auras détruit	aurez détruit
aura détruit	auront détruit

CONDITIONAL

détruirais	détruirions
détruirais	détruiriez
détruirait	détruiraient

PAST CONDITIONAL

aurais détruit	aurions détruit
aurais détruit	auriez détruit
aurait détruit	auraient détruit

PRESENT SUBJUNCTIVE

détruise	détruisions
détruises	détruisiez
détruise	détruisent

PAST SUBJUNCTIVE

aie détruit	ayons détruit
aies détruit	ayez détruit
ait détruit	aient détruit

IMPERFECT SUBJUNCTIVE

détruisisse	détruisissions
détruisisses	détruisissiez
détruisît	détruisissent

PLUPERFECT SUBJUNCTIVE

eusse détruit	eussions détruit
eusses détruit	eussiez détruit
eût détruit	eussent détruit

COMMANDS

	détruisons
détruis	détruisez

Usage

—Le bombardement a détruit le port.	*The bombing destroyed the port.*
—Les alentours du port ont aussi été détruits.	*The area around the port was also destroyed.*
Le feu a détruit la maison.	*Fire destroyed the house.*
La grêle a détruit la récolte.	*The hail destroyed the harvest.*
La mort de leur enfant a détruit leur vie.	*The death of their child destroyed their lives.*

RELATED WORDS

destructeur/destructrice	*destructive*
une guerre destructrice	*a destructive/devastating war*
la destruction	*destruction*
Ils craignaient la destruction de leur pays.	*They feared the destruction of their country.*

irregular verb;
compound tenses with *être*

je deviens · je devins · devenu · devenant

PRESENT

deviens	devenons
deviens	devenez
devient	deviennent

PASSÉ COMPOSÉ

suis devenu(e)	sommes devenu(e)s
es devenu(e)	êtes devenu(e)(s)
est devenu(e)	sont devenu(e)s

IMPERFECT

devenais	devenions
devenais	deveniez
devenait	devenaient

PLUPERFECT

étais devenu(e)	étions devenu(e)s
étais devenu(e)	étiez devenu(e)(s)
était devenu(e)	étaient devenu(e)s

PASSÉ SIMPLE

devins	devînmes
devins	devîntes
devint	devinrent

PAST ANTERIOR

fus devenu(e)	fûmes devenu(e)s
fus devenu(e)	fûtes devenu(e)(s)
fut devenu(e)	furent devenu(e)s

FUTURE

deviendrai	deviendrons
deviendras	deviendrez
deviendra	deviendront

FUTURE ANTERIOR

serai devenu(e)	serons devenu(e)s
seras devenu(e)	serez devenu(e)(s)
sera devenu(e)	seront devenu(e)s

CONDITIONAL

deviendrais	deviendrions
deviendrais	deviendriez
deviendrait	deviendraient

PAST CONDITIONAL

serais devenu(e)	serions devenu(e)s
serais devenu(e)	seriez devenu(e)(s)
serait devenu(e)	seraient devenu(e)s

PRESENT SUBJUNCTIVE

devienne	devenions
deviennes	deveniez
devienne	deviennent

PAST SUBJUNCTIVE

sois devenu(e)	soyons devenu(e)s
sois devenu(e)	soyez devenu(e)(s)
soit devenu(e)	soient devenu(e)s

IMPERFECT SUBJUNCTIVE

devinsse	devinssions
devinsses	devinssiez
devînt	devinssent

PLUPERFECT SUBJUNCTIVE

fusse devenu(e)	fussions devenu(e)s
fusses devenu(e)	fussiez devenu(e)(s)
fût devenu(e)	fussent devenu(e)s

COMMANDS

	devenons
deviens	devenez

Usage

devenir + adjective

Il devient inquiet.	*He's getting upset/nervous.*
Les élèves deviennent paresseux.	*The pupils are getting lazy.*
La situation devenait grave.	*The situation was becoming serious.*
Ce film devient ennuyeux.	*The film is getting boring.*

devenir + noun

Après de longues études il est devenu chirurgien.	*After many years of study he became a surgeon.*
Notre candidat a gagné aux élections et est devenu président.	*Our candidate won the elections and became president.*
La grenouille devint un prince.	*The frog turned into a prince.*

devoir *to owe; should, ought, must*

devoir = avoir une dette

—Quand est-ce que tu me paieras ce que tu me dois?	*When will you pay me what you owe me?*
—Comment? Je t'ai déjà remboursé. Je ne te dois plus rien.	*What? I already paid you back. I don't owe you anything more.*
—Tu dois ta réussite à ce professeur?	*Do you owe your success to that professor?*
—Oui, je lui dois tout.	*Yes, I owe everything to him.*

devoir (present tense) + infinitive

—Vous devez travailler un peu plus.	*You should work harder.*
—Et vous, vous devez vous taire.	*And you should keep quiet.*
—Il n'est pas encore arrivé?	*He hasn't arrived yet?*
—Pas encore. Son train doit avoir du retard.	*His train must be delayed.*

devoir (passé composé tense) + infinitive

J'avais oublié mon portefeuille. J'ai dû rentrer.	*I had forgotten my wallet. I had to go back home.*
La montre qu'ils m'ont vendue ne marchait pas. Ils ont dû me rendre mon argent.	*The watch they sold me didn't work. They had to give me my money back.*

devoir (future tense) + infinitive

—Regarde! Quelqu'un a essayé de crocheter la serrure!	*Look! Someone tried to pick the lock!*
—La police devra être mise au courant.	*The police will have to be informed.*

devoir (imperfect tense) + infinitive

En rentrant de l'école, je devais toujours aider ma mère.	*When I would come home from school, I always had to help my mother.*

devoir (conditional) + infinitive

Tu devrais être plus gentil avec lui, tu sais.	*You should be kinder to him, you know.*

devoir (past conditional) + infinitive

Tu n'aurais jamais dû venir sans prévenir.	*You should never have come without warning.*

se devoir de + infinitive *to owe it to oneself to*

Il se doit d'avouer ce qu'il sait.	*He owes it to himself to admit what he knows.*

TOP 30 VERBS

irregular verb; feminine form
of past participle *dû* is *due*

je dois · je dus · dû · devant

PRESENT

dois	devons
dois	devez
doit	doivent

PASSÉ COMPOSÉ

ai dû	avons dû
as dû	avez dû
a dû	ont dû

IMPERFECT

devais	devions
devais	deviez
devait	devaient

PLUPERFECT

avais dû	avions dû
avais dû	aviez dû
avait dû	avaient dû

PASSÉ SIMPLE

dus	dûmes
dus	dûtes
dut	durent

PAST ANTERIOR

eus dû	eûmes dû
eus dû	eûtes dû
eut dû	eurent dû

FUTURE

devrai	devrons
devras	devrez
devra	devront

FUTURE ANTERIOR

aurai dû	aurons dû
auras dû	aurez dû
aura dû	auront dû

CONDITIONAL

devrais	devrions
devrais	devriez
devrait	devraient

PAST CONDITIONAL

aurais dû	aurions dû
aurais dû	auriez dû
aurait dû	auraient dû

PRESENT SUBJUNCTIVE

doive	devions
doives	deviez
doive	doivent

PAST SUBJUNCTIVE

aie dû	ayons dû
aies dû	ayez dû
ait dû	aient dû

IMPERFECT SUBJUNCTIVE

dusse	dussions
dusses	dussiez
dût	dussent

PLUPERFECT SUBJUNCTIVE

eusse dû	eussions du
eusses dû	eussiez dû
eût dû	eussent dû

COMMANDS

	devons
dois	devez

Usage

Ce type me doit mille euros.	*That guy owes me one thousand euros.*
Il doit de grosses sommes d'argent à ses amis.	*He owes his friends large sums of money.*
Je ne demande que ce qui m'est dû.	*I ask for only what is due me/what I am owed.*

devoir + infinitive *to have to, ought to do something*

Tu dois lui téléphoner de temps en temps.	*You ought to call him/her from time to time.*
Qu'est-ce qu'on doit faire?	*What should we do?*

RELATED WORDS

le devoir	*duty*
les devoirs *(mpl)*	*homework*

dire + noun

ce qu'on peut dire	*what one can say*
dire la vérité	*to tell the truth*
Je vous dirai mes projets.	*I'll tell you my plans.*
Dites-moi la nouvelle.	*Tell me the news.*

dire reporting information

Elle m'a dit que les enfants étaient fatigués.	*She told me that the children were tired.*
Il faut que tu me dises ce qui t'intéresse.	*You must tell me what interests you.*
Vous pouvez me dire où se trouve l'hôpital?	*Can you tell me where the hospital is?*
Dites-moi combien ça coûte.	*Tell me how much it is.*
Il m'a dit comment faire pour arriver chez lui.	*He told me how to get to his house.*

dire à qqn de faire qqch or *dire à qqn qu'il* + subjunctive *to tell someone to do something*

Dis-lui de faire la lessive.	*Tell him to do the laundry.*
Dis-lui qu'il fasse la lessive.	*Tell him to do the laundry.*

dire = penser

On dirait un médecin.	*You'd think he/she was a doctor.*
Dans ce restaurant, on se dirait en France.	*In this restaurant you'd think you were in France.*

dire = plaire, intéresser

—Ça vous dit d'assister au concert?	*Do you feel like going to the concert?*
—Non, merci, ça ne me dit rien.	*No, I don't feel like it.*
Si le cœur vous en dit.	*If you really feel like it.*

Expressions avec *dire*

À qui le dis-tu!	*You're telling me!*
À ce qu'il dit, la situation à l'entreprise est mauvaise.	*According to what he says, the situation at the firm is bad.*
Je ne te le fais pas dire.	*I'm not putting words in your mouth.*
Je ne me le fais pas dire deux fois.	*You don't have to tell me twice.*
Je lui ai dit son fait.	*I told him off.*
C'est tout dire.	*There's nothing more to be said.*

TOP 30 VERBS

PRESENT

dis	disons
dis	dites
dit	disent

PASSÉ COMPOSÉ

ai dit	avons dit
as dit	avez dit
a dit	ont dit

IMPERFECT

disais	disions
disais	disiez
disait	disaient

PLUPERFECT

avais dit	avions dit
avais dit	aviez dit
avait dit	avaient dit

PASSÉ SIMPLE

dis	dîmes
dis	dîtes
dit	dirent

PAST ANTERIOR

eus dit	eûmes dit
eus dit	eûtes dit
eut dit	eurent dit

FUTURE

dirai	dirons
diras	direz
dira	diront

FUTURE ANTERIOR

aurai dit	aurons dit
auras dit	aurez dit
aura dit	auront dit

CONDITIONAL

dirais	dirions
dirais	diriez
dirait	diraient

PAST CONDITIONAL

aurais dit	aurions dit
aurais dit	auriez dit
aurait dit	auraient dit

PRESENT SUBJUNCTIVE

dise	disions
dises	disiez
dise	disent

PAST SUBJUNCTIVE

aie dit	ayons dit
aies dit	ayez dit
ait dit	aient dit

IMPERFECT SUBJUNCTIVE

disse	dissions
disses	dissiez
dît	dissent

PLUPERFECT SUBJUNCTIVE

eusse dit	eussions dit
eusses dit	eussiez dit
eût dit	eussent dit

COMMANDS

	disons
dis	dites

Usage

—Qu'est-ce qu'il en pense?	*What does he think of it?*
—Je ne sais pas. Il n'a rien dit.	*I don't know. He didn't say anything.*
Je t'ai dit que c'était lui le coupable!	*I told you that he was the guilty one.*
Il ne m'a pas encore dit quand il arrivera.	*He still hasn't told me when he will arrive.*
Je lui ai dit pourquoi j'étais fâché.	*I told him why I was angry.*
Dis-moi ce qui t'a plu.	*Tell me what you liked.*
Ils vont nous dire ce qu'ils veulent.	*They're going to tell us what they want.*
Je leur ai dit de sortir.	*I told them to go out.*
Je vous ai dit de ne pas me déranger.	*I told you not to bother me.*
Qu'est-ce qu'il t'a dit de faire?	*What did he tell you to do?*

disparaître *to disappear*

PRESENT

disparais	disparaissons
disparais	disparaissez
disparaît	disparaissent

PASSÉ COMPOSÉ

ai disparu	avons disparu
as disparu	avez disparu
a disparu	ont disparu

IMPERFECT

disparaissais	disparaissions
disparaissais	disparaissiez
disparaissait	disparaissaient

PLUPERFECT

avais disparu	avions disparu
avais disparu	aviez disparu
avait disparu	avaient disparu

PASSÉ SIMPLE

disparus	disparûmes
disparus	disparûtes
disparut	disparurent

PAST ANTERIOR

eus disparu	eûmes disparu
eus disparu	eûtes disparu
eut disparu	eurent disparu

FUTURE

disparaîtrai	disparaîtrons
disparaîtras	disparaîtrez
disparaîtra	disparaîtront

FUTURE ANTERIOR

aurai disparu	aurons disparu
auras disparu	aurez disparu
aura disparu	auront disparu

CONDITIONAL

disparaîtrais	disparaîtrions
disparaîtrais	disparaîtriez
disparaîtrait	disparaîtraient

PAST CONDITIONAL

aurais disparu	aurions disparu
aurais disparu	auriez disparu
aurait disparu	auraient disparu

PRESENT SUBJUNCTIVE

disparaisse	disparaissions
disparaisses	disparaissiez
disparaisse	disparaissent

PAST SUBJUNCTIVE

aie disparu	ayons disparu
aies disparu	ayez disparu
ait disparu	aient disparu

IMPERFECT SUBJUNCTIVE

disparusse	disparussions
disparusses	disparussiez
disparût	disparussent

PLUPERFECT SUBJUNCTIVE

eusse disparu	eussions disparu
eusses disparu	eussiez disparu
eût disparu	eussent disparu

COMMANDS

	disparaissons
disparais	disparaissez

Usage

Le train a disparu dans le tunnel.	*The train disappeared into the tunnel.*
Tous les documents ont disparu.	*All the documents have disappeared.*
C'est une coutume en voie de disparaître.	*It's a custom that is disappearing.*
Les ennemis du dictateur ont commencé à disparaître.	*The dictator's enemies have begun to disappear.*
Ma serviette a disparu.	*My briefcase has disappeared./I've lost my briefcase.*
Votre message a fait disparaître mes soucis.	*Your message relieved my anxiety.*

RELATED WORDS

La disparition de la stagiaire fait l'objet d'une enquête policière.	*The intern's disappearance is the subject of a police investigation.*
une civilisation disparue	*a vanished civilization*
un soldat porté disparu	*a missing soldier*

regular *-er* verb | **je donne · je donnai · donné · donnant**

PRESENT

donne	donnons
donnes	donnez
donne	donnent

PASSÉ COMPOSÉ

ai donné	avons donné
as donné	avez donné
a donné	ont donné

IMPERFECT

donnais	donnions
donnais	donniez
donnait	donnaient

PLUPERFECT

avais donné	avions donné
avais donné	aviez donné
avait donné	avaient donné

PASSÉ SIMPLE

donnai	donnâmes
donnas	donnâtes
donna	donnèrent

PAST ANTERIOR

eus donné	eûmes donné
eus donné	eûtes donné
eut donné	eurent donné

FUTURE

donnerai	donnerons
donneras	donnerez
donnera	donneront

FUTURE ANTERIOR

aurai donné	aurons donné
auras donné	aurez donné
aura donné	auront donné

CONDITIONAL

donnerais	donnerions
donnerais	donneriez
donnerait	donneraient

PAST CONDITIONAL

aurais donné	aurions donné
aurais donné	auriez donné
aurait donné	auraient donné

PRESENT SUBJUNCTIVE

donne	donnions
donnes	donniez
donne	donnent

PAST SUBJUNCTIVE

aie donné	ayons donné
aies donné	ayez donné
ait donné	aient donné

IMPERFECT SUBJUNCTIVE

donnasse	donnassions
donnasses	donnassiez
donnât	donnassent

PLUPERFECT SUBJUNCTIVE

eusse donné	eussions donné
eusses donné	eussiez donné
eût donné	eussent donné

COMMANDS

	donnons
donne	donnez

Usage

donner qqch à qqn	*to give something to someone*
Elle nous a donné de très beaux cadeaux.	*She gave us very lovely gifts.*
Elle a donné un baiser à son fiancé.	*She gave her fiancé a kiss.*
Elle a donné un coup de pied au chat.	*She kicked the cat.*
Donné c'est donné.	*You can't take back a gift.*
C'est à qui de donner?	*Whose turn is it to deal?* (cards)

se donner

Le pays s'est donné un nouveau président.	*The country chose a new president.*

RELATED WORDS

le don	*gift*
doué(e)	*gifted*
Il est doué pour les langues.	*He has a gift for languages.*

dormir *to sleep*

je dors · je dormis · dormi · dormant

irregular verb

PRESENT		PASSÉ COMPOSÉ	
dors	dormons	ai dormi	avons dormi
dors	dormez	as dormi	avez dormi
dort	dorment	a dormi	ont dormi

IMPERFECT		PLUPERFECT	
dormais	dormions	avais dormi	avions dormi
dormais	dormiez	avais dormi	aviez dormi
dormait	dormaient	avait dormi	avaient dormi

PASSÉ SIMPLE		PAST ANTERIOR	
dormis	dormîmes	eus dormi	eûmes dormi
dormis	dormîtes	eus dormi	eûtes dormi
dormit	dormirent	eut dormi	eurent dormi

FUTURE		FUTURE ANTERIOR	
dormirai	dormirons	aurai dormi	aurons dormi
dormiras	dormirez	auras dormi	aurez dormi
dormira	dormiront	aura dormi	auront dormi

CONDITIONAL		PAST CONDITIONAL	
dormirais	dormirions	aurais dormi	aurions dormi
dormirais	dormiriez	aurais dormi	auriez dormi
dormirait	dormiraient	aurait dormi	auraient dormi

PRESENT SUBJUNCTIVE		PAST SUBJUNCTIVE	
dorme	dormions	aie dormi	ayons dormi
dormes	dormiez	aies dormi	ayez dormi
dorme	dorment	ait dormi	aient dormi

IMPERFECT SUBJUNCTIVE		PLUPERFECT SUBJUNCTIVE	
dormisse	dormissions	eusse dormi	eussions dormi
dormisses	dormissiez	eusses dormi	eussiez dormi
dormît	dormissent	eût dormi	eussent dormi

COMMANDS

	dormons
dors	dormez

Usage

Dors bien!	*Sleep well!*
Il dort comme un loir.	*He sleeps like a log* (lit., *dormouse*).
J'ai mal/bien dormi.	*I slept badly/well.*
C'est une histoire à dormir debout.	*It's a cock and bull story.*
—Il dort encore?	*He's still sleeping?*
—Oui, il dort très tard.	*Yes, he sleeps late.*
—Tu as sommeil?	*Are you sleepy?*
—Oui, très. Je dors debout.	*Yes, very. I can hardly stand up.*
—Les problèmes de ton fils t'inquiètent?	*Do your son's problems worry you?*
—Oui, je n'en dors pas.	*Yes, I can't sleep because of them.*

PROVERB

Méfiez-vous de l'eau qui dort.	*Still waters run deep.*

regular -*er* verb | je doute · je doutai · douté · doutant

PRESENT		PASSÉ COMPOSÉ	
doute	doutons	ai douté	avons douté
doutes	doutez	as douté	avez douté
doute	doutent	a douté	ont douté

IMPERFECT		PLUPERFECT	
doutais	doutions	avais douté	avions douté
doutais	doutiez	avais douté	aviez douté
doutait	doutaient	avait douté	avaient douté

PASSÉ SIMPLE		PAST ANTERIOR	
doutai	doutâmes	eus douté	eûmes douté
doutas	doutâtes	eus douté	eûtes douté
douta	doutèrent	eut douté	eurent douté

FUTURE		FUTURE ANTERIOR	
douterai	douterons	aurai douté	aurons douté
douteras	douterez	auras douté	aurez douté
doutera	douteront	aura douté	auront douté

CONDITIONAL		PAST CONDITIONAL	
douterais	douterions	aurais douté	aurions douté
douterais	douteriez	aurais douté	auriez douté
douterait	douteraient	aurait douté	auraient douté

PRESENT SUBJUNCTIVE		PAST SUBJUNCTIVE	
doute	doutions	aie douté	ayons douté
doutes	doutiez	aies douté	ayez douté
doute	doutent	ait douté	aient douté

IMPERFECT SUBJUNCTIVE		PLUPERFECT SUBJUNCTIVE	
doutasse	doutassions	eusse douté	eussions douté
doutasses	doutassiez	eusses douté	eussiez douté
doutât	doutassent	eût douté	eussent douté

COMMANDS	
	doutons
doute	doutez

Usage

douter de + noun to doubt something

—Vous doutez de sa sincérité?	*Do you doubt his sincerity?*
—Oui, j'en doute.	*Yes, I have doubts about it.*

douter que + subjunctive to doubt that

Je doute qu'elle puisse venir.	*I doubt that she can come.*

ne pas douter que + indicative not to doubt that

Elle ne doute pas que nous l'appuyons.	*She doesn't doubt that we support her.*

se douter de to suspect

Je me doute de leurs intentions.	*I'm suspicious of their intentions.*

écouter *to listen to*

j'écoute · j'écoutai · écouté · écoutant

regular -er verb

PRESENT		PASSÉ COMPOSÉ	
écoute	écoutons	ai écouté	avons écouté
écoutes	écoutez	as écouté	avez écouté
écoute	écoutent	a écouté	ont écouté

IMPERFECT		PLUPERFECT	
écoutais	écoutions	avais écouté	avions écouté
écoutais	écoutiez	avais écouté	aviez écouté
écoutait	écoutaient	avait écouté	avaient écouté

PASSÉ SIMPLE		PAST ANTERIOR	
écoutai	écoutâmes	eus écouté	eûmes écouté
écoutas	écoutâtes	eus écouté	eûtes écouté
écouta	écoutèrent	eut écouté	eurent écouté

FUTURE		FUTURE ANTERIOR	
écouterai	écouterons	aurai écouté	aurons écouté
écouteras	écouterez	auras écouté	aurez écouté
écoutera	écouteront	aura écouté	auront écouté

CONDITIONAL		PAST CONDITIONAL	
écouterais	écouterions	aurais écouté	aurions écouté
écouterais	écouteriez	aurais écouté	auriez écouté
écouterait	écouteraient	aurait écouté	auraient écouté

PRESENT SUBJUNCTIVE		PAST SUBJUNCTIVE	
écoute	écoutions	aie écouté	ayons écouté
écoutes	écoutiez	aies écouté	ayez écouté
écoute	écoutent	ait écouté	aient écouté

IMPERFECT SUBJUNCTIVE		PLUPERFECT SUBJUNCTIVE	
écoutasse	écoutassions	eusse écouté	eussions écouté
écoutasses	écoutassiez	eusses écouté	eussiez écouté
écoutât	écoutassent	eût écouté	eussent écouté

COMMANDS	
	écoutons
écoute	écoutez

Usage

écouter qqch/qqn	to listen to something/someone
écouter des cédés/des chansons	to listen to CDs/songs
écouter le discours du Président	to listen to the president's speech
écouter le professeur	to listen to the teacher
Écoute(z)!	Listen!
C'est une personne qui ne sait pas écouter.	She's not a good listener.
Il m'a écouté jusqu'au bout.	He heard me out.
Fais attention. Ici il y a toujours quelqu'un qui écoute aux portes.	Be careful. There's always someone eavesdropping.
Écoute(z) ça un peu!	Can you believe what you're hearing?

s'écouter

Tu t'écoutes trop.	You're becoming a real hypochondriac.
Il aime s'écouter parler.	He likes to hear himself talk.

irregular verb

j'écris · j'écrivis · écrit · écrivant

PRESENT	
écris	écrivons
écris	écrivez
écrit	écrivent

PASSÉ COMPOSÉ	
ai écrit	avons écrit
as écrit	avez écrit
a écrit	ont écrit

IMPERFECT	
écrivais	écrivions
écrivais	écriviez
écrivait	écrivaient

PLUPERFECT	
avais écrit	avions écrit
avais écrit	aviez écrit
avait écrit	avaient écrit

PASSÉ SIMPLE	
écrivis	écrivîmes
écrivis	écrivîtes
écrivit	écrivirent

PAST ANTERIOR	
eus écrit	eûmes écrit
eus écrit	eûtes écrit
eut écrit	eurent écrit

FUTURE	
écrirai	écrirons
écriras	écrirez
écrira	écriront

FUTURE ANTERIOR	
aurai écrit	aurons écrit
auras écrit	aurez écrit
aura écrit	auront écrit

CONDITIONAL	
écrirais	écririons
écrirais	écririez
écrirait	écriraient

PAST CONDITIONAL	
aurais écrit	aurions écrit
aurais écrit	auriez écrit
aurait écrit	auraient écrit

PRESENT SUBJUNCTIVE	
écrive	écrivions
écrives	écriviez
écrive	écrivent

PAST SUBJUNCTIVE	
aie écrit	ayons écrit
aies écrit	ayez écrit
ait écrit	aient écrit

IMPERFECT SUBJUNCTIVE	
écrivisse	écrivissions
écrivisses	écrivissiez
écrivît	écrivissent

PLUPERFECT SUBJUNCTIVE	
eusse écrit	eussions écrit
eusses écrit	eussiez écrit
eût écrit	eussent écrit

COMMANDS	
	écrivons
écris	écrivez

Usage

écrire une lettre	*to write a letter*
écrire au crayon/à l'encre	*to write in pencil/in ink*
écrire au tableau	*to write on the board*
écrire à la machine	*to type*
écrire un mot	*to write a word*
écrire ses coordonnées	*to write down one's name and address*
écrire dans la marge	*to write in the margin*
écrire qqch à qqn	*to write something to someone*
Écris-moi un petit mot.	*Drop me a line.*
Je lui ai écrit deux lettres, mais il ne m'a pas répondu.	*I wrote two letters to him but he hasn't answered me.*
Comment (est-ce que) ça s'écrit?	*How do you spell that?*
Le mot *ville* s'écrit avec deux *l*.	*The word* ville *is spelled with two* ls.

effacer   *to erase*

j'efface · j'effaçai · effacé · effaçant

-er verb; spelling change:
c > ç/a, o

PRESENT		PASSÉ COMPOSÉ	
efface	effaçons	ai effacé	avons effacé
effaces	effacez	as effacé	avez effacé
efface	effacent	a effacé	ont effacé

IMPERFECT		PLUPERFECT	
effaçais	effacions	avais effacé	avions effacé
effaçais	effaciez	avais effacé	aviez effacé
effaçait	effaçaient	avait effacé	avaient effacé

PASSÉ SIMPLE		PAST ANTERIOR	
effaçai	effaçâmes	eus effacé	eûmes effacé
effaças	effaçâtes	eus effacé	eûtes effacé
effaça	effacèrent	eut effacé	eurent effacé

FUTURE		FUTURE ANTERIOR	
effacerai	effacerons	aurai effacé	aurons effacé
effaceras	effacerez	auras effacé	aurez effacé
effacera	effaceront	aura effacé	auront effacé

CONDITIONAL		PAST CONDITIONAL	
effacerais	effacerions	aurais effacé	aurions effacé
effacerais	effaceriez	aurais effacé	auriez effacé
effacerait	effaceraient	aurait effacé	auraient effacé

PRESENT SUBJUNCTIVE		PAST SUBJUNCTIVE	
efface	effacions	aie effacé	ayons effacé
effaces	effaciez	aies effacé	ayez effacé
efface	effacent	ait effacé	aient effacé

IMPERFECT SUBJUNCTIVE		PLUPERFECT SUBJUNCTIVE	
effaçasse	effaçassions	eusse effacé	eussions effacé
effaçasses	effaçassiez	eusses effacé	eussiez effacé
effaçât	effaçassent	eût effacé	eussent effacé

COMMANDS	
	effaçons
efface	effacez

Usage

Effacez ce que vous avez écrit.	*Erase what you have written.*
Effacez le tableau.	*Erase the board.*
J'espère que le temps effacera mes peines.	*I hope that time will erase my sorrow.*
s'effacer	*to step aside*
Je me suis effacé pour la laisser passer.	*I stepped aside to let her pass.*
Le candidat perdant s'est effacé devant l'autre.	*The losing candidate conceded to the other one.*

-er verb; spelling change: é > è/mute e   **j'élève · j'élevai · élevé · élevant**

PRESENT

élève	élevons
élèves	élevez
élève	élèvent

PASSÉ COMPOSÉ

ai élevé	avons élevé
as élevé	avez élevé
a élevé	ont élevé

IMPERFECT

élevais	élevions
élevais	éleviez
élevait	élevaient

PLUPERFECT

avais élevé	avions élevé
avais élevé	aviez élevé
avait élevé	avaient élevé

PASSÉ SIMPLE

élevai	élevâmes
élevas	élevâtes
éleva	élevèrent

PAST ANTERIOR

eus élevé	eûmes élevé
eus élevé	eûtes élevé
eut élevé	eurent élevé

FUTURE

élèverai	élèverons
élèveras	élèverez
élèvera	élèveront

FUTURE ANTERIOR

aurai élevé	aurons élevé
auras élevé	aurez élevé
aura élevé	auront élevé

CONDITIONAL

élèverais	élèverions
élèverais	élèveriez
élèverait	élèveraient

PAST CONDITIONAL

aurais élevé	aurions élevé
aurais élevé	auriez élevé
aurait élevé	auraient élevé

PRESENT SUBJUNCTIVE

élève	élevions
élèves	éleviez
élève	élèvent

PAST SUBJUNCTIVE

aie élevé	ayons élevé
aies élevé	ayez élevé
ait élevé	aient élevé

IMPERFECT SUBJUNCTIVE

élevasse	élevassions
élevasses	élevassiez
élevât	élevassent

PLUPERFECT SUBJUNCTIVE

eusse élevé	eussions élevé
eusses élevé	eussiez élevé
eût élevé	eussent élevé

COMMANDS

	élevons
élève	élevez

Usage

élever des vaches, des chèvres	*to raise cows/goats*
C'est un enfant facile à élever.	*He's a child who is easy to raise.*
Vous ne devez pas élever votre fils dans le coton.	*You mustn't overprotect your son.*
élever un monument aux soldats tombés à la guerre	*to erect a monument to the soldiers fallen in war*
élever la voix	*to raise one's voice*

RELATED WORDS

bien élevé(e)	*well brought up/polite*
mal élevé(e)	*poorly brought up/impolite*
l'élevage (m)	*raising/breeding*

PRESENT

élis	élisons
élis	élisez
élit	élisent

PASSÉ COMPOSÉ

ai élu	avons élu
as élu	avez élu
a élu	ont élu

IMPERFECT

élisais	élisions
élisais	élisiez
élisait	élisaient

PLUPERFECT

avais élu	avions élu
avais élu	aviez élu
avait élu	avaient élu

PASSÉ SIMPLE

élus	élûmes
élus	élûtes
élut	élurent

PAST ANTERIOR

eus élu	eûmes élu
eus élu	eûtes élu
eut élu	eurent élu

FUTURE

élirai	élirons
éliras	élirez
élira	éliront

FUTURE ANTERIOR

aurai élu	aurons élu
auras élu	aurez élu
aura élu	auront élu

CONDITIONAL

élirais	élirions
élirais	éliriez
élirait	éliraient

PAST CONDITIONAL

aurais élu	aurions élu
aurais élu	auriez élu
aurait élu	auraient élu

PRESENT SUBJUNCTIVE

élise	élisions
élises	élisiez
élise	élisent

PAST SUBJUNCTIVE

aie élu	ayons élu
aies élu	ayez élu
ait élu	aient élu

IMPERFECT SUBJUNCTIVE

élusse	élussions
élusses	élussiez
élût	élussent

PLUPERFECT SUBJUNCTIVE

eusse élu	eussions élu
eusses élu	eussiez élu
eût élu	eussent élu

COMMANDS

	élisons
élis	élisez

Usage

On élit le président français pour cinq ans.	*The French president is elected for five years.*
Il a été élu à l'unanimité.	*He was elected unanimously.*

RELATED WORDS

les élections *(fpl)*	*election(s)*
Aux États-Unis les élections sont en novembre.	*In the United States elections are in November.*
réélire	*to reelect*
Il a été réélu président.	*He was reelected president.*

regular *-er* verb | j'embrasse · j'embrassai · embrassé · embrassant

PRESENT

embrasse	embrassons
embrasses	embrassez
embrasse	embrassent

PASSÉ COMPOSÉ

ai embrassé	avons embrassé
as embrassé	avez embrassé
a embrassé	ont embrassé

IMPERFECT

embrassais	embrassions
embrassais	embrassiez
embrassait	embrassaient

PLUPERFECT

avais embrassé	avions embrassé
avais embrassé	aviez embrassé
avait embrassé	avaient embrassé

PASSÉ SIMPLE

embrassai	embrassâmes
embrassas	embrassâtes
embrassa	embrassèrent

PAST ANTERIOR

eus embrassé	eûmes embrassé
eus embrassé	eûtes embrassé
eut embrassé	eurent embrassé

FUTURE

embrasserai	embrasserons
embrasseras	embrasserez
embrassera	embrasseront

FUTURE ANTERIOR

aurai embrassé	aurons embrassé
auras embrassé	aurez embrassé
aura embrassé	auront embrassé

CONDITIONAL

embrasserais	embrasserions
embrasserais	embrasseriez
embrasserait	embrasseraient

PAST CONDITIONAL

aurais embrassé	aurions embrassé
aurais embrassé	auriez embrassé
aurait embrassé	auraient embrassé

PRESENT SUBJUNCTIVE

embrasse	embrassions
embrasses	embrassiez
embrasse	embrassent

PAST SUBJUNCTIVE

aie embrassé	ayons embrassé
aies embrassé	ayez embrassé
ait embrassé	aient embrassé

IMPERFECT SUBJUNCTIVE

embrassasse	embrassassions
embrassasses	embrassassiez
embrassât	embrassassent

PLUPERFECT SUBJUNCTIVE

eusse embrassé	eussions embrassé
eusses embrassé	eussiez embrassé
eût embrassé	eussent embrassé

COMMANDS

	embrassons
embrasse	embrassez

Usage

Embrasse ta mère pour moi.	*Give your mother a kiss for me.*
Jean et Marie s'embrassent.	*Jean and Marie kiss (each other).*
Je t'embrasse.	*Love (at the closing of a letter)*
embrasser une cause	*to embrace a cause*

emmener   *to take someone somewhere*

j'emmène · j'emmenai · emmené · emmenant

-er verb; spelling
change: é > è/mute e

PRESENT		PASSÉ COMPOSÉ	
emmène	emmenons	ai emmené	avons emmené
emmènes	emmenez	as emmené	avez emmené
emmène	emmènent	a emmené	ont emmené

IMPERFECT		PLUPERFECT	
emmenais	emmenions	avais emmené	avions emmené
emmenais	emmeniez	avais emmené	aviez emmené
emmenait	emmenaient	avait emmené	avaient emmené

PASSÉ SIMPLE		PAST ANTERIOR	
emmenai	emmenâmes	eus emmené	eûmes emmené
emmenas	emmenâtes	eus emmené	eûtes emmené
emmena	emmenèrent	eut emmené	eurent emmené

FUTURE		FUTURE ANTERIOR	
emmènerai	emmènerons	aurai emmené	aurons emmené
emmèneras	emmènerez	auras emmené	aurez emmené
emmènera	emmèneront	aura emmené	auront emmené

CONDITIONAL		PAST CONDITIONAL	
emmènerais	emmènerions	aurais emmené	aurions emmené
emmènerais	emmèneriez	aurais emmené	auriez emmené
emmènerait	emmèneraient	aurait emmené	auraient emmené

PRESENT SUBJUNCTIVE		PAST SUBJUNCTIVE	
emmène	emmenions	aie emmené	ayons emmené
emmènes	emmeniez	aies emmené	ayez emmené
emmène	emmènent	ait emmené	aient emmené

IMPERFECT SUBJUNCTIVE		PLUPERFECT SUBJUNCTIVE	
emmenasse	emmenassions	eusse emmené	eussions emmené
emmenasses	emmenassiez	eusses emmené	eussiez emmené
emmenât	emmenassent	eût emmené	eussent emmené

COMMANDS	
	emmenons
emmène	emmenez

Usage

Tu vas en ville? Viens, je t'emmène. — *You're going downtown? Come on, I'll take you.*

Il m'a emmené dîner dans son restaurant préféré. — *He took me to dinner at his favorite restaurant.*

Cet endroit me déplaît. Emmenez-moi ailleurs. — *I don't like this place. Take me somewhere else.*

Le train emmenait les voyageurs à la frontière. — *The train was taking the travelers to the border.*

Tu ne te rends pas compte qu'on t'emmène en bateau. — *You don't realize you're being taken for a ride.*

Il l'emmenait en bateau avec ses promesses de mariage. — *He strung her along with his promises of marriage.*

irregular reflexive verb;
compound tenses with être

je m'émeus · je m'émus · s'étant ému · s'émouvant

PRESENT

m'émeus	nous émouvons
t'émeus	vous émouvez
s'émeut	s'émeuvent

PASSÉ COMPOSÉ

me suis ému(e)	nous sommes ému(e)s
t'es ému(e)	vous êtes ému(e)(s)
s'est ému(e)	se sont ému(e)s

IMPERFECT

m'émouvais	nous émouvions
t'émouvais	vous émouviez
s'émouvait	s'émouvaient

PLUPERFECT

m'étais ému(e)	nous étions ému(e)s
t'étais ému(e)	vous étiez ému(e)(s)
s'était ému(e)	s'étaient ému(e)s

PASSÉ SIMPLE

m'émus	nous émûmes
t'émus	vous émûtes
s'émut	s'émurent

PAST ANTERIOR

me fus ému(e)	nous fûmes ému(e)s
te fus ému(e)	vous fûtes ému(e)(s)
se fut ému(e)	se furent ému(e)s

FUTURE

m'émouvrai	nous émouvrons
t'émouvras	vous émouvrez
s'émouvra	s'émouvront

FUTURE ANTERIOR

me serai ému(e)	nous serons ému(e)s
te seras ému(e)	vous serez ému(e)(s)
se sera ému(e)	se seront ému(e)s

CONDITIONAL

m'émouvrais	nous émouvrions
t'émouvrais	vous émouvriez
s'émouvrait	s'émouvraient

PAST CONDITIONAL

me serais ému(e)	nous serions ému(e)s
te serais ému(e)	vous seriez ému(e)(s)
se serait ému(e)	se seraient ému(e)s

PRESENT SUBJUNCTIVE

m'émeuve	nous émouvions
t'émeuves	vous émouviez
s'émeuve	s'émeuvent

PAST SUBJUNCTIVE

me sois ému(e)	nous soyons ému(e)s
te sois ému(e)	vous soyez ému(e)(s)
se soit ému(e)	se soient ému(e)s

IMPERFECT SUBJUNCTIVE

m'émusse	nous émussions
t'émusses	vous émussiez
s'émût	s'émussent

PLUPERFECT SUBJUNCTIVE

me fusse ému(e)	nous fussions ému(e)s
te fusses ému(e)	vous fussiez ému(e)(s)
se fût ému(e)	se fussent ému(e)s

COMMANDS

	émouvons-nous
émeus-toi	émouvez-vous

Usage

Nous nous sommes émus en écoutant le discours.	*We were stirred as we listened to the speech.*
Il me l'a dit sans s'émouvoir.	*He told it to me calmly/without getting ruffled.*
Elle ne s'émeut de rien.	*Nothing shakes her.*
émouvoir qqn	*to move/disturb someone*
Les cris des blessés l'ont ému profondément.	*The screams of the wounded troubled him deeply.*
Le discours du président a ému la nation entière.	*The president's speech moved the entire nation.*

RELATED WORDS

l'émotion (f)	*emotion; fright*
Leur émotion était grande pendant le bombardement de la ville.	*They had a terrible fright during the bombing of the city.*

empêcher *to prevent, hinder*

j'empêche · j'empêchai · empêché · empêchant   regular -er verb

PRESENT

empêche	empêchons
empêches	empêchez
empêche	empêchent

IMPERFECT

empêchais	empêchions
empêchais	empêchiez
empêchait	empêchaient

PASSÉ SIMPLE

empêchai	empêchâmes
empêchas	empêchâtes
empêcha	empêchèrent

FUTURE

empêcherai	empêcherons
empêcheras	empêcherez
empêchera	empêcheront

CONDITIONAL

empêcherais	empêcherions
empêcherais	empêcheriez
empêcherait	empêcheraient

PRESENT SUBJUNCTIVE

empêche	empêchions
empêches	empêchiez
empêche	empêchent

IMPERFECT SUBJUNCTIVE

empêchasse	empêchassions
empêchasses	empêchassiez
empêchât	empêchassent

COMMANDS

	empêchons
empêche	empêchez

PASSÉ COMPOSÉ

ai empêché	avons empêché
as empêché	avez empêché
a empêché	ont empêché

PLUPERFECT

avais empêché	avions empêché
avais empêché	aviez empêché
avait empêché	avaient empêché

PAST ANTERIOR

eus empêché	eûmes empêché
eus empêché	eûtes empêché
eut empêché	eurent empêché

FUTURE ANTERIOR

aurai empêché	aurons empêché
auras empêché	aurez empêché
aura empêché	auront empêché

PAST CONDITIONAL

aurais empêché	aurions empêché
aurais empêché	auriez empêché
aurait empêché	auraient empêché

PAST SUBJUNCTIVE

aie empêché	ayons empêché
aies empêché	ayez empêché
ait empêché	aient empêché

PLUPERFECT SUBJUNCTIVE

eusse empêché	eussions empêché
eusses empêché	eussiez empêché
eût empêché	eussent empêché

Usage

empêcher qqn de faire qqch	*to prevent someone from doing something*
Le bruit m'empêche de travailler.	*The noise is keeping me from studying.*
Le mauvais temps nous a empêchés de partir.	*The bad weather prevented us from leaving.*
Ça ne m'empêche pas de dormir.	*I'm not losing any sleep over it.*
Nos soldats ont empêché l'ennemi de franchir la frontière.	*Our soldiers prevented the enemy from crossing the border.*
Il a empêché qu'une mauvaise situation se produise.	*He kept a bad situation from happening.*
Elle ne pouvait pas s'empêcher de pleurer.	*She couldn't keep from crying.*
—Il a parlé très sincèrement.	*He spoke very sincerely.*
—N'empêche qu'il a tort en tout.	*All the same, he's wrong about everything.*

-er verb; spelling change: **j'emploie · j'employai · employé · employant**
y > i/mute e

PRESENT

emploie	employons
emploies	employez
emploie	emploient

IMPERFECT

employais	employions
employais	employiez
employait	employaient

PASSÉ SIMPLE

employai	employâmes
employas	employâtes
employa	employèrent

FUTURE

emploierai	emploierons
emploieras	emploierez
emploiera	emploieront

CONDITIONAL

emploierais	emploierions
emploierais	emploieriez
emploierait	emploieraient

PRESENT SUBJUNCTIVE

emploie	employions
emploies	employiez
emploie	emploient

IMPERFECT SUBJUNCTIVE

employasse	employassions
employasses	employassiez
employât	employassent

COMMANDS

	employons
emploie	employez

PASSÉ COMPOSÉ

ai employé	avons employé
as employé	avez employé
a employé	ont employé

PLUPERFECT

avais employé	avions employé
avais employé	aviez employé
avait employé	avaient employé

PAST ANTERIOR

eus employé	eûmes employé
eus employé	eûtes employé
eut employé	eurent employé

FUTURE ANTERIOR

aurai employé	aurons employé
auras employé	aurez employé
aura employé	auront employé

PAST CONDITIONAL

aurais employé	aurions employé
aurais employé	auriez employé
aurait employé	auraient employé

PAST SUBJUNCTIVE

aie employé	ayons employé
aies employé	ayez employé
ait employé	aient employé

PLUPERFECT SUBJUNCTIVE

eusse employé	eussions employé
eusses employé	eussiez employé
eût employé	eussent employé

Usage

employer un stylo pour écrire	*to use a pen to write*
Il emploie son temps à se préparer pour les examens.	*He's using his time to prepare himself for his exams.*
Il emploie bien son temps.	*He uses his time wisely.*
—Est-ce que j'ai bien employé ce mot?	*Did I use that word correctly?*
—Non, tu l'emploies toujours mal.	*No, you always use it incorrectly.*
s'employer pour	*to devote oneself to*
Il s'est beaucoup employé pour la construction d'une nouvelle école.	*He really went to great lengths to have a new school built.*

RELATED WORDS

l'emploi *(m)*	*use; job*
mon emploi du temps	*my schedule*

encourager *to encourage*

j'encourage · j'encourageai · encouragé · encourageant

-er verb; spelling change: *g > ge/a, o*

PRESENT

encourage	encourageons
encourages	encouragez
encourage	encouragent

PASSÉ COMPOSÉ

ai encouragé	avons encouragé
as encouragé	avez encouragé
a encouragé	ont encouragé

IMPERFECT

encourageais	encouragions
encourageais	encouragiez
encourageait	encourageaient

PLUPERFECT

avais encouragé	avions encouragé
avais encouragé	aviez encouragé
avait encouragé	avaient encouragé

PASSÉ SIMPLE

encourageai	encourageâmes
encourageas	encourageâtes
encouragea	encouragèrent

PAST ANTERIOR

eus encouragé	eûmes encouragé
eus encouragé	eûtes encouragé
eut encouragé	eurent encouragé

FUTURE

encouragerai	encouragerons
encourageras	encouragerez
encouragera	encourageront

FUTURE ANTERIOR

aurai encouragé	aurons encouragé
auras encouragé	aurez encouragé
aura encouragé	auront encouragé

CONDITIONAL

encouragerais	encouragerions
encouragerais	encourageriez
encouragerait	encourageraient

PAST CONDITIONAL

aurais encouragé	aurions encouragé
aurais encouragé	auriez encouragé
aurait encouragé	auraient encouragé

PRESENT SUBJUNCTIVE

encourage	encouragions
encourages	encouragiez
encourage	encouragent

PAST SUBJUNCTIVE

aie encouragé	ayons encouragé
aies encouragé	ayez encouragé
ait encouragé	aient encouragé

IMPERFECT SUBJUNCTIVE

encourageasse	encourageassions
encourageasses	encourageassiez
encourageât	encourageassent

PLUPERFECT SUBJUNCTIVE

eusse encouragé	eussions encouragé
eusses encouragé	eussiez encouragé
eût encouragé	eussent encouragé

COMMANDS

	encourageons
encourage	encouragez

Usage

C'est un professeur qui encourage ses étudiants.	*He's a teacher who encourages his students.*
Les fanas encourageaient leur équipe.	*The fans cheered on their team.*
encourager qqn à faire qqch	*to encourage someone to do something*
Il m'a encouragé à poursuivre mes études.	*He encouraged me to continue my studies.*
Le professeur encourage les étudiants à s'exprimer.	*The teacher encourages the students to express themselves.*

RELATED WORD

encourageant(e)	*encouraging*
Son attitude n'est pas très encourageante.	*His attitude is not very encouraging.*
Ces revers sont fort peu encourageants.	*These setbacks are not very encouraging.*

irregular reflexive verb; compound tenses with *être*

je m'endors · je m'endormis · s'étant endormi · s'endormant

PRESENT

m'endors	nous endormons
t'endors	vous endormez
s'endort	s'endorment

PASSÉ COMPOSÉ

me suis endormi(e)	nous sommes endormi(e)s
t'es endormi(e)	vous êtes endormi(e)(s)
s'est endormi(e)	se sont endormi(e)s

IMPERFECT

m'endormais	nous endormions
t'endormais	vous endormiez
s'endormait	s'endormaient

PLUPERFECT

m'étais endormi(e)	nous étions endormi(e)s
t'étais endormi(e)	vous étiez endormi(e)(s)
s'était endormi(e)	s'étaient endormi(e)s

PASSÉ SIMPLE

m'endormis	nous endormîmes
t'endormis	vous endormîtes
s'endormit	s'endormirent

PAST ANTERIOR

me fus endormi(e)	nous fûmes endormi(e)s
te fus endormi(e)	vous fûtes endormi(e)(s)
se fut endormi(e)	se furent endormi(e)s

FUTURE

m'endormirai	nous endormirons
t'endormiras	vous endormirez
s'endormira	s'endormiront

FUTURE ANTERIOR

me serai endormi(e)	nous serons endormi(e)s
te seras endormi(e)	vous serez endormi(e)(s)
se sera endormi(e)	se seront endormi(e)s

CONDITIONAL

m'endormirais	nous endormirions
t'endormirais	vous endormiriez
s'endormirait	s'endormiraient

PAST CONDITIONAL

me serais endormi(e)	nous serions endormi(e)s
te serais endormi(e)	vous seriez endormi(e)(s)
se serait endormi(e)	se seraient endormi(e)s

PRESENT SUBJUNCTIVE

m'endorme	nous endormions
t'endormes	vous endormiez
s'endorme	s'endorment

PAST SUBJUNCTIVE

me sois endormi(e)	nous soyons endormi(e)s
te sois endormi(e)	vous soyez endormi(e)(s)
se soit endormi(e)	se soient endormi(e)s

IMPERFECT SUBJUNCTIVE

m'endormisse	nous endormissions
t'endormisses	vous endormissiez
s'endormît	s'endormissent

PLUPERFECT SUBJUNCTIVE

me fusse endormi(e)	nous fussions endormi(e)s
te fusses endormi(e)	vous fussiez endormi(e)(s)
se fût endormi(e)	se fussent endormi(e)s

COMMANDS

	endormons-nous
endors-toi	endormez-vous

Usage

—Tu as l'air fatigué, Claudette.	*You look tired, Claudette.*
—Ça ne m'étonne pas. Je me suis endormie à trois heures du matin.	*That doesn't surprise me. I fell asleep at three in the morning.*
Le prof s'est fâché parce que Daniel s'est endormi en classe.	*The teacher got angry because Daniel fell asleep in class.*

RELATED WORD

endormir	*to put to sleep/put to rest*
Je vais endormir les enfants.	*I'm going to put the children to sleep.*
Ce film endormira les spectateurs.	*This film will put the audience to sleep.*
J'ai besoin d'une pilule pour endormir la douleur.	*I need a pill to stop the pain.*

s'enfuir	*to flee, run away, escape*

je m'enfuis · je m'enfuis · s'étant enfui · s'enfuyant
irregular reflexive verb; compound tenses with *être*

PRESENT

m'enfuis	nous enfuyons
t'enfuis	vous enfuyez
s'enfuit	s'enfuient

PASSÉ COMPOSÉ

me suis enfui(e)	nous sommes enfui(e)s
t'es enfui(e)	vous êtes enfui(e)(s)
s'est enfui(e)	se sont enfui(e)s

IMPERFECT

m'enfuyais	nous enfuyions
t'enfuyais	vous enfuyiez
s'enfuyait	s'enfuyaient

PLUPERFECT

m'étais enfui(e)	nous étions enfui(e)s
t'étais enfui(e)	vous étiez enfui(e)(s)
s'était enfui(e)	s'étaient enfui(e)s

PASSÉ SIMPLE

m'enfuis	nous enfuîmes
t'enfuis	vous enfuîtes
s'enfuit	s'enfuirent

PAST ANTERIOR

me fus enfui(e)	nous fûmes enfui(e)s
te fus enfui(e)	vous fûtes enfui(e)(s)
se fut enfui(e)	se furent enfui(e)s

FUTURE

m'enfuirai	nous enfuirons
t'enfuiras	vous enfuirez
s'enfuira	s'enfuiront

FUTURE ANTERIOR

me serai enfui(e)	nous serons enfui(e)s
te seras enfui(e)	vous serez enfui(e)(s)
se sera enfui(e)	se seront enfui(e)s

CONDITIONAL

m'enfuirais	nous enfuirions
t'enfuirais	vous enfuiriez
s'enfuirait	s'enfuiraient

PAST CONDITIONAL

me serais enfui(e)	nous serions enfui(e)s
te serais enfui(e)	vous seriez enfui(e)(s)
se serait enfui(e)	se seraient enfui(e)s

PRESENT SUBJUNCTIVE

m'enfuie	nous enfuyions
t'enfuies	vous enfuyiez
s'enfuie	s'enfuient

PAST SUBJUNCTIVE

me sois enfui(e)	nous soyons enfui(e)s
te sois enfui(e)	vous soyez enfui(e)(s)
se soit enfui(e)	se soient enfui(e)s

IMPERFECT SUBJUNCTIVE

m'enfuisse	nous enfuissions
t'enfuisses	vous enfuissiez
s'enfuît	s'enfuissent

PLUPERFECT SUBJUNCTIVE

me fusse enfui(e)	nous fussions enfui(e)s
te fusses enfui(e)	vous fussiez enfui(e)(s)
se fût enfui(e)	se fussent enfui(e)s

COMMANDS

	enfuyons-nous
enfuis-toi	enfuyez-vous

Usage

Les prisonniers se sont enfuis.	*The prisoners fled.*
Un criminel dangereux s'est enfui de la prison.	*A dangerous criminal escaped from jail.*
Pour éviter une peine de prison il s'est enfui au Brésil.	*To avoid a prison sentence he ran away to Brazil.*
Leurs parents s'opposaient à leur mariage. Ils se sont donc enfuis.	*Their parents were against their marriage. So they eloped.*

-er verb; spelling change:
é > è/mute e

j'enlève · j'enlevai · enlevé · enlevant

PRESENT

enlève	enlevons
enlèves	enlevez
enlève	enlèvent

PASSÉ COMPOSÉ

ai enlevé	avons enlevé
as enlevé	avez enlevé
a enlevé	ont enlevé

IMPERFECT

enlevais	enlevions
enlevais	enleviez
enlevait	enlevaient

PLUPERFECT

avais enlevé	avions enlevé
avais enlevé	aviez enlevé
avait enlevé	avaient enlevé

PASSÉ SIMPLE

enlevai	enlevâmes
enlevas	enlevâtes
enleva	enlevèrent

PAST ANTERIOR

eus enlevé	eûmes enlevé
eus enlevé	eûtes enlevé
eut enlevé	eurent enlevé

FUTURE

enlèverai	enlèverons
enlèveras	enlèverez
enlèvera	enlèveront

FUTURE ANTERIOR

aurai enlevé	aurons enlevé
auras enlevé	aurez enlevé
aura enlevé	auront enlevé

CONDITIONAL

enlèverais	enlèverions
enlèverais	enlèveriez
enlèverait	enlèveraient

PAST CONDITIONAL

aurais enlevé	aurions enlevé
aurais enlevé	auriez enlevé
aurait enlevé	auraient enlevé

PRESENT SUBJUNCTIVE

enlève	enlevions
enlèves	enleviez
enlève	enlèvent

PAST SUBJUNCTIVE

aie enlevé	ayons enlevé
aies enlevé	ayez enlevé
ait enlevé	aient enlevé

IMPERFECT SUBJUNCTIVE

enlevasse	enlevassions
enlevasses	enlevassiez
enlevât	enlevassent

PLUPERFECT SUBJUNCTIVE

eusse enlevé	eussions enlevé
eusses enlevé	eussiez enlevé
eût enlevé	eussent enlevé

COMMANDS

	enlevons
enlève	enlevez

Usage

Il fait chaud ici. Je vais enlever ma veste.	*It's warm here. I'm going to take my jacket off.*
Enlevez cette chaise. Personne ne peut passer.	*Take away that chair. No one can pass.*
Enlevez ce mot de la phrase.	*Take this word out of the sentence.*
L'enfant a été enlevé.	*The child was kidnapped.*
Enlève tes mains de ta poche quand je te parle!	*Take your hands out of your pockets when I talk to you!*
Enlève tes coudes de la table!	*Get your elbows off the table!*
enlever des taches	*to get out stains*

| **ennuyer** *to bore; to annoy* |

j'ennuie · j'ennuyai · ennuyé · ennuyant

-er verb; spelling
change: *y > i*/mute e

PRESENT

ennuie	ennuyons
ennuies	ennuyez
ennuie	ennuient

PASSÉ COMPOSÉ

ai ennuyé	avons ennuyé
as ennuyé	avez ennuyé
a ennuyé	ont ennuyé

IMPERFECT

ennuyais	ennuyions
ennuyais	ennuyiez
ennuyait	ennuyaient

PLUPERFECT

avais ennuyé	avions ennuyé
avais ennuyé	aviez ennuyé
avait ennuyé	avaient ennuyé

PASSÉ SIMPLE

ennuyai	ennuyâmes
ennuyas	ennuyâtes
ennuya	ennuyèrent

PAST ANTERIOR

eus ennuyé	eûmes ennuyé
eus ennuyé	eûtes ennuyé
eut ennuyé	eurent ennuyé

FUTURE

ennuierai	ennuierons
ennuieras	ennuierez
ennuiera	ennuieront

FUTURE ANTERIOR

aurai ennuyé	aurons ennuyé
auras ennuyé	aurez ennuyé
aura ennuyé	auront ennuyé

CONDITIONAL

ennuierais	ennuierions
ennuierais	ennuieriez
ennuierait	ennuieraient

PAST CONDITIONAL

aurais ennuyé	aurions ennuyé
aurais ennuyé	auriez ennuyé
aurait ennuyé	auraient ennuyé

PRESENT SUBJUNCTIVE

ennuie	ennuyions
ennuies	ennuyiez
ennuie	ennuient

PAST SUBJUNCTIVE

aie ennuyé	ayons ennuyé
aies ennuyé	ayez ennuyé
ait ennuyé	aient ennuyé

IMPERFECT SUBJUNCTIVE

ennuyasse	ennuyassions
ennuyasses	ennuyassiez
ennuyât	ennuyassent

PLUPERFECT SUBJUNCTIVE

eusse ennuyé	eussions ennuyé
eusses ennuyé	eussiez ennuyé
eût ennuyé	eussent ennuyé

COMMANDS

| | ennuyons |
| ennuie | ennuyez |

Usage

Ce nouveau film m'a tellement ennuyé.	*This new film bored me so much.*
Ça m'ennuie de te voir si triste.	*It bothers me to see you so sad.*
Il m'ennuie avec ses accès de colère.	*He's annoying me with his fits of anger.*
Ça t'ennuierait de m'accompagner?	*Would you mind going with me?*
Nous ne voudrions pas vous ennuyer.	*We would not want to cause you any trouble.*

RELATED WORDS

l'ennui *(m)*	*boredom; trouble*
Ce roman est à mourir d'ennui.	*That novel can bore you to death.*
C'est un type qui vous cause toujours des ennuis.	*He's a guy who always gives you trouble.*
Si tu ne paies pas tes amendes, tu auras des ennuis avec la police.	*If you don't pay your fines, you'll have trouble with the police.*

regular -re verb　　　　　　**j'entends · j'entendis · entendu · entendant**

PRESENT

entends	entendons
entends	entendez
entend	entendent

IMPERFECT

entendais	entendions
entendais	entendiez
entendait	entendaient

PASSÉ SIMPLE

entendis	entendîmes
entendis	entendîtes
entendit	entendirent

FUTURE

entendrai	entendrons
entendras	entendrez
entendra	entendront

CONDITIONAL

entendrais	entendrions
entendrais	entendriez
entendrait	entendraient

PRESENT SUBJUNCTIVE

entende	entendions
entendes	entendiez
entende	entendent

IMPERFECT SUBJUNCTIVE

entendisse	entendissions
entendisses	entendissiez
entendît	entendissent

COMMANDS

	entendons
entends	entendez

PASSÉ COMPOSÉ

ai entendu	avons entendu
as entendu	avez entendu
a entendu	ont entendu

PLUPERFECT

avais entendu	avions entendu
avais entendu	aviez entendu
avait entendu	avaient entendu

PAST ANTERIOR

eus entendu	eûmes entendu
eus entendu	eûtes entendu
eut entendu	eurent entendu

FUTURE ANTERIOR

aurai entendu	aurons entendu
auras entendu	aurez entendu
aura entendu	auront entendu

PAST CONDITIONAL

aurais entendu	aurions entendu
aurais entendu	auriez entendu
aurait entendu	auraient entendu

PAST SUBJUNCTIVE

aie entendu	ayons entendu
aies entendu	ayez entendu
ait entendu	aient entendu

PLUPERFECT SUBJUNCTIVE

eusse entendu	eussions entendu
eusses entendu	eussiez entendu
eût entendu	eussent entendu

Usage

J'entends de la musique.	*I hear music.*
Maintenant ils vont m'entendre!	*Are they going to catch it from me!*
Je n'entends pas qu'il me parle sur ce ton.	*I won't stand for his speaking to me that way.*
—Tu y entends quelque chose?	*Do you understand this at all?*
—Non, je n'y entends rien.	*No, I don't understand anything about it.*
—Il sait que tu veux qu'il te rende l'argent?	*Does he know that you want him to return the money to you?*
—Je l'ai laissé entendre.	*I hinted at it.*

RELATED WORD

Entendu!	*Agreed!*

entrer   to enter, come/go in

j'entre · j'entrai · entré · entrant

regular -er verb;
compound tenses with être

PRESENT		PASSÉ COMPOSÉ	
entre	entrons	suis entré(e)	sommes entré(e)s
entres	entrez	es entré(e)	êtes entré(e)(s)
entre	entrent	est entré(e)	sont entré(e)s

IMPERFECT		PLUPERFECT	
entrais	entrions	étais entré(e)	étions entré(e)s
entrais	entriez	étais entré(e)	étiez entré(e)(s)
entrait	entraient	était entré(e)	étaient entré(e)s

PASSÉ SIMPLE		PAST ANTERIOR	
entrai	entrâmes	fus entré(e)	fûmes entré(e)s
entras	entrâtes	fus entré(e)	fûtes entré(e)(s)
entra	entrèrent	fut entré(e)	furent entré(e)s

FUTURE		FUTURE ANTERIOR	
entrerai	entrerons	serai entré(e)	serons entré(e)s
entreras	entrerez	seras entré(e)	serez entré(e)(s)
entrera	entreront	sera entré(e)	seront entré(e)s

CONDITIONAL		PAST CONDITIONAL	
entrerais	entrerions	serais entré(e)	serions entré(e)s
entrerais	entreriez	serais entré(e)	seriez entré(e)(s)
entrerait	entreraient	serait entré(e)	seraient entré(e)s

PRESENT SUBJUNCTIVE		PAST SUBJUNCTIVE	
entre	entrions	sois entré(e)	soyons entré(e)s
entres	entriez	sois entré(e)	soyez entré(e)(s)
entre	entrent	soit entré(e)	soient entré(e)s

IMPERFECT SUBJUNCTIVE		PLUPERFECT SUBJUNCTIVE	
entrasse	entrassions	fusse entré(e)	fussions entré(e)s
entrasses	entrassiez	fusses entré(e)	fussiez entré(e)(s)
entrât	entrassent	fût entré(e)	fussent entré(e)s

COMMANDS	
	entrons
entre	entrez

Usage

NOTE: When *entrer* is transitive as in *entrer des données*, it forms its compound tenses with *avoir*, not *être*.

Nous avons entré toutes les données.	*We entered all the data.*
entrer dans	*to enter/go in/come in*
Il est entré dans son bureau.	*He went into his office.*
Entrez sans frapper.	*Enter without knocking.* (sign)
Ça n'entre pas! Qu'est-ce qu'on va faire?	*It doesn't fit! What are we going to do?*
Elle est entrée dans l'enseignement.	*She entered the teaching profession.*
On y entre comme dans un moulin.	*Anyone can walk in.*

RELATED WORD

l'entrée *(f)*	*entrance*

irregular verb; spelling change:
y > i/mute *e*

j'envoie · j'envoyai · envoyé · envoyant

PRESENT		**PASSÉ COMPOSÉ**	
envoie	envoyons	ai envoyé	avons envoyé
envoies	envoyez	as envoyé	avez envoyé
envoie	envoient	a envoyé	ont envoyé

IMPERFECT		**PLUPERFECT**	
envoyais	envoyions	avais envoyé	avions envoyé
envoyais	envoyiez	avais envoyé	aviez envoyé
envoyait	envoyaient	avait envoyé	avaient envoyé

PASSÉ SIMPLE		**PAST ANTERIOR**	
envoyai	envoyâmes	eus envoyé	eûmes envoyé
envoyas	envoyâtes	eus envoyé	eûtes envoyé
envoya	envoyèrent	eut envoyé	eurent envoyé

FUTURE		**FUTURE ANTERIOR**	
enverrai	enverrons	aurai envoyé	aurons envoyé
enverras	enverrez	auras envoyé	aurez envoyé
enverra	enverront	aura envoyé	auront envoyé

CONDITIONAL		**PAST CONDITIONAL**	
enverrais	enverrions	aurais envoyé	aurions envoyé
enverrais	enverriez	aurais envoyé	auriez envoyé
enverrait	enverraient	aurait envoyé	auraient envoyé

PRESENT SUBJUNCTIVE		**PAST SUBJUNCTIVE**	
envoie	envoyions	aie envoyé	ayons envoyé
envoies	envoyiez	aies envoyé	ayez envoyé
envoie	envoient	ait envoyé	aient envoyé

IMPERFECT SUBJUNCTIVE		**PLUPERFECT SUBJUNCTIVE**	
envoyasse	envoyassions	eusse envoyé	eussions envoyé
envoyasses	envoyassiez	eusses envoyé	eussiez envoyé
envoyât	envoyassent	eût envoyé	eussent envoyé

COMMANDS	
	envoyons
envoie	envoyez

Usage

envoyer une lettre/un paquet/un e-mail	*to send a letter/a package/an e-mail*
envoyer qqch à qqn	*to send something to someone*
—Qu'est-ce que ta petite amie t'a envoyé pour ton anniversaire?	*What did your girlfriend send you for your birthday?*
—Elle m'a envoyé un appareil numérique.	*She sent me a digital camera.*
envoyer qqn quelque part	*to send someone somewhere*
Son entreprise l'a envoyée en Asie.	*Her firm sent her to Asia.*
envoyer chercher qqn pour qqch	*to send someone for something*
Je l'ai envoyé chercher une pizza.	*I sent him to get a pizza.*
Elle l'a envoyé promener.	*She sent him packing./She told him where to get off.*

espérer	*to hope*

j'espère · j'espérai · espéré · espérant

-er verb; spelling change:
é > è/mute e

PRESENT

espère	espérons
espères	espérez
espère	espèrent

IMPERFECT

espérais	espérions
espérais	espériez
espérait	espéraient

PASSÉ SIMPLE

espérai	espérâmes
espéras	espérâtes
espéra	espérèrent

FUTURE

espérerai	espérerons
espéreras	espérerez
espérera	espéreront

CONDITIONAL

espérerais	espérerions
espérerais	espéreriez
espérerait	espéreraient

PRESENT SUBJUNCTIVE

espère	espérions
espères	espériez
espère	espèrent

IMPERFECT SUBJUNCTIVE

espérasse	espérassions
espérasses	espérassiez
espérât	espérassent

COMMANDS

	espérons
espère	espérez

PASSÉ COMPOSÉ

ai espéré	avons espéré
as espéré	avez espéré
a espéré	ont espéré

PLUPERFECT

avais espéré	avions espéré
avais espéré	aviez espéré
avait espéré	avaient espéré

PAST ANTERIOR

eus espéré	eûmes espéré
eus espéré	eûtes espéré
eut espéré	eurent espéré

FUTURE ANTERIOR

aurai espéré	aurons espéré
auras espéré	aurez espéré
aura espéré	auront espéré

PAST CONDITIONAL

aurais espéré	aurions espéré
aurais espéré	auriez espéré
aurait espéré	auraient espéré

PAST SUBJUNCTIVE

aie espéré	ayons espéré
aies espéré	ayez espéré
ait espéré	aient espéré

PLUPERFECT SUBJUNCTIVE

eusse espéré	eussions espéré
eusses espéré	eussiez espéré
eût espéré	eussent espéré

Usage

J'espère que tu pourras venir à la fête.	*I hope you'll be able to come to the party.*
Il espère trouver un emploi.	*He hopes he'll find a job.*
J'espère quand même qu'on retrouvera mon chat.	*I'm hoping against hope that my cat will be found.*
Il espère en l'avenir.	*He has hope for the future.*
Je l'espère bien.	*I hope so.*

RELATED WORDS

l'espérance (f)	*hope/expectations*
Il a guéri contre toute espérance.	*He got better contrary to all expectations.*
l'espoir (m)	*hope*
Il n'y a plus d'espoir de récupérer les biens perdus.	*There's no hope of getting back our lost property.*

-er verb; spelling change:
y > i/mute e

j'essaie · j'essayai · essayé · essayant

PRESENT

essaie	essayons
essaies	essayez
essaie	essaient

PASSÉ COMPOSÉ

ai essayé	avons essayé
as essayé	avez essayé
a essayé	ont essayé

IMPERFECT

essayais	essayions
essayais	essayiez
essayait	essayaient

PLUPERFECT

avais essayé	avions essayé
avais essayé	aviez essayé
avait essayé	avaient essayé

PASSÉ SIMPLE

essayai	essayâmes
essayas	essayâtes
essaya	essayèrent

PAST ANTERIOR

eus essayé	eûmes essayé
eus essayé	eûtes essayé
eut essayé	eurent essayé

FUTURE

essaierai	essaierons
essaieras	essaierez
essaiera	essaieront

FUTURE ANTERIOR

aurai essayé	aurons essayé
auras essayé	aurez essayé
aura essayé	auront essayé

CONDITIONAL

essaierais	essaierions
essaierais	essaieriez
essaierait	essaieraient

PAST CONDITIONAL

aurais essayé	aurions essayé
aurais essayé	auriez essayé
aurait essayé	auraient essayé

PRESENT SUBJUNCTIVE

essaie	essayions
essaies	essayiez
essaie	essaient

PAST SUBJUNCTIVE

aie essayé	ayons essayé
aies essayé	ayez essayé
ait essayé	aient essayé

IMPERFECT SUBJUNCTIVE

essayasse	essayassions
essayasses	essayassiez
essayât	essayassent

PLUPERFECT SUBJUNCTIVE

eusse essayé	eussions essayé
eusses essayé	eussiez essayé
eût essayé	eussent essayé

COMMANDS

	essayons
essaie	essayez

Usage

NOTE: This verb is sometimes seen without the *y > i* change, such as *j'essaye.*

essayer qqch	*to try something/try something on/ taste something*
Je vais essayer cette robe.	*I'm going to try this dress on.*
Essaie cette soupe! Elle est vraiment bonne.	*Taste this soup! It's really good.*
essayer de faire qqch	*to try to do something*
J'essaierai d'arriver avant neuf heures.	*I'll try to get there before nine o'clock.*
Essayez de me comprendre.	*Try to understand me.*
Le prisonnier a essayé de s'enfuir.	*The prisoner tried to escape.*

RELATED WORDS

l'essai *(m)*	*testing/trying/try; essay*
mettre qqch à l'essai	*to try something out*

essuyer to wipe

j'essuie · j'essuyai · essuyé · essuyant

-er verb; spelling change:
y > i/mute e

PRESENT

essuie	essuyons
essuies	essuyez
essuie	essuient

IMPERFECT

essuyais	essuyions
essuyais	essuyiez
essuyait	essuyaient

PASSÉ SIMPLE

essuyai	essuyâmes
essuyas	essuyâtes
essuya	essuyèrent

FUTURE

essuierai	essuierons
essuieras	essuierez
essuiera	essuieront

CONDITIONAL

essuierais	essuierions
essuierais	essuieriez
essuierait	essuieraient

PRESENT SUBJUNCTIVE

essuie	essuyions
essuies	essuyiez
essuie	essuient

IMPERFECT SUBJUNCTIVE

essuyasse	essuyassions
essuyasses	essuyassiez
essuyât	essuyassent

COMMANDS

	essuyons
essuie	essuyez

PASSÉ COMPOSÉ

ai essuyé	avons essuyé
as essuyé	avez essuyé
a essuyé	ont essuyé

PLUPERFECT

avais essuyé	avions essuyé
avais essuyé	aviez essuyé
avait essuyé	avaient essuyé

PAST ANTERIOR

eus essuyé	eûmes essuyé
eus essuyé	eûtes essuyé
eut essuyé	eurent essuyé

FUTURE ANTERIOR

aurai essuyé	aurons essuyé
auras essuyé	aurez essuyé
aura essuyé	auront essuyé

PAST CONDITIONAL

aurais essuyé	aurions essuyé
aurais essuyé	auriez essuyé
aurait essuyé	auraient essuyé

PAST SUBJUNCTIVE

aie essuyé	ayons essuyé
aies essuyé	ayez essuyé
ait essuyé	aient essuyé

PLUPERFECT SUBJUNCTIVE

eusse essuyé	eussions essuyé
eusses essuyé	eussiez essuyé
eût essuyé	eussent essuyé

Usage

Dis aux enfants de s'essuyer les pieds avant d'entrer.	Tell the children to wipe their feet before coming in.
Est-ce qu'il y a une serviette? Je veux m'essuyer les mains.	Is there a towel? I want to wipe my hands.
Viens m'aider. Essuie la vaisselle.	Come help me. Dry the dishes.
C'est à qui d'essuyer le tableau aujourd'hui?	Whose turn is it to erase the board today?

RELATED WORDS

l'essuie-glace (m)	windshield wiper
l'essuie-mains (m)	hand towel
l'essuyage (m)	wiping

irregular verb

j'éteins · j'éteignis · éteint · éteignant

PRESENT		**PASSÉ COMPOSÉ**	
éteins	éteignons	ai éteint	avons éteint
éteins	éteignez	as éteint	avez éteint
éteint	éteignent	a éteint	ont éteint

IMPERFECT		**PLUPERFECT**	
éteignais	éteignions	avais éteint	avions éteint
éteignais	éteigniez	avais éteint	aviez éteint
éteignait	éteignaient	avait éteint	avaient éteint

PASSÉ SIMPLE		**PAST ANTERIOR**	
éteignis	éteignîmes	eus éteint	eûmes éteint
éteignis	éteignîtes	eus éteint	eûtes éteint
éteignit	éteignirent	eut éteint	eurent éteint

FUTURE		**FUTURE ANTERIOR**	
éteindrai	éteindrons	aurai éteint	aurons éteint
éteindras	éteindrez	auras éteint	aurez éteint
éteindra	éteindront	aura éteint	auront éteint

CONDITIONAL		**PAST CONDITIONAL**	
éteindrais	éteindrions	aurais éteint	aurions éteint
éteindrais	éteindriez	aurais éteint	auriez éteint
éteindrait	éteindraient	aurait éteint	auraient éteint

PRESENT SUBJUNCTIVE		**PAST SUBJUNCTIVE**	
éteigne	éteignions	aie éteint	ayons éteint
éteignes	éteigniez	aies éteint	ayez éteint
éteigne	éteignent	ait éteint	aient éteint

IMPERFECT SUBJUNCTIVE		**PLUPERFECT SUBJUNCTIVE**	
éteignisse	éteignissions	eusse éteint	eussions éteint
éteignisses	éteignissiez	eusses éteint	eussiez éteint
éteignît	éteignissent	eût éteint	eussent éteint

COMMANDS

	éteignons
éteins	éteignez

Usage

éteindre la lumière	*to turn out the light*
éteindre le feu	*to put out the fire*
J'éteins.	*I'll turn out the lights.*
N'éteignez pas les phares. Il fait encore noir.	*Don't turn off the headlights. It's still dark.*
Rien ne pourra éteindre son souvenir.	*Nothing can erase his memory.*
C'est en tombant dans le fleuve qu'il a éteint sa bougie.	*It was lights out for him when he fell into the river.*

RELATED WORD

éteint(e)	*off/out*
Le feu est éteint.	*The fire is out.*
La radio est éteinte.	*The radio is off.*

s'étonner *to be surprised*

je m'étonne · je m'étonnai · s'étant étonné · s'étonnant

regular -er reflexive verb;
compound tenses with être

PRESENT

m'étonne	nous étonnons
t'étonnes	vous étonnez
s'étonne	s'étonnent

PASSÉ COMPOSÉ

me suis étonné(e)	nous sommes étonné(e)s
t'es étonné(e)	vous êtes étonné(e)(s)
s'est étonné(e)	se sont étonné(e)s

IMPERFECT

m'étonnais	nous étonnions
t'étonnais	vous étonniez
s'étonnait	s'étonnaient

PLUPERFECT

m'étais étonné(e)	nous étions étonné(e)s
t'étais étonné(e)	vous étiez étonné(e)(s)
s'était étonné(e)	s'étaient étonné(e)s

PASSÉ SIMPLE

m'étonnai	nous étonnâmes
t'étonnas	vous étonnâtes
s'étonna	s'étonnèrent

PAST ANTERIOR

me fus étonné(e)	nous fûmes étonné(e)s
te fus étonné(e)	vous fûtes étonné(e)(s)
se fut étonné(e)	se furent étonné(e)s

FUTURE

m'étonnerai	nous étonnerons
t'étonneras	vous étonnerez
s'étonnera	s'étonneront

FUTURE ANTERIOR

me serai étonné(e)	nous serons étonné(e)s
te seras étonné(e)	vous serez étonné(e)(s)
se sera étonné(e)	se seront étonné(e)s

CONDITIONAL

m'étonnerais	nous étonnerions
t'étonnerais	vous étonneriez
s'étonnerait	s'étonneraient

PAST CONDITIONAL

me serais étonné(e)	nous serions étonné(e)s
te serais étonné(e)	vous seriez étonné(e)(s)
se serait étonné(e)	se seraient étonné(e)s

PRESENT SUBJUNCTIVE

m'étonne	nous étonnions
t'étonnes	vous étonniez
s'étonne	s'étonnent

PAST SUBJUNCTIVE

me sois étonné(e)	nous soyons étonné(e)s
te sois étonné(e)	vous soyez étonné(e)(s)
se soit étonné(e)	se soient étonné(e)s

IMPERFECT SUBJUNCTIVE

m'étonnasse	nous étonnassions
t'étonnasses	vous étonnassiez
s'étonnât	s'étonnassent

PLUPERFECT SUBJUNCTIVE

me fusse étonné(e)	nous fussions étonné(e)s
te fusses étonné(e)	vous fussiez étonné(e)(s)
se fût étonné(e)	se fussent étonné(e)s

COMMANDS

	étonnons-nous
étonne-toi	étonnez-vous

Usage

s'étonner de	to be surprised at
Il est très naïf. Il s'étonne de tout.	He's very naive. He is surprised at everything.
On s'est étonnés à l'annonce de sa démission.	We were surprised at the announcement of his resignation.

s'étonner que + subjunctive *to be surprised that*

Je m'étonne qu'il soit encore là.	I'm surprised he's still here.
Ça m'étonnerait qu'il soit déjà parti.	I'd be surprised if he had already left.

RELATED WORD

l'étonnement *(m)*	astonishment
Ses mots ont causé de l'étonnement.	His words caused astonishment.

irregular verb | **je suis · je fus · été · étant**

PRESENT

suis	sommes
es	êtes
est	sont

PASSÉ COMPOSÉ

ai été	avons été
as été	avez été
a été	ont été

IMPERFECT

étais	étions
étais	étiez
était	étaient

PLUPERFECT

avais été	avions été
avais été	aviez été
avait été	avaient été

PASSÉ SIMPLE

fus	fûmes
fus	fûtes
fut	furent

PAST ANTERIOR

eus été	eûmes été
eus été	eûtes été
eut été	eurent été

FUTURE

serai	serons
seras	serez
sera	seront

FUTURE ANTERIOR

aurai été	aurons été
auras été	aurez été
aura été	auront été

CONDITIONAL

serais	serions
serais	seriez
serait	seraient

PAST CONDITIONAL

aurais été	aurions été
aurais été	auriez été
aurait été	auraient été

PRESENT SUBJUNCTIVE

sois	soyons
sois	soyez
soit	soient

PAST SUBJUNCTIVE

aie été	ayons été
aies été	ayez été
ait été	aient été

IMPERFECT SUBJUNCTIVE

fusse	fussions
fusses	fussiez
fût	fussent

PLUPERFECT SUBJUNCTIVE

eusse été	eussions été
eusses été	eussiez été
eût été	eussent été

COMMANDS

	soyons
sois	soyez

Usage

Il est médecin.	*He's a doctor.*
C'est un médecin connu.	*He's a famous doctor.*
—Quelle heure est-il?	*What time is it?*
—Il est huit heures et demie.	*It's eight-thirty.*
La conférence est demain, à cinq heures.	*The lecture is tomorrow at five o'clock.*
Ma fille est grande, belle et intelligente.	*My daughter is tall, beautiful, and intelligent.*
—Où est l'arrêt d'autobus?	*Where is the bus stop?*
—Il est devant le cinéma.	*It's in front of the movie theater.*
—Qui est cet homme?	*Who's that man?*
—C'est notre boucher. Tu ne le reconnais pas?	*He's our butcher. Don't you recognize him?*

TOP 30 VERB ☞

être *to be*

je suis · je fus · été · étant

irregular verb

être pour exprimer l'existence

être ou ne pas être	to be or not to be
Il est ce qu'il est, et c'est tout.	He is what he is and that's all.
le logiciel le plus efficace qu'il soit	the most efficient software there is

être pour exprimer le temps et l'heure

être en retard/en avance/à l'heure	to be late/early/on time
être prêt(e)	to be ready

Où est-ce qu'on est?

Son père est à l'hôpital.	His/Her father is in the hospital.
J'ai été à la bibliothèque.	I went to the library.
Elle avait été au marché.	She had gone to the market.

être à

—C'est à qui le tour?	Whose turn is it?
—C'est à vous de parler.	It's your turn to speak.
—Il t'embête?	Does he annoy you?
—Oui, il est toujours à me gronder.	Yes, he's always scolding me.

être de

—Vous êtes d'où?	Where are you from?
—Je suis de Guadeloupe.	I'm from Guadeloupe.

être en

Je vois que ta montre est en or.	I see your watch is gold.
Il est en nage.	He is bathed in sweat.

en être, y être pour

—Où en êtes-vous dans le manuel?	Where are you up to in the textbook?
—On en est à la page 15.	We're up to page 15.
J'en suis là!	Look what's happened to me!/I've come to this!
—Je m'excuse. C'est de ma faute.	I'm sorry. It's my fault.
—Non, vous n'y êtes pour rien.	No, it's not your fault at all.

y être

Ça y est!	There you go!/That's it!
—J'y suis!	I've got it!/I've solved it!
—Vous n'y êtes pas du tout.	You're way off base.

TOP 30 VERBS

regular -er verb | **j'étudie · j'étudiai · étudié · étudiant**

PRESENT

étudie	étudions
étudies	étudiez
étudie	étudient

PASSÉ COMPOSÉ

ai étudié	avons étudié
as étudié	avez étudié
a étudié	ont étudié

IMPERFECT

étudiais	étudiions
étudiais	étudiiez
étudiait	étudiaient

PLUPERFECT

avais étudié	avions étudié
avais étudié	aviez étudié
avait étudié	avaient étudié

PASSÉ SIMPLE

étudiai	étudiâmes
étudias	étudiâtes
étudia	étudièrent

PAST ANTERIOR

eus étudié	eûmes étudié
eus étudié	eûtes étudié
eut étudié	eurent étudié

FUTURE

étudierai	étudierons
étudieras	étudierez
étudiera	étudieront

FUTURE ANTERIOR

aurai étudié	aurons étudié
auras étudié	aurez étudié
aura étudié	auront étudié

CONDITIONAL

étudierais	étudierions
étudierais	étudieriez
étudierait	étudieraient

PAST CONDITIONAL

aurais étudié	aurions étudié
aurais étudié	auriez étudié
aurait étudié	auraient étudié

PRESENT SUBJUNCTIVE

étudie	étudiions
étudies	étudiiez
étudie	étudient

PAST SUBJUNCTIVE

aie étudié	ayons étudié
aies étudié	ayez étudié
ait étudié	aient étudié

IMPERFECT SUBJUNCTIVE

étudiasse	étudiassions
étudiasses	étudiassiez
étudiât	étudiassent

PLUPERFECT SUBJUNCTIVE

eusse étudié	eussions étudié
eusses étudié	eussiez étudié
eût étudié	eussent étudié

COMMANDS

	étudions
étudie	étudiez

Usage

étudier qqch	to study something
Il étudie ses verbes latins.	He's studying his Latin verbs.
étudier à la faculté de droit	to study at the law school
Nous allons étudier ces idées de près.	We're going to study these ideas closely.

RELATED WORDS

l'étude (f)	study
les études (fpl)	course of study/university program/ education
faire ses études	to be studying at the university
faire ses études d'administration	to be studying business administration
Je travaille pour payer mes études.	I'm working to pay for my education.
Elle fait ses études à Paris.	She's going to college in Paris.
les étudiants en droit/en médecine	law/medical students

PRESENT

évite	évitons
évites	évitez
évite	évitent

PASSÉ COMPOSÉ

ai évité	avons évité
as évité	avez évité
a évité	ont évité

IMPERFECT

évitais	évitions
évitais	évitiez
évitait	évitaient

PLUPERFECT

avais évité	avions évité
avais évité	aviez évité
avait évité	avaient évité

PASSÉ SIMPLE

évitai	évitâmes
évitas	évitâtes
évita	évitèrent

PAST ANTERIOR

eus évité	eûmes évité
eus évité	eûtes évité
eut évité	eurent évité

FUTURE

éviterai	éviterons
éviteras	éviterez
évitera	éviteront

FUTURE ANTERIOR

aurai évité	aurons évité
auras évité	aurez évité
aura évité	auront évité

CONDITIONAL

éviterais	éviterions
éviterais	éviteriez
éviterait	éviteraient

PAST CONDITIONAL

aurais évité	aurions évité
aurais évité	auriez évité
aurait évité	auraient évité

PRESENT SUBJUNCTIVE

évite	évitions
évites	évitiez
évite	évitent

PAST SUBJUNCTIVE

aie évité	ayons évité
aies évité	ayez évité
ait évité	aient évité

IMPERFECT SUBJUNCTIVE

évitasse	évitassions
évitasses	évitassiez
évitât	évitassent

PLUPERFECT SUBJUNCTIVE

eusse évité	eussions évité
eusses évité	eussiez évité
eût évité	eussent évité

COMMANDS

	évitons
évite	évitez

Usage

J'essaie d'éviter les désagréments.
I try to avoid unpleasant situations.

Il vaut mieux éviter les discussions politiques au travail.
It's best to avoid political arguments at work.

Je voudrais que quelqu'un m'évite ce voyage.
I wish someone would save me the trouble of making this trip.

Répondez! Vous évitez la question!
Answer! You're begging the question!

Je suis sûr qu'il est coupable. Tu as vu comme il évitait mon regard?
I'm sure he's guilty. Did you see how he avoided my glance?

C'est un risque à éviter.
It's a risk that should be avoided.

—Sors si tu veux éviter Stéphane.
Leave if you want to avoid Stéphane.

—Lui et moi, on s'évite depuis un an.
He and I have been avoiding each other for a year.

Il essaie d'éviter ses créanciers.
He is trying to avoid his creditors.

regular *-er* reflexive verb;   **je m'excuse · je m'excusai · s'étant excusé ·**
compound tenses with *être*   **s'excusant**

PRESENT

		PASSÉ COMPOSÉ	
m'excuse	nous excusons	me suis excusé(e)	nous sommes excusé(e)s
t'excuses	vous excusez	t'es excusé(e)	vous êtes excusé(e)(s)
s'excuse	s'excusent	s'est excusé(e)	se sont excusé(e)s

IMPERFECT

		PLUPERFECT	
m'excusais	nous excusions	m'étais excusé(e)	nous étions excusé(e)s
t'excusais	vous excusiez	t'étais excusé(e)	vous étiez excusé(e)(s)
s'excusait	s'excusaient	s'était excusé(e)	s'étaient excusé(e)s

PASSÉ SIMPLE

		PAST ANTERIOR	
m'excusai	nous excusâmes	me fus excusé(e)	nous fûmes excusé(e)s
t'excusas	vous excusâtes	te fus excusé(e)	vous fûtes excusé(e)(s)
s'excusa	s'excusèrent	se fut excusé(e)	se furent excusé(e)s

FUTURE

		FUTURE ANTERIOR	
m'excuserai	nous excuserons	me serai excusé(e)	nous serons excusé(e)s
t'excuseras	vous excuserez	te seras excusé(e)	vous serez excusé(e)(s)
s'excusera	s'excuseront	se sera excusé(e)	se seront excusé(e)s

CONDITIONAL

		PAST CONDITIONAL	
m'excuserais	nous excuserions	me serais excusé(e)	nous serions excusé(e)s
t'excuserais	vous excuseriez	te serais excusé(e)	vous seriez excusé(e)(s)
s'excuserait	s'excuseraient	se serait excusé(e)	se seraient excusé(e)s

PRESENT SUBJUNCTIVE

		PAST SUBJUNCTIVE	
m'excuse	nous excusions	me sois excusé(e)	nous soyons excusé(e)s
t'excuses	vous excusiez	te sois excusé(e)	vous soyez excusé(e)(s)
s'excuse	s'excusent	se soit excusé(e)	se soient excusé(e)s

IMPERFECT SUBJUNCTIVE

		PLUPERFECT SUBJUNCTIVE	
m'excusasse	nous excusassions	me fusse excusé(e)	nous fussions excusé(e)s
t'excusasses	vous excusassiez	te fusses excusé(e)	vous fussiez excusé(e)(s)
s'excusât	s'excusassent	se fût excusé(e)	se fussent excusé(e)s

COMMANDS

	excusons-nous
excuse-toi	excusez-vous

Usage

s'excuser auprès de qqn	*to apologize to someone*
Les étudiants se sont excusés auprès du directeur.	*The students apologized to the principal.*
Ils se sont excusés d'être arrivés en retard.	*They apologized for being late.*
Je m'excuse de vous déranger.	*I apologize for bothering you.*

RELATED WORD

excusable	*forgivable*
Ces bêtises sont excusables à son âge.	*Such foolishness is forgivable at his age.*

exiger *to demand*

j'exige · j'exigeai · exigé · exigeant

-er verb; spelling change:
g > ge/a, o

PRESENT		PASSÉ COMPOSÉ	
exige	exigeons	ai exigé	avons exigé
exiges	exigez	as exigé	avez exigé
exige	exigent	a exigé	ont exigé

IMPERFECT		PLUPERFECT	
exigeais	exigions	avais exigé	avions exigé
exigeais	exigiez	avais exigé	aviez exigé
exigeait	exigeaient	avait exigé	avaient exigé

PASSÉ SIMPLE		PAST ANTERIOR	
exigeai	exigeâmes	eus exigé	eûmes exigé
exigeas	exigeâtes	eus exigé	eûtes exigé
exigea	exigèrent	eut exigé	eurent exigé

FUTURE		FUTURE ANTERIOR	
exigerai	exigerons	aurai exigé	aurons exigé
exigeras	exigerez	auras exigé	aurez exigé
exigera	exigeront	aura exigé	auront exigé

CONDITIONAL		PAST CONDITIONAL	
exigerais	exigerions	aurais exigé	aurions exigé
exigerais	exigeriez	aurais exigé	auriez exigé
exigerait	exigeraient	aurait exigé	auraient exigé

PRESENT SUBJUNCTIVE		PAST SUBJUNCTIVE	
exige	exigions	aie exigé	ayons exigé
exiges	exigiez	aies exigé	ayez exigé
exige	exigent	ait exigé	aient exigé

IMPERFECT SUBJUNCTIVE		PLUPERFECT SUBJUNCTIVE	
exigeasse	exigeassions	eusse exigé	eussions exigé
exigeasses	exigeassiez	eusses exigé	eussiez exigé
exigeât	exigeassent	eût exigé	eussent exigé

COMMANDS	
	exigeons
exige	exigez

Usage

Il a exigé son argent.	*He demanded his money.*
J'exige de vous des excuses.	*I demand an apology from you.*
Ce travail exige beaucoup de patience.	*This work requires a lot of patience.*
La connaissance de la programmation n'est pas exigée.	*Knowledge of programming is not required.*
Un titre universitaire est exigé.	*A college degree is required.*
Aucun passeport n'est exigé.	*A passport is not required.*
Mon nouveau poste exige trop de déplacements.	*My new job requires too much traveling.*
Le chef exige que tu finisses ce projet.	*The boss demands that you finish this project.*

regular -er verb · j'explique · j'expliquai · expliqué · expliquant

PRESENT

explique	expliquons
expliques	expliquez
explique	expliquent

IMPERFECT

expliquais	expliquions
expliquais	expliquiez
expliquait	expliquaient

PASSÉ SIMPLE

expliquai	expliquâmes
expliquas	expliquâtes
expliqua	expliquèrent

FUTURE

expliquerai	expliquerons
expliqueras	expliquerez
expliquera	expliqueront

CONDITIONAL

expliquerais	expliquerions
expliquerais	expliqueriez
expliquerait	expliqueraient

PRESENT SUBJUNCTIVE

explique	expliquions
expliques	expliquiez
explique	expliquent

IMPERFECT SUBJUNCTIVE

expliquasse	expliquassions
expliquasses	expliquassiez
expliquât	expliquassent

COMMANDS

	expliquons
explique	expliquez

PASSÉ COMPOSÉ

ai expliqué	avons expliqué
as expliqué	avez expliqué
a expliqué	ont expliqué

PLUPERFECT

avais expliqué	avions expliqué
avais expliqué	aviez expliqué
avait expliqué	avaient expliqué

PAST ANTERIOR

eus expliqué	eûmes expliqué
eus expliqué	eûtes expliqué
eut expliqué	eurent expliqué

FUTURE ANTERIOR

aurai expliqué	aurons expliqué
auras expliqué	aurez expliqué
aura expliqué	auront expliqué

PAST CONDITIONAL

aurais expliqué	aurions expliqué
aurais expliqué	auriez expliqué
aurait expliqué	auraient expliqué

PAST SUBJUNCTIVE

aie expliqué	ayons expliqué
aies expliqué	ayez expliqué
ait expliqué	aient expliqué

PLUPERFECT SUBJUNCTIVE

eusse expliqué	eussions expliqué
eusses expliqué	eussiez expliqué
eût expliqué	eussent expliqué

Usage

Expliquez-moi ce que vous voulez.	*Explain to me what you want.*
Il n'a pas expliqué pourquoi.	*He didn't explain why.*
expliquer qqch à qqn	*to explain something to someone*
Le directeur nous a expliqué le projet en détail.	*The director explained the project to us in detail.*
Ça explique tout!	*That figures!*
expliquer un texte	*to analyze a text critically*
Pour demain il nous faut expliquer ce poème.	*Tomorrow we have to give a critical analysis of this poem.*
s'expliquer	*to explain oneself*
Permettez-moi de m'expliquer.	*Allow me to explain myself.*
Ça s'explique.	*That's perfectly understandable.*

je me fâche · je me fâchai · s'étant fâché · se fâchant

regular -er reflexive verb; compound tenses with être

PRESENT

me fâche	nous fâchons
te fâches	vous fâchez
se fâche	se fâchent

PASSÉ COMPOSÉ

me suis fâché(e)	nous sommes fâché(e)s
t'es fâché(e)	vous êtes fâché(e)(s)
s'est fâché(e)	se sont fâché(e)s

IMPERFECT

me fâchais	nous fâchions
te fâchais	vous fâchiez
se fâchait	se fâchaient

PLUPERFECT

m'étais fâché(e)	nous étions fâché(e)s
t'étais fâché(e)	vous étiez fâché(e)(s)
s'était fâché(e)	s'étaient fâché(e)s

PASSÉ SIMPLE

me fâchai	nous fâchâmes
te fâchas	vous fâchâtes
se fâcha	se fâchèrent

PAST ANTERIOR

me fus fâché(e)	nous fûmes fâché(e)s
te fus fâché(e)	vous fûtes fâché(e)(s)
se fut fâché(e)	se furent fâché(e)s

FUTURE

me fâcherai	nous fâcherons
te fâcheras	vous fâcherez
se fâchera	se fâcheront

FUTURE ANTERIOR

me serai fâché(e)	nous serons fâché(e)s
te seras fâché(e)	vous serez fâché(e)(s)
se sera fâché(e)	se seront fâché(e)s

CONDITIONAL

me fâcherais	nous fâcherions
te fâcherais	vous fâcheriez
se fâcherait	se fâcheraient

PAST CONDITIONAL

me serais fâché(e)	nous serions fâché(e)s
te serais fâché(e)	vous seriez fâché(e)(s)
se serait fâché(e)	se seraient fâché(e)s

PRESENT SUBJUNCTIVE

me fâche	nous fâchions
te fâches	vous fâchiez
se fâche	se fâchent

PAST SUBJUNCTIVE

me sois fâché(e)	nous soyons fâché(e)s
te sois fâché(e)	vous soyez fâché(e)(s)
se soit fâché(e)	se soient fâché(e)s

IMPERFECT SUBJUNCTIVE

me fâchasse	nous fâchassions
te fâchasses	vous fâchassiez
se fâchât	se fâchassent

PLUPERFECT SUBJUNCTIVE

me fusse fâché(e)	nous fussions fâché(e)s
te fusses fâché(e)	vous fussiez fâché(e)(s)
se fût fâché(e)	se fussent fâché(e)s

COMMANDS

	fâchons-nous
fâche-toi	fâchez-vous

Usage

se fâcher contre qqn	to get angry at someone
Le prof s'est fâché tout rouge contre moi.	The teacher got furious with me.
se fâcher avec qqn	to get angry with/break off with someone
Elle s'est fâchée avec Pierre.	She got angry with Pierre.
Si ça arrive, je vais me fâcher.	If that happens, I'm going to put my foot down.

RELATED WORDS

fâché(e)	angry
Il est toujours fâché.	He's always angry.
fâcheux/fâcheuse	annoying/irritating
Ils ont de fâcheuses habitudes.	They have annoying habits.

irregular verb · je fais · je fis · fait · faisant

PRESENT		PASSÉ COMPOSÉ	
fais	faisons	ai fait	avons fait
fais	faites	as fait	avez fait
fait	font	a fait	ont fait

IMPERFECT		PLUPERFECT	
faisais	faisions	avais fait	avions fait
faisais	faisiez	avais fait	aviez fait
faisait	faisaient	avait fait	avaient fait

PASSÉ SIMPLE		PAST ANTERIOR	
fis	fîmes	eus fait	eûmes fait
fis	fîtes	eus fait	eûtes fait
fit	firent	eut fait	eurent fait

FUTURE		FUTURE ANTERIOR	
ferai	ferons	aurai fait	aurons fait
feras	ferez	auras fait	aurez fait
fera	feront	aura fait	auront fait

CONDITIONAL		PAST CONDITIONAL	
ferais	ferions	aurais fait	aurions fait
ferais	feriez	aurais fait	auriez fait
ferait	feraient	aurait fait	auraient fait

PRESENT SUBJUNCTIVE		PAST SUBJUNCTIVE	
fasse	fassions	aie fait	ayons fait
fasses	fassiez	aies fait	ayez fait
fasse	fassent	ait fait	aient fait

IMPERFECT SUBJUNCTIVE		PLUPERFECT SUBJUNCTIVE	
fisse	fissions	eusse fait	eussions fait
fisses	fissiez	eusses fait	eussiez fait
fît	fissent	eût fait	eussent fait

COMMANDS	
	faisons
fais	faites

Usage

faire qqch	*to make something*
faire une quiche	*to make a quiche*
faire qqch pour qqn	*to make/do something for someone*
Tu peux faire les courses pour moi?	*Can you do the shopping for me?*
faire qqch à qqn	*to make/do something to/for someone*
Je vais te faire un thé.	*I'm going to make you a cup of tea.*
Qu'est-ce que vous faites dans la vie?	*What do you do for a living?*
Que feriez-vous dans ce cas?	*What would you do in this case?*
Quel temps fait-il?	*What's the weather like?*
Il fait chaud/froid.	*The weather's warm/cold.*
Il faisait nuit quand je suis rentré.	*It was dark when I got back.*
Il fait soleil.	*The sun's out.*
Il fait du vent.	*It's windy.*

TOP 30 VERB ☞

faire des études

faire sa médecine	to study medicine
faire du français/des langues	to study French/languages
faire des maths	to study math
faire du violon/du piano/de la flûte	to study violin/piano/flute

faire du sport

| faire du vélo/de la voile | to go bike riding/sailing |
| faire de la varappe/du jogging | to go rock climbing/jogging |

faire à la maison

faire le linge/la lessive	to do the wash/the laundry
faire le ménage	to do the housework
faire la vaisselle/les carreaux/le parquet	to do the dishes/the windows/the floor

faire dans le domaine personnel

—Pourquoi est-ce que tu fais la moue?	*Why are you pouting?*
—Parce que tu m'as fait de la peine.	*Because you hurt my feelings.*
—Lui, il fait un beau gâchis de tout.	*He makes a mess of everything.*
—Oui, il fait toujours le singe.	*Yes, he's always acting the fool.*
—Tu as vu la tête qu'il a faite?	*Did you see the face he made?*
—Laisse tomber. On ne va pas en faire toute une histoire.	*Forget about it. We're not going to make a federal case out of it.*
en faire à sa tête	to act impulsively
faire un clin d'œil à qqn	to wink at someone
faire l'enfant/l'idiot	to act like a child/an idiot
C'est bien fait pour toi!	Serves you right!

faire pour les voyages et les déplacements

—Vous avez fait un voyage?	*Did you take a trip?*
—Oui, nous avons fait l'Europe cet été.	*Yes, we traveled through Europe this summer.*
faire une promenade/une promenade en voiture	to go for a walk/car ride
faire une fugue	to run away from home
faire la queue au guichet de la gare	to stand in line at the station ticket window

D'autres expressions

faire acte de présence	to put in an appearance
faire une gaffe	to make a blunder
faire semblant de faire qqch	to pretend to do something

TOP 30 VERBS

regular -er verb | **je ferme · je fermai · fermé · fermant**

PRESENT		PASSÉ COMPOSÉ	
ferme	fermons	ai fermé	avons fermé
fermes	fermez	as fermé	avez fermé
ferme	ferment	a fermé	ont fermé

IMPERFECT		PLUPERFECT	
fermais	fermions	avais fermé	avions fermé
fermais	fermiez	avais fermé	aviez fermé
fermait	fermaient	avait fermé	avaient fermé

PASSÉ SIMPLE		PAST ANTERIOR	
fermai	fermâmes	eus fermé	eûmes fermé
fermas	fermâtes	eus fermé	eûtes fermé
ferma	fermèrent	eut fermé	eurent fermé

FUTURE		FUTURE ANTERIOR	
fermerai	fermerons	aurai fermé	aurons fermé
fermeras	fermerez	auras fermé	aurez fermé
fermera	fermeront	aura fermé	auront fermé

CONDITIONAL		PAST CONDITIONAL	
fermerais	fermerions	aurais fermé	aurions fermé
fermerais	fermeriez	aurais fermé	auriez fermé
fermerait	fermeraient	aurait fermé	auraient fermé

PRESENT SUBJUNCTIVE		PAST SUBJUNCTIVE	
ferme	fermions	aie fermé	ayons fermé
fermes	fermiez	aies fermé	ayez fermé
ferme	ferment	ait fermé	aient fermé

IMPERFECT SUBJUNCTIVE		PLUPERFECT SUBJUNCTIVE	
fermasse	fermassions	eusse fermé	eussions fermé
fermasses	fermassiez	eusses fermé	eussiez fermé
fermât	fermassent	eût fermé	eussent fermé

COMMANDS	
	fermons
ferme	fermez

Usage

fermer la porte/les fenêtres/son livre	*to close the door/the windows/one's book*
fermer la porte à clé	*to lock the door*
fermer la porte à verrou	*to bolt the door*
fermer la porte à double tour	*to double-lock the door*
Ils m'ont fermé la porte au nez.	*They shut the door in my face.*
fermer les yeux sur les abus	*to turn a blind eye to the abuses*
Ça ferme à sept heures.	*The store closes at seven o'clock.*
On ferme en août.	*We close in August.*
la fermer *(colloquial)*	*to keep one's mouth shut*
Ferme-la!	*Shut up!*
Tu aurais dû la fermer.	*You should have kept your mouth shut.*

je me fie · je me fiai · s'étant fié · se fiant

regular -er reflexive verb; compound tenses with être

PRESENT		PASSÉ COMPOSÉ	
me fie	nous fions	me suis fié(e)	nous sommes fié(e)s
te fies	vous fiez	t'es fié(e)	vous êtes fié(e)(s)
se fie	se fient	s'est fié(e)	se sont fié(e)s

IMPERFECT		PLUPERFECT	
me fiais	nous fiions	m'étais fié(e)	nous étions fié(e)s
te fiais	vous fiiez	t'étais fié(e)	vous étiez fié(e)(s)
se fiait	se fiaient	s'était fié(e)	s'étaient fié(e)s

PASSÉ SIMPLE		PAST ANTERIOR	
me fiai	nous fiâmes	me fus fié(e)	nous fûmes fié(e)s
te fias	vous fiâtes	te fus fié(e)	vous fûtes fié(e)(s)
se fia	se fièrent	se fut fié(e)	se furent fié(e)s

FUTURE		FUTURE ANTERIOR	
me fierai	nous fierons	me serai fié(e)	nous serons fié(e)s
te fieras	vous fierez	te seras fié(e)	vous serez fié(e)(s)
se fiera	se fieront	se sera fié(e)	se seront fié(e)s

CONDITIONAL		PAST CONDITIONAL	
me fierais	nous fierions	me serais fié(e)	nous serions fié(e)s
te fierais	vous fieriez	te serais fié(e)	vous seriez fié(e)(s)
se fierait	se fieraient	se serait fié(e)	se seraient fié(e)s

PRESENT SUBJUNCTIVE		PAST SUBJUNCTIVE	
me fie	nous fiions	me sois fié(e)	nous soyons fié(e)s
te fies	vous fiiez	te sois fié(e)	vous soyez fié(e)(s)
se fie	se fient	se soit fié(e)	se soient fié(e)s

IMPERFECT SUBJUNCTIVE		PLUPERFECT SUBJUNCTIVE	
me fiasse	nous fiassions	me fusse fié(e)	nous fussions fié(e)s
te fiasses	vous fiassiez	te fusses fié(e)	vous fussiez fié(e)(s)
se fiât	se fiassent	se fût fié(e)	se fussent fié(e)s

COMMANDS	
	fions-nous
fie-toi	fiez-vous

Usage

Personne ne se fie à lui.	*No one trusts him.*
Tous les employés se fient au chef de rayon.	*All the employees trust the department head.*
Il ne faut pas se fier aux apparences.	*One must not judge by appearances.*
Je ne me fie jamais à ce qu'il dit.	*I never go by what he says.*
Nous nous fions à votre discrétion.	*We're relying on your discretion.*
—Tu ne prends pas de notes?	*You're not writing anything down?*
—Non, je me fie à ma mémoire.	*No, I'm relying on my memory.*

RELATED WORDS

fiable	*trustworthy*
la fiabilité	*trustworthiness*

regular -*ir* verb | je finis · je finis · fini · finissant

PRESENT

finis	finissons
finis	finissez
finit	finissent

IMPERFECT

finissais	finissions
finissais	finissiez
finissait	finissaient

PASSÉ SIMPLE

finis	finîmes
finis	finîtes
finit	finirent

FUTURE

finirai	finirons
finiras	finirez
finira	finiront

CONDITIONAL

finirais	finirions
finirais	finiriez
finirait	finiraient

PRESENT SUBJUNCTIVE

finisse	finissions
finisses	finissiez
finisse	finissent

IMPERFECT SUBJUNCTIVE

finisse	finissions
finisses	finissiez
finît	finissent

COMMANDS

	finissons
finis	finissez

PASSÉ COMPOSÉ

ai fini	avons fini
as fini	avez fini
a fini	ont fini

PLUPERFECT

avais fini	avions fini
avais fini	aviez fini
avait fini	avaient fini

PAST ANTERIOR

eus fini	eûmes fini
eus fini	eûtes fini
eut fini	eurent fini

FUTURE ANTERIOR

aurai fini	aurons fini
auras fini	aurez fini
aura fini	auront fini

PAST CONDITIONAL

aurais fini	aurions fini
aurais fini	auriez fini
aurait fini	auraient fini

PAST SUBJUNCTIVE

aie fini	ayons fini
aies fini	ayez fini
ait fini	aient fini

PLUPERFECT SUBJUNCTIVE

eusse fini	eussions fini
eusses fini	eussiez fini
eût fini	eussent fini

Usage

—Maman! J'ai fini. Je veux sortir jouer. — *Mom! I finished. I want to go out to play.*
—Tu n'as pas fini tes légumes. Finis-les. — *You haven't finished your vegetables. Finish them.*

finir son travail/un livre/un article — *to finish one's work/a book/an article*
Tu vas finir sans travail si tu continues comme ça! — *You'll wind up without a job if you keep on like that!*
Il a fini chef de rayon. — *He wound up as department supervisor.*
Quand est-ce que tu finiras de m'embêter? — *When will you stop annoying me?*
en finir avec qqch/avec qqn — *to be done with something/someone*
Je veux qu'on en finisse. — *I want us to be done with it.*
Il faut en finir avec ces discussions. — *We have to stop these discussions.*
C'est un roman à n'en plus finir. — *It's an endless novel.*

forcer *to force*

je force · je forçai · forcé · forçant

-er verb; spelling change:
c > ç/a, o

PRESENT		PASSÉ COMPOSÉ	
force	forçons	ai forcé	avons forcé
forces	forcez	as forcé	avez forcé
force	forcent	a forcé	ont forcé

IMPERFECT		PLUPERFECT	
forçais	forcions	avais forcé	avions forcé
forçais	forciez	avais forcé	aviez forcé
forçait	forçaient	avait forcé	avaient forcé

PASSÉ SIMPLE		PAST ANTERIOR	
forçai	forçâmes	eus forcé	eûmes forcé
forças	forçâtes	eus forcé	eûtes forcé
força	forcèrent	eut forcé	eurent forcé

FUTURE		FUTURE ANTERIOR	
forcerai	forcerons	aurai forcé	aurons forcé
forceras	forcerez	auras forcé	aurez forcé
forcera	forceront	aura forcé	auront forcé

CONDITIONAL		PAST CONDITIONAL	
forcerais	forcerions	aurais forcé	aurions forcé
forcerais	forceriez	aurais forcé	auriez forcé
forcerait	forceraient	aurait forcé	auraient forcé

PRESENT SUBJUNCTIVE		PAST SUBJUNCTIVE	
force	forcions	aie forcé	ayons forcé
forces	forciez	aies forcé	ayez forcé
force	forcent	ait forcé	aient forcé

IMPERFECT SUBJUNCTIVE		PLUPERFECT SUBJUNCTIVE	
forçasse	forçassions	eusse forcé	eussions forcé
forçasses	forçassiez	eusses forcé	eussiez forcé
forçât	forçassent	eût forcé	eussent forcé

COMMANDS	
	forçons
force	forcez

Usage

Il a essayé de forcer la porte de la cuisine.	*He tried to force open the kitchen door.*
forcer la serrure	*to break the lock*
Le président a forcé la main du Parlement pour qu'ils approuvent sa proposition de loi.	*The president rammed his bill through Parliament.*
Écoute. Ne me force pas la main.	*Listen. Don't twist my arm.*
forcer qqn à faire qqch	*to force someone to do something*
L'agent l'a forcé à répondre.	*The policeman forced him to answer.*
Tu forces un peu la dose/la note.	*You're overdoing it/dramatizing.*
Je peux le faire sans forcer.	*I can do it easily.*
se forcer à faire qqch	*to force oneself to do something*
Je me force à prendre les médicaments.	*I force myself to take the medication.*

regular *-ir* verb
je fournis · je fournis · fourni · fournissant

PRESENT		**PASSÉ COMPOSÉ**	
fournis	fournissons	ai fourni	avons fourni
fournis	fournissez	as fourni	avez fourni
fournit	fournissent	a fourni	ont fourni

IMPERFECT		**PLUPERFECT**	
fournissais	fournissions	avais fourni	avions fourni
fournissais	fournissiez	avais fourni	aviez fourni
fournissait	fournissaient	avait fourni	avaient fourni

PASSÉ SIMPLE		**PAST ANTERIOR**	
fournis	fournîmes	eus fourni	eûmes fourni
fournis	fournîtes	eus fourni	eûtes fourni
fournit	fournirent	eut fourni	eurent fourni

FUTURE		**FUTURE ANTERIOR**	
fournirai	fournirons	aurai fourni	aurons fourni
fourniras	fournirez	auras fourni	aurez fourni
fournira	fourniront	aura fourni	auront fourni

CONDITIONAL		**PAST CONDITIONAL**	
fournirais	fournirions	aurais fourni	aurions fourni
fournirais	fourniriez	aurais fourni	auriez fourni
fournirait	fourniraient	aurait fourni	auraient fourni

PRESENT SUBJUNCTIVE		**PAST SUBJUNCTIVE**	
fournisse	fournissions	aie fourni	ayons fourni
fournisses	fournissiez	aies fourni	ayez fourni
fournisse	fournissent	ait fourni	aient fourni

IMPERFECT SUBJUNCTIVE		**PLUPERFECT SUBJUNCTIVE**	
fournisse	fournissions	eusse fourni	eussions fourni
fournisses	fournissiez	eusses fourni	eussiez fourni
fournît	fournissent	eût fourni	eussent fourni

COMMANDS	
	fournissons
fournis	fournissez

Usage

fournir qqch à qqn	to supply someone with something
fournir des livres aux étudiants	to supply the students with books
fournir du travail aux jeunes	to get work for young people
Il m'a fourni les moyens de réussir.	He gave me the means to succeed.
fournir un gros effort	to put forth a great effort
fournir à l'entretien de qqn	to support someone (financially)
Ses parents fournissent à son entretien.	His parents support him.
Je me fournis chez le traiteur au coin.	I shop (for food) at the caterer's/the deli on the corner.

RELATED WORD

le fournisseur	supplier/purveyor
Cette viande n'est pas bonne. Il faut changer de fournisseur.	This meat isn't good. We have to shop elsewhere.

frapper	*to knock, strike*

je frappe · je frappai · frappé · frappant   regular -er verb

PRESENT

frappe	frappons
frappes	frappez
frappe	frappent

PASSÉ COMPOSÉ

ai frappé	avons frappé
as frappé	avez frappé
a frappé	ont frappé

IMPERFECT

frappais	frappions
frappais	frappiez
frappait	frappaient

PLUPERFECT

avais frappé	avions frappé
avais frappé	aviez frappé
avait frappé	avaient frappé

PASSÉ SIMPLE

frappai	frappâmes
frappas	frappâtes
frappa	frappèrent

PAST ANTERIOR

eus frappé	eûmes frappé
eus frappé	eûtes frappé
eut frappé	eurent frappé

FUTURE

frapperai	frapperons
frapperas	frapperez
frappera	frapperont

FUTURE ANTERIOR

aurai frappé	aurons frappé
auras frappé	aurez frappé
aura frappé	auront frappé

CONDITIONAL

frapperais	frapperions
frapperais	frapperiez
frapperait	frapperaient

PAST CONDITIONAL

aurais frappé	aurions frappé
aurais frappé	auriez frappé
aurait frappé	auraient frappé

PRESENT SUBJUNCTIVE

frappe	frappions
frappes	frappiez
frappe	frappent

PAST SUBJUNCTIVE

aie frappé	ayons frappé
aies frappé	ayez frappé
ait frappé	aient frappé

IMPERFECT SUBJUNCTIVE

frappasse	frappassions
frappasses	frappassiez
frappât	frappassent

PLUPERFECT SUBJUNCTIVE

eusse frappé	eussions frappé
eusses frappé	eussiez frappé
eût frappé	eussent frappé

COMMANDS

	frappons
frappe	frappez

Usage

frapper à la porte	*to knock at the door*
Excusez-moi. J'ai frappé à la mauvaise porte.	*Excuse me. I knocked at the wrong door.*
Entrez sans frapper. *(sign)*	*Enter without knocking.*
Frappez avant d'entrer. *(sign)*	*Knock before entering.*
Tes observations ont frappé juste.	*Your observations hit home.*
Ce contrat est frappé de nullité.	*That contract is declared null and void.*
Cette tragédie l'a frappé cruellement.	*That tragedy was a cruel blow to him.*
être frappé(e) d'horreur	*to be horror-stricken*

RELATED WORDS

la force de frappe	*nuclear strike force*
frappé(e)	*chilled with ice*
frappant(e)	*impressive/striking*

irregular verb

je fuis · je fuis · fui · fuyant

PRESENT

fuis	fuyons
fuis	fuyez
fuit	fuient

PASSÉ COMPOSÉ

ai fui	avons fui
as fui	avez fui
a fui	ont fui

IMPERFECT

fuyais	fuyions
fuyais	fuyiez
fuyait	fuyaient

PLUPERFECT

avais fui	avions fui
avais fui	aviez fui
avait fui	avaient fui

PASSÉ SIMPLE

fuis	fuîmes
fuis	fuîtes
fuit	fuirent

PAST ANTERIOR

eus fui	eûmes fui
eus fui	eûtes fui
eut fui	eurent fui

FUTURE

fuirai	fuirons
fuiras	fuirez
fuira	fuiront

FUTURE ANTERIOR

aurai fui	aurons fui
auras fui	aurez fui
aura fui	auront fui

CONDITIONAL

fuirais	fuirions
fuirais	fuiriez
fuirait	fuiraient

PAST CONDITIONAL

aurais fui	aurions fui
aurais fui	auriez fui
aurait fui	auraient fui

PRESENT SUBJUNCTIVE

fuie	fuyions
fuies	fuyiez
fuie	fuient

PAST SUBJUNCTIVE

aie fui	ayons fui
aies fui	ayez fui
ait fui	aient fui

IMPERFECT SUBJUNCTIVE

fuisse	fuissions
fuisses	fuissiez
fuît	fuissent

PLUPERFECT SUBJUNCTIVE

eusse fui	eussions fui
eusses fui	eussiez fui
eût fui	eussent fui

COMMANDS

	fuyons
fuis	fuyez

Usage

L'ennemi a fui devant nos troupes.	The enemy fled from our troops.
L'homme courageux ne fuit pas devant le danger.	The courageous man does not run away from danger.
Le voleur a fui à toutes jambes.	The thief fled in haste.
Il n'est pas fiable. Il fuit toujours devant ses responsabilités.	He's not reliable. He runs away from his responsibilities.
Le temps fuit.	Time flies.
Ses années de jeunesse ont fui.	The years of his youth passed rapidly.
Il faut fuir ces gens-là.	You have to avoid those people.

RELATED WORD

la fuite	flight
Je n'approuve pas ta fuite devant tes responsabilités.	I don't approve of your running away from responsibilities.

je gagne · je gagnai · gagné · gagnant

regular -er verb

PRESENT

gagne	gagnons
gagnes	gagnez
gagne	gagnent

IMPERFECT

gagnais	gagnions
gagnais	gagniez
gagnait	gagnaient

PASSÉ SIMPLE

gagnai	gagnâmes
gagnas	gagnâtes
gagna	gagnèrent

FUTURE

gagnerai	gagnerons
gagneras	gagnerez
gagnera	gagneront

CONDITIONAL

gagnerais	gagnerions
gagnerais	gagneriez
gagnerait	gagneraient

PRESENT SUBJUNCTIVE

gagne	gagnions
gagnes	gagniez
gagne	gagnent

IMPERFECT SUBJUNCTIVE

gagnasse	gagnassions
gagnasses	gagnassiez
gagnât	gagnassent

COMMANDS

	gagnons
gagne	gagnez

PASSÉ COMPOSÉ

ai gagné	avons gagné
as gagné	avez gagné
a gagné	ont gagné

PLUPERFECT

avais gagné	avions gagné
avais gagné	aviez gagné
avait gagné	avaient gagné

PAST ANTERIOR

eus gagné	eûmes gagné
eus gagné	eûtes gagné
eut gagné	eurent gagné

FUTURE ANTERIOR

aurai gagné	aurons gagné
auras gagné	aurez gagné
aura gagné	auront gagné

PAST CONDITIONAL

aurais gagné	aurions gagné
aurais gagné	auriez gagné
aurait gagné	auraient gagné

PAST SUBJUNCTIVE

aie gagné	ayons gagné
aies gagné	ayez gagné
ait gagné	aient gagné

PLUPERFECT SUBJUNCTIVE

eusse gagné	eussions gagné
eusses gagné	eussiez gagné
eût gagné	eussent gagné

Usage

gagner de l'argent/une grosse somme d'argent	to make money/a lot of money
Il gagne bien.	He earns a good salary.
Il est difficile de gagner sa vie dans ce pays.	It's difficult to make a living in that country.
Ce qu'il nous faut maintenant, c'est gagner du temps.	What we have to do now is play for time.
Mon travail est dur, mais je gagne ma croûte.	My work is hard, but I eke out a living.
gagner au casino	to win at the casino
On ne peut pas toujours gagner, tu sais.	Win a few, lose a few, you know.
Ils gagnent trois fois rien.	They earn next to nothing.
Qu'est-ce que tu y gagnes?	What do you get out of it?

regular -er verb

je garde · je gardai · gardé · gardant

PRESENT

garde	gardons
gardes	gardez
garde	gardent

PASSÉ COMPOSÉ

ai gardé	avons gardé
as gardé	avez gardé
a gardé	ont gardé

IMPERFECT

gardais	gardions
gardais	gardiez
gardait	gardaient

PLUPERFECT

avais gardé	avions gardé
avais gardé	aviez gardé
avait gardé	avaient gardé

PASSÉ SIMPLE

gardai	gardâmes
gardas	gardâtes
garda	gardèrent

PAST ANTERIOR

eus gardé	eûmes gardé
eus gardé	eûtes gardé
eut gardé	eurent gardé

FUTURE

garderai	garderons
garderas	garderez
gardera	garderont

FUTURE ANTERIOR

aurai gardé	aurons gardé
auras gardé	aurez gardé
aura gardé	auront gardé

CONDITIONAL

garderais	garderions
garderais	garderiez
garderait	garderaient

PAST CONDITIONAL

aurais gardé	aurions gardé
aurais gardé	auriez gardé
aurait gardé	auraient gardé

PRESENT SUBJUNCTIVE

garde	gardions
gardes	gardiez
garde	gardent

PAST SUBJUNCTIVE

aie gardé	ayons gardé
aies gardé	ayez gardé
ait gardé	aient gardé

IMPERFECT SUBJUNCTIVE

gardasse	gardassions
gardasses	gardassiez
gardât	gardassent

PLUPERFECT SUBJUNCTIVE

eusse gardé	eussions gardé
eusses gardé	eussiez gardé
eût gardé	eussent gardé

COMMANDS

	gardons
garde	gardez

Usage

Je garde mes livres dans mon cabinet d'étude.	*I keep my books in my study.*
Ma petite amie a gardé toutes mes lettres.	*My girlfriend kept all my letters.*
J'ai eu du mal à garder mon sérieux.	*I could hardly keep a straight face.*
Il faut toujours garder sa présence d'esprit.	*You must always keep your wits about you.*
garder un enfant	*to take care of/baby-sit a child*
Tu peux garder ma valise un instant?	*Can you keep an eye on my suitcase for a minute?*
Si tu veux, je garderai ton courrier pendant ton absence.	*If you want, I'll take care of your mail while you're away.*
Tu vas garder cela pour toi.	*You'll keep this under your hat.*

geler	*to freeze*

je gèle · je gelai · gelé · gelant   -er verb; spelling change: é > è/mute e

PRESENT		**PASSÉ COMPOSÉ**	
gèle	gelons	ai gelé	avons gelé
gèles	gelez	as gelé	avez gelé
gèle	gèlent	a gelé	ont gelé

IMPERFECT		**PLUPERFECT**	
gelais	gelions	avais gelé	avions gelé
gelais	geliez	avais gelé	aviez gelé
gelait	gelaient	avait gelé	avaient gelé

PASSÉ SIMPLE		**PAST ANTERIOR**	
gelai	gelâmes	eus gelé	eûmes gelé
gelas	gelâtes	eus gelé	eûtes gelé
gela	gelèrent	eut gelé	eurent gelé

FUTURE		**FUTURE ANTERIOR**	
gèlerai	gèlerons	aurai gelé	aurons gelé
gèleras	gèlerez	auras gelé	aurez gelé
gèlera	gèleront	aura gelé	auront gelé

CONDITIONAL		**PAST CONDITIONAL**	
gèlerais	gèlerions	aurais gelé	aurions gelé
gèlerais	gèleriez	aurais gelé	auriez gelé
gèlerait	gèleraient	aurait gelé	auraient gelé

PRESENT SUBJUNCTIVE		**PAST SUBJUNCTIVE**	
gèle	gelions	aie gelé	ayons gelé
gèles	geliez	aies gelé	ayez gelé
gèle	gèlent	ait gelé	aient gelé

IMPERFECT SUBJUNCTIVE		**PLUPERFECT SUBJUNCTIVE**	
gelasse	gelassions	eusse gelé	eussions gelé
gelasses	gelassiez	eusses gelé	eussiez gelé
gelât	gelassent	eût gelé	eussent gelé

COMMANDS	
	gelons
gèle	gelez

Usage

Quel froid! Je gèle!	It's so cold! I'm freezing!
être gelé(e) jusqu'aux os	to be frozen stiff
Le moteur a gelé.	The motor froze up.
Cette nuit il va geler.	There's going to be frost this evening.
geler les salaires et les prix	to freeze salaries and prices
geler les négociations	to halt negotiations
geler les entretiens	to halt talks

RELATED WORDS

la gelure	frostbite
la gelée/le gel	frost
le gel des salaires	freezing of salaries

regular -er verb

je gêne · je gênai · gêné · gênant

PRESENT

gêne	gênons
gênes	gênez
gêne	gênent

PASSÉ COMPOSÉ

ai gêné	avons gêné
as gêné	avez gêné
a gêné	ont gêné

IMPERFECT

gênais	gênions
gênais	gêniez
gênait	gênaient

PLUPERFECT

avais gêné	avions gêné
avais gêné	aviez gêné
avait gêné	avaient gêné

PASSÉ SIMPLE

gênai	gênâmes
gênas	gênâtes
gêna	gênèrent

PAST ANTERIOR

eus gêné	eûmes gêné
eus gêné	eûtes gêné
eut gêné	eurent gêné

FUTURE

gênerai	gênerons
gêneras	gênerez
gênera	gêneront

FUTURE ANTERIOR

aurai gêné	aurons gêné
auras gêné	aurez gêné
aura gêné	auront gêné

CONDITIONAL

gênerais	gênerions
gênerais	gêneriez
gênerait	gêneraient

PAST CONDITIONAL

aurais gêné	aurions gêné
aurais gêné	auriez gêné
aurait gêné	auraient gêné

PRESENT SUBJUNCTIVE

gêne	gênions
gênes	gêniez
gêne	gênent

PAST SUBJUNCTIVE

aie gêné	ayons gêné
aies gêné	ayez gêné
ait gêné	aient gêné

IMPERFECT SUBJUNCTIVE

gênasse	gênassions
gênasses	gênassiez
gênât	gênassent

PLUPERFECT SUBJUNCTIVE

eusse gêné	eussions gêné
eusses gêné	eussiez gêné
eût gêné	eussent gêné

COMMANDS

	gênons
gêne	gênez

Usage

Je vous gêne?	*Am I in your way?/Am I blocking your view?*
Je crains de vous gêner.	*I hope I'm not bothering you.*
Ce bruit me gêne pour écouter mes CD.	*That noise bothers me when I listen to my CDs.*
Ça vous gênerait d'aller à la poste pour moi?	*Would it be too much trouble to go to the post office for me?*
Je suis gêné de m'adresser à lui.	*I feel funny approaching him (about it).*
se gêner	*to put oneself out; to stand on ceremony*
Je ne veux pas qu'elle se gêne pour moi.	*I don't want her to go to any trouble for me.*
Tu n'as pas pourquoi te gêner avec moi.	*You have no reason to stand on ceremony with me.*
Ne vous gênez pas!	*Go right ahead!*

	grossir *to put on weight; to get bigger*

je grossis · je grossis · grossi · grossissant

regular *-ir* verb

PRESENT

grossis	grossissons
grossis	grossissez
grossit	grossissent

PASSÉ COMPOSÉ

ai grossi	avons grossi
as grossi	avez grossi
a grossi	ont grossi

IMPERFECT

grossissais	grossissions
grossissais	grossissiez
grossissait	grossissaient

PLUPERFECT

avais grossi	avions grossi
avais grossi	aviez grossi
avait grossi	avaient grossi

PASSÉ SIMPLE

grossis	grossîmes
grossis	grossîtes
grossit	grossirent

PAST ANTERIOR

eus grossi	eûmes grossi
eus grossi	eûtes grossi
eut grossi	eurent grossi

FUTURE

grossirai	grossirons
grossiras	grossirez
grossira	grossiront

FUTURE ANTERIOR

aurai grossi	aurons grossi
auras grossi	aurez grossi
aura grossi	auront grossi

CONDITIONAL

grossirais	grossirions
grossirais	grossiriez
grossirait	grossiraient

PAST CONDITIONAL

aurais grossi	aurions grossi
aurais grossi	auriez grossi
aurait grossi	auraient grossi

PRESENT SUBJUNCTIVE

grossisse	grossissions
grossisses	grossissiez
grossisse	grossissent

PAST SUBJUNCTIVE

aie grossi	ayons grossi
aies grossi	ayez grossi
ait grossi	aient grossi

IMPERFECT SUBJUNCTIVE

grossisse	grossissions
grossisses	grossissiez
grossît	grossissent

PLUPERFECT SUBJUNCTIVE

eusse grossi	eussions grossi
eusses grossi	eussiez grossi
eût grossi	eussent grossi

COMMANDS

	grossissons
grossis	grossissez

Usage

Mon Dieu, j'ai grossi!	*My gosh, I've gained weight!*
La pâtisserie fait grossir.	*Pastry is fattening.*
La foule devant le palais grossissait.	*The crowd in front of the palace was growing.*
Le bruit grossissait.	*The noise was getting louder.*
Ce manteau te grossit, je trouve.	*I think that coat makes you look fatter.*
Elle grossit le problème.	*She's exaggerating the problem.*

RELATED WORD

le grossissement	*weight gain*

regular *-ir* verb   **je guéris · je guéris · guéri · guérissant**

PRESENT

guéris	guérissons	
guéris	guérissez	
guérit	guérissent	

PASSÉ COMPOSÉ

ai guéri	avons guéri	
as guéri	avez guéri	
a guéri	ont guéri	

IMPERFECT

guérissais	guérissions
guérissais	guérissiez
guérissait	guérissaient

PLUPERFECT

avais guéri	avions guéri
avais guéri	aviez guéri
avait guéri	avaient guéri

PASSÉ SIMPLE

guéris	guérîmes
guéris	guérîtes
guérit	guérirent

PAST ANTERIOR

eus guéri	eûmes guéri
eus guéri	eûtes guéri
eut guéri	eurent guéri

FUTURE

guérirai	guérirons
guériras	guérirez
guérira	guériront

FUTURE ANTERIOR

aurai guéri	aurons guéri
auras guéri	aurez guéri
aura guéri	auront guéri

CONDITIONAL

guérirais	guéririons
guérirais	guéririez
guérirait	guériraient

PAST CONDITIONAL

aurais guéri	aurions guéri
aurais guéri	auriez guéri
aurait guéri	auraient guéri

PRESENT SUBJUNCTIVE

guérisse	guérissions
guérisses	guérissiez
guérisse	guérissent

PAST SUBJUNCTIVE

aie guéri	ayons guéri
aies guéri	ayez guéri
ait guéri	aient guéri

IMPERFECT SUBJUNCTIVE

guérisse	guérissions
guérisses	guérissiez
guérît	guérissent

PLUPERFECT SUBJUNCTIVE

eusse guéri	eussions guéri
eusses guéri	eussiez guéri
eût guéri	eussent guéri

COMMANDS

	guérissons
guéris	guérissez

Usage

Ma blessure a guéri.	*My wound healed.*
Elle est guérie de sa grippe.	*She has recovered from the flu.*
Jouer au casino, il en est guéri.	*He is through gambling at the casino.*
se guérir d'une mauvaise habitude	*to break a bad habit*
Quand se guérira-t-il de cet amour?	*When will he get over that love?*

RELATED WORD

la guérison	*healing/getting better*
Bonne guérison!	*Get well!*

je m'habille · je m'habillai · s'étant habillé ·
s'habillant

regular -er reflexive verb;
compound tenses with _être_

PRESENT

m'habille	nous habillons
t'habilles	vous habillez
s'habille	s'habillent

PASSÉ COMPOSÉ

me suis habillé(e)	nous sommes habillé(e)s
t'es habillé(e)	vous êtes habillé(e)(s)
s'est habillé(e)	se sont habillé(e)s

IMPERFECT

m'habillais	nous habillions
t'habillais	vous habilliez
s'habillait	s'habillaient

PLUPERFECT

m'étais habillé(e)	nous étions habillé(e)s
t'étais habillé(e)	vous étiez habillé(e)(s)
s'était habillé(e)	s'étaient habillé(e)s

PASSÉ SIMPLE

m'habillai	nous habillâmes
t'habillas	vous habillâtes
s'habilla	s'habillèrent

PAST ANTERIOR

me fus habillé(e)	nous fûmes habillé(e)s
te fus habillé(e)	vous fûtes habillé(e)(s)
se fut habillé(e)	se furent habillé(e)s

FUTURE

m'habillerai	nous habillerons
t'habilleras	vous habillerez
s'habillera	s'habilleront

FUTURE ANTERIOR

me serai habillé(e)	nous serons habillé(e)s
te seras habillé(e)	vous serez habillé(e)(s)
se sera habillé(e)	se seront habillé(e)s

CONDITIONAL

m'habillerais	nous habillerions
t'habillerais	vous habilleriez
s'habillerait	s'habilleraient

PAST CONDITIONAL

me serais habillé(e)	nous serions habillé(e)s
te serais habillé(e)	vous seriez habillé(e)(s)
se serait habillé(e)	se seraient habillé(e)s

PRESENT SUBJUNCTIVE

m'habille	nous habillions
t'habilles	vous habilliez
s'habille	s'habillent

PAST SUBJUNCTIVE

me sois habillé(e)	nous soyons habillé(e)s
te sois habillé(e)	vous soyez habillé(e)(s)
se soit habillé(e)	se soient habillé(e)s

IMPERFECT SUBJUNCTIVE

m'habillasse	nous habillassions
t'habillasses	vous habillassiez
s'habillât	s'habillassent

PLUPERFECT SUBJUNCTIVE

me fusse habillé(e)	nous fussions habillé(e)s
te fusses habillé(e)	vous fussiez habillé(e)(s)
se fût habillé(e)	se fussent habillé(e)s

COMMANDS

	habillons-nous
habille-toi	habillez-vous

Usage

L'enfant s'habille déjà tout seul.	The child dresses himself already.
—Qu'est-ce que tu fais?	What are you doing?
—Je m'habille pour sortir.	I'm getting dressed to go out.
—Je ne t'avais pas reconnue.	I didn't recognize you.
—Je m'étais habillée en bohème.	I had dressed up as a Bohemian.
—Elle s'habille à la dernière mode.	She dresses according to the latest fashion.
—C'est surprenant, parce que sa sœur ne sait pas s'habiller du tout.	That's surprising because her sister doesn't know how to dress at all.
Il s'habille bien/mal.	He dresses well/badly.
Ces enfants sont mal habillés.	These children are poorly dressed.

regular -er verb

j'habite · j'habitai · habité · habitant

PRESENT

habite	habitons
habites	habitez
habite	habitent

PASSÉ COMPOSÉ

ai habité	avons habité
as habité	avez habité
a habité	ont habité

IMPERFECT

habitais	habitions
habitais	habitiez
habitait	habitaient

PLUPERFECT

avais habité	avions habité
avais habité	aviez habité
avait habité	avaient habité

PASSÉ SIMPLE

habitai	habitâmes
habitas	habitâtes
habita	habitèrent

PAST ANTERIOR

eus habité	eûmes habité
eus habité	eûtes habité
eut habité	eurent habité

FUTURE

habiterai	habiterons
habiteras	habiterez
habitera	habiteront

FUTURE ANTERIOR

aurai habité	aurons habité
auras habité	aurez habité
aura habité	auront habité

CONDITIONAL

habiterais	habiterions
habiterais	habiteriez
habiterait	habiteraient

PAST CONDITIONAL

aurais habité	aurions habité
aurais habité	auriez habité
aurait habité	auraient habité

PRESENT SUBJUNCTIVE

habite	habitions
habites	habitiez
habite	habitent

PAST SUBJUNCTIVE

aie habité	ayons habité
aies habité	ayez habité
ait habité	aient habité

IMPERFECT SUBJUNCTIVE

habitasse	habitassions
habitasses	habitassiez
habitât	habitassent

PLUPERFECT SUBJUNCTIVE

eusse habité	eussions habité
eusses habité	eussiez habité
eût habité	eussent habité

COMMANDS

	habitons
habite	habitez

Usage

Il habite Paris. *or* Il habite à Paris.	*He lives in Paris.* (The form without *à* is now more common.)
Vous habitez où?	*Where do you live?*
J'habite dans le XVIIe.	*I live in the 17th arrondissement of Paris.*
J'habite 9, rue Guy Patin.	*I live at 9, Guy Patin Street.*
Pendant qu'il faisait ses études à Toulouse, il habitait chez sa tante.	*While he was studying in Toulouse, he lived at his aunt's.*
—Tu n'habites plus la ville?	*You don't live in town anymore?*
—Non. J'habite (à) la campagne.	*No, I live in the country.*
Ils habitent sous le même toit.	*They live together.*

RELATED WORD

l'habitant(e) *(m/f)*	*inhabitant*

haïr *to hate*

je hais · je haïs · haï · haïssant

irregular verb

PRESENT		PASSÉ COMPOSÉ	
hais	haïssons	ai haï	avons haï
hais	haïssez	as haï	avez haï
hait	haïssent	a haï	ont haï

IMPERFECT		PLUPERFECT	
haïssais	haïssions	avais haï	avions haï
haïssais	haïssiez	avais haï	aviez haï
haïssait	haïssaient	avait haï	avaient haï

PASSÉ SIMPLE		PAST ANTERIOR	
haïs	haïmes	eus haï	eûmes haï
haïs	haïtes	eus haï	eûtes haï
haït	haïrent	eut haï	eurent haï

FUTURE		FUTURE ANTERIOR	
haïrai	haïrons	aurai haï	aurons haï
haïras	haïrez	auras haï	aurez haï
haïra	haïront	aura haï	auront haï

CONDITIONAL		PAST CONDITIONAL	
haïrais	haïrions	aurais haï	aurions haï
haïrais	haïriez	aurais haï	auriez haï
haïrait	haïraient	aurait haï	auraient haï

PRESENT SUBJUNCTIVE		PAST SUBJUNCTIVE	
haïsse	haïssions	aie haï	ayons haï
haïsses	haïssiez	aies haï	ayez haï
haïsse	haïssent	ait haï	aient haï

IMPERFECT SUBJUNCTIVE		PLUPERFECT SUBJUNCTIVE	
haïsse	haïssions	eusse haï	eussions haï
haïsses	haïssiez	eusses haï	eussiez haï
haït	haïssent	eût haï	eussent haï

COMMANDS	
	haïssons
hais	haïssez

Usage

haïr qqn	*to hate someone*
Notre pays haït les traîtres.	*Our country hates traitors.*
Avant, il nous haïssait.	*Previously he hated us.*
haïr qqn d'avoir fait qqch	*to hate someone for having done something*
Il me hait de l'avoir dénoncé.	*He hates me for having turned him in.*
haïr qqch	*to hate something*
Je hais la cruauté.	*I hate cruelty.*
Il haïssait les injustices du régime.	*He hated the injustices of the regime.*

RELATED WORD

la haine	*hatred*
Il éprouve de la haine envers ses ennemis.	*He feels hatred toward his enemies.*

irregular verb

j'inclus · j'inclus · inclus · incluant

PRESENT		PASSÉ COMPOSÉ	
inclus	incluons	ai inclus	avons inclus
inclus	incluez	as inclus	avez inclus
inclut	incluent	a inclus	ont inclus

IMPERFECT		PLUPERFECT	
incluais	incluions	avais inclus	avions inclus
incluais	incluiez	avais inclus	aviez inclus
incluait	incluaient	avait inclus	avaient inclus

PASSÉ SIMPLE		PAST ANTERIOR	
inclus	inclûmes	eus inclus	eûmes inclus
inclus	inclûtes	eus inclus	eûtes inclus
inclut	inclurent	eut inclus	eurent inclus

FUTURE		FUTURE ANTERIOR	
inclurai	inclurons	aurai inclus	aurons inclus
incluras	inclurez	auras inclus	aurez inclus
inclura	incluront	aura inclus	auront inclus

CONDITIONAL		PAST CONDITIONAL	
inclurais	inclurions	aurais inclus	aurions inclus
inclurais	incluriez	aurais inclus	auriez inclus
inclurait	incluraient	aurait inclus	auraient inclus

PRESENT SUBJUNCTIVE		PAST SUBJUNCTIVE	
inclue	incluions	aie inclus	ayons inclus
inclues	incluiez	aies inclus	ayez inclus
inclue	incluent	ait inclus	aient inclus

IMPERFECT SUBJUNCTIVE		PLUPERFECT SUBJUNCTIVE	
inclusse	inclussions	eusse inclus	eussions inclus
inclusses	inclussiez	eusses inclus	eussiez inclus
inclût	inclussent	eût inclus	eussent inclus

COMMANDS	
	incluons
inclus	incluez

Usage

Il faut inclure ce conte dans le recueil.	*We have to include this story in the anthology.*
J'ai inclus ces observations dans mon article.	*I included those observations in my article.*
Les impôts sont inclus dans le prix.	*Taxes are included in the price.*
Pour demain, lisez le manuel jusqu'au quatrième chapitre inclus.	*For tomorrow, read the manual through chapter 4.*
Ne m'inclus pas. Je n'irai pas.	*Count me out. I won't go.*

RELATED WORD

ci-inclus(e)	*enclosed*
Vous trouverez ci-incluse notre facture.	*You will find our bill enclosed.*

s'inquiéter   to worry, be nervous, be upset

je m'inquiète · je m'inquiétai ·
s'étant inquiété · s'inquiétant

-er reflexive verb; spelling change:
é > è/mute *e*; compound tenses with *être*

PRESENT

m'inquiète	nous inquiétons
t'inquiètes	vous inquiétez
s'inquiète	s'inquiètent

IMPERFECT

m'inquiétais	nous inquiétions
t'inquiétais	vous inquiétiez
s'inquiétait	s'inquiétaient

PASSÉ SIMPLE

m'inquiétai	nous inquiétâmes
t'inquiétas	vous inquiétâtes
s'inquiéta	s'inquiétèrent

FUTURE

m'inquiéterai	nous inquiéterons
t'inquiéteras	vous inquiéterez
s'inquiétera	s'inquiéteront

CONDITIONAL

m'inquiéterais	nous inquiéterions
t'inquiéterais	vous inquiéteriez
s'inquiéterait	s'inquiéteraient

PRESENT SUBJUNCTIVE

m'inquiète	nous inquiétions
t'inquiètes	vous inquiétiez
s'inquiète	s'inquiètent

IMPERFECT SUBJUNCTIVE

m'inquiétasse	nous inquiétassions
t'inquiétasses	vous inquiétassiez
s'inquiétât	s'inquiétassent

PASSÉ COMPOSÉ

me suis inquiété(e)	nous sommes inquiété(e)s
t'es inquiété(e)	vous êtes inquiété(e)(s)
s'est inquiété(e)	se sont inquiété(e)s

PLUPERFECT

m'étais inquiété(e)	nous étions inquiété(e)s
t'étais inquiété(e)	vous étiez inquiété(e)(s)
s'était inquiété(e)	s'étaient inquiété(e)s

PAST ANTERIOR

me fus inquiété(e)	nous fûmes inquiété(e)s
te fus inquiété(e)	vous fûtes inquiété(e)(s)
se fut inquiété(e)	se furent inquiété(e)s

FUTURE ANTERIOR

me serai inquiété(e)	nous serons inquiété(e)s
te seras inquiété(e)	vous serez inquiété(e)(s)
se sera inquiété(e)	se seront inquiété(e)s

PAST CONDITIONAL

me serais inquiété(e)	nous serions inquiété(e)s
te serais inquiété(e)	vous seriez inquiété(e)(s)
se serait inquiété(e)	se seraient inquiété(e)s

PAST SUBJUNCTIVE

me sois inquiété(e)	nous soyons inquiété(e)s
te sois inquiété(e)	vous soyez inquiété(e)(s)
se soit inquiété(e)	se soient inquiété(e)s

PLUPERFECT SUBJUNCTIVE

me fusse inquiété(e)	nous fussions inquiété(e)s
te fusses inquiété(e)	vous fussiez inquiété(e)(s)
se fût inquiété(e)	se fussent inquiété(e)s

COMMANDS

	inquiétons-nous
inquiète-toi	inquiétez-vous

Usage

Elle s'inquiète pour ses enfants.	*She worries about her children.*
Personne ici ne s'inquiète pour moi.	*No one here worries about me.*
—De quoi est-ce que vous vous inquiétiez?	*What were you upset about?*
—Je m'inquiétais de votre santé.	*I was concerned about your health.*
s'inquiéter de faire qqch	*to take the trouble to do something*
Vous ne vous êtes pas inquiété de me mettre au courant.	*You didn't bother to inform me.*

RELATED WORD

inquiéter qqn	*to upset/worry someone*
Dites-moi ce qui vous inquiète.	*Tell me what's upsetting you.*

irregular reflexive verb;
compound tenses with *être*

**je m'inscris · je m'inscrivis · s'étant inscrit ·
s'inscrivant**

PRESENT

m'inscris	nous inscrivons
t'inscris	vous inscrivez
s'inscrit	s'inscrivent

PASSÉ COMPOSÉ

me suis inscrit(e)	nous sommes inscrit(e)s
t'es inscrit(e)	vous êtes inscrit(e)(s)
s'est inscrit(e)	se sont inscrit(e)s

IMPERFECT

m'inscrivais	nous inscrivions
t'inscrivais	vous inscriviez
s'inscrivait	s'inscrivaient

PLUPERFECT

m'étais inscrit(e)	nous étions inscrit(e)s
t'étais inscrit(e)	vous étiez inscrit(e)(s)
s'était inscrit(e)	s'étaient inscrit(e)s

PASSÉ SIMPLE

m'inscrivis	nous inscrivîmes
t'inscrivis	vous inscrivîtes
s'inscrivit	s'inscrivirent

PAST ANTERIOR

me fus inscrit(e)	nous fûmes inscrit(e)s
te fus inscrit(e)	vous fûtes inscrit(e)(s)
se fut inscrit(e)	se furent inscrit(e)s

FUTURE

m'inscrirai	nous inscrirons
t'inscriras	vous inscrirez
s'inscrira	s'inscriront

FUTURE ANTERIOR

me serai inscrit(e)	nous serons inscrit(e)s
te seras inscrit(e)	vous serez inscrit(e)(s)
se sera inscrit(e)	se seront inscrit(e)s

CONDITIONAL

m'inscrirais	nous inscririons
t'inscrirais	vous inscririez
s'inscrirait	s'inscriraient

PAST CONDITIONAL

me serais inscrit(e)	nous serions inscrit(e)s
te serais inscrit(e)	vous seriez inscrit(e)(s)
se serait inscrit(e)	se seraient inscrit(e)s

PRESENT SUBJUNCTIVE

m'inscrive	nous inscrivions
t'inscrives	vous inscriviez
s'inscrive	s'inscrivent

PAST SUBJUNCTIVE

me sois inscrit(e)	nous soyons inscrit(e)s
te sois inscrit(e)	vous soyez inscrit(e)(s)
se soit inscrit(e)	se soient inscrit(e)s

IMPERFECT SUBJUNCTIVE

m'inscrivisse	nous inscrivissions
t'inscrivisses	vous inscrivissiez
s'inscrivît	s'inscrivissent

PLUPERFECT SUBJUNCTIVE

me fusse inscrit(e)	nous fussions inscrit(e)s
te fusses inscrit(e)	vous fussiez inscrit(e)(s)
se fût inscrit(e)	se fussent inscrit(e)s

COMMANDS

	inscrivons-nous
inscris-toi	inscrivez-vous

Usage

s'inscrire à la faculté	*to register at the university*
s'inscrire au club	*to sign up at the club*
Ne vous y inscrivez pas.	*Don't sign up for it.*
Cette proposition s'inscrit dans notre plan d'expansion.	*This proposal comes under (the heading of) our expansion plan.*

RELATED WORDS

l'inscription *(f)*	*registration*
les frais *(mpl)* d'inscription	*registration fees*
lors de votre inscription	*when you register*

j'insiste · j'insistai · insisté · insistant   regular -er verb

PRESENT		PASSÉ COMPOSÉ	
insiste	insistons	ai insisté	avons insisté
insistes	insistez	as insisté	avez insisté
insiste	insistent	a insisté	ont insisté

IMPERFECT		PLUPERFECT	
insistais	insistions	avais insisté	avions insisté
insistais	insistiez	avais insisté	aviez insisté
insistait	insistaient	avait insisté	avaient insisté

PASSÉ SIMPLE		PAST ANTERIOR	
insistai	insistâmes	eus insisté	eûmes insisté
insistas	insistâtes	eus insisté	eûtes insisté
insista	insistèrent	eut insisté	eurent insisté

FUTURE		FUTURE ANTERIOR	
insisterai	insisterons	aurai insisté	aurons insisté
insisteras	insisterez	auras insisté	aurez insisté
insistera	insisteront	aura insisté	auront insisté

CONDITIONAL		PAST CONDITIONAL	
insisterais	insisterions	aurais insisté	aurions insisté
insisterais	insisteriez	aurais insisté	auriez insisté
insisterait	insisteraient	aurait insisté	auraient insisté

PRESENT SUBJUNCTIVE		PAST SUBJUNCTIVE	
insiste	insistions	aie insisté	ayons insisté
insistes	insistiez	aies insisté	ayez insisté
insiste	insistent	ait insisté	aient insisté

IMPERFECT SUBJUNCTIVE		PLUPERFECT SUBJUNCTIVE	
insistasse	insistassions	eusse insisté	eussions insisté
insistasses	insistassiez	eusses insisté	eussiez insisté
insistât	insistassent	eût insisté	eussent insisté

COMMANDS	
	insistons
insiste	insistez

Usage

Il insiste sur un départ immédiat.	*He insists on an immediate departure.*
Avec lui, il faut insister.	*With him you have to insist.*
Elle ne changera jamais d'avis. Inutile d'insister.	*There's no use insisting. She'll never change her mind.*
Ça suffit! N'insiste pas!	*That's enough! Don't rub it in!*
insister pour faire qqch	*to insist on doing something*
Il insiste pour nous accompagner.	*He insists on accompanying us.*
insister pour que + *subjunctive*	*to insist that someone do something*
J'insiste pour qu'il vienne.	*I insist that he come.*
insister que + *indicative*	*to insist that someone is doing something*
J'insiste qu'il vient.	*I insist that he's coming.*
—Il refuse toujours de le faire.	*He still refuses to do it.*
—Bon, je n'insisterai plus.	*All right, I won't insist anymore.*

irregular verb   **j'interdis · j'interdis · interdit · interdisant**

PRESENT

interdis	interdisons
interdis	interdisez
interdit	interdisent

PASSÉ COMPOSÉ

ai interdit	avons interdit
as interdit	avez interdit
a interdit	ont interdit

IMPERFECT

interdisais	interdisions
interdisais	interdisiez
interdisait	interdisaient

PLUPERFECT

avais interdit	avions interdit
avais interdit	aviez interdit
avait interdit	avaient interdit

PASSÉ SIMPLE

interdis	interdîmes
interdis	interdîtes
interdit	interdirent

PAST ANTERIOR

eus interdit	eûmes interdit
eus interdit	eûtes interdit
eut interdit	eurent interdit

FUTURE

interdirai	interdirons
interdiras	interdirez
interdira	interdiront

FUTURE ANTERIOR

aurai interdit	aurons interdit
auras interdit	aurez interdit
aura interdit	auront interdit

CONDITIONAL

interdirais	interdirions
interdirais	interdiriez
interdirait	interdiraient

PAST CONDITIONAL

aurais interdit	aurions interdit
aurais interdit	auriez interdit
aurait interdit	auraient interdit

PRESENT SUBJUNCTIVE

interdise	interdisions
interdises	interdisiez
interdise	interdisent

PAST SUBJUNCTIVE

aie interdit	ayons interdit
aies interdit	ayez interdit
ait interdit	aient interdit

IMPERFECT SUBJUNCTIVE

interdisse	interdissions
interdisses	interdissiez
interdît	interdissent

PLUPERFECT SUBJUNCTIVE

eusse interdit	eussions interdit
eusses interdit	eussiez interdit
eût interdit	eussent interdit

COMMANDS

	interdisons
interdis	interdisez

Usage

Entrée interdite	*No entrance* (sign)
C'est interdit.	*It's not allowed.*
Ce n'est pas interdit par la loi.	*It's legal./There's no law against it.*
interdire le tabac à qqn	*to take someone off tobacco/forbid someone to smoke*
La police a interdit la manifestation.	*The police did not allow the demonstration.*
Mon bras cassé m'interdit le travail.	*My broken arm doesn't allow me to work.*
L'entrée est interdite aux voitures.	*Cars cannot enter.*
interdire à qqn de faire qqch	*to forbid someone to do something*
On nous a interdit d'intervenir.	*We have been forbidden to intervene.*
On leur a interdit la faculté.	*They have been forbidden to come to the university.*
Interdit aux moins de treize ans	*Children under thirteen not admitted* (sign)

j'interroge · j'interrogeai · interrogé · interrogeant

-er verb; spelling
change: *g* > *ge/a, o*

PRESENT		PASSÉ COMPOSÉ	
interroge	interrogeons	ai interrogé	avons interrogé
interroges	interrogez	as interrogé	avez interrogé
interroge	interrogent	a interrogé	ont interrogé

IMPERFECT		PLUPERFECT	
interrogeais	interrogions	avais interrogé	avions interrogé
interrogeais	interrogiez	avais interrogé	aviez interrogé
interrogeait	interrogeaient	avait interrogé	avaient interrogé

PASSÉ SIMPLE		PAST ANTERIOR	
interrogeai	interrogeâmes	eus interrogé	eûmes interrogé
interrogeas	interrogeâtes	eus interrogé	eûtes interrogé
interrogea	interrogèrent	eut interrogé	eurent interrogé

FUTURE		FUTURE ANTERIOR	
interrogerai	interrogerons	aurai interrogé	aurons interrogé
interrogeras	interrogerez	auras interrogé	aurez interrogé
interrogera	interrogeront	aura interrogé	auront interrogé

CONDITIONAL		PAST CONDITIONAL	
interrogerais	interrogerions	aurais interrogé	aurions interrogé
interrogerais	interrogeriez	aurais interrogé	auriez interrogé
interrogerait	interrogeraient	aurait interrogé	auraient interrogé

PRESENT SUBJUNCTIVE		PAST SUBJUNCTIVE	
interroge	interrogions	aie interrogé	ayons interrogé
interroges	interrogiez	aies interrogé	ayez interrogé
interroge	interrogent	ait interrogé	aient interrogé

IMPERFECT SUBJUNCTIVE		PLUPERFECT SUBJUNCTIVE	
interrogeasse	interrogeassions	eusse interrogé	eussions interrogé
interrogeasses	interrogeassiez	eusses interrogé	eussiez interrogé
interrogeât	interrogeassent	eût interrogé	eussent interrogé

COMMANDS

	interrogeons
interroge	interrogez

Usage

La police a interrogé le suspect.	The police questioned the suspect.
L'examinateur interroge les candidats.	The examiner questions the people taking the test.
interroger un étudiant	to examine a student orally
C'est un grand scientifique qui interroge les faits.	He's a great scientist who questions the facts.
s'interroger sur qqch	to have doubts about something, wonder about something
Je m'interroge sur les possibilités de succès.	I have my doubts about the possibilities for success.

RELATED WORDS

l'interrogation (f)	questioning
l'interrogatoire (m)	questioning (in legal proceedings)

regular *-re* verb | j'interromps · j'interrompis · interrompu · interrompant

PRESENT		PASSÉ COMPOSÉ	
interromps	interrompons	ai interrompu	avons interrompu
interromps	interrompez	as interrompu	avez interrompu
interrompt	interrompent	a interrompu	ont interrompu

IMPERFECT		PLUPERFECT	
interrompais	interrompions	avais interrompu	avions interrompu
interrompais	interrompiez	avais interrompu	aviez interrompu
interrompait	interrompaient	avait interrompu	avaient interrompu

PASSÉ SIMPLE		PAST ANTERIOR	
interrompis	interrompîmes	eus interrompu	eûmes interrompu
interrompis	interrompîtes	eus interrompu	eûtes interrompu
interrompit	interrompirent	eut interrompu	eurent interrompu

FUTURE		FUTURE ANTERIOR	
interromprai	interromprons	aurai interrompu	aurons interrompu
interrompras	interromprez	auras interrompu	aurez interrompu
interrompra	interrompront	aura interrompu	auront interrompu

CONDITIONAL		PAST CONDITIONAL	
interromprais	interromprions	aurais interrompu	aurions interrompu
interromprais	interrompriez	aurais interrompu	auriez interrompu
interromprait	interrompraient	aurait interrompu	auraient interrompu

PRESENT SUBJUNCTIVE		PAST SUBJUNCTIVE	
interrompe	interrompions	aie interrompu	ayons interrompu
interrompes	interrompiez	aies interrompu	ayez interrompu
interrompe	interrompent	ait interrompu	aient interrompu

IMPERFECT SUBJUNCTIVE		PLUPERFECT SUBJUNCTIVE	
interrompisse	interrompissions	eusse interrompu	eussions interrompu
interrompisses	interrompissiez	eusses interrompu	eussiez interrompu
interrompît	interrompissent	eût interrompu	eussent interrompu

COMMANDS	
	interrompons
interromps	interrompez

Usage

Tu ne dois pas interrompre les gens tout le temps.	*You shouldn't keep interrupting people.*
Il a dû interrompre ses études à l'étranger.	*He had to interrupt his studies abroad.*
Ils ont interrompu le concert.	*They interrupted the concert.*
Pardonnez-moi de vous avoir interrompu dans votre travail.	*Forgive me for interrupting your work.*
Je déteste la circulation sans cesse interrompue.	*I hate stop-and-go traffic.*

RELATED WORDS

l'interruption *(f)*	*interruption*
une interruption de courant	*a power failure*
une interruption d'un mois	*a month's break*
l'interrupteur *(m)*	*electric switch*

introduire *to introduce, insert*

j'introduis · j'introduisis · introduit · introduisant — irregular verb

PRESENT

introduis	introduisons
introduis	introduisez
introduit	introduisent

PASSÉ COMPOSÉ

ai introduit	avons introduit
as introduit	avez introduit
a introduit	ont introduit

IMPERFECT

introduisais	introduisions
introduisais	introduisiez
introduisait	introduisaient

PLUPERFECT

avais introduit	avions introduit
avais introduit	aviez introduit
avait introduit	avaient introduit

PASSÉ SIMPLE

introduisis	introduisîmes
introduisis	introduisîtes
introduisit	introduisirent

PAST ANTERIOR

eus introduit	eûmes introduit
eus introduit	eûtes introduit
eut introduit	eurent introduit

FUTURE

introduirai	introduirons
introduiras	introduirez
introduira	introduiront

FUTURE ANTERIOR

aurai introduit	aurons introduit
auras introduit	aurez introduit
aura introduit	auront introduit

CONDITIONAL

introduirais	introduirions
introduirais	introduiriez
introduirait	introduiraient

PAST CONDITIONAL

aurais introduit	aurions introduit
aurais introduit	auriez introduit
aurait introduit	auraient introduit

PRESENT SUBJUNCTIVE

introduise	introduisions
introduises	introduisiez
introduise	introduisent

PAST SUBJUNCTIVE

aie introduit	ayons introduit
aies introduit	ayez introduit
ait introduit	aient introduit

IMPERFECT SUBJUNCTIVE

introduisisse	introduisissions
introduisisses	introduisissiez
introduisît	introduisissent

PLUPERFECT SUBJUNCTIVE

eusse introduit	eussions introduit
eusses introduit	eussiez introduit
eût introduit	eussent introduit

COMMANDS

	introduisons
introduis	introduisez

Usage

Il faut introduire un jeton.	*You have to insert a token.*
On m'a introduit dans le bureau du chef.	*I was ushered into the boss's office.*
introduire de nouvelles idées	*to introduce new ideas*
s'introduire	*to work one's way into*
Il s'est introduit dans la réception.	*He crashed the party.*
Je n'aime pas ta façon de t'introduire dans mes conversations.	*I don't like the way you horn in on my conversations.*
s'introduire dans un endroit par effraction	*to break into a place*

RELATED WORDS

l'introduction *(f)*	*inserting/introduction*
Il y a deux chapitres d'introduction.	*There are two introductory chapters.*
L'introduction au livre est très utile.	*The introduction to the book is very useful.*

-er verb; spelling change:
t > tt/mute e

je jette · je jetai · jeté · jetant

PRESENT		PASSÉ COMPOSÉ	
jette	jetons	ai jeté	avons jeté
jettes	jetez	as jeté	avez jeté
jette	jettent	a jeté	ont jeté

IMPERFECT		PLUPERFECT	
jetais	jetions	avais jeté	avions jeté
jetais	jetiez	avais jeté	aviez jeté
jetait	jetaient	avait jeté	avaient jeté

PASSÉ SIMPLE		PAST ANTERIOR	
jetai	jetâmes	eus jeté	eûmes jeté
jetas	jetâtes	eus jeté	eûtes jeté
jeta	jetèrent	eut jeté	eurent jeté

FUTURE		FUTURE ANTERIOR	
jetterai	jetterons	aurai jeté	aurons jeté
jetteras	jetterez	auras jeté	aurez jeté
jettera	jetteront	aura jeté	auront jeté

CONDITIONAL		PAST CONDITIONAL	
jetterais	jetterions	aurais jeté	aurions jeté
jetterais	jetteriez	aurais jeté	auriez jeté
jetterait	jetteraient	aurait jeté	auraient jeté

PRESENT SUBJUNCTIVE		PAST SUBJUNCTIVE	
jette	jetions	aie jeté	ayons jeté
jettes	jetiez	aies jeté	ayez jeté
jette	jettent	ait jeté	aient jeté

IMPERFECT SUBJUNCTIVE		PLUPERFECT SUBJUNCTIVE	
jetasse	jetassions	eusse jeté	eussions jeté
jetasses	jetassiez	eusses jeté	eussiez jeté
jetât	jetassent	eût jeté	eussent jeté

COMMANDS

	jetons
jette	jetez

Usage

jeter une balle	*to throw a ball*
jeter une balle par-dessus le filet	*to throw the ball over the net*
jeter les papiers en l'air	*to throw the papers up in the air*
Le bébé a jeté sa cuillère par terre.	*The baby threw his spoon on the ground.*
Ne jetez rien par terre.	*Don't litter./Don't throw anything on the ground.*
jeter qqn à la porte	*to fire someone*
Le patron a jeté tous les employés à la porte.	*The boss fired all the employees.*
jeter qqn en prison	*to throw someone in jail*
Les agents l'ont jeté en prison.	*The policemen threw him into jail.*
jeter qqch au panier/à la corbeille	*to throw something into the wastebasket*
jeter qqn à la mer	*to throw someone overboard*

PRESENT		PASSÉ COMPOSÉ	
joins	joignons	ai joint	avons joint
joins	joignez	as joint	avez joint
joint	joignent	a joint	ont joint

IMPERFECT		PLUPERFECT	
joignais	joignions	avais joint	avions joint
joignais	joigniez	avais joint	aviez joint
joignait	joignaient	avait joint	avaient joint

PASSÉ SIMPLE		PAST ANTERIOR	
joignis	joignîmes	eus joint	eûmes joint
joignis	joignîtes	eus joint	eûtes joint
joignit	joignirent	eut joint	eurent joint

FUTURE		FUTURE ANTERIOR	
joindrai	joindrons	aurai joint	aurons joint
joindras	joindrez	auras joint	aurez joint
joindra	joindront	aura joint	auront joint

CONDITIONAL		PAST CONDITIONAL	
joindrais	joindrions	aurais joint	aurions joint
joindrais	joindriez	aurais joint	auriez joint
joindrait	joindraient	aurait joint	auraient joint

PRESENT SUBJUNCTIVE		PAST SUBJUNCTIVE	
joigne	joignions	aie joint	ayons joint
joignes	joigniez	aies joint	ayez joint
joigne	joignent	ait joint	aient joint

IMPERFECT SUBJUNCTIVE		PLUPERFECT SUBJUNCTIVE	
joignisse	joignissions	eusse joint	eussions joint
joignisses	joignissiez	eusses joint	eussiez joint
joignît	joignissent	eût joint	eussent joint

COMMANDS	
	joignons
joins	joignez

Usage

Je vais joindre ces deux ficelles.	*I'm going to tie these two strings together.*
joindre les deux bouts	*to make ends meet*
Je ne gagne pas assez. Je n'arrive pas à joindre les deux bouts.	*I don't earn enough. I can't make ends meet.*
J'ai joint une liste de mes articles à mon dossier.	*I added a list of my articles to my file.*
Je pourrai vous joindre par téléphone au bureau.	*I will be able to get in touch with you by phone at the office.*

se joindre à

Il s'est joint à la discussion.	*He joined in the discussion.*
Je peux me joindre à vous?	*May I come along with you?*
Il veut se joindre à nous pour l'achat du vin.	*He wants to chip in with us for the purchase of the wine.*

regular -er verb		je joue · je jouai · joué · jouant	

PRESENT

joue	jouons
joues	jouez
joue	jouent

PASSÉ COMPOSÉ

ai joué	avons joué
as joué	avez joué
a joué	ont joué

IMPERFECT

jouais	jouions
jouais	jouiez
jouait	jouaient

PLUPERFECT

avais joué	avions joué
avais joué	aviez joué
avait joué	avaient joué

PASSÉ SIMPLE

jouai	jouâmes
jouas	jouâtes
joua	jouèrent

PAST ANTERIOR

eus joué	eûmes joué
eus joué	eûtes joué
eut joué	eurent joué

FUTURE

jouerai	jouerons
joueras	jouerez
jouera	joueront

FUTURE ANTERIOR

aurai joué	aurons joué
auras joué	aurez joué
aura joué	auront joué

CONDITIONAL

jouerais	jouerions
jouerais	joueriez
jouerait	joueraient

PAST CONDITIONAL

aurais joué	aurions joué
aurais joué	auriez joué
aurait joué	auraient joué

PRESENT SUBJUNCTIVE

joue	jouions
joues	jouiez
joue	jouent

PAST SUBJUNCTIVE

aie joué	ayons joué
aies joué	ayez joué
ait joué	aient joué

IMPERFECT SUBJUNCTIVE

jouasse	jouassions
jouasses	jouassiez
jouât	jouassent

PLUPERFECT SUBJUNCTIVE

eusse joué	eussions joué
eusses joué	eussiez joué
eût joué	eussent joué

COMMANDS

	jouons
joue	jouez

Usage

Tu ne joues plus?	Aren't you playing anymore?
Elle joue avec moi comme un chat joue avec une souris.	She's playing cat and mouse with me.
Il ne faut pas jouer avec sa santé.	People shouldn't fool around with their health.
Je joue dans une pièce.	I'm acting in a play.
—Les enfants jouent ensemble?	Are the children playing together?
—Oui, ils jouent dans le jardin.	Yes, they're playing in the garden.
—Elle dit qu'elle est malade.	She says she's sick.
—Elle joue.	She's acting.

RELATED WORDS

le jeu (*pl*: les jeux)	game/gambling
le jeu vidéo (*pl*: les jeux vidéo)	video game

TOP 30 VERB ☞

Les enfants jouent (*jouer à*)

jouer au ballon/à la balle	*to play ball*
jouer aux (petits) soldats	*to play toy soldiers*
jouer à la poupée	*to play with dolls*
jouer au marchand	*to play shopkeeper/store*
jouer au docteur	*to play doctor*
jouer aux billes	*to play marbles*

Les jeux et les sports (*jouer à*)

jouer au football	*to play soccer*
jouer au basket-ball/au rugby/au volley-ball	*to play basketball/rugby/volleyball*
jouer aux dames	*to play checkers*
jouer aux échecs	*to play chess*
jouer aux boules	*to play French bowling*
jouer aux cartes	*to play cards*

La musique (*jouer [de]*)

jouer d'un instrument	*to play an instrument*
jouer du piano/du violon/de la flûte	*to play the piano/the violin/the flute*
jouer de l'alto/du tambour	*to play the viola/the drum*
—Le violoniste a bien joué hier soir?	*Did the violinist play well last night?*
—Non, il a mal joué. Il a joué faux.	*No, he played badly. He played off-key.*

jouer = jouer un rôle

—Qu'est-ce qui a joué dans ta décision?	*What played a role in your decision?*
—Les prix ont joué un très grand rôle.	*Prices played a very big role.*
Il a fait jouer l'influence de ses amis pour obtenir ce poste.	*He made use of the influence of his friends to get that position.*

Expressions

jouer un coup difficile	*to make a hard play* (sports)
jouer un mauvais tour à qqn	*to play a dirty trick on someone*
ne pas jouer franc jeu	*to not play fair*
jouer au casino	*to gamble*
Il a joué de grosses sommes d'argent.	*He gambled huge sums of money.*
—Qu'est-ce qu'on joue au théâtre en ce moment?	*What's playing at the theater now?*
—On joue Shakespeare en anglais.	*They're putting on Shakespeare in English.*
se jouer de	*to ignore/disregard*
Tu te joues de mes sentiments.	*You're toying with my feelings.*

TOP 30 VERBS

regular -er verb | je laisse · je laissai · laissé · laissant

PRESENT

laisse	laissons
laisses	laissez
laisse	laissent

PASSÉ COMPOSÉ

ai laissé	avons laissé
as laissé	avez laissé
a laissé	ont laissé

IMPERFECT

laissais	laissions
laissais	laissiez
laissait	laissaient

PLUPERFECT

avais laissé	avions laissé
avais laissé	aviez laissé
avait laissé	avaient laissé

PASSÉ SIMPLE

laissai	laissâmes
laissas	laissâtes
laissa	laissèrent

PAST ANTERIOR

eus laissé	eûmes laissé
eus laissé	eûtes laissé
eut laissé	eurent laissé

FUTURE

laisserai	laisserons
laisseras	laisserez
laissera	laisseront

FUTURE ANTERIOR

aurai laissé	aurons laissé
auras laissé	aurez laissé
aura laissé	auront laissé

CONDITIONAL

laisserais	laisserions
laisserais	laisseriez
laisserait	laisseraient

PAST CONDITIONAL

aurais laissé	aurions laissé
aurais laissé	auriez laissé
aurait laissé	auraient laissé

PRESENT SUBJUNCTIVE

laisse	laissions
laisses	laissiez
laisse	laissent

PAST SUBJUNCTIVE

aie laissé	ayons laissé
aies laissé	ayez laissé
ait laissé	aient laissé

IMPERFECT SUBJUNCTIVE

laissasse	laissassions
laissasses	laissassiez
laissât	laissassent

PLUPERFECT SUBJUNCTIVE

eusse laissé	eussions laissé
eusses laissé	eussiez laissé
eût laissé	eussent laissé

COMMANDS

	laissons
laisse	laissez

Usage

laisser qqch	*to leave something (behind)*
Ne laisse pas tes légumes, Robert!	*Don't leave your vegetables, Robert!*
J'ai laissé mon ordinateur dans le train.	*I left my computer on the train.*
Laisse ton journal et viens manger.	*Put down your newspaper and come eat.*
Il a laissé beaucoup d'argent dans cette affaire.	*He lost a lot of money in this venture.*
laisser qqn	*to leave someone (behind)*
Tu peux laisser le bébé avec moi.	*You can leave the baby with me.*
Je te laisse ici.	*I'm going to leave you here.*
laisser qqch à qqn	*to leave something to/for someone*
Vous m'avez laissé trop de travail.	*You left too much work for me.*
Je vous laisse ma place.	*You can have my seat.*

TOP 30 VERB ☞

laisser + infinitif

Elle a laissé voir son émotion.	She let her emotion be seen.
Elle a laissé tomber ses paquets.	She dropped her packages.
—Il faut que je lui dise son fait.	I've got to tell him off.
—Laisse tomber.	Forget about it.

laisser qqn faire qqch

J'ai laissé les enfants manger dehors.	I let the children eat outside.
Vous me laisserez parler?	Will you let me speak?
Laisse-moi t'aider.	Let me help you.
Lâche le papillon! Laisse-le s'envoler.	Let go of the butterfly! Let it fly away.
Laisse-moi dormir. Je suis crevé.	Let me sleep. I'm exhausted.
Ne faites pas tant de bruit!	Don't make so much noise! Let me study!
Laissez-moi travailler!	

laisser qqch

Tu as laissé des fautes dans ta copie.	You left mistakes in your composition.
La mère a laissé le plus beau morceau à son enfant.	The mother left the best piece for her child.
Beaucoup de soldats ont laissé la vie dans cette bataille.	Many soldiers lost their lives in that battle.
Je vous laisse ce vélo à cent euros.	I'll let you have this bicycle for 100 euros.
J'ai laissé ma clé à la réception.	I left my key at the hotel desk.

se laisser

Je me suis laissé convaincre.	I let myself be convinced.
Il ne se laisse pas faire, ce type-là.	That guy sure doesn't let himself get pushed around.

Expressions

Ça se laisse manger!	This doesn't taste half bad!
Ce plan laisse à désirer.	This plan leaves something to be desired.
Ils essaient de vous laisser à l'écart.	They're trying to exclude you.
Laissez-moi tranquille!	Leave me alone!
Les nouvelles données laissent beaucoup à penser.	The new data give us a lot to think about.
—Il l'a laissée en plan, n'est-ce pas?	He left her in the lurch, didn't he?
—Oui. Elle en a été assez bouleversée, mais ne l'a pas laissé voir.	Yes. She was quite upset by it, but she didn't let on.
C'était à prendre ou à laisser.	It was a case of take it or leave it.

TOP 30 VERBS

-*er* verb; spelling change:
c > ç/a, o

je lance · je lançai · lancé · lançant

PRESENT

lance	lançons
lances	lancez
lance	lancent

PASSÉ COMPOSÉ

ai lancé	avons lancé
as lancé	avez lancé
a lancé	ont lancé

IMPERFECT

lançais	lancions
lançais	lanciez
lançait	lançaient

PLUPERFECT

avais lancé	avions lancé
avais lancé	aviez lancé
avait lancé	avaient lancé

PASSÉ SIMPLE

lançai	lançâmes
lanças	lançâtes
lança	lancèrent

PAST ANTERIOR

eus lancé	eûmes lancé
eus lancé	eûtes lancé
eut lancé	eurent lancé

FUTURE

lancerai	lancerons
lanceras	lancerez
lancera	lanceront

FUTURE ANTERIOR

aurai lancé	aurons lancé
auras lancé	aurez lancé
aura lancé	auront lancé

CONDITIONAL

lancerais	lancerions
lancerais	lanceriez
lancerait	lanceraient

PAST CONDITIONAL

aurais lancé	aurions lancé
aurais lancé	auriez lancé
aurait lancé	auraient lancé

PRESENT SUBJUNCTIVE

lance	lancions
lances	lanciez
lance	lancent

PAST SUBJUNCTIVE

aie lancé	ayons lancé
aies lancé	ayez lancé
ait lancé	aient lancé

IMPERFECT SUBJUNCTIVE

lançasse	lançassions
lançasses	lançassiez
lançât	lançassent

PLUPERFECT SUBJUNCTIVE

eusse lancé	eussions lancé
eusses lancé	eussiez lancé
eût lancé	eussent lancé

COMMANDS

	lançons
lance	lancez

Usage

lancer une balle à qqn	*to throw a ball to someone*
Dans ce jeu on lance la balle avec un bâton.	*In this game you hit the ball with a stick.*
lancer le disque	*to throw the discus*
lancer le javelot	*to throw the javelin*
Il est défendu de lancer des pierres.	*It is forbidden to throw stones.*
L'ennemi a lancé des bombes sur notre ville.	*The enemy dropped bombs on our city.*

RELATED WORDS

le lancement	*throwing/launching*
la rampe de lancement	*launching pad*
le lancement du javelot	*javelin throwing*
le lance-fusées	*rocket launcher*

laver *to wash*

je lave · je lavai · lavé · lavant

regular -er verb

PRESENT		PASSÉ COMPOSÉ	
lave	lavons	ai lavé	avons lavé
laves	lavez	as lavé	avez lavé
lave	lavent	a lavé	ont lavé

IMPERFECT		PLUPERFECT	
lavais	lavions	avais lavé	avions lavé
lavais	laviez	avais lavé	aviez lavé
lavait	lavaient	avait lavé	avaient lavé

PASSÉ SIMPLE		PAST ANTERIOR	
lavai	lavâmes	eus lavé	eûmes lavé
lavas	lavâtes	eus lavé	eûtes lavé
lava	lavèrent	eut lavé	eurent lavé

FUTURE		FUTURE ANTERIOR	
laverai	laverons	aurai lavé	aurons lavé
laveras	laverez	auras lavé	aurez lavé
lavera	laveront	aura lavé	auront lavé

CONDITIONAL		PAST CONDITIONAL	
laverais	laverions	aurais lavé	aurions lavé
laverais	laveriez	aurais lavé	auriez lavé
laverait	laveraient	aurait lavé	auraient lavé

PRESENT SUBJUNCTIVE		PAST SUBJUNCTIVE	
lave	lavions	aie lavé	ayons lavé
laves	laviez	aies lavé	ayez lavé
lave	lavent	ait lavé	aient lavé

IMPERFECT SUBJUNCTIVE		PLUPERFECT SUBJUNCTIVE	
lavasse	lavassions	eusse lavé	eussions lavé
lavasses	lavassiez	eusses lavé	eussiez lavé
lavât	lavassent	eût lavé	eussent lavé

COMMANDS	
	lavons
lave	lavez

Usage

laver la voiture	*to wash the car*
laver le plancher	*to wash the floor*
laver la vaisselle	*to wash the dishes*
laver une tache	*to wash out a stain*
Ces savonnettes lavent très bien.	*These bars of soap really clean.*
Il faut laver son linge sale en famille.	*Don't wash your dirty linen in public.*

RELATED WORDS

le lavage	*washing*
On leur a fait un lavage de cerveau.	*They were brainwashed.*
la machine à laver	*washing machine*
le lave-glace (*pl.* les lave-glaces)	*windshield washer*
le lave-vaisselle	*dishwasher*

-er reflexive verb; spelling change:
é > è/mute *e*; compound tenses with *être*

**je me lève · je me levai ·
s'étant levé · se levant**

PRESENT

me lève	nous levons
te lèves	vous levez
se lève	se lèvent

IMPERFECT

me levais	nous levions
te levais	vous leviez
se levait	se levaient

PASSÉ SIMPLE

me levai	nous levâmes
te levas	vous levâtes
se leva	se levèrent

FUTURE

me lèverai	nous lèverons
te lèveras	vous lèverez
se lèvera	se lèveront

CONDITIONAL

me lèverais	nous lèverions
te lèverais	vous lèveriez
se lèverait	se lèveraient

PRESENT SUBJUNCTIVE

me lève	nous levions
te lèves	vous leviez
se lève	se lèvent

IMPERFECT SUBJUNCTIVE

me levasse	nous levassions
te levasses	vous levassiez
se levât	se levassent

PASSÉ COMPOSÉ

me suis levé(e)	nous sommes levé(e)s
t'es levé(e)	vous êtes levé(e)(s)
s'est levé(e)	se sont levé(e)s

PLUPERFECT

m'étais levé(e)	nous étions levé(e)s
t'étais levé(e)	vous étiez levé(e)(s)
s'était levé(e)	s'étaient levé(e)s

PAST ANTERIOR

me fus levé(e)	nous fûmes levé(e)s
te fus levé(e)	vous fûtes levé(e)(s)
se fut levé(e)	se furent levé(e)s

FUTURE ANTERIOR

me serai levé(e)	nous serons levé(e)s
te seras levé(e)	vous serez levé(e)(s)
se sera levé(e)	se seront levé(e)s

PAST CONDITIONAL

me serais levé(e)	nous serions levé(e)s
te serais levé(e)	vous seriez levé(e)(s)
se serait levé(e)	se seraient levé(e)s

PAST SUBJUNCTIVE

me sois levé(e)	nous soyons levé(e)s
te sois levé(e)	vous soyez levé(e)(s)
se soit levé(e)	se soient levé(e)s

PLUPERFECT SUBJUNCTIVE

me fusse levé(e)	nous fussions levé(e)s
te fusses levé(e)	vous fussiez levé(e)(s)
se fût levé(e)	se fussent levé(e)s

COMMANDS

	levons-nous
lève-toi	levez-vous

Usage

Ne restez plus assis. Levez-vous!	*Don't remain seated any longer. Get up!*
Je me lève tôt pour aller au travail.	*I get up early to go to work.*
Ils se sont levés de table pour passer au salon.	*They got up from the table to go to the living room.*
Le malade ne peut pas se lever sur son séant.	*The patient cannot sit up.*
Je vois que tu t'es levé du pied gauche ce matin.	*I see you got up on the wrong side of the bed this morning.*

EXPRESSIONS QUI DÉCRIVENT LE JOUR ET LE TEMPS QU'IL FAIT

Le soleil se lève.	*The sun is coming up.*
Le jour se lève.	*Day is breaking.*
Le brouillard s'est levé.	*The fog lifted.*
Tout d'un coup, le vent s'est levé.	*Suddenly, the wind came up.*

lire *to read*

je lis · je lus · lu · lisant

PRESENT

lis	lisons
lis	lisez
lit	lisent

PASSÉ COMPOSÉ

ai lu	avons lu
as lu	avez lu
a lu	ont lu

IMPERFECT

lisais	lisions
lisais	lisiez
lisait	lisaient

PLUPERFECT

avais lu	avions lu
avais lu	aviez lu
avait lu	avaient lu

PASSÉ SIMPLE

lus	lûmes
lus	lûtes
lut	lurent

PAST ANTERIOR

eus lu	eûmes lu
eus lu	eûtes lu
eut lu	eurent lu

FUTURE

lirai	lirons
liras	lirez
lira	liront

FUTURE ANTERIOR

aurai lu	aurons lu
auras lu	aurez lu
aura lu	auront lu

CONDITIONAL

lirais	lirions
lirais	liriez
lirait	liraient

PAST CONDITIONAL

aurais lu	aurions lu
aurais lu	auriez lu
aurait lu	auraient lu

PRESENT SUBJUNCTIVE

lise	lisions
lises	lisiez
lise	lisent

PAST SUBJUNCTIVE

aie lu	ayons lu
aies lu	ayez lu
ait lu	aient lu

IMPERFECT SUBJUNCTIVE

lusse	lussions
lusses	lussiez
lût	lussent

PLUPERFECT SUBJUNCTIVE

eusse lu	eussions lu
eusses lu	eussiez lu
eût lu	eussent lu

COMMANDS

	lisons
lis	lisez

Usage

lire un livre/un roman/un poème	to read a book/a novel/a poem
lire la nouvelle dans/sur le journal	to read the news in the newspaper
lire les messages qu'on a laissés	to read the messages that were left
lire l'écriteau	to read the sign
lire en français	to read in French
lire couramment l'hébreu	to read Hebrew fluently
savoir lire les partitions de musique	to be able to read musical scores
mettre ses lunettes pour lire	to put on one's glasses to read
Dans l'attente de vous lire,	Waiting for your reply, (at the end of formal letters)
En espérant vous lire bientôt,	Hoping to hear from you soon,
Tu as acheté qqch à lire pour le voyage?	Have you bought anything to read for the trip?

PRESENT

loue	louons
loues	louez
loue	louent

PASSÉ COMPOSÉ

ai loué	avons loué
as loué	avez loué
a loué	ont loué

IMPERFECT

louais	louions
louais	louiez
louait	louaient

PLUPERFECT

avais loué	avions loué
avais loué	aviez loué
avait loué	avaient loué

PASSÉ SIMPLE

louai	louâmes
louas	louâtes
loua	louèrent

PAST ANTERIOR

eus loué	eûmes loué
eus loué	eûtes loué
eut loué	eurent loué

FUTURE

louerai	louerons
loueras	louerez
louera	loueront

FUTURE ANTERIOR

aurai loué	aurons loué
auras loué	aurez loué
aura loué	auront loué

CONDITIONAL

louerais	louerions
louerais	loueriez
louerait	loueraient

PAST CONDITIONAL

aurais loué	aurions loué
aurais loué	auriez loué
aurait loué	auraient loué

PRESENT SUBJUNCTIVE

loue	louions
loues	louiez
loue	louent

PAST SUBJUNCTIVE

aie loué	ayons loué
aies loué	ayez loué
ait loué	aient loué

IMPERFECT SUBJUNCTIVE

louasse	louassions
louasses	louassiez
louât	louassent

PLUPERFECT SUBJUNCTIVE

eusse loué	eussions loué
eusses loué	eussiez loué
eût loué	eussent loué

COMMANDS

	louons
loue	louez

Usage

Je vais louer une maison au bord d'un lac.	*I'm going to rent a lakeside house.*
louer une voiture pour faire un tour en Normandie	*to rent a car to travel around Normandy*
louer un film	*to rent a film*
Il faut louer Dieu.	*We must thank God.*

RELATED WORDS

la location	*renting*
une agence de location	*rental agency*
la location de voitures	*car rental*
le/la locataire	*tenant*
le/la colocataire	*apartment mate/roommate*

manger	*to eat*

je mange · je mangeai · mangé · mangeant	-er verb; spelling change: g > ge/a, o

PRESENT		**PASSÉ COMPOSÉ**	
mange	mangeons	ai mangé	avons mangé
manges	mangez	as mangé	avez mangé
mange	mangent	a mangé	ont mangé

IMPERFECT		**PLUPERFECT**	
mangeais	mangions	avais mangé	avions mangé
mangeais	mangiez	avais mangé	aviez mangé
mangeait	mangeaient	avait mangé	avaient mangé

PASSÉ SIMPLE		**PAST ANTERIOR**	
mangeai	mangeâmes	eus mangé	eûmes mangé
mangeas	mangeâtes	eus mangé	eûtes mangé
mangea	mangèrent	eut mangé	eurent mangé

FUTURE		**FUTURE ANTERIOR**	
mangerai	mangerons	aurai mangé	aurons mangé
mangeras	mangerez	auras mangé	aurez mangé
mangera	mangeront	aura mangé	auront mangé

CONDITIONAL		**PAST CONDITIONAL**	
mangerais	mangerions	aurais mangé	aurions mangé
mangerais	mangeriez	aurais mangé	auriez mangé
mangerait	mangeraient	aurait mangé	auraient mangé

PRESENT SUBJUNCTIVE		**PAST SUBJUNCTIVE**	
mange	mangions	aie mangé	ayons mangé
manges	mangiez	aies mangé	ayez mangé
mange	mangent	ait mangé	aient mangé

IMPERFECT SUBJUNCTIVE		**PLUPERFECT SUBJUNCTIVE**	
mangeasse	mangeassions	eusse mangé	eussions mangé
mangeasses	mangeassiez	eusses mangé	eussiez mangé
mangeât	mangeassent	eût mangé	eussent mangé

COMMANDS	
	mangeons
mange	mangez

Usage

Nous mangeons dans un restaurant ce soir.	*We're eating out this evening.*
On mange la soupe dans une assiette creuse.	*We eat soup from a bowl.*
Viens manger un morceau chez nous.	*Come over and have a bite with us.*
Je n'ai pas eu le temps de déjeuner.	*I didn't have time to have lunch.*
J'ai mangé sur le pouce.	*I had a quick snack.*
Cette soupe se mange froide.	*That soup is eaten cold.*
Qu'est-ce que tu aimes boire en mangeant?	*What do you like to drink with a meal?*
Tu as donné à manger aux enfants?	*Did you feed the children?*
Cette classe mange tout mon temps.	*That class is taking all my time.*
Il a mangé la belle fille des yeux.	*He stared intently at the beautiful girl.*
Il a mangé la commission.	*He forgot to do his errand.*
Il mange toujours son blé en herbe.	*Money burns a hole in his pocket.*

regular -er verb | **je manque · je manquai · manqué · manquant**

PRESENT

manque	manquons
manques	manquez
manque	manquent

PASSÉ COMPOSÉ

ai manqué	avons manqué
as manqué	avez manqué
a manqué	ont manqué

IMPERFECT

manquais	manquions
manquais	manquiez
manquait	manquaient

PLUPERFECT

avais manqué	avions manqué
avais manqué	aviez manqué
avait manqué	avaient manqué

PASSÉ SIMPLE

manquai	manquâmes
manquas	manquâtes
manqua	manquèrent

PAST ANTERIOR

eus manqué	eûmes manqué
eus manqué	eûtes manqué
eut manqué	eurent manqué

FUTURE

manquerai	manquerons
manqueras	manquerez
manquera	manqueront

FUTURE ANTERIOR

aurai manqué	aurons manqué
auras manqué	aurez manqué
aura manqué	auront manqué

CONDITIONAL

manquerais	manquerions
manquerais	manqueriez
manquerait	manqueraient

PAST CONDITIONAL

aurais manqué	aurions manqué
aurais manqué	auriez manqué
aurait manqué	auraient manqué

PRESENT SUBJUNCTIVE

manque	manquions
manques	manquiez
manque	manquent

PAST SUBJUNCTIVE

aie manqué	ayons manqué
aies manqué	ayez manqué
ait manqué	aient manqué

IMPERFECT SUBJUNCTIVE

manquasse	manquassions
manquasses	manquassiez
manquât	manquassent

PLUPERFECT SUBJUNCTIVE

eusse manqué	eussions manqué
eusses manqué	eussiez manqué
eût manqué	eussent manqué

COMMANDS

	manquons
manque	manquez

Usage

Rien ne me manque ici.	*I want for nothing here.*
—J'ai manqué la conférence.	*I missed the lecture.*
—Ne t'en fais pas. Tu n'as rien manqué.	*Don't worry. You didn't miss anything.*
Il a manqué son bus.	*He missed his bus.*
Cet homme manque de bon sens.	*That man has no common sense.*
Les mots me manquent pour vous remercier.	*I don't have the words to thank you.*
manquer de faire qqch	*to fail to do something*
Ne manquez pas de m'aviser.	*Don't fail to let me know.*
Il manque encore des étudiants.	*There are still some students missing.*
C'est tout ce qui manquait.	*That's just what we needed.*
—Est-ce que je te manque?	*Do you miss me?*
—Tu me manques beaucoup.	*I miss you a lot.*

se méfier   *to mistrust, be wary*

je me méfie · je me méfiai · s'étant méfié ·
se méfiant

regular -er reflexive verb;
compound tenses with *être*

PRESENT

me méfie	nous méfions
te méfies	vous méfiez
se méfie	se méfient

PASSÉ COMPOSÉ

me suis méfié(e)	nous sommes méfié(e)s
t'es méfié(e)	vous êtes méfié(e)(s)
s'est méfié(e)	se sont méfié(e)s

IMPERFECT

me méfiais	nous méfiions
te méfiais	vous méfiiez
se méfiait	se méfiaient

PLUPERFECT

m'étais méfié(e)	nous étions méfié(e)s
t'étais méfié(e)	vous étiez méfié(e)(s)
s'était méfié(e)	s'étaient méfié(e)s

PASSÉ SIMPLE

me méfiai	nous méfiâmes
te méfias	vous méfiâtes
se méfia	se méfièrent

PAST ANTERIOR

me fus méfié(e)	nous fûmes méfié(e)s
te fus méfié(e)	vous fûtes méfié(e)(s)
se fut méfié(e)	se furent méfié(e)s

FUTURE

me méfierai	nous méfierons
te méfieras	vous méfierez
se méfiera	se méfieront

FUTURE ANTERIOR

me serai méfié(e)	nous serons méfié(e)s
te seras méfié(e)	vous serez méfié(e)(s)
se sera méfié(e)	se seront méfié(e)s

CONDITIONAL

me méfierais	nous méfierions
te méfierais	vous méfieriez
se méfierait	se méfieraient

PAST CONDITIONAL

me serais méfié(e)	nous serions méfié(e)s
te serais méfié(e)	vous seriez méfié(e)(s)
se serait méfié(e)	se seraient méfié(e)s

PRESENT SUBJUNCTIVE

me méfie	nous méfiions
te méfies	vous méfiiez
se méfie	se méfient

PAST SUBJUNCTIVE

me sois méfié(e)	nous soyons méfié(e)s
te sois méfié(e)	vous soyez méfié(e)(s)
se soit méfié(e)	se soient méfié(e)s

IMPERFECT SUBJUNCTIVE

me méfiasse	nous méfiassions
te méfiasses	vous méfiassiez
se méfiât	se méfiassent

PLUPERFECT SUBJUNCTIVE

me fusse méfié(e)	nous fussions méfié(e)s
te fusses méfié(e)	vous fussiez méfié(e)(s)
se fût méfié(e)	se fussent méfié(e)s

COMMANDS

	méfions-nous
méfie-toi	méfiez-vous

Usage

se méfier de qqn/de qqch	*to be wary of someone/something*
Je me méfie de ces gens-là.	*I don't trust those people.*
Méfiez-vous du chien.	*Beware of the dog.* (sign)
Je me méfie de ses promesses.	*I don't trust his promises.*
—Ce quartier est dangereux. Méfie-toi.	*This neighborhood is dangerous.* *Be careful.*
—Ne t'en fais pas. Je me méfie toujours.	*Don't worry. I'm always on my guard.*
Il faut se méfier des faux billets de banque.	*Beware of counterfeit banknotes.*
—Il faut se méfier de la nourriture dans cette ville.	*You have to be careful about food in that city.*
—Nous nous méfions aussi de l'eau.	*We're leery of the water too.*

-er verb; spelling change:
é > è/mute e

je mène · je menai · mené · menant

PRESENT

mène	menons
mènes	menez
mène	mènent

PASSÉ COMPOSÉ

ai mené	avons mené
as mené	avez mené
a mené	ont mené

IMPERFECT

menais	menions
menais	meniez
menait	menaient

PLUPERFECT

avais mené	avions mené
avais mené	aviez mené
avait mené	avaient mené

PASSÉ SIMPLE

menai	menâmes
menas	menâtes
mena	menèrent

PAST ANTERIOR

eus mené	eûmes mené
eus mené	eûtes mené
eut mené	eurent mené

FUTURE

mènerai	mènerons
mèneras	mènerez
mènera	mèneront

FUTURE ANTERIOR

aurai mené	aurons mené
auras mené	aurez mené
aura mené	auront mené

CONDITIONAL

mènerais	mènerions
mènerais	mèneriez
mènerait	mèneraient

PAST CONDITIONAL

aurais mené	aurions mené
aurais mené	auriez mené
aurait mené	auraient mené

PRESENT SUBJUNCTIVE

mène	menions
mènes	meniez
mène	mènent

PAST SUBJUNCTIVE

aie mené	ayons mené
aies mené	ayez mené
ait mené	aient mené

IMPERFECT SUBJUNCTIVE

menasse	menassions
menasses	menassiez
menât	menassent

PLUPERFECT SUBJUNCTIVE

eusse mené	eussions mené
eusses mené	eussiez mené
eût mené	eussent mené

COMMANDS

	menons
mène	menez

Usage

Notre équipe mène 5 à 4.	*Our team is leading 5 to 4.*
Est-ce que cet autobus me mènera au musée d'art?	*Will this bus take me to the art museum?*
Où mène cette rue?	*Where does this street lead to?*
Cet enfant a de la fièvre. Il faut le mener chez le médecin.	*This child has a fever. We have to take him to the doctor.*
Il se laisse mener par ses passions.	*He is the slave of his passions.*
Elle a mené cette affaire à bien.	*She saw this matter through.*
L'informaticien a mené le projet à bon fin.	*The computer specialist brought the project to a successful conclusion.*
Votre rapport avec lui peut mener loin.	*Your relationship with him may get you into hot water.*
L'argent mène le monde.	*Money makes the world go round.*

PRESENT

mens	mentons
mens	mentez
ment	mentent

PASSÉ COMPOSÉ

ai menti	avons menti
as menti	avez menti
a menti	ont menti

IMPERFECT

mentais	mentions
mentais	mentiez
mentait	mentaient

PLUPERFECT

avais menti	avions menti
avais menti	aviez menti
avait menti	avaient menti

PASSÉ SIMPLE

mentis	mentîmes
mentis	mentîtes
mentit	mentirent

PAST ANTERIOR

eus menti	eûmes menti
eus menti	eûtes menti
eut menti	eurent menti

FUTURE

mentirai	mentirons
mentiras	mentirez
mentira	mentiront

FUTURE ANTERIOR

aurai menti	aurons menti
auras menti	aurez menti
aura menti	auront menti

CONDITIONAL

mentirais	mentirions
mentirais	mentiriez
mentirait	mentiraient

PAST CONDITIONAL

aurais menti	aurions menti
aurais menti	auriez menti
aurait menti	auraient menti

PRESENT SUBJUNCTIVE

mente	mentions
mentes	mentiez
mente	mentent

PAST SUBJUNCTIVE

aie menti	ayons menti
aies menti	ayez menti
ait menti	aient menti

IMPERFECT SUBJUNCTIVE

mentisse	mentissions
mentisses	mentissiez
mentît	mentissent

PLUPERFECT SUBJUNCTIVE

eusse menti	eussions menti
eusses menti	eussiez menti
eût menti	eussent menti

COMMANDS

	mentons
mens	mentez

Usage

Vous mentez!	*You're lying!*
Il ment effrontément.	*He lies shamelessly.*
Il ment comme il respire.	*He's a compulsive liar.*
Il ment comme un arracheur de dents.	*He lies through his teeth.*
Il va te faire mentir.	*He'll prove you wrong.*
Ce politicien ment à sa réputation.	*This politician doesn't live up to his reputation.*
Tu te mens à toi-même.	*You're fooling yourself.*
Il fait mentir le proverbe.	*He gives the lie to the proverb.*

RELATED WORDS

le mensonge	*lie*
un pieux mensonge	*a white lie*
vivre dans le mensonge	*to live a lie*

irregular verb; only one t in the singular of the present tense

je mets · je mis · mis · mettant

PRESENT

mets	mettons
mets	mettez
met	mettent

IMPERFECT

mettais	mettions
mettais	mettiez
mettait	mettaient

PASSÉ SIMPLE

mis	mîmes
mis	mîtes
mit	mirent

FUTURE

mettrai	mettrons
mettras	mettrez
mettra	mettront

CONDITIONAL

mettrais	mettrions
mettrais	mettriez
mettrait	mettraient

PRESENT SUBJUNCTIVE

mette	mettions
mettes	mettiez
mette	mettent

IMPERFECT SUBJUNCTIVE

misse	missions
misses	missiez
mît	missent

COMMANDS

	mettons
mets	mettez

PASSÉ COMPOSÉ

ai mis	avons mis
as mis	avez mis
a mis	ont mis

PLUPERFECT

avais mis	avions mis
avais mis	aviez mis
avait mis	avaient mis

PAST ANTERIOR

eus mis	eûmes mis
eus mis	eûtes mis
eut mis	eurent mis

FUTURE ANTERIOR

aurai mis	aurons mis
auras mis	aurez mis
aura mis	auront mis

PAST CONDITIONAL

aurais mis	aurions mis
aurais mis	auriez mis
aurait mis	auraient mis

PAST SUBJUNCTIVE

aie mis	ayons mis
aies mis	ayez mis
ait mis	aient mis

PLUPERFECT SUBJUNCTIVE

eusse mis	eussions mis
eusses mis	eussiez mis
eût mis	eussent mis

Usage

mettre qqch sur la table	*to put something on the table*
mettre qqch dans sa poche	*to put something in one's pocket*
—Est-ce que tu a mis la monnaie sur la table?	*Did you put the change on the table?*
—Non, je l'ai mise dans ma poche.	*No, I put it in my pocket.*
mettre la famille avant tout	*to put family ahead of everything*
mettre de l'argent à côté	*to put money aside*
J'ai mis 100 euros sur mon équipe.	*I bet 100 euros on my team.*
mettre qqn dans son train	*to put someone on his train*
J'ai mis ma montre à dix heures.	*I set my watch to ten o'clock.*
—Tu a mis la télé?	*Did you turn on the TV?*
—Oui, j'ai mis les informations.	*Yes, I put on the news.*

Mettre à table

mettre la table	*to set the table*
—Tu as déjà mis la soupe à cuire?	*Have you already put on the soup to cook?*
—Oui, et j'ai mis la sauce à réchauffer.	*Yes, and I'm reheating the sauce.*
On peut se mettre à table.	*We can sit down at the table.*
Il aime encore mettre la main à la pâte.	*He still likes to have a hand in things.*
Il ne faut pas mettre tous ses œufs dans le même panier.	*You mustn't put all your eggs in one basket.*

mettre pour les rapports humains et la personnalité

Je ne savais plus où me mettre.	*I didn't know where to hide. (out of embarrassment)*
se mettre en colère/en fureur	*to get angry/furious*
Quelle idée est-ce que tu t'es mise dans la tête?	*What strange idea has gotten into your head?*
Ils se sont mis dans tous leurs états.	*They flew into a panic.*
Je n'aime pas la situation dans laquelle il nous a mis.	*I don't like the situation he's put us in.*
mettre qqn à la porte	*to fire someone/throw someone out*

Mettre de l'effort

Il s'est mis en quatre pour nous aider.	*He went all out to help us.*
Tu n'y mets pas du tien, je vois.	*I see you're not pulling your weight.*
Elle a mis en œuvre tout son talent.	*She brought all her talent into play.*
Il a mis les étudiants au travail.	*He made the students work.*

Mettre des vêtements

mettre sa veste	*to put on one's jacket*
Il a mis son chapeau.	*He put on his hat.*
Je n'ai rien à me mettre.	*I have nothing to wear.*
Elle s'est mise en robe de soirée.	*She wore a gown.*
Le prof se met toujours en costume.	*The teacher always wears a suit.*
Je me mets toujours de l'après-rasage.	*I always put on aftershave.*

D'autres expressions

mettre ce problème sur l'ordre du jour	*to put this problem on the agenda*
mettre le criminel en prison	*to put the criminal in jail*
Ils ont mis leurs enfants dans le privé.	*They are sending their children to private school.*
se mettre sur les rangs	*to declare one's candidacy*

TOP 30 VERBS

regular *-ir* verb | je mincis · je mincis · minci · mincissant

PRESENT

mincis	mincissons
mincis	mincissez
mincit	mincissent

PASSÉ COMPOSÉ

ai minci	avons minci
as minci	avez minci
a minci	ont minci

IMPERFECT

mincissais	mincissions
mincissais	mincissiez
mincissait	mincissaient

PLUPERFECT

avais minci	avions minci
avais minci	aviez minci
avait minci	avaient minci

PASSÉ SIMPLE

mincis	mincîmes
mincis	mincîtes
mincit	mincirent

PAST ANTERIOR

eus minci	eûmes minci
eus minci	eûtes minci
eut minci	eurent minci

FUTURE

mincirai	mincirons
minciras	mincirez
mincira	minciront

FUTURE ANTERIOR

aurai minci	aurons minci
auras minci	aurez minci
aura minci	auront minci

CONDITIONAL

mincirais	mincirions
mincirais	minciriez
mincirait	minciraient

PAST CONDITIONAL

aurais minci	aurions minci
aurais minci	auriez minci
aurait minci	auraient minci

PRESENT SUBJUNCTIVE

mincisse	mincissions
mincisses	mincissiez
mincisse	mincissent

PAST SUBJUNCTIVE

aie minci	ayons minci
aies minci	ayez minci
ait minci	aient minci

IMPERFECT SUBJUNCTIVE

mincisse	mincissions
mincisses	mincissiez
mincît	mincissent

PLUPERFECT SUBJUNCTIVE

eusse minci	eussions minci
eusses minci	eussiez minci
eût minci	eussent minci

COMMANDS

	mincissons
mincis	mincissez

Usage

Le médecin m'a conseillé de mincir.	*The doctor advised me to lose weight.*
Les fruits et les légumes mincissent.	*Fruits and vegetables help you lose weight.*
Ce style vous mincit.	*That style makes you look slimmer.*
J'essaie de mincir. Je suis au régime.	*I'm trying to get thinner. I'm on a diet.*

RELATED WORD

mince	*skinny/slim*
Il est mince comme un fil.	*He's as skinny as a rail* (lit., *a thread*).
Un compte-rendu de trois pages, c'est un peu mince.	*A three-page report is a bit skimpy.*
Un seul gâteau pour douze invités, c'est un peu mince.	*Just one cake for twelve guests, that's cutting it a bit thin.*

monter *to go up, climb*

je monte · je montai · monté · montant

regular -er verb;
compound tenses with être

PRESENT		PASSÉ COMPOSÉ	
monte	montons	suis monté(e)	sommes monté(e)s
montes	montez	es monté(e)	êtes monté(e)(s)
monte	montent	est monté(e)	sont monté(e)s

IMPERFECT		PLUPERFECT	
montais	montions	étais monté(e)	étions monté(e)s
montais	montiez	étais monté(e)	étiez monté(e)(s)
montait	montaient	était monté(e)	étaient monté(e)s

PASSÉ SIMPLE		PAST ANTERIOR	
montai	montâmes	fus monté(e)	fûmes monté(e)s
montas	montâtes	fus monté(e)	fûtes monté(e)(s)
monta	montèrent	fut monté(e)	furent monté(e)s

FUTURE		FUTURE ANTERIOR	
monterai	monterons	serai monté(e)	serons monté(e)s
monteras	monterez	seras monté(e)	serez monté(e)(s)
montera	monteront	sera monté(e)	seront monté(e)s

CONDITIONAL		PAST CONDITIONAL	
monterais	monterions	serais monté(e)	serions monté(e)s
monterais	monteriez	serais monté(e)	seriez monté(e)(s)
monterait	monteraient	serait monté(e)	seraient monté(e)s

PRESENT SUBJUNCTIVE		PAST SUBJUNCTIVE	
monte	montions	sois monté(e)	soyons monté(e)s
montes	montiez	sois monté(e)	soyez monté(e)(s)
monte	montent	soit monté(e)	soient monté(e)s

IMPERFECT SUBJUNCTIVE		PLUPERFECT SUBJUNCTIVE	
montasse	montassions	fusse monté(e)	fussions monté(e)s
montasses	montassiez	fusses monté(e)	fussiez monté(e)(s)
montât	montassent	fût monté(e)	fussent monté(e)s

COMMANDS	
	montons
monte	montez

Usage

L'ascenseur monte?	*Is the elevator going up?*
C'est une rue qui monte.	*It's a street that goes up (on an incline).*
Le vin m'est monté à la tête.	*The wine went to my head.*
Le chat est monté sur le sofa.	*The cat got up on the sofa.*
Il faut monter l'escalier. L'ascenseur est en panne.	*You have to go up the stairs. The escalator is out of order.*
Les prix montent.	*Prices are going up.*
Tu sais monter sur un cheval?	*Do you know how to get on a horse?*
Nous sommes montés dans le train.	*We got on the train.*

monter transitif

Le chasseur a monté mes bagages.	*The bellhop took my luggage up.*
Monte les livres un peu.	*Put the books up a little higher.*
On a monté le prix de l'essence.	*They have raised the price of gasoline.*

regular -er verb   je montre · je montrai · montré · montrant

PRESENT	
montre	montrons
montres	montrez
montre	montrent

IMPERFECT	
montrais	montrions
montrais	montriez
montrait	montraient

PASSÉ SIMPLE	
montrai	montrâmes
montras	montrâtes
montra	montrèrent

FUTURE	
montrerai	montrerons
montreras	montrerez
montrera	montreront

CONDITIONAL	
montrerais	montrerions
montrerais	montreriez
montrerait	montreraient

PRESENT SUBJUNCTIVE	
montre	montrions
montres	montriez
montre	montrent

IMPERFECT SUBJUNCTIVE	
montrasse	montrassions
montrasses	montrassiez
montrât	montrassent

COMMANDS	
	montrons
montre	montrez

PASSÉ COMPOSÉ	
ai montré	avons montré
as montré	avez montré
a montré	ont montré

PLUPERFECT	
avais montré	avions montré
avais montré	aviez montré
avait montré	avaient montré

PAST ANTERIOR	
eus montré	eûmes montré
eus montré	eûtes montré
eut montré	eurent montré

FUTURE ANTERIOR	
aurai montré	aurons montré
auras montré	aurez montré
aura montré	auront montré

PAST CONDITIONAL	
aurais montré	aurions montré
aurais montré	auriez montré
aurait montré	auraient montré

PAST SUBJUNCTIVE	
aie montré	ayons montré
aies montré	ayez montré
ait montré	aient montré

PLUPERFECT SUBJUNCTIVE	
eusse montré	eussions montré
eusses montré	eussiez montré
eût montré	eussent montré

Usage

montrer qqch à qqn	*to show something to someone*
Il nous a montré les cadeaux qu'il a reçus.	*He showed us the gifts he got.*
Ne montre pas encore tes cartes.	*Don't show your hand yet.*
Je vais te montrer de quel bois je me chauffe!	*I'll show you what sort of person I am!*
Elle m'a montré la porte.	*She showed me the door.*
Montre-moi comment m'en servir.	*Show me how to use it.*
Ne montre pas les gens du doigt!	*Don't point at people!*
Pourriez-vous me montrer le chemin?	*Could you show me the way?*
Tu t'es montré à la hauteur de la mission.	*You showed yourself to be up to the mission.*
Il faut montrer patte blanche pour entrer.	*You have to show credentials to get in.*
Elle n'a pas montré le bout de son nez.	*We haven't seen hide nor hair of her.*

se moquer (de) *to make fun (of)*

**je me moque · je me moquai · s'étant moqué ·
se moquant**

*regular -er reflexive verb;
compound tenses with être*

PRESENT

me moque	nous moquons
te moques	vous moquez
se moque	se moquent

PASSÉ COMPOSÉ

me suis moqué(e)	nous sommes moqué(e)s
t'es moqué(e)	vous êtes moqué(e)(s)
s'est moqué(e)	se sont moqué(e)s

IMPERFECT

me moquais	nous moquions
te moquais	vous moquiez
se moquait	se moquaient

PLUPERFECT

m'étais moqué(e)	nous étions moqué(e)s
t'étais moqué(e)	vous étiez moqué(e)(s)
s'était moqué(e)	s'étaient moqué(e)s

PASSÉ SIMPLE

me moquai	nous moquâmes
te moquas	vous moquâtes
se moqua	se moquèrent

PAST ANTERIOR

me fus moqué(e)	nous fûmes moqué(e)s
te fus moqué(e)	vous fûtes moqué(e)(s)
se fut moqué(e)	se furent moqué(e)s

FUTURE

me moquerai	nous moquerons
te moqueras	vous moquerez
se moquera	se moqueront

FUTURE ANTERIOR

me serai moqué(e)	nous serons moqué(e)s
te seras moqué(e)	vous serez moqué(e)(s)
se sera moqué(e)	se seront moqué(e)s

CONDITIONAL

me moquerais	nous moquerions
te moquerais	vous moqueriez
se moquerait	se moqueraient

PAST CONDITIONAL

me serais moqué(e)	nous serions moqué(e)s
te serais moqué(e)	vous seriez moqué(e)(s)
se serait moqué(e)	se seraient moqué(e)s

PRESENT SUBJUNCTIVE

me moque	nous moquions
te moques	vous moquiez
se moque	se moquent

PAST SUBJUNCTIVE

me sois moqué(e)	nous soyons moqué(e)s
te sois moqué(e)	vous soyez moqué(e)(s)
se soit moqué(e)	se soient moqué(e)s

IMPERFECT SUBJUNCTIVE

me moquasse	nous moquassions
te moquasses	vous moquassiez
se moquât	se moquassent

PLUPERFECT SUBJUNCTIVE

me fusse moqué(e)	nous fussions moqué(e)s
te fusses moqué(e)	vous fussiez moqué(e)(s)
se fût moqué(e)	se fussent moqué(e)s

COMMANDS

	moquons-nous
moque-toi	moquez-vous

Usage

se moquer de qqn/de qqch	to make fun of something/someone
Ils se moquent de sa tête.	They're making fun of him.
Ils se moquent de ma tenue.	They're making fun of my outfit.
Il se moquait du monde.	He made fun of everything.
se moquer de qqn/de qqch	not to care about something/about someone
Je me moque du qu'en-dira-t-on.	I don't care what people think.
Je me moque que tu aies raison.	I don't care whether you're right or not.
Je m'en moque comme de l'an quarante.	I don't give a hoot about it.
Il s'en moque pas mal.	He couldn't care less.
Je m'en moque éperdument.	I don't give a hang.
Je m'en moque comme de ma première chemise.	I don't care at all about it.

regular *-re* verb | je mords · je mordis · mordu · mordant

PRESENT

mords	mordons
mords	mordez
mord	mordent

PASSÉ COMPOSÉ

ai mordu	avons mordu
as mordu	avez mordu
a mordu	ont mordu

IMPERFECT

mordais	mordions
mordais	mordiez
mordait	mordaient

PLUPERFECT

avais mordu	avions mordu
avais mordu	aviez mordu
avait mordu	avaient mordu

PASSÉ SIMPLE

mordis	mordîmes
mordis	mordîtes
mordit	mordirent

PAST ANTERIOR

eus mordu	eûmes mordu
eus mordu	eûtes mordu
eut mordu	eurent mordu

FUTURE

mordrai	mordrons
mordras	mordrez
mordra	mordront

FUTURE ANTERIOR

aurai mordu	aurons mordu
auras mordu	aurez mordu
aura mordu	auront mordu

CONDITIONAL

mordrais	mordrions
mordrais	mordriez
mordrait	mordraient

PAST CONDITIONAL

aurais mordu	aurions mordu
aurais mordu	auriez mordu
aurait mordu	auraient mordu

PRESENT SUBJUNCTIVE

morde	mordions
mordes	mordiez
morde	mordent

PAST SUBJUNCTIVE

aie mordu	ayons mordu
aies mordu	ayez mordu
ait mordu	aient mordu

IMPERFECT SUBJUNCTIVE

mordisse	mordissions
mordisses	mordissiez
mordît	mordissent

PLUPERFECT SUBJUNCTIVE

eusse mordu	eussions mordu
eusses mordu	eussiez mordu
eût mordu	eussent mordu

COMMANDS

	mordons
mords	mordez

Usage

Un chien lui a mordu la cheville.	*A dog bit him on the ankle.*
Approche-toi. Je ne mords pas.	*Come closer. I don't bite.*
mordre dans un fruit	*to bite into a fruit*
Il a mordu un petit bout de fromage.	*He bit off a small piece of cheese.*
Il a mordu dans le chocolat à belles dents.	*He bit heartily into the chocolate.*
Je m'en mords les doigts.	*I regret it.*
Tu vas t'en mordre les doigts!	*You'll live to regret it.*
Il ne pense qu'à elle. Il est mordu.	*She's all he thinks about. He's hooked.*
Cet étudiant ne mord pas au latin.	*This student doesn't take to Latin.*
Il a mordu (à l'hameçon).	*He fell for it.*
C'est un mordu du rock.	*He's a real rock music devotee.*

PROVERB

Chien qui aboie ne mord pas.	*His bark is worse than his bite.*

PRESENT

mouds	moulons
mouds	moulez
moud	moulent

IMPERFECT

moulais	moulions
moulais	mouliez
moulait	moulaient

PASSÉ SIMPLE

moulus	moulûmes
moulus	moulûtes
moulut	moulurent

FUTURE

moudrai	moudrons
moudras	moudrez
moudra	moudront

CONDITIONAL

moudrais	moudrions
moudrais	moudriez
moudrait	moudraient

PRESENT SUBJUNCTIVE

moule	moulions
moules	mouliez
moule	moulent

IMPERFECT SUBJUNCTIVE

moulusse	moulussions
moulusses	moulussiez
moulût	moulussent

COMMANDS

	moulons
mouds	moulez

PASSÉ COMPOSÉ

ai moulu	avons moulu
as moulu	avez moulu
a moulu	ont moulu

PLUPERFECT

avais moulu	avions moulu
avais moulu	aviez moulu
avait moulu	avaient moulu

PAST ANTERIOR

eus moulu	eûmes moulu
eus moulu	eûtes moulu
eut moulu	eurent moulu

FUTURE ANTERIOR

aurai moulu	aurons moulu
auras moulu	aurez moulu
aura moulu	auront moulu

PAST CONDITIONAL

aurais moulu	aurions moulu
aurais moulu	auriez moulu
aurait moulu	auraient moulu

PAST SUBJUNCTIVE

aie moulu	ayons moulu
aies moulu	ayez moulu
ait moulu	aient moulu

PLUPERFECT SUBJUNCTIVE

eusse moulu	eussions moulu
eusses moulu	eussiez moulu
eût moulu	eussent moulu

Usage

moudre du poivre	*to grind pepper*
moudre du blé	*to grind/mill wheat*
moudre du café	*to grind coffee*

RELATED WORDS

le moulin	*mill*
le moulin à vent	*windmill*
le moulin à eau	*water mill*
On y entre comme dans un moulin.	*Anyone and everyone walks in and out of there.*

irregular verb; compound
tenses with *être*

je meurs · je mourus · mort · mourant

PRESENT		PASSÉ COMPOSÉ	
meurs	mourons	suis mort(e)	sommes mort(e)s
meurs	mourez	es mort(e)	êtes mort(e)(s)
meurt	meurent	est mort(e)	sont mort(e)s

IMPERFECT		PLUPERFECT	
mourais	mourions	étais mort(e)	étions mort(e)s
mourais	mouriez	étais mort(e)	étiez mort(e)(s)
mourait	mouraient	était mort(e)	étaient mort(e)s

PASSÉ SIMPLE		PAST ANTERIOR	
mourus	mourûmes	fus mort(e)	fûmes mort(e)s
mourus	mourûtes	fus mort(e)	fûtes mort(e)(s)
mourut	moururent	fut mort(e)	furent mort(e)s

FUTURE		FUTURE ANTERIOR	
mourrai	mourrons	serai mort(e)	serons mort(e)s
mourras	mourrez	seras mort(e)	serez mort(e)(s)
mourra	mourront	sera mort(e)	seront mort(e)s

CONDITIONAL		PAST CONDITIONAL	
mourrais	mourrions	serais mort(e)	serions mort(e)s
mourrais	mourriez	serais mort(e)	seriez mort(e)(s)
mourrait	mourraient	serait mort(e)	seraient mort(e)s

PRESENT SUBJUNCTIVE		PAST SUBJUNCTIVE	
meure	mourions	sois mort(e)	soyons mort(e)s
meures	mouriez	sois mort(e)	soyez mort(e)(s)
meure	meurent	soit mort(e)	soient mort(e)s

IMPERFECT SUBJUNCTIVE		PLUPERFECT SUBJUNCTIVE	
mourusse	mourussions	fusse mort(e)	fussions mort(e)s
mourusses	mourussiez	fusses mort(e)	fussiez mort(e)(s)
mourût	mourussent	fût mort(e)	fussent mort(e)s

COMMANDS	
	mourons
meurs	mourez

Usage

Elle est morte il y a un an.	*She died a year ago.*
La vieille dame est morte d'un cancer.	*The elderly lady died of cancer.*
Je meurs de faim.	*I'm dying of hunger.*
Je meurs de froid.	*I'm absolutely freezing.*
Montre-moi la lettre! Je meurs d'impatience.	*Show me the letter! I'm dying to read it.*
Il est mort avant l'âge.	*He died young./He met an untimely death.*
C'est un film à mourir de rire.	*You can die laughing with that film.*
Je m'ennuyais à mourir.	*I was bored to death.*
—Je mourais d'envie de me présenter à elle.	*I was dying to introduce myself to her.*
—Vas-y! Tu n'en mourras pas!	*Go ahead! It won't kill you!*

nager *to swim*

je nage · je nageai · nagé · nageant

-er verb; spelling change:
g > ge/a, o

PRESENT		PASSÉ COMPOSÉ	
nage	nageons	ai nagé	avons nagé
nages	nagez	as nagé	avez nagé
nage	nagent	a nagé	ont nagé

IMPERFECT		PLUPERFECT	
nageais	nagions	avais nagé	avions nagé
nageais	nagiez	avais nagé	aviez nagé
nageait	nageaient	avait nagé	avaient nagé

PASSÉ SIMPLE		PAST ANTERIOR	
nageai	nageâmes	eus nagé	eûmes nagé
nageas	nageâtes	eus nagé	eûtes nagé
nagea	nagèrent	eut nagé	eurent nagé

FUTURE		FUTURE ANTERIOR	
nagerai	nagerons	aurai nagé	aurons nagé
nageras	nagerez	auras nagé	aurez nagé
nagera	nageront	aura nagé	auront nagé

CONDITIONAL		PAST CONDITIONAL	
nagerais	nagerions	aurais nagé	aurions nagé
nagerais	nageriez	aurais nagé	auriez nagé
nagerait	nageraient	aurait nagé	auraient nagé

PRESENT SUBJUNCTIVE		PAST SUBJUNCTIVE	
nage	nagions	aie nagé	ayons nagé
nages	nagiez	aies nagé	ayez nagé
nage	nagent	ait nagé	aient nagé

IMPERFECT SUBJUNCTIVE		PLUPERFECT SUBJUNCTIVE	
nageasse	nageassions	eusse nagé	eussions nagé
nageasses	nageassiez	eusses nagé	eussiez nagé
nageât	nageassent	eût nagé	eussent nagé

COMMANDS	
	nageons
nage	nagez

Usage

Tu sais nager?	*Do you know how to swim?*
Cet enfant nage déjà comme un poisson!	*This child already swims so well/ like a fish!*
Elle nage dans la tristesse.	*She is overcome with sadness.*
Il nage dans le mystère.	*He is totally bewildered.*
—Il a compris?	*Did he understand?*
—Non, il nage complètement.	*No, he is completely in the dark.*
nager la brasse/le crawl	*to do the breaststroke/the crawl*
nager le 100 mètres	*to swim the 100 meters*

RELATED WORDS

la nage	*swimming*
être en nage	*to be sweaty*
le nageur/la nageuse	*swimmer*

irregular verb; compound tenses with *être*   **je nais · je naquis · né · naissant**

PRESENT		**PASSÉ COMPOSÉ**	
nais	naissons	suis né(e)	sommes né(e)s
nais	naissez	es né(e)	êtes né(e)(s)
naît	naissent	est né(e)	sont né(e)s

IMPERFECT		**PLUPERFECT**	
naissais	naissions	étais né(e)	étions né(e)s
naissais	naissiez	étais né(e)	étiez né(e)(s)
naissait	naissaient	était né(e)	étaient né(e)s

PASSÉ SIMPLE		**PAST ANTERIOR**	
naquis	naquîmes	fus né(e)	fûmes né(e)s
naquis	naquîtes	fus né(e)	fûtes né(e)(s)
naquit	naquirent	fut né(e)	furent né(e)s

FUTURE		**FUTURE ANTERIOR**	
naîtrai	naîtrons	serai né(e)	serons né(e)s
naîtras	naîtrez	seras né(e)	serez né(e)(s)
naîtra	naîtront	sera né(e)	seront né(e)s

CONDITIONAL		**PAST CONDITIONAL**	
naîtrais	naîtrions	serais né(e)	serions né(e)s
naîtrais	naîtriez	serais né(e)	seriez né(e)(s)
naîtrait	naîtraient	serait né(e)	seraient né(e)s

PRESENT SUBJUNCTIVE		**PAST SUBJUNCTIVE**	
naisse	naissions	sois né(e)	soyons né(e)s
naisses	naissiez	sois né(e)	soyez né(e)(s)
naisse	naissent	soit né(e)	soient né(e)s

IMPERFECT SUBJUNCTIVE		**PLUPERFECT SUBJUNCTIVE**	
naquisse	naquissions	fusse né(e)	fussions né(e)s
naquisses	naquissiez	fusses né(e)	fussiez né(e)(s)
naquît	naquissent	fût né(e)	fussent né(e)s

COMMANDS	
	naissons
nais	naissez

Usage

—Où es-tu né?	*Where were you born?*
—Je suis né à Bordeaux.	*I was born in Bordeaux.*
Sa sœur est née aveugle.	*His sister was born blind.*
Ils sont nés l'un pour l'autre.	*They were meant for each other.*
Elle est née coiffée.	*She was born with a silver spoon in her mouth.*
On est amis depuis très longtemps. Je l'ai vu naître.	*We've been friends for a very long time. We've known each other since we were children.*
Lui, il a réussi dans la vie, mais son frère était né sous une mauvaise étoile.	*He was successful in life but his brother was a born loser.*
Je ne suis pas né d'hier.	*I wasn't born yesterday.*

nettoyer *to clean*

je nettoie · je nettoyai · nettoyé · nettoyant

-er verb; spelling change:
y > i/mute e

PRESENT		**PASSÉ COMPOSÉ**	
nettoie	nettoyons	ai nettoyé	avons nettoyé
nettoies	nettoyez	as nettoyé	avez nettoyé
nettoie	nettoient	a nettoyé	ont nettoyé

IMPERFECT		**PLUPERFECT**	
nettoyais	nettoyions	avais nettoyé	avions nettoyé
nettoyais	nettoyiez	avais nettoyé	aviez nettoyé
nettoyait	nettoyaient	avait nettoyé	avaient nettoyé

PASSÉ SIMPLE		**PAST ANTERIOR**	
nettoyai	nettoyâmes	eus nettoyé	eûmes nettoyé
nettoyas	nettoyâtes	eus nettoyé	eûtes nettoyé
nettoya	nettoyèrent	eut nettoyé	eurent nettoyé

FUTURE		**FUTURE ANTERIOR**	
nettoierai	nettoierons	aurai nettoyé	aurons nettoyé
nettoieras	nettoierez	auras nettoyé	aurez nettoyé
nettoiera	nettoieront	aura nettoyé	auront nettoyé

CONDITIONAL		**PAST CONDITIONAL**	
nettoierais	nettoierions	aurais nettoyé	aurions nettoyé
nettoierais	nettoieriez	aurais nettoyé	auriez nettoyé
nettoierait	nettoieraient	aurait nettoyé	auraient nettoyé

PRESENT SUBJUNCTIVE		**PAST SUBJUNCTIVE**	
nettoie	nettoyions	aie nettoyé	ayons nettoyé
nettoies	nettoyiez	aies nettoyé	ayez nettoyé
nettoie	nettoient	ait nettoyé	aient nettoyé

IMPERFECT SUBJUNCTIVE		**PLUPERFECT SUBJUNCTIVE**	
nettoyasse	nettoyassions	eusse nettoyé	eussions nettoyé
nettoyasses	nettoyassiez	eusses nettoyé	eussiez nettoyé
nettoyât	nettoyassent	eût nettoyé	eussent nettoyé

COMMANDS

	nettoyons
nettoie	nettoyez

Usage

nettoyer la cuisine/la maison	to clean the kitchen/the house
nettoyer avec une éponge	to clean with a sponge
Quelqu'un m'a nettoyé les poches.	Someone went through my pockets.
Les voleurs ont nettoyé l'appartement.	The thieves cleaned out the apartment.
L'armée a nettoyé la campagne.	The army cleaned the enemy out of the countryside.
faire nettoyer un vêtement à sec	to have a garment dry-cleaned

RELATED WORD

le nettoyage	cleaning
le nettoyage de la maison	cleaning the house
le nettoyage des vitres	cleaning the windows

regular -er verb

PRESENT	
nie	nions
nies	niez
nie	nient

IMPERFECT	
niais	niions
niais	niiez
niait	niaient

PASSÉ SIMPLE	
niai	niâmes
nias	niâtes
nia	nièrent

FUTURE	
nierai	nierons
nieras	nierez
niera	nieront

CONDITIONAL	
nierais	nierions
nierais	nieriez
nierait	nieraient

PRESENT SUBJUNCTIVE	
nie	niions
nies	niiez
nie	nient

IMPERFECT SUBJUNCTIVE	
niasse	niassions
niasses	niassiez
niât	niassent

PASSÉ COMPOSÉ	
ai nié	avons nié
as nié	avez nié
a nié	ont nié

PLUPERFECT	
avais nié	avions nié
avais nié	aviez nié
avait nié	avaient nié

PAST ANTERIOR	
eus nié	eûmes nié
eus nié	eûtes nié
eut nié	eurent nié

FUTURE ANTERIOR	
aurai nié	aurons nié
auras nié	aurez nié
aura nié	auront nié

PAST CONDITIONAL	
aurais nié	aurions nié
aurais nié	auriez nié
aurait nié	auraient nié

PAST SUBJUNCTIVE	
aie nié	ayons nié
aies nié	ayez nié
ait nié	aient nié

PLUPERFECT SUBJUNCTIVE	
eusse nié	eussions nié
eusses nié	eussiez nié
eût nié	eussent nié

COMMANDS	
	nions
nie	niez

Usage

L'inculpé ne peut pas nier ces faits.	*The accused cannot deny these facts.*
L'accusé a tout nié.	*The accused denied everything.*
Il nie l'avoir battue.	*He denies having hit her.*
Il nie que nous soyons ses collègues.	*He denies that we are his coworkers.*
Il nie que vous ayez participé aux entretiens.	*He denies that you have participated in the talks.*
Je ne nie pas qu'il est intelligent.	*I don't deny that he is intelligent.*
Nous ne nions pas qu'elle veut partir.	*We don't deny that she wants to leave.*
Dire qu'il est innocent, c'est nier l'évidence.	*Saying that he's innocent is to deny what is obvious.*
Les hommes de sciences les plus importants nient la justesse de cette théorie.	*The most important scientists deny the validity of this theory.*

nuire *to harm*

je nuis · je nuisis · nui · nuisant

irregular verb

PRESENT		PASSÉ COMPOSÉ	
nuis	nuisons	ai nui	avons nui
nuis	nuisez	as nui	avez nui
nuit	nuisent	a nui	ont nui

IMPERFECT		PLUPERFECT	
nuisais	nuisions	avais nui	avions nui
nuisais	nuisiez	avais nui	aviez nui
nuisait	nuisaient	avait nui	avaient nui

PASSÉ SIMPLE		PAST ANTERIOR	
nuisis	nuisîmes	eus nui	eûmes nui
nuisis	nuisîtes	eus nui	eûtes nui
nuisit	nuisirent	eut nui	eurent nui

FUTURE		FUTURE ANTERIOR	
nuirai	nuirons	aurai nui	aurons nui
nuiras	nuirez	auras nui	aurez nui
nuira	nuiront	aura nui	auront nui

CONDITIONAL		PAST CONDITIONAL	
nuirais	nuirions	aurais nui	aurions nui
nuirais	nuiriez	aurais nui	auriez nui
nuirait	nuiraient	aurait nui	auraient nui

PRESENT SUBJUNCTIVE		PAST SUBJUNCTIVE	
nuise	nuisions	aie nui	ayons nui
nuises	nuisiez	aies nui	ayez nui
nuise	nuisent	ait nui	aient nui

IMPERFECT SUBJUNCTIVE		PLUPERFECT SUBJUNCTIVE	
nuisisse	nuisissions	eusse nui	eussions nui
nuisisses	nuisissiez	eusses nui	eussiez nui
nuisît	nuisissent	eût nui	eussent nui

COMMANDS	
	nuisons
nuis	nuisez

Usage

nuire à qqch	*to damage something*
Cette affaire a nui à sa réputation.	*This business deal harmed his reputation.*
nuire à qqn	*to harm someone*
Il cherche à nuire à ses collègues.	*He tries to do his coworkers harm.*
Les preuves lui ont beaucoup nui.	*The evidence hurt him a lot.*
Sa froideur lui nuit.	*His coldness is a big disadvantage for him.*
Ce travail a nui à sa santé.	*That work harmed his health.*
La crise économique a nui aux projets d'expansion de notre entreprise.	*The economic downturn harmed our company's plans for expansion.*
se nuire	*to harm each other/work against each other*
Ils se sont nui.	*They did each other harm.*

regular *-ir* verb | **j'obéis · j'obéis · obéi · obéissant**

PRESENT

obéis	obéissons
obéis	obéissez
obéit	obéissent

PASSÉ COMPOSÉ

ai obéi	avons obéi
as obéi	avez obéi
a obéi	ont obéi

IMPERFECT

obéissais	obéissions
obéissais	obéissiez
obéissait	obéissaient

PLUPERFECT

avais obéi	avions obéi
avais obéi	aviez obéi
avait obéi	avaient obéi

PASSÉ SIMPLE

obéis	obéîmes
obéis	obéîtes
obéit	obéirent

PAST ANTERIOR

eus obéi	eûmes obéi
eus obéi	eûtes obéi
eut obéi	eurent obéi

FUTURE

obéirai	obéirons
obéiras	obéirez
obéira	obéiront

FUTURE ANTERIOR

aurai obéi	aurons obéi
auras obéi	aurez obéi
aura obéi	auront obéi

CONDITIONAL

obéirais	obéirions
obéirais	obéiriez
obéirait	obéiraient

PAST CONDITIONAL

aurais obéi	aurions obéi
aurais obéi	auriez obéi
aurait obéi	auraient obéi

PRESENT SUBJUNCTIVE

obéisse	obéissions
obéisses	obéissiez
obéisse	obéissent

PAST SUBJUNCTIVE

aie obéi	ayons obéi
aies obéi	ayez obéi
ait obéi	aient obéi

IMPERFECT SUBJUNCTIVE

obéisse	obéissions
obéisses	obéissiez
obéît	obéissent

PLUPERFECT SUBJUNCTIVE

eusse obéi	eussions obéi
eusses obéi	eussiez obéi
eût obéi	eussent obéi

COMMANDS

	obéissons
obéis	obéissez

Usage

obéir à qqn	*to obey someone*
Il obéit à ses parents.	*He obeys his parents.*
Il obéit au patron au doigt et à l'œil.	*He does the boss's bidding.*
Le chef sait se faire obéir.	*The boss knows how to get people to obey him.*
Je leur ai dit de venir mais ils n'ont pas obéi.	*I told them to come but they didn't listen to me.*
obéir à qqch	*to obey something*
Un bon soldat obéit aux ordres.	*A good soldier obeys orders.*
Il n'obéit qu'à sa conscience.	*He listens only to his conscience.*

RELATED WORD

l'obéissance (*f*)	*obedience*
Ils ont juré obéissance au chef de bande.	*They swore to obey the gang leader.*

obtenir *to obtain*

j'obtiens · j'obtins · obtenu · obtenant

irregular verb

PRESENT			
obtiens	obtenons		
obtiens	obtenez		
obtient	obtiennent		

PASSÉ COMPOSÉ			
ai obtenu	avons obtenu		
as obtenu	avez obtenu		
a obtenu	ont obtenu		

IMPERFECT	
obtenais	obtenions
obtenais	obteniez
obtenait	obtenaient

PLUPERFECT	
avais obtenu	avions obtenu
avais obtenu	aviez obtenu
avait obtenu	avaient obtenu

PASSÉ SIMPLE	
obtins	obtînmes
obtins	obtîntes
obtint	obtinrent

PAST ANTERIOR	
eus obtenu	eûmes obtenu
eus obtenu	eûtes obtenu
eut obtenu	eurent obtenu

FUTURE	
obtiendrai	obtiendrons
obtiendras	obtiendrez
obtiendra	obtiendront

FUTURE ANTERIOR	
aurai obtenu	aurons obtenu
auras obtenu	aurez obtenu
aura obtenu	auront obtenu

CONDITIONAL	
obtiendrais	obtiendrions
obtiendrais	obtiendriez
obtiendrait	obtiendraient

PAST CONDITIONAL	
aurais obtenu	aurions obtenu
aurais obtenu	auriez obtenu
aurait obtenu	auraient obtenu

PRESENT SUBJUNCTIVE	
obtienne	obtenions
obtiennes	obteniez
obtienne	obtiennent

PAST SUBJUNCTIVE	
aie obtenu	ayons obtenu
aies obtenu	ayez obtenu
ait obtenu	aient obtenu

IMPERFECT SUBJUNCTIVE	
obtinsse	obtinssions
obtinsses	obtinssiez
obtînt	obtinssent

PLUPERFECT SUBJUNCTIVE	
eusse obtenu	eussions obtenu
eusses obtenu	eussiez obtenu
eût obtenu	eussent obtenu

COMMANDS	
	obtenons
obtiens	obtenez

Usage

Est-ce que tu peux m'obtenir cet article sur Internet?	*Can you get that article for me on the Web?*
Je n'ai pas obtenu de réponse.	*No one answered.*
Je n'ai pas obtenu qu'on me réponde.	*I could not get anyone to answer me.*
Nous avons obtenu de bons résultats.	*We got good results.*
En mettant les sommes ensemble, on obtient 3.000 euros.	*Putting these amounts together, you get 3,000 euros.*
Il n'a pas encore obtenu leur autorisation pour partir.	*He has not yet gotten their authorization to leave.*
Nous avons obtenu de lui qu'il nous rende l'argent.	*We got him to agree to return the money.*
Elle m'a obtenu un travail de programmeur.	*She got me a job as a programmer.*

irregular verb

j'offre · j'offris · offert · offrant

PRESENT

offre	offrons
offres	offrez
offre	offrent

PASSÉ COMPOSÉ

ai offert	avons offert
as offert	avez offert
a offert	ont offert

IMPERFECT

offrais	offrions
offrais	offriez
offrait	offraient

PLUPERFECT

avais offert	avions offert
avais offert	aviez offert
avait offert	avaient offert

PASSÉ SIMPLE

offris	offrîmes
offris	offrîtes
offrit	offrirent

PAST ANTERIOR

eus offert	eûmes offert
eus offert	eûtes offert
eut offert	eurent offert

FUTURE

offrirai	offrirons
offriras	offrirez
offrira	offriront

FUTURE ANTERIOR

aurai offert	aurons offert
auras offert	aurez offert
aura offert	auront offert

CONDITIONAL

offrirais	offririons
offrirais	offririez
offrirait	offriraient

PAST CONDITIONAL

aurais offert	aurions offert
aurais offert	auriez offert
aurait offert	auraient offert

PRESENT SUBJUNCTIVE

offre	offrions
offres	offriez
offre	offrent

PAST SUBJUNCTIVE

aie offert	ayons offert
aies offert	ayez offert
ait offert	aient offert

IMPERFECT SUBJUNCTIVE

offrisse	offrissions
offrisses	offrissiez
offrît	offrissent

PLUPERFECT SUBJUNCTIVE

eusse offert	eussions offert
eusses offert	eussiez offert
eût offert	eussent offert

COMMANDS

	offrons
offre	offrez

Usage

Je vous offre mes meilleurs vœux de succès.	*Please accept my best wishes for success.*
Il m'a offert dix mille euros.	*He offered me ten thousand euros.*
offrir qqch à qqn	*to give something to someone as a gift*
On m'a offert un téléphone portable pour mon anniversaire.	*They gave me a cell phone for my birthday.*
Qu'est-ce qu'on va offrir aux enfants pour Noël?	*What are we going to give the children for Christmas?*
Ils se sont offert une semaine à Avignon.	*They treated themselves to a week in Avignon.*
Il nous a offert un verre.	*He treated us to a drink.*
Ces cours offrent beaucoup d'avantages.	*These courses offer many advantages.*
Ils nous offriront l'hospitalité.	*They will offer us their hospitality.*

oublier *to forget*

j'oublie · j'oubliai · oublié · oubliant

regular *-er* verb

PRESENT

oublie	oublions
oublies	oubliez
oublie	oublient

PASSÉ COMPOSÉ

ai oublié	avons oublié
as oublié	avez oublié
a oublié	ont oublié

IMPERFECT

oubliais	oubliions
oubliais	oubliiez
oubliait	oubliaient

PLUPERFECT

avais oublié	avions oublié
avais oublié	aviez oublié
avait oublié	avaient oublié

PASSÉ SIMPLE

oubliai	oubliâmes
oublias	oubliâtes
oublia	oublièrent

PAST ANTERIOR

eus oublié	eûmes oublié
eus oublié	eûtes oublié
eut oublié	eurent oublié

FUTURE

oublierai	oublierons
oublieras	oublierez
oubliera	oublieront

FUTURE ANTERIOR

aurai oublié	aurons oublié
auras oublié	aurez oublié
aura oublié	auront oublié

CONDITIONAL

oublierais	oublierions
oublierais	oublieriez
oublierait	oublieraient

PAST CONDITIONAL

aurais oublié	aurions oublié
aurais oublié	auriez oublié
aurait oublié	auraient oublié

PRESENT SUBJUNCTIVE

oublie	oubliions
oublies	oubliiez
oublie	oublient

PAST SUBJUNCTIVE

aie oublié	ayons oublié
aies oublié	ayez oublié
ait oublié	aient oublié

IMPERFECT SUBJUNCTIVE

oubliasse	oubliassions
oubliasses	oubliassiez
oubliât	oubliassent

PLUPERFECT SUBJUNCTIVE

eusse oublié	eussions oublié
eusses oublié	eussiez oublié
eût oublié	eussent oublié

COMMANDS

	oublions
oublie	oubliez

Usage

J'ai oublié son nom.	*I forgot his name.*
J'ai oublié ce que vous vouliez.	*I forgot what you wanted.*
Ne m'oubliez pas.	*Don't forget me.*
Je ne t'oublierai jamais.	*I will never forget you.*
Il a oublié son allemand.	*He forgot his German.*
Il ne réussira pas à faire oublier ses actions.	*He will never be able to live down what he did.*
Tout ça, c'est oublié.	*All that is over with, gone and forgotten.*
Oublions le passé et recommençons.	*Let's forget the past and start over.*

RELATED WORD

inoubliable	*unforgettable*
...té des chansons inoubliables.	*She sang unforgettable songs.*

irregular verb

j'ouvre · j'ouvris · ouvert · ouvrant

PRESENT

ouvre	ouvrons
ouvres	ouvrez
ouvre	ouvrent

PASSÉ COMPOSÉ

ai ouvert	avons ouvert
as ouvert	avez ouvert
a ouvert	ont ouvert

IMPERFECT

ouvrais	ouvrions
ouvrais	ouvriez
ouvrait	ouvraient

PLUPERFECT

avais ouvert	avions ouvert
avais ouvert	aviez ouvert
avait ouvert	avaient ouvert

PASSÉ SIMPLE

ouvris	ouvrîmes
ouvris	ouvrîtes
ouvrit	ouvrirent

PAST ANTERIOR

eus ouvert	eûmes ouvert
eus ouvert	eûtes ouvert
eut ouvert	eurent ouvert

FUTURE

ouvrirai	ouvrirons
ouvriras	ouvrirez
ouvrira	ouvriront

FUTURE ANTERIOR

aurai ouvert	aurons ouvert
auras ouvert	aurez ouvert
aura ouvert	auront ouvert

CONDITIONAL

ouvrirais	ouvririons
ouvrirais	ouvririez
ouvrirait	ouvriraient

PAST CONDITIONAL

aurais ouvert	aurions ouvert
aurais ouvert	auriez ouvert
aurait ouvert	auraient ouvert

PRESENT SUBJUNCTIVE

ouvre	ouvrions
ouvres	ouvriez
ouvre	ouvrent

PAST SUBJUNCTIVE

aie ouvert	ayons ouvert
aies ouvert	ayez ouvert
ait ouvert	aient ouvert

IMPERFECT SUBJUNCTIVE

ouvrisse	ouvrissions
ouvrisses	ouvrissiez
ouvrît	ouvrissent

PLUPERFECT SUBJUNCTIVE

eusse ouvert	eussions ouvert
eusses ouvert	eussiez ouvert
eût ouvert	eussent ouvert

COMMANDS

	ouvrons
ouvre	ouvrez

Usage

ouvrir la porte/les fenêtres	*to open the door/the windows*
ouvrir la portière du wagon	*to open the door of the train car*
ouvrir une séance	*to open a meeting*
Les hors-d'œuvre ouvrent l'appétit.	*Hors d'oeuvres stimulate the appetite.*
Voilà son train. Ouvrez l'œil.	*There's his train. Keep your eyes peeled for him.*
Ouvrez vos livres à la page dix.	*Open your books to page ten.*
Cette clé n'ouvre pas la porte.	*This key doesn't open the door.*
Les soldats ont ouvert le feu.	*The soldiers opened fire.*
Elle s'est ouverte à sa sœur.	*She opened up to her sister.*

RELATED WORD

l'ouverture (f)	*opening*
Ouverture des portes à sept heures.	*Doors open at seven o'clock.*

paraître	*to appear, seem*		

je parais · je parus · paru · paraissant

irregular verb

PRESENT

parais	paraissons
parais	paraissez
paraît	paraissent

IMPERFECT

paraissais	paraissions
paraissais	paraissiez
paraissait	paraissaient

PASSÉ SIMPLE

parus	parûmes
parus	parûtes
parut	parurent

FUTURE

paraîtrai	paraîtrons
paraîtras	paraîtrez
paraîtra	paraîtront

CONDITIONAL

paraîtrais	paraîtrions
paraîtrais	paraîtriez
paraîtrait	paraîtraient

PRESENT SUBJUNCTIVE

paraisse	paraissions
paraisses	paraissiez
paraisse	paraissent

IMPERFECT SUBJUNCTIVE

parusse	parussions
parusses	parussiez
parût	parussent

COMMANDS

	paraissons
parais	paraissez

PASSÉ COMPOSÉ

ai paru	avons paru
as paru	avez paru
a paru	ont paru

PLUPERFECT

avais paru	avions paru
avais paru	aviez paru
avait paru	avaient paru

PAST ANTERIOR

eus paru	eûmes paru
eus paru	eûtes paru
eut paru	eurent paru

FUTURE ANTERIOR

aurai paru	aurons paru
auras paru	aurez paru
aura paru	auront paru

PAST CONDITIONAL

aurais paru	aurions paru
aurais paru	auriez paru
aurait paru	auraient paru

PAST SUBJUNCTIVE

aie paru	ayons paru
aies paru	ayez paru
ait paru	aient paru

PLUPERFECT SUBJUNCTIVE

eusse paru	eussions paru
eusses paru	eussiez paru
eût paru	eussent paru

Usage

Il paraît qu'on lui a offert le poste.	*It seems they offered him the job.*
A ce qu'il paraît, il a fait faillite.	*Apparently, he went bankrupt.*
Je l'attendais mais il n'a pas paru.	*I was waiting for him but he didn't show up.*
Dans ce discours il a laissé paraître ses vrais sentiments.	*In that speech he let his real feelings show through.*
Il me paraît nécessaire que vous partiez.	*I think it necessary for you to leave.*
Son livre vient de paraître.	*His book has just been published.*
Ce livre a paru l'année dernière.	*This book was published last year.*
Elle paraît plus âgée qu'elle ne l'est.	*She looks older than she is.*
Il leur a donné de l'argent sans qu'il y paraisse.	*He gave them money without making a show of it.*
Elle ne paraît pas très bouleversée.	*She doesn't seem very upset.*

regular -er verb | **je pardonne · je pardonnai · pardonné · pardonnant**

PRESENT

pardonne	pardonnons
pardonnes	pardonnez
pardonne	pardonnent

PASSÉ COMPOSÉ

ai pardonné	avons pardonné
as pardonné	avez pardonné
a pardonné	ont pardonné

IMPERFECT

pardonnais	pardonnions
pardonnais	pardonniez
pardonnait	pardonnaient

PLUPERFECT

avais pardonné	avions pardonné
avais pardonné	aviez pardonné
avait pardonné	avaient pardonné

PASSÉ SIMPLE

pardonnai	pardonnâmes
pardonnas	pardonnâtes
pardonna	pardonnèrent

PAST ANTERIOR

eus pardonné	eûmes pardonné
eus pardonné	eûtes pardonné
eut pardonné	eurent pardonné

FUTURE

pardonnerai	pardonnerons
pardonneras	pardonnerez
pardonnera	pardonneront

FUTURE ANTERIOR

aurai pardonné	aurons pardonné
auras pardonné	aurez pardonné
aura pardonné	auront pardonné

CONDITIONAL

pardonnerais	pardonnerions
pardonnerais	pardonneriez
pardonnerait	pardonneraient

PAST CONDITIONAL

aurais pardonné	aurions pardonné
aurais pardonné	auriez pardonné
aurait pardonné	auraient pardonné

PRESENT SUBJUNCTIVE

pardonne	pardonnions
pardonnes	pardonniez
pardonne	pardonnent

PAST SUBJUNCTIVE

aie pardonné	ayons pardonné
aies pardonné	ayez pardonné
ait pardonné	aient pardonné

IMPERFECT SUBJUNCTIVE

pardonnasse	pardonnassions
pardonnasses	pardonnassiez
pardonnât	pardonnassent

PLUPERFECT SUBJUNCTIVE

eusse pardonné	eussions pardonné
eusses pardonné	eussiez pardonné
eût pardonné	eussent pardonné

COMMANDS

	pardonnons
pardonne	pardonnez

Usage

Pardonnez-moi. Je cherche le musée d'art.	*Excuse me. I'm looking for the art museum.*
Pardonnez-moi de vous poser cette question.	*Forgive me for asking you this question.*
Il a une maladie qui ne pardonne pas.	*He has a terminal illness.*
Je ne vous pardonnerai jamais d'avoir fait cela.	*I can never forgive you for having done that.*
Dieu pardonnera ces péchés.	*God will forgive these sins.*
Il voudra se faire pardonner.	*He would like to be pardoned.*
Je ne pourrai pas me le pardonner.	*I won't be able to forgive myself for it.*
Il ne vous pardonnera jamais cette remarque.	*He'll never forgive you for that remark.*
Il ne se fera jamais pardonner ça.	*He'll never live that down.*

parler *to speak, talk*

parler (sens de base)

C'est un homme qui parle peu.	He's a man who doesn't say much.
Je lui ai parlé au téléphone.	I spoke to him on the phone.
Nous avons parlé avec nos voisins.	We spoke with our neighbors.
Nous avons parlé pendant longtemps.	We talked for a long time.
Tu peux parler librement devant lui.	You can speak freely in his presence.
Parle-moi! Ça te fera du bien de parler.	Talk to me! You'll feel better if you talk.
Quels gros mots! Comme tu parles!	What dirty words! How improperly you speak!
Vous osez me parler sur ce ton!	You dare to talk to me in that tone of voice!
Il parle sans savoir.	He speaks of things he doesn't know anything about.
Le professeur a parlé de la Révolution Française.	The teacher spoke about the French Revolution.
Voilà qui est parler!	That's telling them!
Elle ne voulait même pas me parler.	She wouldn't even talk to me.
Ils ne se parlent plus.	They are no longer on speaking terms.
N'en parlons plus!	That's enough!
Je te prie de n'en parler à personne.	I beg you to keep this quiet.
C'est une façon de parler.	It's a manner of speaking/an expression.
Ne parlons pas pour ne rien dire.	Let's not just talk for the sake of talking.
—Ce livre se lit beaucoup?	Is this book widely read?
—Oui, tout le monde en parle.	Yes, everybody is talking about it.

Expressions

parler français comme une vache espagnole	to speak fractured French
parler à tort et à travers	to run off at the mouth
la langue parlée	the spoken language
Tu as parlé d'or!	You said a mouthful!
Nous avons parlé de la pluie et du beau temps.	We made small talk.
Elles ont parlé à cœur ouvert.	They spoke openly/let their hair down.
Si je suis fâché? Tu parles!	Am I angry? You bet your life!
Tu parles si je lui ai dit son fait!	You bet I told him off!
Sa stupidité est effrayante, sans parler de sa méchanceté.	His/Her stupidity is frightening, in addition to his/her nastiness.
Son intelligence? Parlons-en!	His/Her intelligence? You must be joking!
Un nouveau bureau, n'en parlons pas.	Let's forget about a new office.
Ses poèmes ne me parlent pas.	His poems don't do much for me.
Tu parles d'une aubaine!	Talk about a windfall!

TOP 30 VERBS

regular -er verb

je parle · je parlai · parlé · parlant

PRESENT		PASSÉ COMPOSÉ	
parle	parlons	ai parlé	avons parlé
parles	parlez	as parlé	avez parlé
parle	parlent	a parlé	ont parlé

IMPERFECT		PLUPERFECT	
parlais	parlions	avais parlé	avions parlé
parlais	parliez	avais parlé	aviez parlé
parlait	parlaient	avait parlé	avaient parlé

PASSÉ SIMPLE		PAST ANTERIOR	
parlai	parlâmes	eus parlé	eûmes parlé
parlas	parlâtes	eus parlé	eûtes parlé
parla	parlèrent	eut parlé	eurent parlé

FUTURE		FUTURE ANTERIOR	
parlerai	parlerons	aurai parlé	aurons parlé
parleras	parlerez	auras parlé	aurez parlé
parlera	parleront	aura parlé	auront parlé

CONDITIONAL		PAST CONDITIONAL	
parlerais	parlerions	aurais parlé	aurions parlé
parlerais	parleriez	aurais parlé	auriez parlé
parlerait	parleraient	aurait parlé	auraient parlé

PRESENT SUBJUNCTIVE		PAST SUBJUNCTIVE	
parle	parlions	aie parlé	ayons parlé
parles	parliez	aies parlé	ayez parlé
parle	parlent	ait parlé	aient parlé

IMPERFECT SUBJUNCTIVE		PLUPERFECT SUBJUNCTIVE	
parlasse	parlassions	eusse parlé	eussions parlé
parlasses	parlassiez	eusses parlé	eussiez parlé
parlât	parlassent	eût parlé	eussent parlé

COMMANDS	
	parlons
parle	parlez

Usage

Ici on parle français.	*French spoken here.*
parler un beau français	*to speak beautiful French*
parler plusieurs langues	*to speak several languages*
—Vous parlez trop vite.	*You're speaking too quickly.*
—Je vais essayer de parler lentement.	*I'll try to speak slowly.*
—Vous parlez trop bas. Je ne vous entends pas.	*You're speaking too softly. I can't hear you.*
—Je vais parler plus haut/plus fort.	*I'll speak louder.*
parler par signes	*to use sign language*

RELATED WORD

le parler	*local dialect*
Je ne comprends pas le parler de ce village.	*I can't understand the dialect of this village.*

partir *to leave, depart*	

je pars · je partis · parti · partant

irregular verb; compound
tenses with *être*

PRESENT		PASSÉ COMPOSÉ	
pars	partons	suis parti(e)	sommes parti(e)s
pars	partez	es parti(e)	êtes parti(e)(s)
part	partent	est parti(e)	sont parti(e)s

IMPERFECT		PLUPERFECT	
partais	partions	étais parti(e)	étions parti(e)s
partais	partiez	étais parti(e)	étiez parti(e)(s)
partait	partaient	était parti(e)	étaient parti(e)s

PASSÉ SIMPLE		PAST ANTERIOR	
partis	partîmes	fus parti(e)	fûmes parti(e)s
partis	partîtes	fus parti(e)	fûtes parti(e)(s)
partit	partirent	fut parti(e)	furent parti(e)s

FUTURE		FUTURE ANTERIOR	
partirai	partirons	serai parti(e)	serons parti(e)s
partiras	partirez	seras parti(e)	serez parti(e)(s)
partira	partiront	sera parti(e)	seront parti(e)s

CONDITIONAL		PAST CONDITIONAL	
partirais	partirions	serais parti(e)	serions parti(e)s
partirais	partiriez	serais parti(e)	seriez parti(e)(s)
partirait	partiraient	serait parti(e)	seraient parti(e)s

PRESENT SUBJUNCTIVE		PAST SUBJUNCTIVE	
parte	partions	sois parti(e)	soyons parti(e)s
partes	partiez	sois parti(e)	soyez parti(e)(s)
parte	partent	soit parti(e)	soient parti(e)s

IMPERFECT SUBJUNCTIVE		PLUPERFECT SUBJUNCTIVE	
partisse	partissions	fusse parti(e)	fussions parti(e)s
partisses	partissiez	fusses parti(e)	fussiez parti(e)(s)
partît	partissent	fût parti(e)	fussent parti(e)s

COMMANDS	
	partons
pars	partez

Usage

—Tu pars?	*Are you leaving?*
—Non, je reste.	*No, I'm staying.*
—Le train pour Londres part à quelle heure?	*What time does the train to London leave?*
—Il part dans cinq minutes du quai numéro 5.	*It's leaving in five minutes from platform 5.*
—Vous partez en vacances?	*Are you leaving on vacation?*
—Oui, nous partirons pour la Côte.	*Yes, we'll be going to the Riviera.*
Il est parti à pied.	*He walked off/left on foot.*
La tache partira avec ce produit.	*The stain will disappear if you use this.*
Son attitude part d'un bon naturel.	*His attitude is the sign of a kindly nature.*
Nous sommes partis de zéro.	*We started from scratch.*
À vos marques! Prêts! Partez!	*On your mark! Get set! Go!*

regular *-er* verb; compound tenses with *être* when there is no direct object

je passe · je passai · passé · passant

PRESENT

passe	passons
passes	passez
passe	passent

PASSÉ COMPOSÉ

suis passé(e)	sommes passé(e)s
es passé(e)	êtes passé(e)(s)
est passé(e)	sont passé(e)s

IMPERFECT

passais	passions
passais	passiez
passait	passaient

PLUPERFECT

étais passé(e)	étions passé(e)s
étais passé(e)	étiez passé(e)(s)
était passé(e)	étaient passé(e)s

PASSÉ SIMPLE

passai	passâmes
passas	passâtes
passa	passèrent

PAST ANTERIOR

fus passé(e)	fûmes passé(e)s
fus passé(e)	fûtes passé(e)(s)
fut passé(e)	furent passé(e)s

FUTURE

passerai	passerons
passeras	passerez
passera	passeront

FUTURE ANTERIOR

serai passé(e)	serons passé(e)s
seras passé(e)	serez passé(e)(s)
sera passé(e)	seront passé(e)s

CONDITIONAL

passerais	passerions
passerais	passeriez
passerait	passeraient

PAST CONDITIONAL

serais passé(e)	serions passé(e)s
serais passé(e)	seriez passé(e)(s)
serait passé(e)	seraient passé(e)s

PRESENT SUBJUNCTIVE

passe	passions
passes	passiez
passe	passent

PAST SUBJUNCTIVE

sois passé(e)	soyons passé(e)s
sois passé(e)	soyez passé(e)(s)
soit passé(e)	soient passé(e)s

IMPERFECT SUBJUNCTIVE

passasse	passassions
passasses	passassiez
passât	passassent

PLUPERFECT SUBJUNCTIVE

fusse passé(e)	fussions passé(e)s
fusses passé(e)	fussiez passé(e)(s)
fût passé(e)	fussent passé(e)s

COMMANDS

	passons
passe	passez

Usage

passer voir qqn	*to stop by to see someone*
Je ne fais que passer.	*I'm just stopping by.*
passer en première/quatrième	*to shift into first gear/high gear*
Le train est déjà passé.	*The train has already left/gone by.*
passer une éponge sur la table	*to clean the table with a sponge*
Où sont passées mes clés?	*Where have my keys gone?*
Quel embouteillage! On ne passera pas.	*What a traffic jam! We won't get through.*
Le facteur est déjà passé?	*Has the mailman been here yet?*
Fais attention! Tu viens de passer au rouge!	*Pay attention! You just went through a red light!*
Le dîner est servi. Passez à table.	*Dinner is served. Come to the table.*

TOP 30 VERB ☞

passer *to pass*

je passe · je passai · passé · passant   regular -er verb; compound tenses with *être* when there is no direct object

passer = se déplacer, changer d'état, évoluer

La Seine passe à Paris.	*The Seine goes through Paris.*
Il faut que tu passes au bureau du directeur.	*You have to report to the principal's office.*
Passe la chercher, veux-tu?	*Go by to look for her/pick her up, will you?*
La dictature ne passera pas!	*No to dictatorship!*
Le mot « café » est passé du français en anglais.	*The word "café" came from French into English.*
Il y a des gros mots qui sont passés dans le langage courant.	*There are dirty words that have become part of everyday speech.*
Le vin est passé.	*The wine has soured.*
Le temps passe vite quand on s'amuse.	*Time goes by quickly when you're having a good time.*
Ces blousons-là sont passés de mode.	*Those jackets have gone out of fashion.*

passer (compound tenses with *avoir* when transitive)

Passez-moi le sucre, s'il vous plaît.	*Pass me the sugar, please.*
Il ne m'a pas passé de coup de fil.	*He didn't phone me.*
Nous avons passé une soirée agréable.	*We spent a pleasant evening.*
Il a passé son bras autour de sa taille.	*He slipped his arm around her waist.*
—Mon fils a passé l'écrit.	*My son has passed the written exam.*
—J'espère qu'il passera aussi l'oral.	*I hope he'll pass the oral exam too.*
Je t'ai passé les détails.	*I spared you the details.*
Il faut passer les fruits sous l'eau.	*We have to rinse the fruit.*
—Nicole est là?	*Is Nicole there?*
—Oui. Attends. Je te la passe.	*Yes. Wait. I'll put her on.*
On a passé de bons films dans ce cinéma.	*They showed good movies at that theater.*
J'ai passé mon pull et je suis sorti.	*I put on my sweater and went out.*

Expressions

Ça passe ou ça casse.	*It's make or break.*
Tout le monde y passe.	*It's something everyone goes through.*
Quelle idée t'est passée par la tête?	*What has gotten into you?*
Le patron m'a passé un savon.	*The boss called me onto the carpet.*
Il faut qu'on passe nos problèmes en revue.	*We have to examine our problems.*
Vous ne pourrez pas passer sous silence cette faute.	*You won't be able to ignore this mistake.*
Il s'est fait passer pour un étranger.	*He passed himself off as a foreigner.*
Il a passé l'arme à gauche.	*He kicked the bucket.*

TOP 30 VERBS

-er verb; spelling change:
y > i/mute e

je paie · je payai · payé · payant

PRESENT

paie	payons
paies	payez
paie	paient

PASSÉ COMPOSÉ

ai payé	avons payé
as payé	avez payé
a payé	ont payé

IMPERFECT

payais	payions
payais	payiez
payait	payaient

PLUPERFECT

avais payé	avions payé
avais payé	aviez payé
avait payé	avaient payé

PASSÉ SIMPLE

payai	payâmes
payas	payâtes
paya	payèrent

PAST ANTERIOR

eus payé	eûmes payé
eus payé	eûtes payé
eut payé	eurent payé

FUTURE

paierai	paierons
paieras	paierez
paiera	paieront

FUTURE ANTERIOR

aurai payé	aurons payé
auras payé	aurez payé
aura payé	auront payé

CONDITIONAL

paierais	paierions
paierais	paieriez
paierait	paieraient

PAST CONDITIONAL

aurais payé	aurions payé
aurais payé	auriez payé
aurait payé	auraient payé

PRESENT SUBJUNCTIVE

paie	payions
paies	payiez
paie	paient

PAST SUBJUNCTIVE

aie payé	ayons payé
aies payé	ayez payé
ait payé	aient payé

IMPERFECT SUBJUNCTIVE

payasse	payassions
payasses	payassiez
payât	payassent

PLUPERFECT SUBJUNCTIVE

eusse payé	eussions payé
eusses payé	eussiez payé
eût payé	eussent payé

COMMANDS

	payons
paie	payez

Usage

NOTE: This verb is sometimes seen without the y > i change, such as *paye*.

J'ai payé mille euros.	*I paid one thousand euros.*
payer qqch	*to pay for something*
—Qui a payé les repas et l'hôtel?	*Who paid for the meals and the hotel?*
—Mon oncle a tout payé.	*My uncle paid for everything.*
—Combien est-ce que tu as payé ton vélo?	*How much did you pay for your bike?*
—Je l'ai payé 180 euros.	*I paid 180 euros for it.*
—Comment est-ce qu'on paie les ouvriers?	*How are the workers paid?*
—Ils sont payés à l'heure.	*They are paid by the hour.*
payer ses dettes/ses impôts	*to pay one's debts/one's taxes*

se peigner *to comb one's hair*

je me peigne · je me peignai · s'étant peigné ·
se peignant

*regular -er reflexive verb;
compound tenses with être*

PRESENT

me peigne	nous peignons
te peignes	vous peignez
se peigne	se peignent

PASSÉ COMPOSÉ

me suis peigné(e)	nous sommes peigné(e)s
t'es peigné(e)	vous êtes peigné(e)(s)
s'est peigné(e)	se sont peigné(e)s

IMPERFECT

me peignais	nous peignions
te peignais	vous peigniez
se peignait	se peignaient

PLUPERFECT

m'étais peigné(e)	nous étions peigné(e)s
t'étais peigné(e)	vous étiez peigné(e)(s)
s'était peigné(e)	s'étaient peigné(e)s

PASSÉ SIMPLE

me peignai	nous peignâmes
te peignas	vous peignâtes
se peigna	se peignèrent

PAST ANTERIOR

me fus peigné(e)	nous fûmes peigné(e)s
te fus peigné(e)	vous fûtes peigné(e)(s)
se fut peigné(e)	se furent peigné(e)s

FUTURE

me peignerai	nous peignerons
te peigneras	vous peignerez
se peignera	se peigneront

FUTURE ANTERIOR

me serai peigné(e)	nous serons peigné(e)s
te seras peigné(e)	vous serez peigné(e)(s)
se sera peigné(e)	se seront peigné(e)s

CONDITIONAL

me peignerais	nous peignerions
te peignerais	vous peigneriez
se peignerait	se peigneraient

PAST CONDITIONAL

me serais peigné(e)	nous serions peigné(e)s
te serais peigné(e)	vous seriez peigné(e)(s)
se serait peigné(e)	se seraient peigné(e)s

PRESENT SUBJUNCTIVE

me peigne	nous peignions
te peignes	vous peigniez
se peigne	se peignent

PAST SUBJUNCTIVE

me sois peigné(e)	nous soyons peigné(e)s
te sois peigné(e)	vous soyez peigné(e)(s)
se soit peigné(e)	se soient peigné(e)s

IMPERFECT SUBJUNCTIVE

me peignasse	nous peignassions
te peignasses	vous peignassiez
se peignât	se peignassent

PLUPERFECT SUBJUNCTIVE

me fusse peigné(e)	nous fussions peigné(e)s
te fusses peigné(e)	vous fussiez peigné(e)(s)
se fût peigné(e)	se fussent peigné(e)s

COMMANDS

	peignons-nous
peigne-toi	peignez-vous

Usage

Elle s'est peignée devant la glace.	*She combed her hair at the mirror.*
Peigne-toi! Tu es tout échevelé.	*Comb your hair! It's all messy.*
Elle est toujours mal peignée.	*Her hair is always a mess.*
peigner qqn	*to comb someone's hair*
La mère peigne son enfant.	*The mother combs her child's hair.*

RELATED WORDS

le peigne	*comb*
se donner un coup de peigne	*to run a comb through one's hair*
passer au peigne fin	*to comb (figurative)*
La police a passé au peigne fin le quartier.	*The police combed the neighborhood.*

PRESENT

peins	peignons
peins	peignez
peint	peignent

PASSÉ COMPOSÉ

ai peint	avons peint
as peint	avez peint
a peint	ont peint

IMPERFECT

peignais	peignions
peignais	peigniez
peignait	peignaient

PLUPERFECT

avais peint	avions peint
avais peint	aviez peint
avait peint	avaient peint

PASSÉ SIMPLE

peignis	peignîmes
peignis	peignîtes
peignit	peignirent

PAST ANTERIOR

eus peint	eûmes peint
eus peint	eûtes peint
eut peint	eurent peint

FUTURE

peindrai	peindrons
peindras	peindrez
peindra	peindront

FUTURE ANTERIOR

aurai peint	aurons peint
auras peint	aurez peint
aura peint	auront peint

CONDITIONAL

peindrais	peindrions
peindrais	peindriez
peindrait	peindraient

PAST CONDITIONAL

aurais peint	aurions peint
aurais peint	auriez peint
aurait peint	auraient peint

PRESENT SUBJUNCTIVE

peigne	peignions
peignes	peigniez
peigne	peignent

PAST SUBJUNCTIVE

aie peint	ayons peint
aies peint	ayez peint
ait peint	aient peint

IMPERFECT SUBJUNCTIVE

peignisse	peignissions
peignisses	peignissiez
peignît	peignissent

PLUPERFECT SUBJUNCTIVE

eusse peint	eussions peint
eusses peint	eussiez peint
eût peint	eussent peint

COMMANDS

	peignons
peins	peignez

Usage

peindre son appartement/sa maison	*to paint one's apartment/one's house*
J'ai peint ma chambre en bleu.	*I painted my room blue.*
peindre à l'huile	*to paint with oils*
peindre un portrait	*to paint a portrait*

RELATED WORDS

le peintre	*painter*
David est mon peintre préféré.	*David is my favorite painter.*
le peintre en bâtiment	*house painter*
la peinture	*paint/painting*
la peinture au pistolet	*spray painting*
J'aime la peinture impressionniste/	*I like impressionist/neoclassical painting.*
néoclassique.	

je pense · je pensai · pensé · pensant regular -er verb

Il faut penser d'une façon logique.	You must think in a logical way.
Je ne comprends pas votre façon de penser.	I don't understand your way of thinking.
Il m'a dit ce qu'il pensait.	He told me off.
Est-ce que vous pensez en français?	Do you think in French?
Il faut penser avant d'agir.	You have to think before you act.
J'ai souvent l'impression que mon chien pense.	I often have the impression that my dog can think.
Ça me fait penser qu'il n'est pas sincère.	That makes me think he's not sincere.
C'est un message qui laisse à penser.	It's a message that gives you food for thought.
Cette solution est très bien pensée.	This solution is very well thought out.
Je te laisse à penser si le prof s'est fâché.	I'll leave it to your imagination whether the teacher got angry or not.
Il n'a jamais pensé comme vous.	He never agreed much with you.

penser à

—Penses-y.	Think about it./Keep it in mind.
—J'essaierai d'y penser.	I'll try to think about it.
Il faut penser aux autres.	You have to think about other people.
Fais m'y penser, je t'en prie.	Remind me, please.
N'y pensons plus!	Let's forget about it!

penser de

Il pense du bien de vous deux.	He thinks well of you two.
Que pensez-vous de cette idée?	What do you think of this idea?
Que penserais-tu d'un dîner en ville?	What would you think of dinner out?

penser + infinitif

—Qu'est-ce que tu penses faire?	What do you intend to do?
—Je pense démissionner.	I intend to resign.

penser que

Je pense que oui.	I think so.
Je pense que non.	I don't think so.
Je pense qu'elle peut venir avec nous.	I think she can come with us.

Expressions

—Tu es allé en France?	Did you go to France?
—Tu penses! J'y ai passé l'été.	You bet! I spent the summer there.
—Ils t'ont remercié?	Did they thank you?
—Penses-tu!	Are you kidding?

TOP 30 VERBS

regular -er verb

je pense · je pensai · pensé · pensant

PRESENT		**PASSÉ COMPOSÉ**	
pense	pensons	ai pensé	avons pensé
penses	pensez	as pensé	avez pensé
pense	pensent	a pensé	ont pensé

IMPERFECT		**PLUPERFECT**	
pensais	pensions	avais pensé	avions pensé
pensais	pensiez	avais pensé	aviez pensé
pensait	pensaient	avait pensé	avaient pensé

PASSÉ SIMPLE		**PAST ANTERIOR**	
pensai	pensâmes	eus pensé	eûmes pensé
pensas	pensâtes	eus pensé	eûtes pensé
pensa	pensèrent	eut pensé	eurent pensé

FUTURE		**FUTURE ANTERIOR**	
penserai	penserons	aurai pensé	aurons pensé
penseras	penserez	auras pensé	aurez pensé
pensera	penseront	aura pensé	auront pensé

CONDITIONAL		**PAST CONDITIONAL**	
penserais	penserions	aurais pensé	aurions pensé
penserais	penseriez	aurais pensé	auriez pensé
penserait	penseraient	aurait pensé	auraient pensé

PRESENT SUBJUNCTIVE		**PAST SUBJUNCTIVE**	
pense	pensions	aie pensé	ayons pensé
penses	pensiez	aies pensé	ayez pensé
pense	pensent	ait pensé	aient pensé

IMPERFECT SUBJUNCTIVE		**PLUPERFECT SUBJUNCTIVE**	
pensasse	pensassions	eusse pensé	eussions pensé
pensasses	pensassiez	eusses pensé	eussiez pensé
pensât	pensassent	eût pensé	eussent pensé

COMMANDS	
	pensons
pense	pensez

Usage

penser à qqch	*to think about something/have something in mind*
Je pense à mes vacances.	*I'm thinking about my vacation.*
Tu penses souvent à moi?	*Do you often think about me?*
penser de qqch	*to think about something/have an opinion about something*
Qu'est-ce que vous pensez de ce roman?	*What do you think about this novel?*
—J'ai vu le nouveau film canadien.	*I saw the new Canadian film.*
—Qu'est-ce que tu en penses?	*What do you think about it?*

RELATED WORD

la pensée	*thought*
Éloignez la pensée.	*Perish the thought.*

perdre *to lose*

je perds · je perdis · perdu · perdant

regular *-re* verb

PRESENT		PASSÉ COMPOSÉ	
perds	perdons	ai perdu	avons perdu
perds	perdez	as perdu	avez perdu
perd	perdent	a perdu	ont perdu

IMPERFECT		PLUPERFECT	
perdais	perdions	avais perdu	avions perdu
perdais	perdiez	avais perdu	aviez perdu
perdait	perdaient	avait perdu	avaient perdu

PASSÉ SIMPLE		PAST ANTERIOR	
perdis	perdîmes	eus perdu	eûmes perdu
perdis	perdîtes	eus perdu	eûtes perdu
perdit	perdirent	eut perdu	eurent perdu

FUTURE		FUTURE ANTERIOR	
perdrai	perdrons	aurai perdu	aurons perdu
perdras	perdrez	auras perdu	aurez perdu
perdra	perdront	aura perdu	auront perdu

CONDITIONAL		PAST CONDITIONAL	
perdrais	perdrions	aurais perdu	aurions perdu
perdrais	perdriez	aurais perdu	auriez perdu
perdrait	perdraient	aurait perdu	auraient perdu

PRESENT SUBJUNCTIVE		PAST SUBJUNCTIVE	
perde	perdions	aie perdu	ayons perdu
perdes	perdiez	aies perdu	ayez perdu
perde	perdent	ait perdu	aient perdu

IMPERFECT SUBJUNCTIVE		PLUPERFECT SUBJUNCTIVE	
perdisse	perdissions	eusse perdu	eussions perdu
perdisses	perdissiez	eusses perdu	eussiez perdu
perdît	perdissent	eût perdu	eussent perdu

COMMANDS	
	perdons
perds	perdez

Usage

perdre qqch	*to lose something*
J'ai perdu mes clés.	*I lost my keys.*
—Où sont tes lunettes?	*Where are your glasses?*
—Je les ai perdues.	*I lost them.*
Tu perds ton pantalon!	*Your pants are falling!*
La voiture perd de l'huile.	*The car is leaking oil.*
Pardon. Vous perdez vos papiers.	*Excuse me. You've dropped your papers.*
—Tu as gagné à la loterie?	*Did you win the lottery?*
—Non, malheureusement. J'y ai perdu.	*No, unfortunately. I lost.*
Notre équipe a perdu le match.	*Our team lost the game.*
Notre candidat a perdu aux élections.	*Our candidate lost the elections.*
Il a perdu son emploi.	*He lost his job.*

irregular verb; only one *t* in the singular of the present tense

je permets · je permis · permis · permettant

PRESENT		**PASSÉ COMPOSÉ**	
permets	permettons	ai permis	avons permis
permets	permettez	as permis	avez permis
permet	permettent	a permis	ont permis

IMPERFECT		**PLUPERFECT**	
permettais	permettions	avais permis	avions permis
permettais	permettiez	avais permis	aviez permis
permettait	permettaient	avait permis	avaient permis

PASSÉ SIMPLE		**PAST ANTERIOR**	
permis	permîmes	eus permis	eûmes permis
permis	permîtes	eus permis	eûtes permis
permit	permirent	eut permis	eurent permis

FUTURE		**FUTURE ANTERIOR**	
permettrai	permettrons	aurai permis	aurons permis
permettras	permettrez	auras permis	aurez permis
permettra	permettront	aura permis	auront permis

CONDITIONAL		**PAST CONDITIONAL**	
permettrais	permettrions	aurais permis	aurions permis
permettrais	permettriez	aurais permis	auriez permis
permettrait	permettraient	aurait permis	auraient permis

PRESENT SUBJUNCTIVE		**PAST SUBJUNCTIVE**	
permette	permettions	aie permis	ayons permis
permettes	permettiez	aies permis	ayez permis
permette	permettent	ait permis	aient permis

IMPERFECT SUBJUNCTIVE		**PLUPERFECT SUBJUNCTIVE**	
permisse	permissions	eusse permis	eussions permis
permisses	permissiez	eusses permis	eussiez permis
permît	permissent	eût permis	eussent permis

COMMANDS

	permettons
permets	permettez

Usage

Vous permettez?	*May I?*
permettre qqch à qqn	*to allow someone (to have/say/do) something*
Le médecin ne lui permet pas de boissons alcoolisées.	*The doctor doesn't allow him to have any alcoholic drinks.*
permettre à qqn de faire qqch	*to allow someone to do something*
Je lui ai permis d'entrer.	*I allowed him to come in.*
Permettez-moi de vous présenter mon fils.	*Allow me to introduce my son to you.*
Il se croit tout permis.	*He thinks he can do whatever he wants.*
Qui vous a permis d'entrer?	*Who allowed you to come in?*
se permettre qqch	*to allow oneself something/afford something*
se permettre de faire qqch	*to allow oneself to do something*

peser *to weigh*

je pèse · je pesai · pesé · pesant   -er verb; spelling change: é > è/mute e

PRESENT		PASSÉ COMPOSÉ	
pèse	pesons	ai pesé	avons pesé
pèses	pesez	as pesé	avez pesé
pèse	pèsent	a pesé	ont pesé

IMPERFECT		PLUPERFECT	
pesais	pesions	avais pesé	avions pesé
pesais	pesiez	avais pesé	aviez pesé
pesait	pesaient	avait pesé	avaient pesé

PASSÉ SIMPLE		PAST ANTERIOR	
pesai	pesâmes	eus pesé	eûmes pesé
pesas	pesâtes	eus pesé	eûtes pesé
pesa	pesèrent	eut pesé	eurent pesé

FUTURE		FUTURE ANTERIOR	
pèserai	pèserons	aurai pesé	aurons pesé
pèseras	pèserez	auras pesé	aurez pesé
pèsera	pèseront	aura pesé	auront pesé

CONDITIONAL		PAST CONDITIONAL	
pèserais	pèserions	aurais pesé	aurions pesé
pèserais	pèseriez	aurais pesé	auriez pesé
pèserait	pèseraient	aurait pesé	auraient pesé

PRESENT SUBJUNCTIVE		PAST SUBJUNCTIVE	
pèse	pesions	aie pesé	ayons pesé
pèses	pesiez	aies pesé	ayez pesé
pèse	pèsent	ait pesé	aient pesé

IMPERFECT SUBJUNCTIVE		PLUPERFECT SUBJUNCTIVE	
pesasse	pesassions	eusse pesé	eussions pesé
pesasses	pesassiez	eusses pesé	eussiez pesé
pesât	pesassent	eût pesé	eussent pesé

COMMANDS	
	pesons
pèse	pesez

Usage

Combien est-ce que tu pèses?	*How much do you weigh?*
Il faut faire peser ce colis.	*You have to have this package weighed.*
Avant de décider, il faut peser le pour et le contre.	*Before deciding you have to weigh the pros and cons.*
—Il dit toujours des bêtises.	*He always says silly things.*
—Il ne pèse pas ses mots.	*He doesn't think about what he is going to say.*
Tout bien pesé, je refuse.	*After due consideration, I refuse.*
Leur opinion a pesé lourd.	*Their opinion counted for a great deal.*
Des soupçons pèsent sur ces hommes.	*Those men are under suspicion.*
Mon Dieu, que ça pèse!	*My gosh, that's heavy!*
Cette valise pèse trop.	*This suitcase weighs too much.*
Je me pèse tous les jours.	*I weigh myself every day.*

-er verb; spelling change:
c > ç/a, o

je place · je plaçai · placé · plaçant

PRESENT

place	plaçons
places	placez
place	placent

IMPERFECT

plaçais	placions
plaçais	placiez
plaçait	plaçaient

PASSÉ SIMPLE

plaçai	plaçâmes
plaças	plaçâtes
plaça	placèrent

FUTURE

placerai	placerons
placeras	placerez
placera	placeront

CONDITIONAL

placerais	placerions
placerais	placeriez
placerait	placeraient

PRESENT SUBJUNCTIVE

place	placions
places	placiez
place	placent

IMPERFECT SUBJUNCTIVE

plaçasse	plaçassions
plaçasses	plaçassiez
plaçât	plaçassent

COMMANDS

	plaçons
place	placez

PASSÉ COMPOSÉ

ai placé	avons placé
as placé	avez placé
a placé	ont placé

PLUPERFECT

avais placé	avions placé
avais placé	aviez placé
avait placé	avaient placé

PAST ANTERIOR

eus placé	eûmes placé
eus placé	eûtes placé
eut placé	eurent placé

FUTURE ANTERIOR

aurai placé	aurons placé
auras placé	aurez placé
aura placé	auront placé

PAST CONDITIONAL

aurais placé	aurions placé
aurais placé	auriez placé
aurait placé	auraient placé

PAST SUBJUNCTIVE

aie placé	ayons placé
aies placé	ayez placé
ait placé	aient placé

PLUPERFECT SUBJUNCTIVE

eusse placé	eussions placé
eusses placé	eussiez placé
eût placé	eussent placé

Usage

J'ai placé ma main sur son épaule.	*I placed my hand on his shoulder.*
L'ouvreuse nous a placés.	*The usher seated us.*
Ne me place pas à côté de Christine.	*Don't seat me next to Christine.*
Tu es bien placé pour savoir ce qui se passe.	*You're well placed to find out what's happening.*
Je la place parmi les grandes chanteuses.	*I rank her among the great singers.*
Mes élèves n'arrivent pas à placer la Suisse sur une carte d'Europe.	*My students can't locate Switzerland on a map of Europe.*
On l'a placée comme réceptionniste.	*They gave her a job as a receptionist.*
Le romancier a placé l'histoire au Brésil.	*The novelist set the story in Brazil.*
J'ai de l'argent à placer.	*I have some money to invest.*
se placer	*to seat oneself/find oneself a place/position*
Je voudrais me placer comme professeur.	*I'd like to find a job as a teacher.*

se plaindre *to complain*

je me plains · je me plaignis · s'étant plaint · se plaignant

irregular reflexive verb; compound tenses with *être*

PRESENT

me plains	nous plaignons
te plains	vous plaignez
se plaint	se plaignent

PASSÉ COMPOSÉ

me suis plaint(e)	nous sommes plaint(e)s
t'es plaint(e)	vous êtes plaint(e)(s)
s'est plaint(e)	se sont plaint(e)s

IMPERFECT

me plaignais	nous plaignions
te plaignais	vous plaigniez
se plaignait	se plaignaient

PLUPERFECT

m'étais plaint(e)	nous étions plaint(e)s
t'étais plaint(e)	vous étiez plaint(e)(s)
s'était plaint(e)	s'étaient plaint(e)s

PASSÉ SIMPLE

me plaignis	nous plaignîmes
te plaignis	vous plaignîtes
se plaignit	se plaignirent

PAST ANTERIOR

me fus plaint(e)	nous fûmes plaint(e)s
te fus plaint(e)	vous fûtes plaint(e)(s)
se fut plaint(e)	se furent plaint(e)s

FUTURE

me plaindrai	nous plaindrons
te plaindras	vous plaindrez
se plaindra	se plaindront

FUTURE ANTERIOR

me serai plaint(e)	nous serons plaint(e)s
te seras plaint(e)	vous serez plaint(e)(s)
se sera plaint(e)	se seront plaint(e)s

CONDITIONAL

me plaindrais	nous plaindrions
te plaindrais	vous plaindriez
se plaindrait	se plaindraient

PAST CONDITIONAL

me serais plaint(e)	nous serions plaint(e)s
te serais plaint(e)	vous seriez plaint(e)(s)
se serait plaint(e)	se seraient plaint(e)s

PRESENT SUBJUNCTIVE

me plaigne	nous plaignions
te plaignes	vous plaigniez
se plaigne	se plaignent

PAST SUBJUNCTIVE

me sois plaint(e)	nous soyons plaint(e)s
te sois plaint(e)	vous soyez plaint(e)(s)
se soit plaint(e)	se soient plaint(e)s

IMPERFECT SUBJUNCTIVE

me plaignisse	nous plaignissions
te plaignisses	vous plaignissiez
se plaignît	se plaignissent

PLUPERFECT SUBJUNCTIVE

me fusse plaint(e)	nous fussions plaint(e)s
te fusses plaint(e)	vous fussiez plaint(e)(s)
se fût plaint(e)	se fussent plaint(e)s

COMMANDS

	plaignons-nous
plains-toi	plaignez-vous

Usage

Tu te plains constamment.	*You complain constantly.*
se plaindre de qqch	*to complain about something*
Il se plaint de tout.	*He complains about everything.*
Ils se plaignent de leur sort.	*They complain about their fate.*
Plains-toi, mon pote!	*Go ahead and complain, buddy!/You'll get no pity from me!*
Le malade se plaint d'une douleur au genou.	*The patient is complaining of a pain in the knee.*
Les ouvriers se sont plaints au contremaître.	*The workers complained to the foreman.*
De quoi se plaignent-ils?	*What are they complaining about?*
Ne viens pas te plaindre si tu ne réussis pas.	*Don't come complaining if you don't pass.*

irregular verb | je plais · je plus · plu · plaisant

PRESENT

plais	plaisons
plais	plaisez
plaît	plaisent

PASSÉ COMPOSÉ

ai plu	avons plu
as plu	avez plu
a plu	ont plu

IMPERFECT

plaisais	plaisions
plaisais	plaisiez
plaisait	plaisaient

PLUPERFECT

avais plu	avions plu
avais plu	aviez plu
avait plu	avaient plu

PASSÉ SIMPLE

plus	plûmes
plus	plûtes
plut	plurent

PAST ANTERIOR

eus plu	eûmes plu
eus plu	eûtes plu
eut plu	eurent plu

FUTURE

plairai	plairons
plairas	plairez
plaira	plairont

FUTURE ANTERIOR

aurai plu	aurons plu
auras plu	aurez plu
aura plu	auront plu

CONDITIONAL

plairais	plairions
plairais	plairiez
plairait	plairaient

PAST CONDITIONAL

aurais plu	aurions plu
aurais plu	auriez plu
aurait plu	auraient plu

PRESENT SUBJUNCTIVE

plaise	plaisions
plaises	plaisiez
plaise	plaisent

PAST SUBJUNCTIVE

aie plu	ayons plu
aies plu	ayez plu
ait plu	aient plu

IMPERFECT SUBJUNCTIVE

plusse	plussions
plusses	plussiez
plût	plussent

PLUPERFECT SUBJUNCTIVE

eusse plu	eussions plu
eusses plu	eussiez plu
eût plu	eussent plu

COMMANDS

	plaisons
plais	plaisez

Usage

plaire à qqn
s'il te plaît/s'il vous plaît
—Cette chanson me plaît. Qu'en
   penses-tu?
—Elle ne me plaît pas du tout.
Il cherche à plaire à ses supérieurs.

Mon nouvel emploi me plaît beaucoup.
Cette situation leur plaît.
C'est un roman qui a beaucoup plu.
Faites ce qui vous plaît.

to be pleasing to someone
please
I like this song. What do you think
   about it?
I don't like it at all.
He tries to get in the good graces of his
   superiors.
I like my new job a lot.
They like this situation.
This novel was very popular.
Do as you wish.

TOP 30 VERB ☞

plaire *to please*

je plais · je plus · plu · plaisant

irregular verb

plaire = aimer

Rien ne lui plaît.	*He doesn't like anything.*
Il ne plaît à personne.	*No one likes him.*
Ce restaurant ne plaît pas à nos associés.	*Our associates don't like this restaurant.*
Les blondes lui plaisent.	*He goes for blond girls.*
S'il s'habille comme ça, c'est qu'il n'a aucun désir de plaire.	*If he dresses like that, he has no desire to please people.*
Elle dit exactement ce qui lui plaît.	*She says just what she pleases.*
Et s'il lui plaît de nous accompagner?	*And what if he wants to accompany us?*
Faites comme il vous plaira.	*Do as you please.*
C'est un livre qui me plairait beaucoup à lire.	*It's a book I'd really like to read.*
Il lui plaît de croire que tout le monde le respecte.	*He likes to think that he is respected by everyone.*
Tu ne peux pas faire tout ce qui te plaît.	*You can't do whatever you like.*
—Tu vas y aller?	*Are you going to go there?*
—Si ça me plaît.	*If I feel like it.*
—Qu'est-ce que je dois servir?	*What should I serve?*
—Fais ton gigot. Ça plaît toujours.	*Make your leg of lamb. It's always a hit.*

se plaire

Il se plaît aux États-Unis.	*He likes it in the United States.*
—Tu te plais ici?	*Do you like it here?*
—Avant je me plaisais dans ce quartier, mais je ne m'y plais plus.	*Previously I was happy in this neighborhood, but I don't like it here anymore.*
Elle se plaît avec sa nouvelle robe.	*She likes the way she looks in her new dress.*
Je me plais toujours avec eux.	*I always enjoy their company.*
se plaire à faire qqch	*to take delight in doing something*
Il se plaît à me taquiner.	*He takes delight in teasing me.*
Elles se plaisent à tout critiquer.	*They like to criticize everything.*
Deux personnes comme ça vont sûrement se plaire.	*Two people like that will hit it off.*

plaire pour exprimer des vœux

Plaise à Dieu qu'ils soient là!	*I hope to God that they are there!*
Plût au ciel qu'ils ne puissent venir!	*Would to God that they won't be able to come!*

TOP 30 VERBS

regular -er verb

je porte · je portai · porté · portant

PRESENT		PASSÉ COMPOSÉ	
porte	portons	ai porté	avons porté
portes	portez	as porté	avez porté
porte	portent	a porté	ont porté

IMPERFECT		PLUPERFECT	
portais	portions	avais porté	avions porté
portais	portiez	avais porté	aviez porté
portait	portaient	avait porté	avaient porté

PASSÉ SIMPLE		PAST ANTERIOR	
portai	portâmes	eus porté	eûmes porté
portas	portâtes	eus porté	eûtes porté
porta	portèrent	eut porté	eurent porté

FUTURE		FUTURE ANTERIOR	
porterai	porterons	aurai porté	aurons porté
porteras	porterez	auras porté	aurez porté
portera	porteront	aura porté	auront porté

CONDITIONAL		PAST CONDITIONAL	
porterais	porterions	aurais porté	aurions porté
porterais	porteriez	aurais porté	auriez porté
porterait	porteraient	aurait porté	auraient porté

PRESENT SUBJUNCTIVE		PAST SUBJUNCTIVE	
porte	portions	aie porté	ayons porté
portes	portiez	aies porté	ayez porté
porte	portent	ait porté	aient porté

IMPERFECT SUBJUNCTIVE		PLUPERFECT SUBJUNCTIVE	
portasse	portassions	eusse porté	eussions porté
portasses	portassiez	eusses porté	eussiez porté
portât	portassent	eût porté	eussent porté

COMMANDS	
	portons
porte	portez

Usage

porter un sac sur le dos	*to carry a bag on one's back*
Je porte votre serviette?	*Shall I carry your briefcase?*
La mère portait son bébé dans ses bras.	*The mother was carrying her child in her arms.*
Il porte toujours une veste.	*He always wears a sport jacket.*
Je vais porter ces chèques à la banque.	*I'll take these checks to the bank.*
Je suis crevé. Mes jambes ne me portent plus.	*I'm exhausted. I'm falling off my feet.*
Le facteur nous a porté des colis.	*The mailman brought us some parcels.*
Ce compte-rendu porte la date de hier.	*This report has yesterday's date on it.*
Cette lettre ne porte pas de signature.	*This letter has no signature.*
Il vous faut porter cette affaire sur la place publique.	*You must make this matter public.*

TOP 30 VERB ☞

je porte · je portai · porté · portant
regular -er verb

Il porte bien son nom.	*His name suits him.*
Accablé de soucis, il a porté sa main à son front.	*Overcome with worry, he put his hand on his forehead.*
Cela porte le nombre de maisons détruites à soixante-dix.	*That brings the number of destroyed houses to seventy.*
On a porté son roman à l'écran.	*They made a movie of his/her novel.*
On a porté son roman à la scène.	*They made a play of his/her novel.*
Je ne porte pas ce type dans mon cœur.	*That guy is not one of my favorite people.*
Il a porté son attention sur cette idée.	*He concentrated on this idea.*
La question portait sur les faits historiques.	*The question had to do with historical facts.*
Son genou a porté sur le rocher.	*His knee struck the rock./He hit his knee against the rock.*
Il s'est fait porter malade.	*He reported sick/called in sick.*
On va se faire porter à manger.	*We'll send out for food.*

se porter

Il se porte bien.	*He's in good health.*
A quatre-vingt-dix ans elle se porte comme un charme.	*At ninety she's in great health.*
Il s'est porté candidat aux élections municipales.	*He ran in the municipal elections.*
Il ne s'en est pas plus mal porté.	*He got away with it/was no worse off for it.*
Les soupçons se sont portés sur eux.	*Suspicion fell on them.*

Expressions

Ça porte bonheur/malheur.	*That brings good/bad luck.*
Lui, il porte la poisse.	*He's a jinx.*
Lui offrir un livre, c'est porter de l'eau à la rivière.	*Giving him a book as a gift is like carrying coals to Newcastle.*
Chez eux c'est elle qui porte la culotte.	*At their house, she wears the pants.*
Nos collègues nous ont laissés porter le chapeau.	*Our coworkers left us holding the bag.*
Ton chef te porte aux nues.	*Your boss praises you to the skies.*
Ce mur porte à faux.	*This wall is not straight.*
Vos remarques portent à faux.	*Your remarks are out of place.*

Related Words

le port	*wearing/carrying*
Le port du short est défendu à l'école.	*Wearing shorts is not allowed at school.*
Le port de la barbe n'est plus à la mode.	*Wearing a beard is no longer fashionable.*
un porte-bonheur	*a good-luck charm*

TOP 30 VERBS

-*er* verb; spelling change: **je possède · je possédai · possédé · possédant**
é > è/mute e

PRESENT

possède	possédons
possèdes	possédez
possède	possèdent

PASSÉ COMPOSÉ

ai possédé	avons possédé
as possédé	avez possédé
a possédé	ont possédé

IMPERFECT

possédais	possédions
possédais	possédiez
possédait	possédaient

PLUPERFECT

avais possédé	avions possédé
avais possédé	aviez possédé
avait possédé	avaient possédé

PASSÉ SIMPLE

possédai	possédâmes
possédas	possédâtes
posséda	possédèrent

PAST ANTERIOR

eus possédé	eûmes possédé
eus possédé	eûtes possédé
eut possédé	eurent possédé

FUTURE

posséderai	posséderons
posséderas	posséderez
possédera	posséderont

FUTURE ANTERIOR

aurai possédé	aurons possédé
auras possédé	aurez possédé
aura possédé	auront possédé

CONDITIONAL

posséderais	posséderions
posséderais	posséderiez
posséderait	posséderaient

PAST CONDITIONAL

aurais possédé	aurions possédé
aurais possédé	auriez possédé
aurait possédé	auraient possédé

PRESENT SUBJUNCTIVE

possède	possédions
possèdes	possédiez
possède	possèdent

PAST SUBJUNCTIVE

aie possédé	ayons possédé
aies possédé	ayez possédé
ait possédé	aient possédé

IMPERFECT SUBJUNCTIVE

possédasse	possédassions
possédasses	possédassiez
possédât	possédassent

PLUPERFECT SUBJUNCTIVE

eusse possédé	eussions possédé
eusses possédé	eussiez possédé
eût possédé	eussent possédé

COMMANDS

	possédons
possède	possédez

Usage

Cette famille ne possède plus rien.	*That family no longer has anything.*
Tu possèdes mon cœur.	*You have captured my heart.*
Cette chambre possède une belle vue.	*This room has a beautiful view.*
Nous possédions des propriétés dans le Midi.	*We used to own properties in the south of France.*
Il a donné tout ce qu'il possédait à ses enfants.	*He gave everything he had to his children.*
Il s'est fait posséder.	*He was had/was taken in.*
Qu'est-ce qui t'arrive? Tu ne te possèdes plus.	*What's gotten into you? You have lost all self-control.*

RELATED WORD

La possession de ce document sera très importante pour le juge.	*Having that document in your possession will be very important for the judge.*

PRESENT

poursuis	poursuivons
poursuis	poursuivez
poursuit	poursuivent

IMPERFECT

poursuivais	poursuivions
poursuivais	poursuiviez
poursuivait	poursuivaient

PASSÉ SIMPLE

poursuivis	poursuivîmes
poursuivis	poursuivîtes
poursuivit	poursuivirent

FUTURE

poursuivrai	poursuivrons
poursuivras	poursuivrez
poursuivra	poursuivront

CONDITIONAL

poursuivrais	poursuivrions
poursuivrais	poursuivriez
poursuivrait	poursuivraient

PRESENT SUBJUNCTIVE

poursuive	poursuivions
poursuives	poursuiviez
poursuive	poursuivent

IMPERFECT SUBJUNCTIVE

poursuivisse	poursuivissions
poursuivisses	poursuivissiez
poursuivît	poursuivissent

PASSÉ COMPOSÉ

ai poursuivi	avons poursuivi
as poursuivi	avez poursuivi
a poursuivi	ont poursuivi

PLUPERFECT

avais poursuivi	avions poursuivi
avais poursuivi	aviez poursuivi
avait poursuivi	avaient poursuivi

PAST ANTERIOR

eus poursuivi	eûmes poursuivi
eus poursuivi	eûtes poursuivi
eut poursuivi	eurent poursuivi

FUTURE ANTERIOR

aurai poursuivi	aurons poursuivi
auras poursuivi	aurez poursuivi
aura poursuivi	auront poursuivi

PAST CONDITIONAL

aurais poursuivi	aurions poursuivi
aurais poursuivi	auriez poursuivi
aurait poursuivi	auraient poursuivi

PAST SUBJUNCTIVE

aie poursuivi	ayons poursuivi
aies poursuivi	ayez poursuivi
ait poursuivi	aient poursuivi

PLUPERFECT SUBJUNCTIVE

eusse poursuivi	eussions poursuivi
eusses poursuivi	eussiez poursuivi
eût poursuivi	eussent poursuivi

COMMANDS

	poursuivons
poursuis	poursuivez

Usage

Le chien poursuivait l'enfant.	*The dog was running after the child.*
La police a poursuivi les terroristes.	*The police pursued the terrorists.*
Nous sommes poursuivis par nos créanciers.	*Our creditors are after us.*
Il poursuit la gloire.	*He's seeking fame.*
Ça me plait qu'il poursuive des buts nobles.	*I like that he's striving for worthy goals.*
Un philosophe poursuit la vérité.	*A philosopher pursues truth.*
poursuivre qqn en justice	*to prosecute/sue someone*
On l'a poursuivi pour ce crime.	*He was prosecuted for this crime.*

RELATED WORD

la poursuite du bonheur/d'un rêve	*the pursuit of happiness/a dream*

irregular verb · je peux · je pus · pu · pouvant

PRESENT		PASSÉ COMPOSÉ	
peux	pouvons	ai pu	avons pu
peux	pouvez	as pu	avez pu
peut	peuvent	a pu	ont pu

IMPERFECT		PLUPERFECT	
pouvais	pouvions	avais pu	avions pu
pouvais	pouviez	avais pu	aviez pu
pouvait	pouvaient	avait pu	avaient pu

PASSÉ SIMPLE		PAST ANTERIOR	
pus	pûmes	eus pu	eûmes pu
pus	pûtes	eus pu	eûtes pu
put	purent	eut pu	eurent pu

FUTURE		FUTURE ANTERIOR	
pourrai	pourrons	aurai pu	aurons pu
pourras	pourrez	auras pu	aurez pu
pourra	pourront	aura pu	auront pu

CONDITIONAL		PAST CONDITIONAL	
pourrais	pourrions	aurais pu	aurions pu
pourrais	pourriez	aurais pu	auriez pu
pourrait	pourraient	aurait pu	auraient pu

PRESENT SUBJUNCTIVE		PAST SUBJUNCTIVE	
puisse	puissions	aie pu	ayons pu
puisses	puissiez	aies pu	ayez pu
puisse	puissent	ait pu	aient pu

IMPERFECT SUBJUNCTIVE		PLUPERFECT SUBJUNCTIVE	
pusse	pussions	eusse pu	eussions pu
pusses	pussiez	eusses pu	eussiez pu
pût	pussent	eût pu	eussent pu

COMMANDS NOT USED

Usage

NOTE: *Je puis* is an archaic alternate form for *je peux*. *Je puis* is used in very formal style.

pouvoir faire qqch	*to be able to do something*
Tu peux me donner un coup de main?	*Can you help me out?*
J'ai mal au pied. Je ne peux pas marcher.	*My foot hurts. I can't walk.*
Il ne peut pas comprendre votre inquiétude.	*He can't understand your uneasiness.*
Je peux vous aider?	*May I help you?*
—Voulez-vous que je vous accompagne?	*Do you want me to go with you?*
—Si vous pouvez.	*If you can.*
Elle ne pourra plus voyager.	*She won't be able to travel anymore.*
Pourriez-vous me dire où se trouve le musée d'art?	*Can you tell me where the art museum is?*
Elle est, si on peut le dire, un peu bornée.	*She is, to put it bluntly, a bit slow.*

je peux · je pus · pu · pouvant

irregular verb

Je n'y peux rien.	There's nothing I can do about it.
Les étudiants peuvent sortir le samedi.	The students have permission to go out on Saturday.
Je peux aller jouer, maman?	May I go out to play, Mom?
On ne peut pas entrer dans son bureau.	Nobody is allowed to go into his office.
Téléphone-moi dès que tu pourras.	Call me as soon as you can.
Je ne peux pas le voir/le sentir.	I can't stand him.
Je ne peux le voir en peinture.	I can't stand him.
Je n'ai pas pu m'empêcher de lui poser cette question.	I couldn't help but ask him that question.
ne pas pouvoir ne pas faire qqch	to really have to do something
Vous ne pouvez pas ne pas lire ce roman.	You absolutely must read that novel.
Nous pouvons toujours nous arranger.	We can always work things out/come to an agreement.
Appelle le médecin! Je ne peux pas respirer.	Call the doctor! I can't breathe.
Je n'en peux plus!	I can't take it anymore!

pouvoir (possibilité)

Ça ne pourrait pas être vrai.	That couldn't be true.
Ça se peut.	That's possible.
Il se peut qu'elle veuille venir avec nous.	It's possible she may want to come with us.
Il a bien pu le faire.	He could very well have done it.
Avec cet accent, je ne crois pas qu'il puisse être anglais.	With that accent I don't think he can be English.
Attention! Ce chien peut être méchant.	Careful! That dog can be nasty.
Les journaux disent que la guerre peut éclater cette semaine.	The papers say that war can break out this week.
Notre candidat pourrait perdre aux élections.	Our candidate could lose the election.
Fais attention. Tu peux tomber.	Be careful. You might fall.

pouvoir pour suggérer

Il peut bien te prêter les cent euros.	He can certainly lend you the one hundred euros.
Tu pourrais au moins dire que tu le regrettes.	You could at least say you're sorry.

Proverbs

Vouloir, c'est pouvoir.	Where there's a will, there's a way.
Si la jeunesse savait, si la vieillesse pouvait.	If youth knew, if old age could.

TOP 30 VERBS

irregular verb | je prédis · je prédis · prédit · prédisant

PRESENT

prédis	prédisons
prédis	prédisez
prédit	prédisent

PASSÉ COMPOSÉ

ai prédit	avons prédit
as prédit	avez prédit
a prédit	ont prédit

IMPERFECT

prédisais	prédisions
prédisais	prédisiez
prédisait	prédisaient

PLUPERFECT

avais prédit	avions prédit
avais prédit	aviez prédit
avait prédit	avaient prédit

PASSÉ SIMPLE

prédis	prédîmes
prédis	prédîtes
prédit	prédirent

PAST ANTERIOR

eus prédit	eûmes prédit
eus prédit	eûtes prédit
eut prédit	eurent prédit

FUTURE

prédirai	prédirons
prédiras	prédirez
prédira	prédiront

FUTURE ANTERIOR

aurai prédit	aurons prédit
auras prédit	aurez prédit
aura prédit	auront prédit

CONDITIONAL

prédirais	prédirions
prédirais	prédiriez
prédirait	prédiraient

PAST CONDITIONAL

aurais prédit	aurions prédit
aurais prédit	auriez prédit
aurait prédit	auraient prédit

PRESENT SUBJUNCTIVE

prédise	prédisions
prédises	prédisiez
prédise	prédisent

PAST SUBJUNCTIVE

aie prédit	ayons prédit
aies prédit	ayez prédit
ait prédit	aient prédit

IMPERFECT SUBJUNCTIVE

prédisse	prédissions
prédisses	prédissiez
prédît	prédissent

PLUPERFECT SUBJUNCTIVE

eusse prédit	eussions prédit
eusses prédit	eussiez prédit
eût prédit	eussent prédit

COMMANDS

	prédisons
prédis	prédisez

Usage

prédire l'avenir	to predict the future
La diseuse de bonne aventure prédit l'avenir.	The fortune-teller predicts the future.
Je te l'avais prédit!	I told you it was going to happen!
On lui prédit un grand succès.	They predict he/she will be very successful.
Ils nous ont prédit une année difficile.	They predicted a difficult year for us.
C'est une guerre que personne n'avait prédite.	It's a war that no one had predicted.
Personne ne peut prédire les résultants.	No one can predict the results.
Qui l'aurait prédit?	Who would have predicted it?
C'était à prédire.	It could have been predicted.

je préfère · je préférai · préféré · préférant

-er verb; spelling change:
é > è/mute e

PRESENT

préfère · préférons
préfères · préférez
préfère · préfèrent

IMPERFECT

préférais · préférions
préférais · préfériez
préférait · préféraient

PASSÉ SIMPLE

préférai · préférâmes
préféras · préférâtes
préféra · préférèrent

FUTURE

préférerai · préférerons
préféreras · préférerez
préférera · préféreront

CONDITIONAL

préférerais · préférerions
préférerais · préféreriez
préférerait · préféreraient

PRESENT SUBJUNCTIVE

préfère · préférions
préfères · préfériez
préfère · préfèrent

IMPERFECT SUBJUNCTIVE

préférasse · préférassions
préférasses · préférassiez
préférât · préférassent

COMMANDS

préférons
préfère · préférez

PASSÉ COMPOSÉ

ai préféré · avons préféré
as préféré · avez préféré
a préféré · ont préféré

PLUPERFECT

avais préféré · avions préféré
avais préféré · aviez préféré
avait préféré · avaient préféré

PAST ANTERIOR

eus préféré · eûmes préféré
eus préféré · eûtes préféré
eut préféré · eurent préféré

FUTURE ANTERIOR

aurai préféré · aurons préféré
auras préféré · aurez préféré
aura préféré · auront préféré

PAST CONDITIONAL

aurais préféré · aurions préféré
aurais préféré · auriez préféré
aurait préféré · auraient préféré

PAST SUBJUNCTIVE

aie préféré · ayons préféré
aies préféré · ayez préféré
ait préféré · aient préféré

PLUPERFECT SUBJUNCTIVE

eusse préféré · eussions préféré
eusses préféré · eussiez préféré
eût préféré · eussent préféré

Usage

On passe deux films. Lequel préfères-tu?

Je préfère le cinéma au théâtre.
Tu préfères de l'eau minérale ou un jus?

Voilà la solution que je préfère.
Je préfère que vous me disiez la vérité.
Je te préfère en jupe.
Si tu préfères, on peut dîner en ville.
Se marier avec lui? Je préfère mourir.

—Tu veux nous accompagner?
—Merci, je préfère rester seule.

*They're showing two movies. Which do
you prefer?*
I prefer the movies to the theater.
*Would you rather have mineral water
or juice?*
That's the solution I prefer.
I prefer that you tell me the truth.
I think you look better in a skirt.
If you'd rather, we can eat out.
Marry him? I'd rather die.

Do you want to go with us?
*No thanks, I'd rather stay here by
myself.*

irregular verb | je prends · je pris · pris · prenant

PRESENT

prends	prenons
prends	prenez
prend	prennent

PASSÉ COMPOSÉ

ai pris	avons pris
as pris	avez pris
a pris	ont pris

IMPERFECT

prenais	prenions
prenais	preniez
prenait	prenaient

PLUPERFECT

avais pris	avions pris
avais pris	aviez pris
avait pris	avaient pris

PASSÉ SIMPLE

pris	prîmes
pris	prîtes
prit	prirent

PAST ANTERIOR

eus pris	eûmes pris
eus pris	eûtes pris
eut pris	eurent pris

FUTURE

prendrai	prendrons
prendras	prendrez
prendra	prendront

FUTURE ANTERIOR

aurai pris	aurons pris
auras pris	aurez pris
aura pris	auront pris

CONDITIONAL

prendrais	prendrions
prendrais	prendriez
prendrait	prendraient

PAST CONDITIONAL

aurais pris	aurions pris
aurais pris	auriez pris
aurait pris	auraient pris

PRESENT SUBJUNCTIVE

prenne	prenions
prennes	preniez
prenne	prennent

PAST SUBJUNCTIVE

aie pris	ayons pris
aies pris	ayez pris
ait pris	aient pris

IMPERFECT SUBJUNCTIVE

prisse	prissions
prisses	prissiez
prît	prissent

PLUPERFECT SUBJUNCTIVE

eusse pris	eussions pris
eusses pris	eussiez pris
eût pris	eussent pris

COMMANDS

| | prenons |
| prends | prenez |

Usage

Prenez votre sac à dos.
Take your backpack.

Il a pris ses affaires et il est parti.
He took his things and left.

—Pour y aller, on peut prendre l'autobus.
We can take the bus to go there.

—Je préfère prendre le métro, moi.
I prefer to take the subway.

Quand j'ai mal à la tête, je prends de l'aspirine.
When I have a headache, I take aspirin.

La mère a pris son enfant dans ses bras.
The mother hugged her child.

—Qu'est-ce que vous prenez, Madame?
What will you have, Madam? (waiter)

—Je prendrai un café et deux croissants.
I'll have coffee and two croissants.

prendre au sens général

Je descends prendre du pain.	*I'm going out to buy some bread.*
Il a pris sa fiancée par la taille.	*He put his arm around his fiancée.*
N'oublie pas de prendre ta serviette.	*Don't forget your briefcase.*
J'ai pris sur moi d'aller voir les malades.	*I took it upon myself to go see the patients.*
Je prends beaucoup de notes dans ce cours.	*I take a lot of notes in this course.*
Quand je voyage, je prends des tas de photos.	*When I travel I take loads of photos.*
Ça te prendra combien de temps?	*How long will that take you?*
Il prend son temps, lui.	*He sure takes his time.*
Prenez le temps d'y réfléchir.	*Take the time to think it over.*
C'est lui qui prend toutes les décisions.	*He's the one who makes all the decisions.*
J'ai pris un rhume.	*I've caught a cold.*
Tu vas prendre froid.	*You'll catch cold.*
J'ai pris du poids. Je me mettrai au régime.	*I've put on weight. I'll go on a diet.*
C'est à qui veut prendre.	*It's up for grabs.*

prendre pour les déplacements

J'ai pris le mauvais bus.	*I took the wrong bus.*
Nous avons pris un auto-stoppeur.	*We picked up a hitchhiker.*
Il faut prendre l'autoroute.	*We have to take the highway.*
On prend la voiture ou un taxi?	*Shall we take our car or a cab?*
Prenez à droite au carrefour.	*Turn right at the intersection.*
La voiture a pris de la vitesse.	*The car picked up speed.*
Tu peux passer me prendre?	*Can you come by for me?*

prendre au sens figuré

Pour qui te prends-tu?	*Who do you think you are?*
Il se prend au sérieux.	*He takes himself seriously.*
Il t'a prise pour ta sœur.	*He thought you were your sister.*
Il faudra prendre des mesures.	*We'll have to take steps.*
Je t'y ai pris!	*I've caught you!*
On l'a pris la main dans le sac.	*He was caught red-handed.*
On ne m'y prendra plus!	*That's the last time they'll fool me!*
Le train a pris du retard.	*The train is late.*
Ça ne prend pas avec nous.	*We don't buy that.*
Je ne sais pas comment m'y prendre.	*I don't know how to go about it.*
Qu'est-ce qui te prend?	*What's gotten into you?*
Le fou rire m'a pris.	*I got the giggles.*

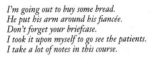

TOP 30 VERBS

regular *-er* verb | je prépare · je préparai · préparé · préparant

PRESENT

		PASSÉ COMPOSÉ	
prépare	préparons	ai préparé	avons préparé
prépares	préparez	as préparé	avez préparé
prépare	préparent	a préparé	ont préparé

IMPERFECT

		PLUPERFECT	
préparais	préparions	avais préparé	avions préparé
préparais	prépariez	avais préparé	aviez préparé
préparait	préparaient	avait préparé	avaient préparé

PASSÉ SIMPLE

		PAST ANTERIOR	
préparai	préparâmes	eus préparé	eûmes préparé
préparas	préparâtes	eus préparé	eûtes préparé
prépara	préparèrent	eut préparé	eurent préparé

FUTURE

		FUTURE ANTERIOR	
préparerai	préparerons	aurai préparé	aurons préparé
prépareras	préparerez	auras préparé	aurez préparé
préparera	prépareront	aura préparé	auront préparé

CONDITIONAL

		PAST CONDITIONAL	
préparerais	préparerions	aurais préparé	aurions préparé
préparerais	prépareriez	aurais préparé	auriez préparé
préparerait	prépareraient	aurait préparé	auraient préparé

PRESENT SUBJUNCTIVE

		PAST SUBJUNCTIVE	
prépare	préparions	aie préparé	ayons préparé
prépares	prépariez	aies préparé	ayez préparé
prépare	préparent	ait préparé	aient préparé

IMPERFECT SUBJUNCTIVE

		PLUPERFECT SUBJUNCTIVE	
préparasse	préparassions	eusse préparé	eussions préparé
préparasses	préparassiez	eusses préparé	eussiez préparé
préparât	préparassent	eût préparé	eussent préparé

COMMANDS

	préparons
prépare	préparez

Usage

Qui prépare les repas chez toi?	*Who prepares the meals at your house?*
La femme de chambre a préparé votre chambre.	*The cleaning woman has gotten your room ready.*
Son chef le prépare pour une mission importante.	*His boss is grooming him for an important assignment.*
Le professeur prépare ses leçons.	*The teacher is preparing his/her lessons.*
Elle prépare son bac maintenant.	*She is preparing for the baccalaureate exams now.*
Chacun doit préparer son avenir.	*Each of us has to prepare for his future.*
Ils m'ont préparé une belle surprise.	*They prepared a nice surprise for me.*
Le gérant a préparé le terrain.	*The manager got things ready/laid the groundwork.*
Ces deux pays se préparent à la guerre.	*These two countries are preparing for war.*

PRESENT		PASSÉ COMPOSÉ	
présente	présentons	ai présenté	avons présenté
présentes	présentez	as présenté	avez présenté
présente	présentent	a présenté	ont présenté

IMPERFECT		PLUPERFECT	
présentais	présentions	avais présenté	avions présenté
présentais	présentiez	avais présenté	aviez présenté
présentait	présentaient	avait présenté	avaient présenté

PASSÉ SIMPLE		PAST ANTERIOR	
présentai	présentâmes	eus présenté	eûmes présenté
présentas	présentâtes	eus présenté	eûtes présenté
présenta	présentèrent	eut présenté	eurent présenté

FUTURE		FUTURE ANTERIOR	
présenterai	présenterons	aurai présenté	aurons présenté
présenteras	présenterez	auras présenté	aurez présenté
présentera	présenteront	aura présenté	auront présenté

CONDITIONAL		PAST CONDITIONAL	
présenterais	présenterions	aurais présenté	aurions présenté
présenterais	présenteriez	aurais présenté	auriez présenté
présenterait	présenteraient	aurait présenté	auraient présenté

PRESENT SUBJUNCTIVE		PAST SUBJUNCTIVE	
présente	présentions	aie présenté	ayons présenté
présentes	présentiez	aies présenté	ayez présenté
présente	présentent	ait présenté	aient présenté

IMPERFECT SUBJUNCTIVE		PLUPERFECT SUBJUNCTIVE	
présentasse	présentassions	eusse présenté	eussions présenté
présentasses	présentassiez	eusses présenté	eussiez présenté
présentât	présentassent	eût présenté	eussent présenté

COMMANDS	
	présentons
présente	présentez

Usage

Monsieur Durand, permettez-moi de vous présenter ma femme.	*Mr. Durand, allow me to introduce my wife to you.*
Je l'ai présentée à lui.	*I introduced her to him.*
—Je vous présente Hélène.	*This is Hélène.*
—Enchanté, Hélène.	*Pleased to meet you, Hélène.*
présenter ses condoléances à qqn	*to present one's condolences to someone*
Je vous présente mes meilleurs vœux.	*My best wishes to you.*
J'ai présenté ma candidature à ce poste.	*I have applied for that job.*
On présente une émission intéressante à la télé ce soir.	*They're showing an interesting program on TV this evening.*
Comment se présente la situation?	*How does the situation look?*
Pourquoi ne s'est-il pas présenté?	*Why didn't he show up?*
Qu'est-ce qui se présentera?	*What will happen?*

regular -er verb | je prête · je prêtai · prêté · prêtant

PRESENT

prête	prêtons
prêtes	prêtez
prête	prêtent

PASSÉ COMPOSÉ

ai prêté	avons prêté
as prêté	avez prêté
a prêté	ont prêté

IMPERFECT

prêtais	prêtions
prêtais	prêtiez
prêtait	prêtaient

PLUPERFECT

avais prêté	avions prêté
avais prêté	aviez prêté
avait prêté	avaient prêté

PASSÉ SIMPLE

prêtai	prêtâmes
prêtas	prêtâtes
prêta	prêtèrent

PAST ANTERIOR

eus prêté	eûmes prêté
eus prêté	eûtes prêté
eut prêté	eurent prêté

FUTURE

prêterai	prêterons
prêteras	prêterez
prêtera	prêteront

FUTURE ANTERIOR

aurai prêté	aurons prêté
auras prêté	aurez prêté
aura prêté	auront prêté

CONDITIONAL

prêterais	prêterions
prêterais	prêteriez
prêterait	prêteraient

PAST CONDITIONAL

aurais prêté	aurions prêté
aurais prêté	auriez prêté
aurait prêté	auraient prêté

PRESENT SUBJUNCTIVE

prête	prêtions
prêtes	prêtiez
prête	prêtent

PAST SUBJUNCTIVE

aie prêté	ayons prêté
aies prêté	ayez prêté
ait prêté	aient prêté

IMPERFECT SUBJUNCTIVE

prêtasse	prêtassions
prêtasses	prêtassiez
prêtât	prêtassent

PLUPERFECT SUBJUNCTIVE

eusse prêté	eussions prêté
eusses prêté	eussiez prêté
eût prêté	eussent prêté

COMMANDS

	prêtons
prête	prêtez

Usage

prêter qqch à qqn
—Tu peux me prêter ton stylo?
—Je ne peux pas te le prêter. Je n'en ai qu'un.
Je lui ai prêté deux cents euros.
La banque prête à 8 pour cent.
Ils prêtent à gages.
Tu me prêtes des dons que je n'ai pas.

Elle a prêté sa voix à cette cause.
Le SAMU a prêté secours aux blessés.

to lend something to someone
Can you lend me your pen?
I can't lend it to you. I only have one.

I lent her two hundred euros.
The bank is lending at 8 percent interest.
They lend against collateral.
You are attributing gifts to me that I don't have.

She lent her support to that cause.
The emergency medics helped the wounded.

je préviens · je prévins · prévenu · prévenant   irregular verb

PRESENT

préviens	prévenons
préviens	prévenez
prévient	préviennent

IMPERFECT

prévenais	prévenions
prévenais	préveniez
prévenait	prévenaient

PASSÉ SIMPLE

prévins	prévînmes
prévins	prévîntes
prévint	prévinrent

FUTURE

préviendrai	préviendrons
préviendras	préviendrez
préviendra	préviendront

CONDITIONAL

préviendrais	préviendrions
préviendrais	préviendriez
préviendrait	préviendraient

PRESENT SUBJUNCTIVE

prévienne	prévenions
préviennes	préveniez
prévienne	préviennent

IMPERFECT SUBJUNCTIVE

prévinsse	prévinssions
prévinsses	prévinssiez
prévînt	prévinssent

COMMANDS

	prévenons
préviens	prévenez

PASSÉ COMPOSÉ

ai prévenu	avons prévenu
as prévenu	avez prévenu
a prévenu	ont prévenu

PLUPERFECT

avais prévenu	avions prévenu
avais prévenu	aviez prévenu
avait prévenu	avaient prévenu

PAST ANTERIOR

eus prévenu	eûmes prévenu
eus prévenu	eûtes prévenu
eut prévenu	eurent prévenu

FUTURE ANTERIOR

aurai prévenu	aurons prévenu
auras prévenu	aurez prévenu
aura prévenu	auront prévenu

PAST CONDITIONAL

aurais prévenu	aurions prévenu
aurais prévenu	auriez prévenu
aurait prévenu	auraient prévenu

PAST SUBJUNCTIVE

aie prévenu	ayons prévenu
aies prévenu	ayez prévenu
ait prévenu	aient prévenu

PLUPERFECT SUBJUNCTIVE

eusse prévenu	eussions prévenu
eusses prévenu	eussiez prévenu
eût prévenu	eussent prévenu

Usage

Je ne vais rien faire sans vous prévenir.	*I won't do anything without informing you.*
Vous avez été prévenu.	*Consider yourself on notice.*
Il faut prévenir la police.	*The police should be notified.*
Nous avons prévenu le médecin.	*We notified the doctor.*
Je vous préviens que je n'assisterai pas à la réunion.	*I want to let you know that I won't be at the meeting.*
N'allez pas chez lui sans prévenir.	*Don't go to his house without notifying him.*
Essayons de prévenir ce malheur.	*Let's try to prevent that misfortune.*
Je vous aurai prévenu!	*Mark my words!*

PROVERB

Mieux vaut prévenir que guérir.	*An ounce of prevention is worth a pound of cure.*

irregular verb | je prévois · je prévis · prévu · prévoyant

PRESENT

prévois	prévoyons
prévois	prévoyez
prévoit	prévoient

IMPERFECT

prévoyais	prévoyions
prévoyais	prévoyiez
prévoyait	prévoyaient

PASSÉ SIMPLE

prévis	prévîmes
prévis	prévîtes
prévit	prévirent

FUTURE

prévoirai	prévoirons
prévoiras	prévoirez
prévoira	prévoiront

CONDITIONAL

prévoirais	prévoirions
prévoirais	prévoiriez
prévoirait	prévoiraient

PRESENT SUBJUNCTIVE

prévoie	prévoyions
prévoies	prévoyiez
prévoie	prévoient

IMPERFECT SUBJUNCTIVE

prévisse	prévissions
prévisses	prévissiez
prévît	prévissent

COMMANDS

	prévoyons
prévois	prévoyez

PASSÉ COMPOSÉ

ai prévu	avons prévu
as prévu	avez prévu
a prévu	ont prévu

PLUPERFECT

avais prévu	avions prévu
avais prévu	aviez prévu
avait prévu	avaient prévu

PAST ANTERIOR

eus prévu	eûmes prévu
eus prévu	eûtes prévu
eut prévu	eurent prévu

FUTURE ANTERIOR

aurai prévu	aurons prévu
auras prévu	aurez prévu
aura prévu	auront prévu

PAST CONDITIONAL

aurais prévu	aurions prévu
aurais prévu	auriez prévu
aurait prévu	auraient prévu

PAST SUBJUNCTIVE

aie prévu	ayons prévu
aies prévu	ayez prévu
ait prévu	aient prévu

PLUPERFECT SUBJUNCTIVE

eusse prévu	eussions prévu
eusses prévu	eussiez prévu
eût prévu	eussent prévu

Usage

Qui peut tout prévoir?	*Who can think of everything?*
Il faut prévoir le pire.	*We have to anticipate the worst.*
Nous n'avons pas pu prévoir ce contretemps.	*We couldn't foresee this hitch.*
Je n'avais pas prévu qu'il viendrait.	*I didn't count on his coming.*
Essayons de prévoir toutes les éventualités.	*Let's try to allow for all possibilities.*
Tout est prévu pour la réunion d'affaires.	*Everything has been organized for the business meeting.*
Leur départ est prévu pour demain.	*Their departure is set for tomorrow.*
Rangez vos papiers dans les classeurs prévus à cet effet.	*Organize your papers in the binders provided.*
Tout s'est passé comme prévu.	*Everything happened as expected.*

PRESENT		PASSÉ COMPOSÉ	
produis	produisons	ai produit	avons produit
produis	produisez	as produit	avez produit
produit	produisent	a produit	ont produit

IMPERFECT		PLUPERFECT	
produisais	produisions	avais produit	avions produit
produisais	produisiez	avais produit	aviez produit
produisait	produisaient	avait produit	avaient produit

PASSÉ SIMPLE		PAST ANTERIOR	
produisis	produisîmes	eus produit	eûmes produit
produisis	produisîtes	eus produit	eûtes produit
produisit	produisirent	eut produit	eurent produit

FUTURE		FUTURE ANTERIOR	
produirai	produirons	aurai produit	aurons produit
produiras	produirez	auras produit	aurez produit
produira	produiront	aura produit	auront produit

CONDITIONAL		PAST CONDITIONAL	
produirais	produirions	aurais produit	aurions produit
produirais	produiriez	aurais produit	auriez produit
produirait	produiraient	aurait produit	auraient produit

PRESENT SUBJUNCTIVE		PAST SUBJUNCTIVE	
produise	produisions	aie produit	ayons produit
produises	produisiez	aies produit	ayez produit
produise	produisent	ait produit	aient produit

IMPERFECT SUBJUNCTIVE		PLUPERFECT SUBJUNCTIVE	
produisisse	produisissions	eusse produit	eussions produit
produisisses	produisissiez	eusses produit	eussiez produit
produisît	produisissent	eût produit	eussent produit

COMMANDS	
	produisons
produis	produisez

Usage

Ce pays produit du fer et du charbon.	*This country produces iron and coal.*
Cette province produit des vins très connus.	*This province produces very famous wines.*
Cette terre est mauvaise. Elle produit peu.	*This land is poor. It doesn't yield much.*
C'est un sol qui produit du blé.	*It's a type of soil that produces wheat.*
Cet arbre produit de belles pommes.	*This tree yields beautiful apples.*
Cette région produit du pétrole.	*This region produces oil.*
Combien de tonnes d'acier ce pays produit-il par an?	*How many tons of steel does this country produce each year?*
Ce poète produit beaucoup de poèmes.	*This poet turns out a lot of poems.*
L'électricité est produite par l'énergie atomique.	*Electricity is produced by atomic energy.*

-er reflexive verb;
spelling change: e > è/mute e;
compound tenses with être

je me promène · je me promenai ·
s'étant promené · se promenant

PRESENT

me promène	nous promenons
te promènes	vous promenez
se promène	se promènent

PASSÉ COMPOSÉ

me suis promené(e)	nous sommes promené(e)s
t'es promené(e)	vous êtes promené(e)(s)
s'est promené(e)	se sont promené(e)s

IMPERFECT

me promenais	nous promenions
te promenais	vous promeniez
se promenait	se promenaient

PLUPERFECT

m'étais promené(e)	nous étions promené(e)s
t'étais promené(e)	vous étiez promené(e)(s)
s'était promené(e)	s'étaient promené(e)s

PASSÉ SIMPLE

me promenai	nous promenâmes
te promenas	vous promenâtes
se promena	se promenèrent

PAST ANTERIOR

me fus promené(e)	nous fûmes promené(e)s
te fus promené(e)	vous fûtes promené(e)(s)
se fut promené(e)	se furent promené(e)s

FUTURE

me promènerai	nous promènerons
te promèneras	vous promènerez
se promènera	se promèneront

FUTURE ANTERIOR

me serai promené(e)	nous serons promené(e)s
te seras promené(e)	vous serez promené(e)(s)
se sera promené(e)	se seront promené(e)s

CONDITIONAL

me promènerais	nous promènerions
te promènerais	vous promèneriez
se promènerait	se promèneraient

PAST CONDITIONAL

me serais promené(e)	nous serions promené(e)s
te serais promené(e)	vous seriez promené(e)(s)
se serait promené(e)	se seraient promené(e)s

PRESENT SUBJUNCTIVE

me promène	nous promenions
te promènes	vous promeniez
se promène	se promènent

PAST SUBJUNCTIVE

me sois promené(e)	nous soyons promené(e)s
te sois promené(e)	vous soyez promené(e)(s)
se soit promené(e)	se soient promené(e)s

IMPERFECT SUBJUNCTIVE

me promenasse	nous promenassions
te promenasses	vous promenassiez
se promenât	se promenassent

PLUPERFECT SUBJUNCTIVE

me fusse promené(e)	nous fussions promené(e)s
te fusses promené(e)	vous fussiez promené(e)(s)
se fût promené(e)	se fussent promené(e)s

COMMANDS

	promenons-nous
promène-toi	promenez-vous

Usage

Mes parents se promènent dans le jardin.	*My parents are taking a walk in the garden.*
On s'est promenés en ville.	*We walked around town.*
Son regard se promenait sur les vitrines.	*His gaze wandered over the store windows.*
se promener sans but	*to walk around aimlessly*
promener qqn	*to take someone for a walk*
promener son chien	*to walk one's dog*
promener ses amis	*to take one's friends for a walk/ride*
Je l'ai envoyé promener.	*I told him off.*
Il a envoyé promener ses soucis.	*He shrugged off his concerns.*

promettre *to promise*

je promets · je promis · promis · promettant

irregular verb; only one *t* in the singular of the present tense

PRESENT

promets	promettons
promets	promettez
promet	promettent

PASSÉ COMPOSÉ

ai promis	avons promis
as promis	avez promis
a promis	ont promis

IMPERFECT

promettais	promettions
promettais	promettiez
promettait	promettaient

PLUPERFECT

avais promis	avions promis
avais promis	aviez promis
avait promis	avaient promis

PASSÉ SIMPLE

promis	promîmes
promis	promîtes
promit	promirent

PAST ANTERIOR

eus promis	eûmes promis
eus promis	eûtes promis
eut promis	eurent promis

FUTURE

promettrai	promettrons
promettras	promettrez
promettra	promettront

FUTURE ANTERIOR

aurai promis	aurons promis
auras promis	aurez promis
aura promis	auront promis

CONDITIONAL

promettrais	promettrions
promettrais	promettriez
promettrait	promettraient

PAST CONDITIONAL

aurais promis	aurions promis
aurais promis	auriez promis
aurait promis	auraient promis

PRESENT SUBJUNCTIVE

promette	promettions
promettes	promettiez
promette	promettent

PAST SUBJUNCTIVE

aie promis	ayons promis
aies promis	ayez promis
ait promis	aient promis

IMPERFECT SUBJUNCTIVE

promisse	promissions
promisses	promissiez
promît	promissent

PLUPERFECT SUBJUNCTIVE

eusse promis	eussions promis
eusses promis	eussiez promis
eût promis	eussent promis

COMMANDS

	promettons
promets	promettez

Usage

promettre qqch à qqn	to promise someone something
—Qu'est-ce que tu as promis aux enfants?	What did you promise the children?
—Je leur ai promis un nouvel ordinateur.	I promised them a new computer.
Ce ciel gris nous promet de la pluie.	This gray sky means rain.
promettre son amour	to pledge one's love
Il va te promettre la lune.	He'll promise you the moon.
Ça promet!	Things are looking up! (often sarcastic)
Notre soirée promet d'être une réussite.	Our evening party promises to be a success.
Ça ne te promet rien de bon.	This doesn't look good for you.
promettre à qqn de faire qqch	to promise someone to do something
Elle lui a promis de partir.	She promised him that she would leave.

-er verb; spelling change:
é > è/mute e; g > ge/a, o

je protège · je protégeai · protégé · protégeant

PRESENT

protège	protégeons
protèges	protégez
protège	protègent

IMPERFECT

protégeais	protégions
protégeais	protégiez
protégeait	protégeaient

PASSÉ SIMPLE

protégeai	protégeâmes
protégeas	protégeâtes
protégea	protégèrent

FUTURE

protégerai	protégerons
protégeras	protégerez
protégera	protégeront

CONDITIONAL

protégerais	protégerions
protégerais	protégeriez
protégerait	protégeraient

PRESENT SUBJUNCTIVE

protège	protégions
protèges	protégiez
protège	protègent

IMPERFECT SUBJUNCTIVE

protégeasse	protégeassions
protégeasses	protégeassiez
protégeât	protégeassent

COMMANDS

	protégeons
protège	protégez

PASSÉ COMPOSÉ

ai protégé	avons protégé
as protégé	avez protégé
a protégé	ont protégé

PLUPERFECT

avais protégé	avions protégé
avais protégé	aviez protégé
avait protégé	avaient protégé

PAST ANTERIOR

eus protégé	eûmes protégé
eus protégé	eûtes protégé
eut protégé	eurent protégé

FUTURE ANTERIOR

aurai protégé	aurons protégé
auras protégé	aurez protégé
aura protégé	auront protégé

PAST CONDITIONAL

aurais protégé	aurions protégé
aurais protégé	auriez protégé
aurait protégé	auraient protégé

PAST SUBJUNCTIVE

aie protégé	ayons protégé
aies protégé	ayez protégé
ait protégé	aient protégé

PLUPERFECT SUBJUNCTIVE

eusse protégé	eussions protégé
eusses protégé	eussiez protégé
eût protégé	eussent protégé

Usage

protéger qqn/qqch	*to protect someone/something*
La police nous protège.	*The police protect us.*
Que Dieu vous protège!	*God keep you!*
Ce mur nous protège.	*That wall protects us.*
La loi protège les droits des citoyens.	*The law protects the rights of citizens.*
protéger qqn de qqch	*to protect someone from something*
Ce manteau vous protégera du froid.	*This coat will protect you from the cold.*
se protéger de qqch	*to protect oneself from something*
Il faut se protéger contre les moustiques.	*We have to protect ourselves from mosquitoes.*
Tu ne te protèges pas assez du froid.	*You're not protecting yourself enough from the cold.*

PRESENT		PASSÉ COMPOSÉ	
punis	punissons	ai puni	avons puni
punis	punissez	as puni	avez puni
punit	punissent	a puni	ont puni

IMPERFECT		PLUPERFECT	
punissais	punissions	avais puni	avions puni
punissais	punissiez	avais puni	aviez puni
punissait	punissaient	avait puni	avaient puni

PASSÉ SIMPLE		PAST ANTERIOR	
punis	punîmes	eus puni	eûmes puni
punis	punîtes	eus puni	eûtes puni
punit	punirent	eut puni	eurent puni

FUTURE		FUTURE ANTERIOR	
punirai	punirons	aurai puni	aurons puni
puniras	punirez	auras puni	aurez puni
punira	puniront	aura puni	auront puni

CONDITIONAL		PAST CONDITIONAL	
punirais	punirions	aurais puni	aurions puni
punirais	puniriez	aurais puni	auriez puni
punirait	puniraient	aurait puni	auraient puni

PRESENT SUBJUNCTIVE		PAST SUBJUNCTIVE	
punisse	punissions	aie puni	ayons puni
punisses	punissiez	aies puni	ayez puni
punisse	punissent	ait puni	aient puni

IMPERFECT SUBJUNCTIVE		PLUPERFECT SUBJUNCTIVE	
punisse	punissions	eusse puni	eussions puni
punisses	punissiez	eusses puni	eussiez puni
punît	punissent	eût puni	eussent puni

COMMANDS	
	punissons
punis	punissez

Usage

punir un enfant/un élève	*to punish a child/a pupil*
Le juge l'a puni de prison.	*The judge punished him with a prison sentence.*
On a puni le meurtrier de mort.	*The murderer was sentenced to death.*
punir ces mauvaises actions	*to punish these bad acts*
Cet abus doit être puni par la loi.	*This abuse should be punishable by law.*

RELATED WORDS

punissable	*punishable*
un crime punissable	*a punishable crime*
la punition	*punishment*
avoir une punition	*to be punished* (school, etc.)
Ton mal d'estomac est la punition de ta gourmandise.	*Your stomachache is your punishment for overeating.*

regular *-er* verb | **je quitte · je quittai · quitté · quittant**

PRESENT		PASSÉ COMPOSÉ	
quitte	quittons	ai quitté	avons quitté
quittes	quittez	as quitté	avez quitté
quitte	quittent	a quitté	ont quitté

IMPERFECT		PLUPERFECT	
quittais	quittions	avais quitté	avions quitté
quittais	quittiez	avais quitté	aviez quitté
quittait	quittaient	avait quitté	avaient quitté

PASSÉ SIMPLE		PAST ANTERIOR	
quittai	quittâmes	eus quitté	eûmes quitté
quittas	quittâtes	eus quitté	eûtes quitté
quitta	quittèrent	eut quitté	eurent quitté

FUTURE		FUTURE ANTERIOR	
quitterai	quitterons	aurai quitté	aurons quitté
quitteras	quitterez	auras quitté	aurez quitté
quittera	quitteront	aura quitté	auront quitté

CONDITIONAL		PAST CONDITIONAL	
quitterais	quitterions	aurais quitté	aurions quitté
quitterais	quitteriez	aurais quitté	auriez quitté
quitterait	quitteraient	aurait quitté	auraient quitté

PRESENT SUBJUNCTIVE		PAST SUBJUNCTIVE	
quitte	quittions	aie quitté	ayons quitté
quittes	quittiez	aies quitté	ayez quitté
quitte	quittent	ait quitté	aient quitté

IMPERFECT SUBJUNCTIVE		PLUPERFECT SUBJUNCTIVE	
quittasse	quittassions	eusse quitté	eussions quitté
quittasses	quittassiez	eusses quitté	eussiez quitté
quittât	quittassent	eût quitté	eussent quitté

COMMANDS	
	quittons
quitte	quittez

Usage

quitter un endroit	*to leave a place*
Il ne quitte pas sa chambre.	*He never leaves his room.*
La police l'a défendu de quitter la ville.	*The police have forbidden him to leave the city.*
Dans cet hôtel les clients doivent quitter leur chambre avant midi.	*In this hotel guests must check out of their rooms by noon.*
quitter qqn	*to leave someone*
Il a quitté sa femme.	*He left his wife.*
J'ai quitté mes amis à deux heures.	*I left my friends at two o'clock.*
Il nous a quittés sans dire un mot.	*He left us without saying a word.*
Ça fait une semaine que je n'ai pas quitté l'appartement.	*I haven't been out of my apartment in a week.*

TOP 30 VERB ☞

quitter = laisser un endroit

À cause du verglas, la voiture a quitté la route.	*Because of the ice the car went off the road.*
Ils ont quitté Calais pour le Midi.	*They moved from Calais to the south of France.*
L'avion n'a pas pu quitter la piste.	*The plane couldn't take off.*
Il a quitté l'école à seize ans.	*He left school at sixteen.*
La police nous a demandé de quitter ces lieux.	*The police asked us to leave the premises.*
quitter le monde	*to enter a convent/monastery*
quitter la vie	*to die*
Je vous quitte ma place.	*You can have my seat.*
Elle a quitté le théâtre.	*She left the theater/is no longer an actress.*
Le serpent quitte sa peau.	*The snake sheds its skin.*

quitter = laisser qqn

—Bon, il est tard. Je vous quitte.	*Well, it's late. I have to go.*
—C'est comme ça que vous me quittez?	*You mean you're leaving just like that?*
Je vous quitte pour dix minutes pour téléphoner.	*I'm going to leave you for ten minutes to make a call.*
Ne quittez pas!	*Hold on! (telephone)*
Je ne savais pas que sa femme l'avait quitté.	*I didn't know his wife had left him.*
Ses maux de tête ne la quittent pas.	*She always has headaches.*
Cette grippe ne me quitte pas!	*I can't get over this flu!*
Ne le quittez pas des yeux.	*Don't let him out of your sight.*
C'est une pensée qui ne me quitte pas.	*It's a thought that is always in my mind.*

se quitter

se quitter	*to leave each other*
Ces deux amis ne se quittent pas.	*Those two friends are always together.*

Related Words

quitte	*even/square*
être quitte envers qqn	*to be even with/no longer in debt to someone*
Ils sont quittes envers nous.	*They're square with us now.*
C'est jouer à quitte ou double.	*It's double or nothing.*
J'en suis quitte à bon compte.	*I got off lightly.*
On en est quittes pour la peur.	*We got away with a fright./All that happened was that we got scared.*

TOP 30 VERBS

irregular verb; only one *t* in the singular of the present tense

je rabats · je rabattis · rabattu · rabattant

PRESENT

rabats	rabattons
rabats	rabattez
rabat	rabattent

PASSÉ COMPOSÉ

ai rabattu	avons rabattu
as rabattu	avez rabattu
a rabattu	ont rabattu

IMPERFECT

rabattais	rabattions
rabattais	rabattiez
rabattait	rabattaient

PLUPERFECT

avais rabattu	avions rabattu
avais rabattu	aviez rabattu
avait rabattu	avaient rabattu

PASSÉ SIMPLE

rabattis	rabattîmes
rabattis	rabattîtes
rabattit	rabattirent

PAST ANTERIOR

eus rabattu	eûmes rabattu
eus rabattu	eûtes rabattu
eut rabattu	eurent rabattu

FUTURE

rabattrai	rabattrons
rabattras	rabattrez
rabattra	rabattront

FUTURE ANTERIOR

aurai rabattu	aurons rabattu
auras rabattu	aurez rabattu
aura rabattu	auront rabattu

CONDITIONAL

rabattrais	rabattrions
rabattrais	rabattriez
rabattrait	rabattraient

PAST CONDITIONAL

aurais rabattu	aurions rabattu
aurais rabattu	auriez rabattu
aurait rabattu	auraient rabattu

PRESENT SUBJUNCTIVE

rabatte	rabattions
rabattes	rabattiez
rabatte	rabattent

PAST SUBJUNCTIVE

aie rabattu	ayons rabattu
aies rabattu	ayez rabattu
ait rabattu	aient rabattu

IMPERFECT SUBJUNCTIVE

rabattisse	rabattissions
rabattisses	rabattissiez
rabattît	rabattissent

PLUPERFECT SUBJUNCTIVE

eusse rabattu	eussions rabattu
eusses rabattu	eussiez rabattu
eût rabattu	eussent rabattu

COMMANDS

	rabattons
rabats	rabattez

Usage

Je suis prêt à rabattre 15 pour cent du prix.	*I'm ready to come down 15 percent on the price.*
—Essaie de lui faire rabattre le prix.	*Try to get him to lower the price.*
—Je suis sûr qu'il ne rabattra pas un centime de la somme demandée.	*I'm sure he won't take a penny off his price.*
rabattre le caquet à qqn	*to take someone down a peg or two*
Il t'a certainement rabattu le caquet.	*He sure fixed you.*
La remarque du prof a rabattu son orgueil.	*The teacher's remark humbled him.*
À cause du froid j'ai rabattu ma casquette sur mes oreilles.	*Because of the cold I pulled my cap over my ears.*
rabattre un strapontin	*to pull down/open a folding seat*

raconter *to tell, narrate*

je raconte · je racontai · raconté · racontant regular -er verb

PRESENT		PASSÉ COMPOSÉ	
raconte	racontons	ai raconté	avons raconté
racontes	racontez	as raconté	avez raconté
raconte	racontent	a raconté	ont raconté

IMPERFECT		PLUPERFECT	
racontais	racontions	avais raconté	avions raconté
racontais	racontiez	avais raconté	aviez raconté
racontait	racontaient	avait raconté	avaient raconté

PASSÉ SIMPLE		PAST ANTERIOR	
racontai	racontâmes	eus raconté	eûmes raconté
racontas	racontâtes	eus raconté	eûtes raconté
raconta	racontèrent	eut raconté	eurent raconté

FUTURE		FUTURE ANTERIOR	
raconterai	raconterons	aurai raconté	aurons raconté
raconteras	raconterez	auras raconté	aurez raconté
racontera	raconteront	aura raconté	auront raconté

CONDITIONAL		PAST CONDITIONAL	
raconterais	raconterions	aurais raconté	aurions raconté
raconterais	raconteriez	aurais raconté	auriez raconté
raconterait	raconteraient	aurait raconté	auraient raconté

PRESENT SUBJUNCTIVE		PAST SUBJUNCTIVE	
raconte	racontions	aie raconté	ayons raconté
racontes	racontiez	aies raconté	ayez raconté
raconte	racontent	ait raconté	aient raconté

IMPERFECT SUBJUNCTIVE		PLUPERFECT SUBJUNCTIVE	
racontasse	racontassions	eusse raconté	eussions raconté
racontasses	racontassiez	eusses raconté	eussiez raconté
racontât	racontassent	eût raconté	eussent raconté

COMMANDS	
	racontons
raconte	racontez

Usage

Il nous a raconté l'histoire de sa vie.	*He told us the story of his life.*
—On raconte qu'on l'a mis à la porte.	*People say he's been fired.*
—Il m'a raconté ce qui s'est passé.	*He told me what happened.*
Tu racontes n'importe quoi, toi.	*You're talking nonsense.*
Qu'est-ce que tu racontes?	*Whatever are you talking about?*
Elle raconte des histoires.	*She's telling a tall story.*
Raconte-moi tout ce qui s'est passé.	*Tell me all that happened.*
C'est un incident qui ne se raconte pas devant les enfants.	*It's an incident you don't talk about in front of children.*

RELATED WORDS

le raconteur/la raconteuse	*storyteller*
racontable	*able to be told*

regular -*ir* verb   je ralentis · je ralentis · ralenti · ralentissant

PRESENT

ralentis	ralentissons
ralentis	ralentissez
ralentit	ralentissent

PASSÉ COMPOSÉ

ai ralenti	avons ralenti
as ralenti	avez ralenti
a ralenti	ont ralenti

IMPERFECT

ralentissais	ralentissions
ralentissais	ralentissiez
ralentissait	ralentissaient

PLUPERFECT

avais ralenti	avions ralenti
avais ralenti	aviez ralenti
avait ralenti	avaient ralenti

PASSÉ SIMPLE

ralentis	ralentîmes
ralentis	ralentîtes
ralentit	ralentirent

PAST ANTERIOR

eus ralenti	eûmes ralenti
eus ralenti	eûtes ralenti
eut ralenti	eurent ralenti

FUTURE

ralentirai	ralentirons
ralentiras	ralentirez
ralentira	ralentiront

FUTURE ANTERIOR

aurai ralenti	aurons ralenti
auras ralenti	aurez ralenti
aura ralenti	auront ralenti

CONDITIONAL

ralentirais	ralentirions
ralentirais	ralentiriez
ralentirait	ralentiraient

PAST CONDITIONAL

aurais ralenti	aurions ralenti
aurais ralenti	auriez ralenti
aurait ralenti	auraient ralenti

PRESENT SUBJUNCTIVE

ralentisse	ralentissions
ralentisses	ralentissiez
ralentisse	ralentissent

PAST SUBJUNCTIVE

aie ralenti	ayons ralenti
aies ralenti	ayez ralenti
ait ralenti	aient ralenti

IMPERFECT SUBJUNCTIVE

ralentisse	ralentissions
ralentisses	ralentissiez
ralentît	ralentissent

PLUPERFECT SUBJUNCTIVE

eusse ralenti	eussions ralenti
eusses ralenti	eussiez ralenti
eût ralenti	eussent ralenti

COMMANDS

	ralentissons
ralentis	ralentissez

Usage

La voiture a ralenti.	*The car slowed down.*
Le train a ralenti en s'approchant de la gare.	*The train slowed down as it approached the station.*
Ralentissez! Vous conduisez trop vite!	*Slow down! You're driving too fast.*
Notre armée a ralenti l'avance de l'ennemi.	*Our army slowed the enemy's advance.*
J'ai ralenti ma marche.	*I began to walk slower.*
se ralentir	*to slow up/slacken*
L'économie s'est ralentie.	*The economy slowed.*

RELATED WORD

le ralenti	*slow motion*
une scène au ralenti	*a scene in slow motion*
Les affaires marchent au ralenti.	*Business is in a slump.*

| **ramener** | *to take/bring someone back* |

-er verb; spelling change:
é > è/mute e

PRESENT

ramène	ramenons
ramènes	ramenez
ramène	ramènent

IMPERFECT

ramenais	ramenions
ramenais	rameniez
ramenait	ramenaient

PASSÉ SIMPLE

ramenai	ramenâmes
ramenas	ramenâtes
ramena	ramenèrent

FUTURE

ramènerai	ramènerons
ramèneras	ramènerez
ramènera	ramèneront

CONDITIONAL

ramènerais	ramènerions
ramènerais	ramèneriez
ramènerait	ramèneraient

PRESENT SUBJUNCTIVE

ramène	ramenions
ramènes	rameniez
ramène	ramènent

IMPERFECT SUBJUNCTIVE

ramenasse	ramenassions
ramenasses	ramenassiez
ramenât	ramenassent

COMMANDS

	ramenons
ramène	ramenez

PASSÉ COMPOSÉ

ai ramené	avons ramené
as ramené	avez ramené
a ramené	ont ramené

PLUPERFECT

avais ramené	avions ramené
avais ramené	aviez ramené
avait ramené	avaient ramené

PAST ANTERIOR

eus ramené	eûmes ramené
eus ramené	eûtes ramené
eut ramené	eurent ramené

FUTURE ANTERIOR

aurai ramené	aurons ramené
auras ramené	aurez ramené
aura ramené	auront ramené

PAST CONDITIONAL

aurais ramené	aurions ramené
aurais ramené	auriez ramené
aurait ramené	auraient ramené

PAST SUBJUNCTIVE

aie ramené	ayons ramené
aies ramené	ayez ramené
ait ramené	aient ramené

PLUPERFECT SUBJUNCTIVE

eusse ramené	eussions ramené
eusses ramené	eussiez ramené
eût ramené	eussent ramené

Usage

Tu peux me ramener en voiture?	*Can you drive me home?*
Il faudra ramener tous les candidats la semaine prochaine.	*We'll have to bring back all the candidates next week.*
Il faut que je ramène l'enfant chez le médecin.	*I have to take the child back to the doctor.*
Comment le ramener à la raison?	*How can we bring him back to his senses?*
J'ai ramené la conversation sur ce sujet.	*I brought the conversation back to this subject.*
Sa paie se ramène à peu de chose.	*His salary doesn't amount to much.*
Quand est-ce que tu vas ramener mon vélo?	*When are you going to bring back my bicycle?*
On peut ramener toutes ces idées à une seule.	*We can reduce all these ideas to a single one.*

-er verb; spelling change:
g > ge/a, o

je range · je rangeai · rangé · rangeant

PRESENT

range	rangeons
ranges	rangez
range	rangent

IMPERFECT

rangeais	rangions
rangeais	rangiez
rangeait	rangeaient

PASSÉ SIMPLE

rangeai	rangeâmes
rangeas	rangeâtes
rangea	rangèrent

FUTURE

rangerai	rangerons
rangeras	rangerez
rangera	rangeront

CONDITIONAL

rangerais	rangerions
rangerais	rangeriez
rangerait	rangeraient

PRESENT SUBJUNCTIVE

range	rangions
ranges	rangiez
range	rangent

IMPERFECT SUBJUNCTIVE

rangeasse	rangeassions
rangeasses	rangeassiez
rangeât	rangeassent

COMMANDS

	rangeons
range	rangez

PASSÉ COMPOSÉ

ai rangé	avons rangé
as rangé	avez rangé
a rangé	ont rangé

PLUPERFECT

avais rangé	avions rangé
avais rangé	aviez rangé
avait rangé	avaient rangé

PAST ANTERIOR

eus rangé	eûmes rangé
eus rangé	eûtes rangé
eut rangé	eurent rangé

FUTURE ANTERIOR

aurai rangé	aurons rangé
auras rangé	aurez rangé
aura rangé	auront rangé

PAST CONDITIONAL

aurais rangé	aurions rangé
aurais rangé	auriez rangé
aurait rangé	auraient rangé

PAST SUBJUNCTIVE

aie rangé	ayons rangé
aies rangé	ayez rangé
ait rangé	aient rangé

PLUPERFECT SUBJUNCTIVE

eusse rangé	eussions rangé
eusses rangé	eussiez rangé
eût rangé	eussent rangé

Usage

Il faut que tu ranges ta chambre.	*You must straighten up your room.*
J'ai acheté des étagères pour ranger mes livres.	*I bought some bookshelves to organize my books.*
Range tes affaires avant de sortir.	*Put your things away before going out.*
Elle est bien rangée, ta maison.	*Your house is really neat and tidy.*
Rangez ces dossiers par ordre alphabétique.	*Put these files in alphabetical order.*
se ranger	*to settle down/straighten out/agree with*
Il s'est rangé après son mariage.	*He settled down after he got married.*
Tout le monde s'est rangé de mon côté.	*Everyone sided with me.*

je rappelle · je rappelai · rappelé · rappelant

-er verb; spelling change:
l > ll/mute e

PRESENT		PASSÉ COMPOSÉ	
rappelle	rappelons	ai rappelé	avons rappelé
rappelles	rappelez	as rappelé	avez rappelé
rappelle	rappellent	a rappelé	ont rappelé

IMPERFECT		PLUPERFECT	
rappelais	rappelions	avais rappelé	avions rappelé
rappelais	rappeliez	avais rappelé	aviez rappelé
rappelait	rappelaient	avait rappelé	avaient rappelé

PASSÉ SIMPLE		PAST ANTERIOR	
rappelai	rappelâmes	eus rappelé	eûmes rappelé
rappelas	rappelâtes	eus rappelé	eûtes rappelé
rappela	rappelèrent	eut rappelé	eurent rappelé

FUTURE		FUTURE ANTERIOR	
rappellerai	rappellerons	aurai rappelé	aurons rappelé
rappelleras	rappellerez	auras rappelé	aurez rappelé
rappellera	rappelleront	aura rappelé	auront rappelé

CONDITIONAL		PAST CONDITIONAL	
rappellerais	rappellerions	aurais rappelé	aurions rappelé
rappellerais	rappelleriez	aurais rappelé	auriez rappelé
rappellerait	rappelleraient	aurait rappelé	auraient rappelé

PRESENT SUBJUNCTIVE		PAST SUBJUNCTIVE	
rappelle	rappelions	aie rappelé	ayons rappelé
rappelles	rappeliez	aies rappelé	ayez rappelé
rappelle	rappellent	ait rappelé	aient rappelé

IMPERFECT SUBJUNCTIVE		PLUPERFECT SUBJUNCTIVE	
rappelasse	rappelassions	eusse rappelé	eussions rappelé
rappelasses	rappelassiez	eusses rappelé	eussiez rappelé
rappelât	rappelassent	eût rappelé	eussent rappelé

COMMANDS	
	rappelons
rappelle	rappelez

Usage

On m'a rappelé pendant que je descendais l'escalier.	*I was called back as I was going down the stairs.*
Je lui ai laissé plusieurs messages, mais il ne m'a pas rappelé.	*I left him several messages, but he hasn't called me back.*
On a rappelé plusieurs fois la chanteuse.	*The singer had several curtain calls.*
Rappelez-moi au bon souvenir de vos parents.	*Remember me to your parents.*
Ce bâtiment me rappelle mon lycée.	*This building reminds me of my high school.*
La France a rappelé son ambassadeur.	*France recalled her ambassador.*
Ça ne me rappelle rien.	*This doesn't remind me of anything.*
Dieu l'a rappelée.	*She departed this life./God called her back.* (formal euphemism)

irregular verb; spelling change:
c > ç/o, u

je reçois · je reçus · reçu · recevant

PRESENT

reçois	recevons
reçois	recevez
reçoit	reçoivent

PASSÉ COMPOSÉ

ai reçu	avons reçu
as reçu	avez reçu
a reçu	ont reçu

IMPERFECT

recevais	recevions
recevais	receviez
recevait	recevaient

PLUPERFECT

avais reçu	avions reçu
avais reçu	aviez reçu
avait reçu	avaient reçu

PASSÉ SIMPLE

reçus	reçûmes
reçus	reçûtes
reçut	reçurent

PAST ANTERIOR

eus reçu	eûmes reçu
eus reçu	eûtes reçu
eut reçu	eurent reçu

FUTURE

recevrai	recevrons
recevras	recevrez
recevra	recevront

FUTURE ANTERIOR

aurai reçu	aurons reçu
auras reçu	aurez reçu
aura reçu	auront reçu

CONDITIONAL

recevrais	recevrions
recevrais	recevriez
recevrait	recevraient

PAST CONDITIONAL

aurais reçu	aurions reçu
aurais reçu	auriez reçu
aurait reçu	auraient reçu

PRESENT SUBJUNCTIVE

reçoive	recevions
reçoives	receviez
reçoive	reçoivent

PAST SUBJUNCTIVE

aie reçu	ayons reçu
aies reçu	ayez reçu
ait reçu	aient reçu

IMPERFECT SUBJUNCTIVE

reçusse	reçussions
reçusses	reçussiez
reçût	reçussent

PLUPERFECT SUBJUNCTIVE

eusse reçu	eussions reçu
eusses reçu	eussiez reçu
eût reçu	eussent reçu

COMMANDS

	recevons
reçois	recevez

Usage

J'ai reçu une lettre aujourd'hui.	I got a letter today.
Qu'est-ce que tu as reçu pour ton anniversaire?	What did you get for your birthday?
Le PDG reçoit aujourd'hui.	The CEO is in his office today.
—Nous recevons du monde dimanche.	We're having people over on Sunday.
—Vous recevez beaucoup?	Do you often have company?
On est toujours bien reçu chez lui.	He's a wonderful host.
Cet auteur a reçu un prix pour son livre.	This author received a prize for his book.
Il a reçu des coups dans la bagarre.	He got hit in the brawl.
Ce médecin ne reçoit que sur rendez-vous.	This doctor sees patients only by appointment.
Je veux que ma fille reçoive de très bonnes notes au lycée.	I want my daughter to get very good grades in (high) school.

PRESENT

reconnais	reconnaissons
reconnais	reconnaissez
reconnaît	reconnaissent

IMPERFECT

reconnaissais	reconnaissions
reconnaissais	reconnaissiez
reconnaissait	reconnaissaient

PASSÉ SIMPLE

reconnus	reconnûmes
reconnus	reconnûtes
reconnut	reconnurent

FUTURE

reconnaîtrai	reconnaîtrons
reconnaîtras	reconnaîtrez
reconnaîtra	reconnaîtront

CONDITIONAL

reconnaîtrais	reconnaîtrions
reconnaîtrais	reconnaîtriez
reconnaîtrait	reconnaîtraient

PRESENT SUBJUNCTIVE

reconnaisse	reconnaissions
reconnaisses	reconnaissiez
reconnaisse	reconnaissent

IMPERFECT SUBJUNCTIVE

reconnusse	reconnussions
reconnusses	reconnussiez
reconnût	reconnussent

COMMANDS

	reconnaissons
reconnais	reconnaissez

PASSÉ COMPOSÉ

ai reconnu	avons reconnu
as reconnu	avez reconnu
a reconnu	ont reconnu

PLUPERFECT

avais reconnu	avions reconnu
avais reconnu	aviez reconnu
avait reconnu	avaient reconnu

PAST ANTERIOR

eus reconnu	eûmes reconnu
eus reconnu	eûtes reconnu
eut reconnu	eurent reconnu

FUTURE ANTERIOR

aurai reconnu	aurons reconnu
auras reconnu	aurez reconnu
aura reconnu	auront reconnu

PAST CONDITIONAL

aurais reconnu	aurions reconnu
aurais reconnu	auriez reconnu
aurait reconnu	auraient reconnu

PAST SUBJUNCTIVE

aie reconnu	ayons reconnu
aies reconnu	ayez reconnu
ait reconnu	aient reconnu

PLUPERFECT SUBJUNCTIVE

eusse reconnu	eussions reconnu
eusses reconnu	eussiez reconnu
eût reconnu	eussent reconnu

Usage

Je reconnais sa voix.	*I recognize his/her voice.*
Je te reconnaîtrais entre mille.	*I'd recognize you anywhere.*
Je ne le reconnais plus.	*I don't know him anymore.*
On la reconnaît bien là.	*That's just like her.*
Le cambrioleur est venu reconnaître les lieux.	*The burglar came to case the place.*
Il faut reconnaître qu'elle avait raison.	*You must admit she was right.*
Je ne les aurais jamais reconnus.	*I would never have recognized them.*

RELATED WORD

la reconnaissance	*gratitude*

PROVERB

On reconnaît l'arbre à ses fruits.	*By their fruits you shall know them.*

irregular verb — **je réduis · je réduisis · réduit · réduisant**

PRESENT		PASSÉ COMPOSÉ	
réduis	réduisons	ai réduit	avons réduit
réduis	réduisez	as réduit	avez réduit
réduit	réduisent	a réduit	ont réduit

IMPERFECT		PLUPERFECT	
réduisais	réduisions	avais réduit	avions réduit
réduisais	réduisiez	avais réduit	aviez réduit
réduisait	réduisaient	avait réduit	avaient réduit

PASSÉ SIMPLE		PAST ANTERIOR	
réduisis	réduisîmes	eus réduit	eûmes réduit
réduisis	réduisîtes	eus réduit	eûtes réduit
réduisit	réduisirent	eut réduit	eurent réduit

FUTURE		FUTURE ANTERIOR	
réduirai	réduirons	aurai réduit	aurons réduit
réduiras	réduirez	auras réduit	aurez réduit
réduira	réduiront	aura réduit	auront réduit

CONDITIONAL		PAST CONDITIONAL	
réduirais	réduirions	aurais réduit	aurions réduit
réduirais	réduiriez	aurais réduit	auriez réduit
réduirait	réduiraient	aurait réduit	auraient réduit

PRESENT SUBJUNCTIVE		PAST SUBJUNCTIVE	
réduise	réduisions	aie réduit	ayons réduit
réduises	réduisiez	aies réduit	ayez réduit
réduise	réduisent	ait réduit	aient réduit

IMPERFECT SUBJUNCTIVE		PLUPERFECT SUBJUNCTIVE	
réduisisse	réduisissions	eusse réduit	eussions réduit
réduisisses	réduisissiez	eusses réduit	eussiez réduit
réduisît	réduisissent	eût réduit	eussent réduit

COMMANDS	
	réduisons
réduis	réduisez

Usage

L'usine a réduit sa production.	*The factory cut back its production.*
Tu vas trop vite. Réduis la vitesse.	*You're going too fast. Slow down.*
L'État a réduit le budget de l'instruction publique.	*The State cut the budget for public education.*
Nous devons réduire nos frais.	*We have to cut back on our expenses.*
La misère l'a réduit à vendre sa ferme.	*Poverty reduced him to selling his farm.*
Il a réduit le texte du roman.	*He abridged the text of the novel.*
J'ai fait réduire les photos.	*I had the photos reduced.*
Voilà son argument, réduit à sa plus simple expression.	*There is his argument, expressed as simply as I know how.*
Il faut réduire la consommation de l'eau.	*We have to reduce our use of water.*
Pourriez-vous réduire cette photo?	*Could you make this photo smaller?*

regarder *to look at*	
je regarde · je regardai · regardé · regardant	regular -er verb

PRESENT

regarde	regardons
regardes	regardez
regarde	regardent

PASSÉ COMPOSÉ

ai regardé	avons regardé
as regardé	avez regardé
a regardé	ont regardé

IMPERFECT

regardais	regardions
regardais	regardiez
regardait	regardaient

PLUPERFECT

avais regardé	avions regardé
avais regardé	aviez regardé
avait regardé	avaient regardé

PASSÉ SIMPLE

regardai	regardâmes
regardas	regardâtes
regarda	regardèrent

PAST ANTERIOR

eus regardé	eûmes regardé
eus regardé	eûtes regardé
eut regardé	eurent regardé

FUTURE

regarderai	regarderons
regarderas	regarderez
regardera	regarderont

FUTURE ANTERIOR

aurai regardé	aurons regardé
auras regardé	aurez regardé
aura regardé	auront regardé

CONDITIONAL

regarderais	regarderions
regarderais	regarderiez
regarderait	regarderaient

PAST CONDITIONAL

aurais regardé	aurions regardé
aurais regardé	auriez regardé
aurait regardé	auraient regardé

PRESENT SUBJUNCTIVE

regarde	regardions
regardes	regardiez
regarde	regardent

PAST SUBJUNCTIVE

aie regardé	ayons regardé
aies regardé	ayez regardé
ait regardé	aient regardé

IMPERFECT SUBJUNCTIVE

regardasse	regardassions
regardasses	regardassiez
regardât	regardassent

PLUPERFECT SUBJUNCTIVE

eusse regardé	eussions regardé
eusses regardé	eussiez regardé
eût regardé	eussent regardé

COMMANDS

	regardons
regarde	regardez

Usage

regarder qqch/qqn	to look at something/someone
J'aime regarder les vitrines.	I like to look at the store windows.
Assis au café, je regarde les gens qui passent.	Sitting at the café, I watch the people going by.
Je regarde l'actualité à la télé.	I watch the news on TV.
Mes enfants regardent la télé tous les soirs.	My children watch TV every evening.
Regarde voir s'il a fini le projet.	Go see if he has finished the project.
Je l'ai regardée à la dérobée.	I stole a glance at her.
Elle nous regardait par la fenêtre.	She looked at us out the window.
Ça ne vous regarde pas.	It's none of your business.
Je les regarde comme des ennemis.	I consider them to be enemies.
Regardons les choses en face.	Let's face things.

-er verb; spelling change:
t > tt/mute e

je rejette · je rejetai · rejeté · rejetant

PRESENT

rejette	rejetons
rejettes	rejetez
rejette	rejettent

PASSÉ COMPOSÉ

ai rejeté	avons rejeté
as rejeté	avez rejeté
a rejeté	ont rejeté

IMPERFECT

rejetais	rejetions
rejetais	rejetiez
rejetait	rejetaient

PLUPERFECT

avais rejeté	avions rejeté
avais rejeté	aviez rejeté
avait rejeté	avaient rejeté

PASSÉ SIMPLE

rejetai	rejetâmes
rejetas	rejetâtes
rejeta	rejetèrent

PAST ANTERIOR

eus rejeté	eûmes rejeté
eus rejeté	eûtes rejeté
eut rejeté	eurent rejeté

FUTURE

rejetterai	rejetterons
rejetteras	rejetterez
rejettera	rejetteront

FUTURE ANTERIOR

aurai rejeté	aurons rejeté
auras rejeté	aurez rejeté
aura rejeté	auront rejeté

CONDITIONAL

rejetterais	rejetterions
rejetterais	rejetteriez
rejetterait	rejetteraient

PAST CONDITIONAL

aurais rejeté	aurions rejeté
aurais rejeté	auriez rejeté
aurait rejeté	auraient rejeté

PRESENT SUBJUNCTIVE

rejette	rejetions
rejettes	rejetiez
rejette	rejettent

PAST SUBJUNCTIVE

aie rejeté	ayons rejeté
aies rejeté	ayez rejeté
ait rejeté	aient rejeté

IMPERFECT SUBJUNCTIVE

rejetasse	rejetassions
rejetasses	rejetassiez
rejetât	rejetassent

PLUPERFECT SUBJUNCTIVE

eusse rejeté	eussions rejeté
eusses rejeté	eussiez rejeté
eût rejeté	eussent rejeté

COMMANDS

	rejetons
rejette	rejetez

Usage

Ce poisson est trop petit. Rejette-le!	*That fish is too small. Throw it back!*
Rejette-moi la balle!	*Throw the ball back to me!*
J'ai rejeté les notes à la fin de mon essai.	*I put the notes at the end of my essay.*
J'ai rejeté ma tête en arrière.	*I threw my head back.*
Il a essayé de rejeter le blâme sur nous.	*He tried to put the blame on us.*
Il a rejeté notre offre.	*He rejected our offer.*
L'université a rejeté ma demande.	*The university rejected my request.*
Notre armée a rejeté les forces armées de l'ennemi.	*Our army pushed back the forces of the enemy.*
Le Congrès a rejeté ce projet de loi.	*Congress rejected this bill.*
Il se sent rejeté par sa famille.	*He feels rejected by his family.*

je rejoins · je rejoignis · rejoint · rejoignant — irregular verb

PRESENT

rejoins	rejoignons
rejoins	rejoignez
rejoint	rejoignent

IMPERFECT

rejoignais	rejoignions
rejoignais	rejoigniez
rejoignait	rejoignaient

PASSÉ SIMPLE

rejoignis	rejoignîmes
rejoignis	rejoignîtes
rejoignit	rejoignirent

FUTURE

rejoindrai	rejoindrons
rejoindras	rejoindrez
rejoindra	rejoindront

CONDITIONAL

rejoindrais	rejoindrions
rejoindrais	rejoindriez
rejoindrait	rejoindraient

PRESENT SUBJUNCTIVE

rejoigne	rejoignions
rejoignes	rejoigniez
rejoigne	rejoignent

IMPERFECT SUBJUNCTIVE

rejoignisse	rejoignissions
rejoignisses	rejoignissiez
rejoignît	rejoignissent

COMMANDS

	rejoignons
rejoins	rejoignez

PASSÉ COMPOSÉ

ai rejoint	avons rejoint
as rejoint	avez rejoint
a rejoint	ont rejoint

PLUPERFECT

avais rejoint	avions rejoint
avais rejoint	aviez rejoint
avait rejoint	avaient rejoint

PAST ANTERIOR

eus rejoint	eûmes rejoint
eus rejoint	eûtes rejoint
eut rejoint	eurent rejoint

FUTURE ANTERIOR

aurai rejoint	aurons rejoint
auras rejoint	aurez rejoint
aura rejoint	auront rejoint

PAST CONDITIONAL

aurais rejoint	aurions rejoint
aurais rejoint	auriez rejoint
aurait rejoint	auraient rejoint

PAST SUBJUNCTIVE

aie rejoint	ayons rejoint
aies rejoint	ayez rejoint
ait rejoint	aient rejoint

PLUPERFECT SUBJUNCTIVE

eusse rejoint	eussions rejoint
eusses rejoint	eussiez rejoint
eût rejoint	eussent rejoint

Usage

Le sentier rejoint le chemin au bout de la forêt.	The path meets up with the road at the edge of the forest.
Elle a rejoint son mari à l'étranger.	She joined her husband abroad.
Il me faut rejoindre mon bureau.	I've got to get back to my office.
On se rejoindra en ville.	We'll get together in town.
Son argument rejoint le tien.	His argument has things in common with yours.
Cette lettre rejoindra les autres à la corbeille.	This letter will follow the others into the wastebasket.

irregular verb; only one *t* in the singular of the present tense

je remets · je remis · remis · remettant

PRESENT

remets	remettons
remets	remettez
remet	remettent

PASSÉ COMPOSÉ

ai remis	avons remis
as remis	avez remis
a remis	ont remis

IMPERFECT

remettais	remettions
remettais	remettiez
remettait	remettaient

PLUPERFECT

avais remis	avions remis
avais remis	aviez remis
avait remis	avaient remis

PASSÉ SIMPLE

remis	remîmes
remis	remîtes
remit	remirent

PAST ANTERIOR

eus remis	eûmes remis
eus remis	eûtes remis
eut remis	eurent remis

FUTURE

remettrai	remettrons
remettras	remettrez
remettra	remettront

FUTURE ANTERIOR

aurai remis	aurons remis
auras remis	aurez remis
aura remis	auront remis

CONDITIONAL

remettrais	remettrions
remettrais	remettriez
remettrait	remettraient

PAST CONDITIONAL

aurais remis	aurions remis
aurais remis	auriez remis
aurait remis	auraient remis

PRESENT SUBJUNCTIVE

remette	remettions
remettes	remettiez
remette	remettent

PAST SUBJUNCTIVE

aie remis	ayons remis
aies remis	ayez remis
ait remis	aient remis

IMPERFECT SUBJUNCTIVE

remisse	remissions
remisses	remissiez
remît	remissent

PLUPERFECT SUBJUNCTIVE

eusse remis	eussions remis
eusses remis	eussiez remis
eût remis	eussent remis

COMMANDS

	remettons
remets	remettez

Usage

Remettez ces dossiers dans le tiroir.	*Put these files back in the drawer.*
remettre qqn sur la bonne route	*to put someone (back) on the right track*
Le patron l'a remise à sa place.	*The boss put her in her place.*
J'ai remis la voiture en marche.	*I started the car again.*
Elle a remis ses gants.	*She put her gloves back on.*
Quand remettrez-vous votre rapport?	*When will you hand in your report?*
Tout est remis en question à cause de sa démission.	*His resignation throws everything into question again.*
J'ai remis l'ordinateur en état.	*I fixed the computer.*
Je n'y ai jamais remis les pieds.	*I never went back there.*
se remettre	*to entrust oneself/recover*
Je m'en remets à vous.	*I'll leave it in your hands.*
Elle s'est remise de sa grippe.	*She has recovered from the flu.*

remplacer   *to replace, put back*

je remplace · je remplaçai · remplacé · remplaçant

-er verb; spelling
change: c > ç/a, o

PRESENT		PASSÉ COMPOSÉ	
remplace	remplaçons	ai remplacé	avons remplacé
remplaces	remplacez	as remplacé	avez remplacé
remplace	remplacent	a remplacé	ont remplacé

IMPERFECT		PLUPERFECT	
remplaçais	remplacions	avais remplacé	avions remplacé
remplaçais	remplaciez	avais remplacé	aviez remplacé
remplaçait	remplaçaient	avait remplacé	avaient remplacé

PASSÉ SIMPLE		PAST ANTERIOR	
remplaçai	remplaçâmes	eus remplacé	eûmes remplacé
remplaças	remplaçâtes	eus remplacé	eûtes remplacé
remplaça	remplacèrent	eut remplacé	eurent remplacé

FUTURE		FUTURE ANTERIOR	
remplacerai	remplacerons	aurai remplacé	aurons remplacé
remplaceras	remplacerez	auras remplacé	aurez remplacé
remplacera	remplaceront	aura remplacé	auront remplacé

CONDITIONAL		PAST CONDITIONAL	
remplacerais	remplacerions	aurais remplacé	aurions remplacé
remplacerais	remplaceriez	aurais remplacé	auriez remplacé
remplacerait	remplaceraient	aurait remplacé	auraient remplacé

PRESENT SUBJUNCTIVE		PAST SUBJUNCTIVE	
remplace	remplacions	aie remplacé	ayons remplacé
remplaces	remplaciez	aies remplacé	ayez remplacé
remplace	remplacent	ait remplacé	aient remplacé

IMPERFECT SUBJUNCTIVE		PLUPERFECT SUBJUNCTIVE	
remplaçasse	remplaçassions	eusse remplacé	eussions remplacé
remplaçasses	remplaçassiez	eusses remplacé	eussiez remplacé
remplaçât	remplaçassent	eût remplacé	eussent remplacé

COMMANDS	
	remplaçons
remplace	remplacez

Usage

—Qui t'a remplacé au bureau?	*Who took your place at the office?*
—Je n'ai pas pu me faire remplacer.	*I couldn't find a replacement.*
Il faut que je remplace ce canapé.	*I've got to replace this couch.*
Ma voiture a une vitre cassée. Je vais la remplacer.	*My car has a broken window. I've got to replace it.*
Il faut remplacer ce pneu.	*We'll have to replace this tire.*
Le fils ne pourra pas remplacer son père.	*The son will never be able to fill his father's shoes.*
Il sera difficile de vous remplacer.	*It will be hard to replace you.*
C'est à vous de remplacer la sentinelle.	*It's your turn to relieve the sentry.*

regular -ir verb · je remplis · je remplis · rempli · remplissant

PRESENT

remplis	remplissons
remplis	remplissez
remplit	remplissent

PASSÉ COMPOSÉ

ai rempli	avons rempli
as rempli	avez rempli
a rempli	ont rempli

IMPERFECT

remplissais	remplissions
remplissais	remplissiez
remplissait	remplissaient

PLUPERFECT

avais rempli	avions rempli
avais rempli	aviez rempli
avait rempli	avaient rempli

PASSÉ SIMPLE

remplis	remplîmes
remplis	remplîtes
remplit	remplirent

PAST ANTERIOR

eus rempli	eûmes rempli
eus rempli	eûtes rempli
eut rempli	eurent rempli

FUTURE

remplirai	remplirons
rempliras	remplirez
remplira	rempliront

FUTURE ANTERIOR

aurai rempli	aurons rempli
auras rempli	aurez rempli
aura rempli	auront rempli

CONDITIONAL

remplirais	remplirions
remplirais	rempliriez
remplirait	rempliraient

PAST CONDITIONAL

aurais rempli	aurions rempli
aurais rempli	auriez rempli
aurait rempli	auraient rempli

PRESENT SUBJUNCTIVE

remplisse	remplissions
remplisses	remplissiez
remplisse	remplissent

PAST SUBJUNCTIVE

aie rempli	ayons rempli
aies rempli	ayez rempli
ait rempli	aient rempli

IMPERFECT SUBJUNCTIVE

remplisse	remplissions
remplisses	remplissiez
remplît	remplissent

PLUPERFECT SUBJUNCTIVE

eusse rempli	eussions rempli
eusses rempli	eussiez rempli
eût rempli	eussent rempli

COMMANDS

	remplissons
remplis	remplissez

Usage

Le serveur a rempli nos verres.	*The waiter filled our glasses.*
Ce chanteur remplit les salles.	*This singer fills the concert halls.*
L'accident l'a rempli de peur.	*The accident left him full of fear.*
Cette nouvelle m'a rempli de joie.	*That piece of news filled me with joy.*
Il a rempli sa lettre de belles phrases.	*He filled his letter with beautiful phrases.*
La foule remplissait les rues.	*The crowd filled the streets.*
Ses observations remplissaient des cahiers entiers.	*His observations filled whole notebooks.*
La bouteille est remplie d'eau minérale.	*The bottle is filled with mineral water.*
Remplissez ce questionnaire.	*Fill out this questionnaire.*
L'éducation de ses enfants remplit sa vie.	*Raising his children fills his life.*
Il te reste des devoirs à remplir.	*You have some duties left to fulfill.*
Elle remplit une fonction importante.	*She performs an important function.*

PRESENT

rencontre	rencontrons
rencontres	rencontrez
rencontre	rencontrent

PASSÉ COMPOSÉ

ai rencontré	avons rencontré
as rencontré	avez rencontré
a rencontré	ont rencontré

IMPERFECT

rencontrais	rencontrions
rencontrais	rencontriez
rencontrait	rencontraient

PLUPERFECT

avais rencontré	avions rencontré
avais rencontré	aviez rencontré
avait rencontré	avaient rencontré

PASSÉ SIMPLE

rencontrai	rencontrâmes
rencontras	rencontrâtes
rencontra	rencontrèrent

PAST ANTERIOR

eus rencontré	eûmes rencontré
eus rencontré	eûtes rencontré
eut rencontré	eurent rencontré

FUTURE

rencontrerai	rencontrerons
rencontreras	rencontrerez
rencontrera	rencontreront

FUTURE ANTERIOR

aurai rencontré	aurons rencontré
auras rencontré	aurez rencontré
aura rencontré	auront rencontré

CONDITIONAL

rencontrerais	rencontrerions
rencontrerais	rencontreriez
rencontrerait	rencontreraient

PAST CONDITIONAL

aurais rencontré	aurions rencontré
aurais rencontré	auriez rencontré
aurait rencontré	auraient rencontré

PRESENT SUBJUNCTIVE

rencontre	rencontrions
rencontres	rencontriez
rencontre	rencontrent

PAST SUBJUNCTIVE

aie rencontré	ayons rencontré
aies rencontré	ayez rencontré
ait rencontré	aient rencontré

IMPERFECT SUBJUNCTIVE

rencontrasse	rencontrassions
rencontrasses	rencontrassiez
rencontrât	rencontrassent

PLUPERFECT SUBJUNCTIVE

eusse rencontré	eussions rencontré
eusses rencontré	eussiez rencontré
eût rencontré	eussent rencontré

COMMANDS

	rencontrons
rencontre	rencontrez

Usage

Je le rencontre toujours au parc.	*I always run into him in the park.*
Où est-ce que tu as rencontré les Duval?	*Where did you meet the Duvals?*
Ce projet de loi a rencontré de l'opposition.	*This bill met with opposition.*
C'est un appartement comme on n'en rencontre plus.	*You just don't find apartments like this anymore.*
se rencontrer	*to meet (each other)*
Si l'on se rencontrait au restaurant?	*How about meeting at the restaurant?*
Les chefs d'état se rencontrent.	*The heads of state are meeting.*
Les grands esprits se rencontrent.	*Great minds think alike.*
Nos yeux se sont rencontrés.	*Our eyes met.*

regular *-re* verb   je rends · je rendis · rendu · rendant

PRESENT

rends	rendons
rends	rendez
rend	rendent

PASSÉ COMPOSÉ

ai rendu	avons rendu
as rendu	avez rendu
a rendu	ont rendu

IMPERFECT

rendais	rendions
rendais	rendiez
rendait	rendaient

PLUPERFECT

avais rendu	avions rendu
avais rendu	aviez rendu
avait rendu	avaient rendu

PASSÉ SIMPLE

rendis	rendîmes
rendis	rendîtes
rendit	rendirent

PAST ANTERIOR

eus rendu	eûmes rendu
eus rendu	eûtes rendu
eut rendu	eurent rendu

FUTURE

rendrai	rendrons
rendras	rendrez
rendra	rendront

FUTURE ANTERIOR

aurai rendu	aurons rendu
auras rendu	aurez rendu
aura rendu	auront rendu

CONDITIONAL

rendrais	rendrions
rendrais	rendriez
rendrait	rendraient

PAST CONDITIONAL

aurais rendu	aurions rendu
aurais rendu	auriez rendu
aurait rendu	auraient rendu

PRESENT SUBJUNCTIVE

rende	rendions
rendes	rendiez
rende	rendent

PAST SUBJUNCTIVE

aie rendu	ayons rendu
aies rendu	ayez rendu
ait rendu	aient rendu

IMPERFECT SUBJUNCTIVE

rendisse	rendissions
rendisses	rendissiez
rendît	rendissent

PLUPERFECT SUBJUNCTIVE

eusse rendu	eussions rendu
eusses rendu	eussiez rendu
eût rendu	eussent rendu

COMMANDS

	rendons
rends	rendez

Usage

rendre qqch à qqn	*to give something back to someone*
Quand vas-tu me rendre ma bicyclette?	*When are you going to give my bicycle back to me?*
J'ai rendu mon devoir en retard.	*I submitted my homework late.*
Ces vacances m'ont rendu mes forces.	*This vacation made me strong again.*
Je te rendrai la monnaie de ta pièce!	*I'll get even with you!*
Le médecin lui a rendu la vue.	*The doctor restored her sight.*
Tu peux me rendre un service?	*Can you do me a favor?*
Sa réponse m'a rendu malade.	*His answer sickened me.*
Je suis allé rendre mes derniers devoirs au défunt.	*I went to pay my last respects to the deceased.*
se rendre compte de	*to realize*

je rentre · je rentrai · rentré · rentrant

regular -er verb;
compound tenses with *être*

PRESENT

rentre	rentrons
rentres	rentrez
rentre	rentrent

IMPERFECT

rentrais	rentrions
rentrais	rentriez
rentrait	rentraient

PASSÉ SIMPLE

rentrai	rentrâmes
rentras	rentrâtes
rentra	rentrèrent

FUTURE

rentrerai	rentrerons
rentreras	rentrerez
rentrera	rentreront

CONDITIONAL

rentrerais	rentrerions
rentrerais	rentreriez
rentrerait	rentreraient

PRESENT SUBJUNCTIVE

rentre	rentrions
rentres	rentriez
rentre	rentrent

IMPERFECT SUBJUNCTIVE

rentrasse	rentrassions
rentrasses	rentrassiez
rentrât	rentrassent

COMMANDS

	rentrons
rentre	rentrez

PASSÉ COMPOSÉ

suis rentré(e)	sommes rentré(e)s
es rentré(e)	êtes rentré(e)(s)
est rentré(e)	sont rentré(e)s

PLUPERFECT

étais rentré(e)	étions rentré(e)s
étais rentré(e)	étiez rentré(e)(s)
était rentré(e)	étaient rentré(e)s

PAST ANTERIOR

fus rentré(e)	fûmes rentré(e)s
fus rentré(e)	fûtes rentré(e)(s)
fut rentré(e)	furent rentré(e)s

FUTURE ANTERIOR

serai rentré(e)	serons rentré(e)s
seras rentré(e)	serez rentré(e)(s)
sera rentré(e)	seront rentré(e)s

PAST CONDITIONAL

serais rentré(e)	serions rentré(e)s
serais rentré(e)	seriez rentré(e)(s)
serait rentré(e)	seraient rentré(e)s

PAST SUBJUNCTIVE

sois rentré(e)	soyons rentré(e)s
sois rentré(e)	soyez rentré(e)(s)
soit rentré(e)	soient rentré(e)s

PLUPERFECT SUBJUNCTIVE

fusse rentré(e)	fussions rentré(e)s
fusses rentré(e)	fussiez rentré(e)(s)
fût rentré(e)	fussent rentré(e)s

Usage

Tu rentres à quelle heure?	*What time are you coming home?*
Je rentre en métro.	*I take the subway home.*
Une averse! Il faut rentrer un moment.	*A shower! We should go indoors for a minute.*
Tous ces meubles ne vont pas rentrer dans l'appartement.	*All this furniture is not going to fit in the apartment.*
Le camion est rentré dans un immeuble.	*The truck crashed into an apartment house.*
Ça ne me rentre pas dans la tête.	*I just can't understand that.*
Elle aurait voulu rentrer sous terre.	*She could have died (of embarrassment).*
On espère rentrer dans notre argent.	*We hope to break even.*
Il veut rentrer dans la banque.	*He wants to get a bank job.*
Il a rentré la voiture dans le garage.	*He put the car in the garage.*

irregular verb; spelling
change: *y > i*/mute e

je renvoie · je renvoyai · renvoyé · renvoyant

PRESENT

renvoie	renvoyons
renvoies	renvoyez
renvoie	renvoient

PASSÉ COMPOSÉ

ai renvoyé	avons renvoyé
as renvoyé	avez renvoyé
a renvoyé	ont renvoyé

IMPERFECT

renvoyais	renvoyions
renvoyais	renvoyiez
renvoyait	renvoyaient

PLUPERFECT

avais renvoyé	avions renvoyé
avais renvoyé	aviez renvoyé
avait renvoyé	avaient renvoyé

PASSÉ SIMPLE

renvoyai	renvoyâmes
renvoyas	renvoyâtes
renvoya	renvoyèrent

PAST ANTERIOR

eus renvoyé	eûmes renvoyé
eus renvoyé	eûtes renvoyé
eut renvoyé	eurent renvoyé

FUTURE

renverrai	renverrons
renverras	renverrez
renverra	renverront

FUTURE ANTERIOR

aurai renvoyé	aurons renvoyé
auras renvoyé	aurez renvoyé
aura renvoyé	auront renvoyé

CONDITIONAL

renverrais	renverrions
renverrais	renverriez
renverrait	renverraient

PAST CONDITIONAL

aurais renvoyé	aurions renvoyé
aurais renvoyé	auriez renvoyé
aurait renvoyé	auraient renvoyé

PRESENT SUBJUNCTIVE

renvoie	renvoyions
renvoies	renvoyiez
renvoie	renvoient

PAST SUBJUNCTIVE

aie renvoyé	ayons renvoyé
aies renvoyé	ayez renvoyé
ait renvoyé	aient renvoyé

IMPERFECT SUBJUNCTIVE

renvoyasse	renvoyassions
renvoyasses	renvoyassiez
renvoyât	renvoyassent

PLUPERFECT SUBJUNCTIVE

eusse renvoyé	eussions renvoyé
eusses renvoyé	eussiez renvoyé
eût renvoyé	eussent renvoyé

COMMANDS

	renvoyons
renvoie	renvoyez

Usage

L'avocat m'a renvoyé tous les documents.	*The lawyer sent back all the documents to me.*
Le joueur a renvoyé la balle.	*The player kicked the ball back.*
Avec cela je vous renvoie la balle.	*With that, the ball is now in your court.*
Renvoie l'ascenseur.	*Send the elevator back down.*
Le patron a renvoyé la secrétaire.	*The boss fired the secretary.*
Fais attention ou tu vas te faire renvoyer.	*Be careful or you're going to get fired.*
Cet étudiant a été renvoyé du lycée.	*This student was expelled from high school.*
Quand ma fille s'est remise de son rhume, je l'ai renvoyée en classe.	*When my daughter got over her cold I sent her back to school.*

je repars · je repartis · reparti · repartant

irregular verb;
compound tenses with *être*

PRESENT		PASSÉ COMPOSÉ	
repars	repartons	suis reparti(e)	sommes reparti(e)s
repars	repartez	es reparti(e)	êtes reparti(e)(s)
repart	repartent	est reparti(e)	sont reparti(e)s

IMPERFECT		PLUPERFECT	
repartais	repartions	étais reparti(e)	étions reparti(e)s
repartais	repartiez	étais reparti(e)	étiez reparti(e)(s)
repartait	repartaient	était reparti(e)	étaient reparti(e)s

PASSÉ SIMPLE		PAST ANTERIOR	
repartis	repartîmes	fus reparti(e)	fûmes reparti(e)s
repartis	repartîtes	fus reparti(e)	fûtes reparti(e)(s)
repartit	repartirent	fut reparti(e)	furent reparti(e)s

FUTURE		FUTURE ANTERIOR	
repartirai	repartirons	serai reparti(e)	serons reparti(e)s
repartiras	repartirez	seras reparti(e)	serez reparti(e)(s)
repartira	repartiront	sera reparti(e)	seront reparti(e)s

CONDITIONAL		PAST CONDITIONAL	
repartirais	repartirions	serais reparti(e)	serions reparti(e)s
repartirais	repartiriez	serais reparti(e)	seriez reparti(e)(s)
repartirait	repartiraient	serait reparti(e)	seraient reparti(e)s

PRESENT SUBJUNCTIVE		PAST SUBJUNCTIVE	
reparte	repartions	sois reparti(e)	soyons reparti(e)s
repartes	repartiez	sois reparti(e)	soyez reparti(e)(s)
reparte	repartent	soit reparti(e)	soient reparti(e)s

IMPERFECT SUBJUNCTIVE		PLUPERFECT SUBJUNCTIVE	
repartisse	repartissions	fusse reparti(e)	fussions reparti(e)s
repartisses	repartissiez	fusses reparti(e)	fussiez reparti(e)(s)
repartît	repartissent	fût reparti(e)	fussent reparti(e)s

COMMANDS	
	repartons
repars	repartez

Usage

Ils sont arrivés lundi et repartis mardi matin.	*They arrived on Monday and left on Tuesday morning.*
La conversation est repartie.	*The conversation has started up again.*
Le train est reparti après les réparations.	*The train left again after repairs.*
Après un bref séjour je suis reparti chez moi.	*After a brief stay, I left for home again.*
repartir à zéro	*to start over/from scratch*
Après sa faillite il est reparti à zéro.	*After his bankruptcy he started over from scratch.*
Tu dois repartir du bon pied.	*You must make a fresh start.*

regular -ir verb | **je répartis · je répartis · réparti · répartissant**

PRESENT

répartis	répartissons
répartis	répartissez
répartit	répartissent

PASSÉ COMPOSÉ

ai réparti	avons réparti
as réparti	avez réparti
a réparti	ont réparti

IMPERFECT

répartissais	répartissions
répartissais	répartissiez
répartissait	répartissaient

PLUPERFECT

avais réparti	avions réparti
avais réparti	aviez réparti
avait réparti	avaient réparti

PASSÉ SIMPLE

répartis	répartîmes
répartis	répartîtes
répartit	répartirent

PAST ANTERIOR

eus réparti	eûmes réparti
eus réparti	eûtes réparti
eut réparti	eurent réparti

FUTURE

répartirai	répartirons
répartiras	répartirez
répartira	répartiront

FUTURE ANTERIOR

aurai réparti	aurons réparti
auras réparti	aurez réparti
aura réparti	auront réparti

CONDITIONAL

répartirais	répartirions
répartirais	répartiriez
répartirait	répartiraient

PAST CONDITIONAL

aurais réparti	aurions réparti
aurais réparti	auriez réparti
aurait réparti	auraient réparti

PRESENT SUBJUNCTIVE

répartisse	répartissions
répartisses	répartissiez
répartisse	répartissent

PAST SUBJUNCTIVE

aie réparti	ayons réparti
aies réparti	ayez réparti
ait réparti	aient réparti

IMPERFECT SUBJUNCTIVE

répartisse	répartissions
répartisses	répartissiez
répartît	répartissent

PLUPERFECT SUBJUNCTIVE

eusse réparti	eussions réparti
eusses réparti	eussiez réparti
eût réparti	eussent réparti

COMMANDS

	répartissons
répartis	répartissez

Usage

On répartira le travail entre les ouvriers.	*We'll divide the work up among the workers.*
J'ai réparti les étudiants en deux équipes.	*I divided the students into two teams.*
Ce cours est réparti sur trois semestres.	*This course is divided up over three semesters.*
Le prof a réparti les examens sur l'année entière.	*The teacher scheduled exams over the whole semester.*
se répartir	*to divide up*
Il faut se répartir en trois groupes.	*We have to divide into three groups.*
C'est comme ça que le travail s'est réparti.	*That's how the work was divided up.*
Les frais se sont répartis entre tous.	*The expenses were divided among all concerned.*

| **répéter** | *to repeat* |

je répète · je répétai · répété · répétant — -er verb; spelling change: é > è/mute e

PRESENT

répète | répétons
répètes | répétez
répète | répètent

PASSÉ COMPOSÉ

ai répété | avons répété
as répété | avez répété
a répété | ont répété

IMPERFECT

répétais | répétions
répétais | répétiez
répétait | répétaient

PLUPERFECT

avais répété | avions répété
avais répété | aviez répété
avait répété | avaient répété

PASSÉ SIMPLE

répétai | répétâmes
répétas | répétâtes
répéta | répétèrent

PAST ANTERIOR

eus répété | eûmes répété
eus répété | eûtes répété
eut répété | eurent répété

FUTURE

répéterai | répéterons
répéteras | répéterez
répétera | répéteront

FUTURE ANTERIOR

aurai répété | aurons répété
auras répété | aurez répété
aura répété | auront répété

CONDITIONAL

répéterais | répéterions
répéterais | répéteriez
répéterait | répéteraient

PAST CONDITIONAL

aurais répété | aurions répété
aurais répété | auriez répété
aurait répété | auraient répété

PRESENT SUBJUNCTIVE

répète | répétions
répètes | répétiez
répète | répètent

PAST SUBJUNCTIVE

aie répété | ayons répété
aies répété | ayez répété
ait répété | aient répété

IMPERFECT SUBJUNCTIVE

répétasse | répétassions
répétasses | répétassiez
répétât | répétassent

PLUPERFECT SUBJUNCTIVE

eusse répété | eussions répété
eusses répété | eussiez répété
eût répété | eussent répété

COMMANDS

répétons
répète | répétez

Usage

Répétez après moi. — *Repeat after me.*
Combien de fois est-ce qu'il faut te répéter la même chose? — *How many times do I have to repeat the same thing to you?*
Je ne me le suis pas fait répéter. — *I didn't have to be told twice.*
C'est un secret à ne pas répéter. — *It's a secret that should not be repeated.*
Le prisonnier a répété sa tentative d'évasion. — *The prisoner repeated his escape attempt.*
Les musiciens répètent avant le concert. — *The musicians rehearse before the concert.*
se répéter — *to repeat oneself*
Tu te répètes, tu sais? — *Do you know you're repeating yourself?*
L'histoire se répète. — *History repeats itself.*
Le même style de maison se répétait rue après rue. — *The same style of house was found on street after street.*

regular -re verb | je réponds · je répondis · répondu · répondant

PRESENT		PASSÉ COMPOSÉ	
réponds	répondons	ai répondu	avons répondu
réponds	répondez	as répondu	avez répondu
répond	répondent	a répondu	ont répondu

IMPERFECT		PLUPERFECT	
répondais	répondions	avais répondu	avions répondu
répondais	répondiez	avais répondu	aviez répondu
répondait	répondaient	avait répondu	avaient répondu

PASSÉ SIMPLE		PAST ANTERIOR	
répondis	répondîmes	eus répondu	eûmes répondu
répondis	répondîtes	eus répondu	eûtes répondu
répondit	répondirent	eut répondu	eurent répondu

FUTURE		FUTURE ANTERIOR	
répondrai	répondrons	aurai répondu	aurons répondu
répondras	répondrez	auras répondu	aurez répondu
répondra	répondront	aura répondu	auront répondu

CONDITIONAL		PAST CONDITIONAL	
répondrais	répondrions	aurais répondu	aurions répondu
répondrais	répondriez	aurais répondu	auriez répondu
répondrait	répondraient	aurait répondu	auraient répondu

PRESENT SUBJUNCTIVE		PAST SUBJUNCTIVE	
réponde	répondions	aie répondu	ayons répondu
répondes	répondiez	aies répondu	ayez répondu
réponde	répondent	ait répondu	aient répondu

IMPERFECT SUBJUNCTIVE		PLUPERFECT SUBJUNCTIVE	
répondisse	répondissions	eusse répondu	eussions répondu
répondisses	répondissiez	eusses répondu	eussiez répondu
répondît	répondissent	eût répondu	eussent répondu

COMMANDS	
	répondons
réponds	répondez

Usage

répondre que	*to answer that*
J'ai répondu qu'il était tard.	*I answered that it was late.*
Il a répondu qu'il voulait partir.	*He answered that he wanted to leave.*
Nous avons répondu que oui/que non.	*We answered yes/no.*
répondre qqch	*to answer (with) something*
Il a répondu une bêtise.	*He answered (with) something stupid.*
Elle a répondu « présente » à l'appel.	*She answered "present" when they called the roll.*
répondre à qqch	*to answer something*
J'ai répondu à sa lettre.	*I answered his letter.*
répondre à qqn	*to answer someone*
Je leur répondrai.	*I'll answer them.*

PRESENT

reprends	reprenons
reprends	reprenez
reprend	reprennent

IMPERFECT

reprenais	reprenions
reprenais	repreniez
reprenait	reprenaient

PASSÉ SIMPLE

repris	reprîmes
repris	reprîtes
reprit	reprirent

FUTURE

reprendrai	reprendrons
reprendras	reprendrez
reprendra	reprendront

CONDITIONAL

reprendrais	reprendrions
reprendrais	reprendriez
reprendrait	reprendraient

PRESENT SUBJUNCTIVE

reprenne	reprenions
reprennes	repreniez
reprenne	reprennent

IMPERFECT SUBJUNCTIVE

reprisse	reprissions
reprisses	reprissiez
reprît	reprissent

COMMANDS

	reprenons
reprends	reprenez

PASSÉ COMPOSÉ

ai repris	avons repris
as repris	avez repris
a repris	ont repris

PLUPERFECT

avais repris	avions repris
avais repris	aviez repris
avait repris	avaient repris

PAST ANTERIOR

eus repris	eûmes repris
eus repris	eûtes repris
eut repris	eurent repris

FUTURE ANTERIOR

aurai repris	aurons repris
auras repris	aurez repris
aura repris	auront repris

PAST CONDITIONAL

aurais repris	aurions repris
aurais repris	auriez repris
aurait repris	auraient repris

PAST SUBJUNCTIVE

aie repris	ayons repris
aies repris	ayez repris
ait repris	aient repris

PLUPERFECT SUBJUNCTIVE

eusse repris	eussions repris
eusses repris	eussiez repris
eût repris	eussent repris

Usage

Il a repris sa place.	*He took his seat again.*
Tu as repris ta parole.	*You went back on your word.*
Le malade a repris le dessus.	*The sick man recovered.*
Vous reprenez de la salade?	*Will you have some more salad?*
Je vais reprendre l'histoire dès le début.	*I'll start the story all over again.*
Que je ne t'y reprenne pas!	*Don't let me catch you doing it again!*
Tu as repris tes mauvaises habitudes.	*You've fallen back into your bad habits.*
La police a repris le prisonnier évadé.	*The police caught the escaped prisoner.*
Les doutes m'ont repris.	*I was beset by doubt again.*
Il n'y a rien à reprendre dans votre thème.	*There is nothing to correct in your composition.*
Mais tu reprends toujours les mêmes idées!	*But you just keep repeating the same ideas!*

irregular verb · **je résous · je résolus · résolu · résolvant**

PRESENT		PASSÉ COMPOSÉ	
résous	résolvons	ai résolu	avons résolu
résous	résolvez	as résolu	avez résolu
résout	résolvent	a résolu	ont résolu

IMPERFECT		PLUPERFECT	
résolvais	résolvions	avais résolu	avions résolu
résolvais	résolviez	avais résolu	aviez résolu
résolvait	résolvaient	avait résolu	avaient résolu

PASSÉ SIMPLE		PAST ANTERIOR	
résolus	résolûmes	eus résolu	eûmes résolu
résolus	résolûtes	eus résolu	eûtes résolu
résolut	résolurent	eut résolu	eurent résolu

FUTURE		FUTURE ANTERIOR	
résoudrai	résoudrons	aurai résolu	aurons résolu
résoudras	résoudrez	auras résolu	aurez résolu
résoudra	résoudront	aura résolu	auront résolu

CONDITIONAL		PAST CONDITIONAL	
résoudrais	résoudrions	aurais résolu	aurions résolu
résoudrais	résoudriez	aurais résolu	auriez résolu
résoudrait	résoudraient	aurait résolu	auraient résolu

PRESENT SUBJUNCTIVE		PAST SUBJUNCTIVE	
résolve	résolvions	aie résolu	ayons résolu
résolves	résolviez	aies résolu	ayez résolu
résolve	résolvent	ait résolu	aient résolu

IMPERFECT SUBJUNCTIVE		PLUPERFECT SUBJUNCTIVE	
résolusse	résolussions	eusse résolu	eussions résolu
résolusses	résolussiez	eusses résolu	eussiez résolu
résolût	résolussent	eût résolu	eussent résolu

COMMANDS	
	résolvons
résous	résolvez

Usage

résoudre un problème	*to solve a problem*
résoudre une équation	*to solve an equation*
Je ne sais pas comment résoudre ce conflit.	*I don't know how to settle this conflict.*
Il reste des difficultés à résoudre.	*There are still some difficulties to be worked through.*
Il faut que je résolve ce problème.	*I have to solve this problem.*
résoudre de faire qqch	*to decide to do something*
Nous avons résolu de partir.	*We decided to leave.*
résoudre qqn de faire qqch	*to convince someone to do something*
Ils m'ont résolu de leur venir en aide.	*They prevailed upon me to come to their assistance.*

PRESENT

ressens	ressentons
ressens	ressentez
ressent	ressentent

IMPERFECT

ressentais	ressentions
ressentais	ressentiez
ressentait	ressentaient

PASSÉ SIMPLE

ressentis	ressentîmes
ressentis	ressentîtes
ressentit	ressentirent

FUTURE

ressentirai	ressentirons
ressentiras	ressentirez
ressentira	ressentiront

CONDITIONAL

ressentirais	ressentirions
ressentirais	ressentiriez
ressentirait	ressentiraient

PRESENT SUBJUNCTIVE

ressente	ressentions
ressentes	ressentiez
ressente	ressentent

IMPERFECT SUBJUNCTIVE

ressentisse	ressentissions
ressentisses	ressentissiez
ressentît	ressentissent

COMMANDS

	ressentons
ressens	ressentez

PASSÉ COMPOSÉ

ai ressenti	avons ressenti
as ressenti	avez ressenti
a ressenti	ont ressenti

PLUPERFECT

avais ressenti	avions ressenti
avais ressenti	aviez ressenti
avait ressenti	avaient ressenti

PAST ANTERIOR

eus ressenti	eûmes ressenti
eus ressenti	eûtes ressenti
eut ressenti	eurent ressenti

FUTURE ANTERIOR

aurai ressenti	aurons ressenti
auras ressenti	aurez ressenti
aura ressenti	auront ressenti

PAST CONDITIONAL

aurais ressenti	aurions ressenti
aurais ressenti	auriez ressenti
aurait ressenti	auraient ressenti

PAST SUBJUNCTIVE

aie ressenti	ayons ressenti
aies ressenti	ayez ressenti
ait ressenti	aient ressenti

PLUPERFECT SUBJUNCTIVE

eusse ressenti	eussions ressenti
eusses ressenti	eussiez ressenti
eût ressenti	eussent ressenti

Usage

Elle ressentait profondément la perte de ses parents.	*She felt the loss of her parents keenly.*
Je ne ressens pas beaucoup de sympathie pour lui.	*I don't have much of a liking for him.*
Nous ressentons une grande fierté.	*We feel tremendous pride.*
Sa prose se ressent de sa colère.	*His writing is showing the effects of his anger.*
Je ne m'en ressens pas pour recommencer.	*I don't have the strength to start over.*

RELATED WORD

le ressentiment	*resentment*
éprouver du ressentiment	*to feel resentment*

regular -*er* verb; compound
tenses with *être*

je reste · je restai · resté · restant

PRESENT		PASSÉ COMPOSÉ	
reste	restons	suis resté(e)	sommes resté(e)s
restes	restez	es resté(e)	êtes resté(e)(s)
reste	restent	est resté(e)	sont resté(e)s

IMPERFECT		PLUPERFECT	
restais	restions	étais resté(e)	étions resté(e)s
restais	restiez	étais resté(e)	étiez resté(e)(s)
restait	restaient	était resté(e)	étaient resté(e)s

PASSÉ SIMPLE		PAST ANTERIOR	
restai	restâmes	fus resté(e)	fûmes resté(e)s
restas	restâtes	fus resté(e)	fûtes resté(e)(s)
resta	restèrent	fut resté(e)	furent resté(e)s

FUTURE		FUTURE ANTERIOR	
resterai	resterons	serai resté(e)	serons resté(e)s
resteras	resterez	seras resté(e)	serez resté(e)(s)
restera	resteront	sera resté(e)	seront resté(e)s

CONDITIONAL		PAST CONDITIONAL	
resterais	resterions	serais resté(e)	serions resté(e)s
resterais	resteriez	serais resté(e)	seriez resté(e)(s)
resterait	resteraient	serait resté(e)	seraient resté(e)s

PRESENT SUBJUNCTIVE		PAST SUBJUNCTIVE	
reste	restions	sois resté(e)	soyons resté(e)s
restes	restiez	sois resté(e)	soyez resté(e)s
reste	restent	soit resté(e)	soient resté(e)s

IMPERFECT SUBJUNCTIVE		PLUPERFECT SUBJUNCTIVE	
restasse	restassions	fusse resté(e)	fussions resté(e)s
restasses	restassiez	fusses resté(e)	fussiez resté(e)(s)
restât	restassent	fût resté(e)	fussent resté(e)s

COMMANDS	
	restons
reste	restez

Usage

On est restés trop longtemps au café.	*We stayed too long at the café.*
Je suis resté à Paris.	*I stayed in Paris.*
Ne restez pas debout! Asseyez-vous!	*Don't remain standing! Sit down!*
Vos insultes lui sont restées sur le cœur.	*Your insults cut him to the quick.*
Avance! Ne reste pas à la traîne!	*Come forward! Don't hang back!*
Avec les problèmes qu'on a, il faut rester unis.	*With all the problems we have, we should stick together.*
Mes conseils sont restés sans effet.	*My advice had no effect.*
Ça reste à voir.	*That remains to be seen.*
On en est restés aux conversations.	*We got no further than conversation.*
Il reste un peu de poulet?	*Is there any chicken left?*
Il reste à savoir s'il est arrivé.	*We still have to find out if he got here.*
Il n'en reste pas moins qu'il a mal agi.	*The fact remains that he acted badly.*

retourner *to return*

je retourne · je retournai · retourné · retournant

regular -er verb;
compound tenses with *être*

PRESENT		**PASSÉ COMPOSÉ**	
retourne	retournons	suis retourné(e)	sommes retourné(e)s
retournes	retournez	es retourné(e)	êtes retourné(e)(s)
retourne	retournent	est retourné(e)	sont retourné(e)s

IMPERFECT		**PLUPERFECT**	
retournais	retournions	étais retourné(e)	étions retourné(e)s
retournais	retourniez	étais retourné(e)	étiez retourné(e)(s)
retournait	retournaient	était retourné(e)	étaient retourné(e)s

PASSÉ SIMPLE		**PAST ANTERIOR**	
retournai	retournâmes	fus retourné(e)	fûmes retourné(e)s
retournas	retournâtes	fus retourné(e)	fûtes retourné(e)(s)
retourna	retournèrent	fut retourné(e)	furent retourné(e)s

FUTURE		**FUTURE ANTERIOR**	
retournerai	retournerons	serai retourné(e)	serons retourné(e)s
retourneras	retournerez	seras retourné(e)	serez retourné(e)(s)
retournera	retourneront	sera retourné(e)	seront retourné(e)s

CONDITIONAL		**PAST CONDITIONAL**	
retournerais	retournerions	serais retourné(e)	serions retourné(e)s
retournerais	retourneriez	serais retourné(e)	seriez retourné(e)(s)
retournerait	retourneraient	serait retourné(e)	seraient retourné(e)s

PRESENT SUBJUNCTIVE		**PAST SUBJUNCTIVE**	
retourne	retournions	sois retourné(e)	soyons retourné(e)s
retournes	retourniez	sois retourné(e)	soyez retourné(e)(s)
retourne	retournent	soit retourné(e)	soient retourné(e)s

IMPERFECT SUBJUNCTIVE		**PLUPERFECT SUBJUNCTIVE**	
retournasse	retournassions	fusse retourné(e)	fussions retourné(e)s
retournasses	retournassiez	fusses retourné(e)	fussiez retourné(e)(s)
retournât	retournassent	fût retourné(e)	fussent retourné(e)s

COMMANDS	
	retournons
retourne	retournez

Usage

Les étudiants étrangers sont retournés dans leurs pays.	*The foreign students returned to their countries.*
Elle est retournée à sa place.	*She went back to her seat.*
se retourner	*to turn around*
Je me suis retourné en entendant sa voix.	*I turned around when I heard his/her voice.*
retourner qqch	*to turn something over* (compound tenses conjugated with *avoir*)
Tu as retourné l'omelette?	*Did you flip the omelet?*
J'ai retourné ma chambre pour chercher la disquette.	*I turned my room upside down to find the diskette.*
Il a retourné ses poches pour nous montrer qu'il n'avait pas d'argent.	*He turned his pockets inside out to show us that he had no money.*

regular *-ir* verb   **je réussis · je réussis · réussi · réussissant**

PRESENT		PASSÉ COMPOSÉ	
réussis	réussissons	ai réussi	avons réussi
réussis	réussissez	as réussi	avez réussi
réussit	réussissent	a réussi	ont réussi

IMPERFECT		PLUPERFECT	
réussissais	réussissions	avais réussi	avions réussi
réussissais	réussissiez	avais réussi	aviez réussi
réussissait	réussissaient	avait réussi	avaient réussi

PASSÉ SIMPLE		PAST ANTERIOR	
réussis	réussîmes	eus réussi	eûmes réussi
réussis	réussîtes	eus réussi	eûtes réussi
réussit	réussirent	eut réussi	eurent réussi

FUTURE		FUTURE ANTERIOR	
réussirai	réussirons	aurai réussi	aurons réussi
réussiras	réussirez	auras réussi	aurez réussi
réussira	réussiront	aura réussi	auront réussi

CONDITIONAL		PAST CONDITIONAL	
réussirais	réussirions	aurais réussi	aurions réussi
réussirais	réussiriez	aurais réussi	auriez réussi
réussirait	réussiraient	aurait réussi	auraient réussi

PRESENT SUBJUNCTIVE		PAST SUBJUNCTIVE	
réussisse	réussissions	aie réussi	ayons réussi
réussisses	réussissiez	aies réussi	ayez réussi
réussisse	réussissent	ait réussi	aient réussi

IMPERFECT SUBJUNCTIVE		PLUPERFECT SUBJUNCTIVE	
réussisse	réussissions	eusse réussi	eussions réussi
réussisses	réussissiez	eusses réussi	eussiez réussi
réussît	réussissent	eût réussi	eussent réussi

COMMANDS	
	réussissons
réussis	réussissez

Usage

Elle va réussir dans la vie.	*She's going to succeed in life.*
La politesse réussit toujours.	*Politeness will always get you what you want.*
Cette ruse lui a mal réussi.	*That trick didn't do him any good.*
Cet élève réussit en allemand.	*This student does well in German.*
Les pourparlers ont réussi.	*The talks were successful.*
réussir à faire qqch	*to succeed in doing something*
Vous ne réussirez jamais à le persuader.	*You will never succeed in persuading him.*
Je n'ai pas encore réussi à trouver du travail.	*I haven't succeeded in finding work yet.*
J'ai réussi à tous mes examens.	*I passed all my exams.*
Il a réussi dans cette affaire.	*He made a go of this business.*

se réveiller *to wake up*

je me réveille · je me réveillai · s'étant réveillé · se réveillant

regular -er reflexive verb; compound tenses with *être*

PRESENT

me réveille	nous réveillons
te réveilles	vous réveillez
se réveille	se réveillent

PASSÉ COMPOSÉ

me suis réveillé(e)	nous sommes réveillé(e)s
t'es réveillé(e)	vous êtes réveillé(e)(s)
s'est réveillé(e)	se sont réveillé(e)s

IMPERFECT

me réveillais	nous réveillions
te réveillais	vous réveilliez
se réveillait	se réveillaient

PLUPERFECT

m'étais réveillé(e)	nous étions réveillé(e)s
t'étais réveillé(e)	vous étiez réveillé(e)(s)
s'était réveillé(e)	s'étaient réveillé(e)s

PASSÉ SIMPLE

me réveillai	nous réveillâmes
te réveillas	vous réveillâtes
se réveilla	se réveillèrent

PAST ANTERIOR

me fus réveillé(e)	nous fûmes réveillé(e)s
te fus réveillé(e)	vous fûtes réveillé(e)(s)
se fut réveillé(e)	se furent réveillé(e)s

FUTURE

me réveillerai	nous réveillerons
te réveilleras	vous réveillerez
se réveillera	se réveilleront

FUTURE ANTERIOR

me serai réveillé(e)	nous serons réveillé(e)s
te seras réveillé(e)	vous serez réveillé(e)(s)
se sera réveillé(e)	se seront réveillé(e)s

CONDITIONAL

me réveillerais	nous réveillerions
te réveillerais	vous réveilleriez
se réveillerait	se réveilleraient

PAST CONDITIONAL

me serais réveillé(e)	nous serions réveillé(e)s
te serais réveillé(e)	vous seriez réveillé(e)(s)
se serait réveillé(e)	se seraient réveillé(e)s

PRESENT SUBJUNCTIVE

me réveille	nous réveillions
te réveilles	vous réveilliez
se réveille	se réveillent

PAST SUBJUNCTIVE

me sois réveillé(e)	nous soyons réveillé(e)s
te sois réveillé(e)	vous soyez réveillé(e)(s)
se soit réveillé(e)	se soient réveillé(e)s

IMPERFECT SUBJUNCTIVE

me réveillasse	nous réveillassions
te réveillasses	vous réveillassiez
se réveillât	se réveillassent

PLUPERFECT SUBJUNCTIVE

me fusse réveillé(e)	nous fussions réveillé(e)s
te fusses réveillé(e)	vous fussiez réveillé(e)(s)
se fût réveillé(e)	se fussent réveillé(e)s

COMMANDS

	réveillons-nous
réveille-toi	réveillez-vous

Usage

Réveille-toi! Il est tard.	*Wake up! It's late.*
Je me suis réveillé en sursaut avec ce bruit.	*I woke up with a start at that noise.*
Sa haine s'était réveillée.	*His hatred had been rekindled.*
réveiller qqn	*to wake someone up*
Il ne s'est pas encore réveillé? Réveille-le!	*He hasn't woken up yet? Wake him up!*
Avec le bruit qu'ils font ils pourraient réveiller les morts.	*With the noise they make they could wake up the dead.*

RELATED WORDS

le réveil	*awakening; alarm clock*
Mon réveil n'a pas sonné.	*My alarm clock didn't go off.*
J'ai le réveil difficile.	*I find it hard to wake up.*
Je travaille dès le réveil.	*I've been working since I woke up.*

irregular verb | **je reviens · je revins · revenu · revenant**

PRESENT

reviens	revenons
reviens	revenez
revient	reviennent

PASSÉ COMPOSÉ

suis revenu(e)	sommes revenu(e)s
es revenu(e)	êtes revenu(e)(s)
est revenu(e)	sont revenu(e)s

IMPERFECT

revenais	revenions
revenais	reveniez
revenait	revenaient

PLUPERFECT

étais revenu(e)	étions revenu(e)s
étais revenu(e)	étiez revenu(e)(s)
était revenu(e)	étaient revenu(e)s

PASSÉ SIMPLE

revins	revînmes
revins	revîntes
revint	revinrent

PAST ANTERIOR

fus revenu(e)	fûmes revenu(e)s
fus revenu(e)	fûtes revenu(e)(s)
fut revenu(e)	furent revenu(e)s

FUTURE

reviendrai	reviendrons
reviendras	reviendrez
reviendra	reviendront

FUTURE ANTERIOR

serai revenu(e)	serons revenu(e)s
seras revenu(e)	serez revenu(e)(s)
sera revenu(e)	seront revenu(e)s

CONDITIONAL

reviendrais	reviendrions
reviendrais	reviendriez
reviendrait	reviendraient

PAST CONDITIONAL

serais revenu(e)	serions revenu(e)s
serais revenu(e)	seriez revenu(e)(s)
serait revenu(e)	seraient revenu(e)s

PRESENT SUBJUNCTIVE

revienne	revenions
reviennes	reveniez
revienne	reviennent

PAST SUBJUNCTIVE

sois revenu(e)	soyons revenu(e)s
sois revenu(e)	soyez revenu(e)(s)
soit revenu(e)	soient revenu(e)s

IMPERFECT SUBJUNCTIVE

revinsse	revinssions
revinsses	revinssiez
revînt	revinssent

PLUPERFECT SUBJUNCTIVE

fusse revenu(e)	fussions revenu(e)s
fusses revenu(e)	fussiez revenu(e)(s)
fût revenu(e)	fussent revenu(e)s

COMMANDS

	revenons
reviens	revenez

Usage

Attends-moi. Je reviens tout de suite.	*Wait for me. I'll be right back.*
Nous reviendrons demain à midi.	*We'll come back tomorrow at noon.*
Je suis revenu sur mes pas.	*I went back the way I had come.*
Il n'est pas encore revenu de ces idées.	*He has not yet put aside those ideas.*
Ça revient à la même chose.	*It amounts to the same thing.*
Ça revient à une question de salaire.	*It comes down to a question of salary.*
Le logement revient à cent euros la nuit.	*Lodging comes to one hundred euros a night.*
Revenons à nos moutons.	*Let's get back to what we were talking about.*
Je suis revenu à la hâte.	*I rushed back.*
Cette idée revient souvent dans ses articles.	*This idea comes up over and over again in his articles.*

rire *to laugh*

je ris · je ris · ri · riant

irregular verb

PRESENT			PASSÉ COMPOSÉ		
ris	rions		ai ri	avons ri	
ris	riez		as ri	avez ri	
rit	rient		a ri	ont ri	

IMPERFECT			PLUPERFECT		
riais	riions		avais ri	avions ri	
riais	riiez		avais ri	aviez ri	
riait	riaient		avait ri	avaient ri	

PASSÉ SIMPLE			PAST ANTERIOR		
ris	rîmes		eus ri	eûmes ri	
ris	rîtes		eus ri	eûtes ri	
rit	rirent		eut ri	eurent ri	

FUTURE			FUTURE ANTERIOR		
rirai	rirons		aurai ri	aurons ri	
riras	rirez		auras ri	aurez ri	
rira	riront		aura ri	auront ri	

CONDITIONAL			PAST CONDITIONAL		
rirais	ririons		aurais ri	aurions ri	
rirais	ririez		aurais ri	auriez ri	
rirait	riraient		aurait ri	auraient ri	

PRESENT SUBJUNCTIVE			PAST SUBJUNCTIVE		
rie	riions		aie ri	ayons ri	
ries	riiez		aies ri	ayez ri	
rie	rient		ait ri	aient ri	

IMPERFECT SUBJUNCTIVE			PLUPERFECT SUBJUNCTIVE		
risse	rissions		eusse ri	eussions ri	
risses	rissiez		eusses ri	eussiez ri	
rît	rissent		eût ri	eussent ri	

COMMANDS	
	rions
ris	riez

Usage

J'ai ri comme un fou.	*I was hysterical with laughter.*
Ils riaient à gorge déployée!	*They were laughing so hard!*
C'est à mourir de rire.	*It's hysterically funny.*
Je n'aime pas sa façon de rire dans sa barbe.	*I don't like the way he laughs up his sleeve.*
Ses blagues nous ont faire rire aux éclats.	*His jokes had us roaring with laughter.*
Elle a éclaté de rire.	*She burst out laughing.*
Il rit de bon cœur.	*He laughs heartily.*
Ne me fais pas rire!	*Don't make me laugh!*
Il m'a ri au nez.	*He laughed in my face.*
Il n'y a pas de quoi rire.	*It's not a laughing matter.*

regular -re verb

je romps · je rompis · rompu · rompant

PRESENT			PASSÉ COMPOSÉ	
romps	rompons		ai rompu	avons rompu
romps	rompez		as rompu	avez rompu
rompt	rompent		a rompu	ont rompu

IMPERFECT			PLUPERFECT	
rompais	rompions		avais rompu	avions rompu
rompais	rompiez		avais rompu	aviez rompu
rompait	rompaient		avait rompu	avaient rompu

PASSÉ SIMPLE			PAST ANTERIOR	
rompis	rompîmes		eus rompu	eûmes rompu
rompis	rompîtes		eus rompu	eûtes rompu
rompit	rompirent		eut rompu	eurent rompu

FUTURE			FUTURE ANTERIOR	
romprai	romprons		aurai rompu	aurons rompu
rompras	romprez		auras rompu	aurez rompu
rompra	rompront		aura rompu	auront rompu

CONDITIONAL			PAST CONDITIONAL	
romprais	romprions		aurais rompu	aurions rompu
romprais	rompriez		aurais rompu	auriez rompu
romprait	rompraient		aurait rompu	auraient rompu

PRESENT SUBJUNCTIVE			PAST SUBJUNCTIVE	
rompe	rompions		aie rompu	ayons rompu
rompes	rompiez		aies rompu	ayez rompu
rompe	rompent		ait rompu	aient rompu

IMPERFECT SUBJUNCTIVE			PLUPERFECT SUBJUNCTIVE	
rompisse	rompissions		eusse rompu	eussions rompu
rompisses	rompissiez		eusses rompu	eussiez rompu
rompît	rompissent		eût rompu	eussent rompu

COMMANDS	
	rompons
romps	rompez

Usage

J'ai rompu le pain.	*I broke/took off a piece of bread.*
Ce pays a rompu les relations diplomatiques avec le nôtre.	*That country broke off diplomatic relations with ours.*
Nous avons rompu les pourparlers.	*We broke off talks.*
Ils ont parlé à bâtons rompus.	*They jumped from topic to topic.*
Il a rompu avec sa petite amie.	*He broke off with his girlfriend.*
Le public a applaudi à tout rompre.	*The audience's applause was thunderous.*
rompre des lances pour qqn	*to come to someone's defense*
Il a rompu des lances pour son copain.	*He came to his friend's defense.*
Ils ont rompu tout contact avec nous.	*They've broken off all contact with us.*
Il faut savoir rompre la glace.	*You have to know how to break the ice.*
La corde s'est rompue.	*The rope broke.*

satisfaire *to satisfy*

je satisfais · je satisfis · satisfait · satisfaisant   irregular verb

PRESENT		PASSÉ COMPOSÉ	
satisfais	satisfaisons	ai satisfait	avons satisfait
satisfais	satisfaites	as satisfait	avez satisfait
satisfait	satisfont	a satisfait	ont satisfait

IMPERFECT		PLUPERFECT	
satisfaisais	satisfaisions	avais satisfait	avions satisfait
satisfaisais	satisfaisiez	avais satisfait	aviez satisfait
satisfaisait	satisfaisaient	avait satisfait	avaient satisfait

PASSÉ SIMPLE		PAST ANTERIOR	
satisfis	satisfîmes	eus satisfait	eûmes satisfait
satisfis	satisfîtes	eus satisfait	eûtes satisfait
satisfit	satisfirent	eut satisfait	eurent satisfait

FUTURE		FUTURE ANTERIOR	
satisferai	satisferons	aurai satisfait	aurons satisfait
satisferas	satisferez	auras satisfait	aurez satisfait
satisfera	satisferont	aura satisfait	auront satisfait

CONDITIONAL		PAST CONDITIONAL	
satisferais	satisferions	aurais satisfait	aurions satisfait
satisferais	satisferiez	aurais satisfait	auriez satisfait
satisferait	satisferaient	aurait satisfait	auraient satisfait

PRESENT SUBJUNCTIVE		PAST SUBJUNCTIVE	
satisfasse	satisfassions	aie satisfait	ayons satisfait
satisfasses	satisfassiez	aies satisfait	ayez satisfait
satisfasse	satisfassent	ait satisfait	aient satisfait

IMPERFECT SUBJUNCTIVE		PLUPERFECT SUBJUNCTIVE	
satisfisse	satisfissions	eusse satisfait	eussions satisfait
satisfisses	satisfissiez	eusses satisfait	eussiez satisfait
satisfît	satisfissent	eût satisfait	eussent satisfait

COMMANDS	
	satisfaisons
satisfais	satisfaites

Usage

Cette réponse ne me satisfait point.	*That answer does not satisfy me at all.*
—Cette solution satisfera tout le monde.	*This solution will satisfy everyone.*
—Nous, on n'en est pas satisfaits.	*We are not happy with it.*
Cette petite usine ne peut pas satisfaire la demande.	*This small factory cannot keep up with demand.*
J'espère pouvoir satisfaire votre curiosité.	*I hope I can satisfy your curiosity.*
se satisfaire de	*to be happy with*
Le vieillard se satisfait de très peu.	*The old man is happy with very little.*
satisfaire à qqch	*to meet the requirements of something*
Il a satisfait à ses obligations.	*He fulfilled his obligations.*

irregular verb

PRESENT

sais	savons
sais	savez
sait	savent

IMPERFECT

savais	savions
savais	saviez
savait	savaient

PASSÉ SIMPLE

sus	sûmes
sus	sûtes
sut	surent

FUTURE

saurai	saurons
sauras	saurez
saura	sauront

CONDITIONAL

saurais	saurions
saurais	sauriez
saurait	sauraient

PRESENT SUBJUNCTIVE

sache	sachions
saches	sachiez
sache	sachent

IMPERFECT SUBJUNCTIVE

susse	sussions
susses	sussiez
sût	sussent

COMMANDS

	sachons
sache	sachez

PASSÉ COMPOSÉ

ai su	avons su
as su	avez su
a su	ont su

PLUPERFECT

avais su	avions su
avais su	aviez su
avait su	avaient su

PAST ANTERIOR

eus su	eûmes su
eus su	eûtes su
eut su	eurent su

FUTURE ANTERIOR

aurai su	aurons su
auras su	aurez su
aura su	auront su

PAST CONDITIONAL

aurais su	aurions su
aurais su	auriez su
aurait su	auraient su

PAST SUBJUNCTIVE

aie su	ayons su
aies su	ayez su
ait su	aient su

PLUPERFECT SUBJUNCTIVE

eusse su	eussions su
eusses su	eussiez su
eût su	eussent su

Usage

Je ne sais pas son nom.	*I don't know his name.*
Tu sais la réponse?	*Do you know the answer?*
Elle ne sait pas ce qu'elle dit.	*She doesn't know what she is saying.*
Cet enfant savait nager à l'âge de deux ans!	*This child knew how to swim at the age of two.*
—Tu en sais quelque chose?	*Do you know anything about it?*
—Oui, mais je veux en savoir davantage.	*Yes, but I want to know more about it.*
—Vous saviez la nouvelle?	*Did you know the news?*
—Oui, je la savais par mon voisin.	*Yes, I learned about it from my neighbor.*

savoir *to know*

je sais · je sus · su · sachant   irregular verb

savoir = s'en rendre compte

Je ne savais pas qu'il chômait.	*I didn't know he was unemployed.*
Tu sais qu'il ment, n'est-ce pas?	*You know he's lying, don't you?*
Il lui a fait mal sans le savoir.	*He hurt her without realizing it.*
Elle se sait en difficulté.	*She knows she's having problems.*
J'ai su qu'elle était malade.	*I found out that she was sick.*

savoir = savoir qqch, avoir des notions de qqch

Il sait beaucoup d'espagnol.	*He knows a lot of Spanish.*
Je ne savais pas qu'elle était là.	*I didn't know she was there.*
Je ne sais pas quoi faire.	*I don't know what to do.*
Il m'a fait savoir l'heure de son arrivée.	*He informed me when he would be arriving.*
autant que je sache	*as far as I know*
pas que je sache	*not to my knowledge*
Elle, c'est madame je-sais-tout.	*She's a real know-it-all.*
Il n'est pas sans savoir que nous ne sommes pas contents de son travail.	*He is certainly aware that we are not happy with his work.*
Il ne sait rien de rien.	*He knows nothing.*

savoir + infinitif

Cet enfant ne sait pas attendre.	*This child is very impatient.*
Eux, ils savent vivre.	*They have real style and manners.*
Je ne saurais pas vous le dire.	*I couldn't tell you.*
Je ne saurais pas vous renseigner.	*I wouldn't know how to direct you.*

savoir dans les expressions indéfinies

Il est allé habiter je ne sais où.	*He went off to live somewhere or other.*
Il l'a fait je ne sais comment.	*He did it somehow or other.*
Elle reviendra je ne sais quand.	*She'll be back at sometime or other.*
Il sort avec je ne sais quelle voisine.	*He's going out with some neighbor or other.*
Elle a servi je ne sais quoi.	*She served something or other.*
On a reçu un coup de fil de je ne sais qui.	*We got a call from somebody or other.*

Expressions et idiotismes

Il a du savoir-faire.	*He has social skills.*
Qui rien ne sait, rien ne doute.	*Ignorance is bliss.*
Il faut savoir s'y prendre.	*You have to know how to go about things.*
Je ne savais pas où donner de la tête.	*I didn't know where to turn.*
Il ne savait pas où se mettre.	*He didn't know where to hide.*

TOP 30 VERBS

-er verb; spelling change: é > è/mute e   **je sèche · je séchai · séché · séchant**

PRESENT

sèche	séchons
sèches	séchez
sèche	sèchent

IMPERFECT

séchais	séchions
séchais	séchiez
séchait	séchaient

PASSÉ SIMPLE

séchai	séchâmes
séchas	séchâtes
sécha	séchèrent

FUTURE

sécherai	sécherons
sécheras	sécherez
séchera	sécheront

CONDITIONAL

sécherais	sécherions
sécherais	sécheriez
sécherait	sécheraient

PRESENT SUBJUNCTIVE

sèche	séchions
sèches	séchiez
sèche	sèchent

IMPERFECT SUBJUNCTIVE

séchasse	séchassions
séchasses	séchassiez
séchât	séchassent

COMMANDS

	séchons
sèche	séchez

PASSÉ COMPOSÉ

ai séché	avons séché
as séché	avez séché
a séché	ont séché

PLUPERFECT

avais séché	avions séché
avais séché	aviez séché
avait séché	avaient séché

PAST ANTERIOR

eus séché	eûmes séché
eus séché	eûtes séché
eut séché	eurent séché

FUTURE ANTERIOR

aurai séché	aurons séché
auras séché	aurez séché
aura séché	auront séché

PAST CONDITIONAL

aurais séché	aurions séché
aurais séché	auriez séché
aurait séché	auraient séché

PAST SUBJUNCTIVE

aie séché	ayons séché
aies séché	ayez séché
ait séché	aient séché

PLUPERFECT SUBJUNCTIVE

eusse séché	eussions séché
eusses séché	eussiez séché
eût séché	eussent séché

Usage

sécher le linge	*to dry the laundry*
Je vais mettre le linge à sécher.	*I'll hang the laundry up to dry.*
se sécher les cheveux	*to dry one's hair*
Je me suis séché les cheveux.	*I dried my hair.*
Tu es tout mouillé! Sèche-toi!	*You're all wet! Dry yourself off!*
Après m'être baigné dans la mer, j'aime me sécher au soleil.	*After taking a dip in the ocean, I like to dry off in the sun.*
sécher des fruits	*to dry fruit*
Sèche tes larmes.	*Dry your tears.*
sécher un cours	*to cut class*
Tu as séché tous tes cours hier.	*You cut all your classes yesterday.*

sentir *to feel, smell*

je sens · je sentis · senti · sentant

irregular verb

PRESENT		PASSÉ COMPOSÉ	
sens	sentons	ai senti	avons senti
sens	sentez	as senti	avez senti
sent	sentent	a senti	ont senti

IMPERFECT		PLUPERFECT	
sentais	sentions	avais senti	avions senti
sentais	sentiez	avais senti	aviez senti
sentait	sentaient	avait senti	avaient senti

PASSÉ SIMPLE		PAST ANTERIOR	
sentis	sentîmes	eus senti	eûmes senti
sentis	sentîtes	eus senti	eûtes senti
sentit	sentirent	eut senti	eurent senti

FUTURE		FUTURE ANTERIOR	
sentirai	sentirons	aurai senti	aurons senti
sentiras	sentirez	auras senti	aurez senti
sentira	sentiront	aura senti	auront senti

CONDITIONAL		PAST CONDITIONAL	
sentirais	sentirions	aurais senti	aurions senti
sentirais	sentiriez	aurais senti	auriez senti
sentirait	sentiraient	aurait senti	auraient senti

PRESENT SUBJUNCTIVE		PAST SUBJUNCTIVE	
sente	sentions	aie senti	ayons senti
sentes	sentiez	aies senti	ayez senti
sente	sentent	ait senti	aient senti

IMPERFECT SUBJUNCTIVE		PLUPERFECT SUBJUNCTIVE	
sentisse	sentissions	eusse senti	eussions senti
sentisses	sentissiez	eusses senti	eussiez senti
sentît	sentissent	eût senti	eussent senti

COMMANDS	
	sentons
sens	sentez

Usage

Je sens un courant d'air.	*I feel a draft.*
Je sens qu'il ne m'aime pas.	*I sense that he doesn't like me.*
Avec le rhume que j'ai, je ne sens plus rien.	*With the cold I have, I can't smell anything anymore.*
Ça sent bon!	*It smells good!*
Ça sent le brûlé.	*It smells like something's burning.*
Je ne peux pas la sentir.	*I can't stand her.*
Le chien sent mes chaussures.	*The dog is smelling my shoes.*
Cette chambre sent le moisi.	*This room smells musty.*
Je ne me sens pas dans mon assiette.	*I'm not feeling well.*
Il se sent en forme.	*He feels great.*
Je ne me sens pas bien.	*I don't feel well.*
Ils nous ont fait sentir leur chagrin.	*They made us feel their sorrow.*

irregular verb | je sers · je servis · servi · servant

PRESENT

sers	servons
sers	servez
sert	servent

IMPERFECT

servais	servions
servais	serviez
servait	servaient

PASSÉ SIMPLE

servis	servîmes
servis	servîtes
servit	servirent

FUTURE

servirai	servirons
serviras	servirez
servira	serviront

CONDITIONAL

servirais	servirions
servirais	serviriez
servirait	serviraient

PRESENT SUBJUNCTIVE

serve	servions
serves	serviez
serve	servent

IMPERFECT SUBJUNCTIVE

servisse	servissions
servisses	servissiez
servît	servissent

COMMANDS

	servons
sers	servez

PASSÉ COMPOSÉ

ai servi	avons servi
as servi	avez servi
a servi	ont servi

PLUPERFECT

avais servi	avions servi
avais servi	aviez servi
avait servi	avaient servi

PAST ANTERIOR

eus servi	eûmes servi
eus servi	eûtes servi
eut servi	eurent servi

FUTURE ANTERIOR

aurai servi	aurons servi
auras servi	aurez servi
aura servi	auront servi

PAST CONDITIONAL

aurais servi	aurions servi
aurais servi	auriez servi
aurait servi	auraient servi

PAST SUBJUNCTIVE

aie servi	ayons servi
aies servi	ayez servi
ait servi	aient servi

PLUPERFECT SUBJUNCTIVE

eusse servi	eussions servi
eusses servi	eussiez servi
eût servi	eussent servi

Usage

Elle a servi un bon repas.	*She served a good meal.*
À quelle heure est-ce qu'on sert le dîner?	*What time is dinner served?*
Ces serveurs ne savent pas servir.	*These waiters don't know how to serve.*
servir son pays	*to do military service*
La mère sert ses enfants à table.	*The mother serves her children (meals).*
Je vais te servir à manger/boire.	*I'll get you something to eat/drink.*
On n'est jamais si bien servi que par soi-même.	*If you want something done right, do it yourself.*
Elle aime se faire servir.	*She likes to be served.*
Il a été bien servi par sa prudence.	*His caution served him well.*
Nous avons servi une salade de tomates comme entrée.	*We served sliced tomatoes as a first course.*

TOP 30 VERB ☞

servir un client, etc.

Ce restaurant sert des centaines de clients par semaine.	*This restaurant serves hundreds of customers a week.*
Elle sert dans un bistrot.	*She's a waitress in a bistro.*
Que vais-je vous servir?	*What would you like to have?*
En fait de problèmes, nous sommes bien servis.	*As far as problems go, we have loads of them.*
Le cognac se sert après le repas.	*Brandy is served after the meal.*
Ce libraire sert tous les médecins.	*All the doctors go to this bookseller.*
Tu voulais qu'il fasse chaud! Te voilà servi.	*You wanted it to be warm! You got what you wished for.*
C'est à qui de servir?	*Whose turn is it to serve?* (tennis)
Servez-vous-en!	*Help yourself!*

servir (à) = être utile

À quoi (est-ce que) ça sert?	*What is that good for?/What is the use of that?*
Ça ne sert à rien.	*That is useless/good for nothing.*
Cet outil sert à beaucoup de choses.	*This tool has a lot of uses.*
Ça ne sert à rien de se plaindre.	*There's no use complaining.*
Ça ne sert qu'à l'agacer.	*That only serves to irritate him/her.*
Vos conseils m'ont bien servi.	*Your advice was very useful.*
Cette veste peut encore servir.	*You can still get some use out of this jacket.*

servir de

Elle nous a servi de guide.	*She was our guide.*
Un indigène nous a servi d'interprète.	*A native served as our interpreter.*
Cette table me sert de bureau.	*This table serves as my desk.*
Que ça te serve de leçon!	*Let that be a lesson to you!*
Son courage nous a servi d'exemple.	*His courage was an example for us.*

se servir de

Je me sers d'un crayon pour écrire.	*I'm using a pencil to write with.*
Je peux me servir de ton dictionnaire?	*May I use your dictionary?*
Il ne sait pas se servir de l'ordinateur.	*He doesn't know how to use the computer.*
C'est un type qui se sert de ses amis.	*He's a guy who uses his friends.*

Related Words

le service	*service/favor/service charge*
Service compris?	*Is the gratuity included?*
être de service	*to be on duty*
Où est le gardien de service?	*Where is the guard who's on duty?*

TOP 30 VERBS

irregular verb; compound tenses with *être*; when there is a direct object, the passé composé is conjugated with *avoir*

je sors · je sortis · sorti · sortant

PRESENT

sors	sortons
sors	sortez
sort	sortent

PASSÉ COMPOSÉ

suis sorti(e)	sommes sorti(e)s
es sorti(e)	êtes sorti(e)(s)
est sorti(e)	sont sorti(e)s

IMPERFECT

sortais	sortions
sortais	sortiez
sortait	sortaient

PLUPERFECT

étais sorti(e)	étions sorti(e)s
étais sorti(e)	étiez sorti(e)(s)
était sorti(e)	étaient sorti(e)s

PASSÉ SIMPLE

sortis	sortîmes
sortis	sortîtes
sortit	sortirent

PAST ANTERIOR

fus sorti(e)	fûmes sorti(e)s
fus sorti(e)	fûtes sorti(e)(s)
fut sorti(e)	furent sorti(e)s

FUTURE

sortirai	sortirons
sortiras	sortirez
sortira	sortiront

FUTURE ANTERIOR

serai sorti(e)	serons sorti(e)s
seras sorti(e)	serez sorti(e)(s)
sera sorti(e)	seront sorti(e)s

CONDITIONAL

sortirais	sortirions
sortirais	sortiriez
sortirait	sortiraient

PAST CONDITIONAL

serais sorti(e)	serions sorti(e)s
serais sorti(e)	seriez sorti(e)(s)
serait sorti(e)	seraient sorti(e)s

PRESENT SUBJUNCTIVE

sorte	sortions
sortes	sortiez
sorte	sortent

PAST SUBJUNCTIVE

sois sorti(e)	soyons sorti(e)s
sois sorti(e)	soyez sorti(e)(s)
soit sorti(e)	soient sorti(e)s

IMPERFECT SUBJUNCTIVE

sortisse	sortissions
sortisses	sortissiez
sortît	sortissent

PLUPERFECT SUBJUNCTIVE

fusse sorti(e)	fussions sorti(e)s
fusses sorti(e)	fussiez sorti(e)(s)
fût sorti(e)	fussent sorti(e)s

COMMANDS

	sortons
sors	sortez

Usage

—Tu sors ce soir?	*Are you going out this evening?*
—Oui, je sors danser avec Vincent.	*Yes, I'm going out dancing with Vincent.*
Je sors en bicyclette, maman.	*I'm going out for a ride on my bike, Mom.*
Elle n'est jamais sortie de son pays.	*She's never been out of the country.*
Il vient de sortir de l'hôpital.	*He's just gotten out of the hospital.*
Sortez de l'eau, les gosses!	*Come out of the water, kids!*
Ce rapport est tellement compliqué. Je n'en sors pas.	*This report is so complicated. There's no end to it.*
Il est sorti de ses gonds.	*He flew off the handle.*
—Sors la voiture du garage.	*Take the car out of the garage.*
—Je l'ai déjà sortie.	*I already took it out.*
Ils sortent de partout.	*They're coming out of the woodwork.*

je souffre · je souffris · souffert · souffrant   irregular verb

PRESENT		PASSÉ COMPOSÉ	
souffre	souffrons	ai souffert	avons souffert
souffres	souffrez	as souffert	avez souffert
souffre	souffrent	a souffert	ont souffert

IMPERFECT		PLUPERFECT	
souffrais	souffrions	avais souffert	avions souffert
souffrais	souffriez	avais souffert	aviez souffert
souffrait	souffraient	avait souffert	avaient souffert

PASSÉ SIMPLE		PAST ANTERIOR	
souffris	souffrîmes	eus souffert	eûmes souffert
souffris	souffrîtes	eus souffert	eûtes souffert
souffrit	souffrirent	eut souffert	eurent souffert

FUTURE		FUTURE ANTERIOR	
souffrirai	souffrirons	aurai souffert	aurons souffert
souffriras	souffrirez	auras souffert	aurez souffert
souffrira	souffriront	aura souffert	auront souffert

CONDITIONAL		PAST CONDITIONAL	
souffrirais	souffririons	aurais souffert	aurions souffert
souffrirais	souffririez	aurais souffert	auriez souffert
souffrirait	souffriraient	aurait souffert	auraient souffert

PRESENT SUBJUNCTIVE		PAST SUBJUNCTIVE	
souffre	souffrions	aie souffert	ayons souffert
souffres	souffriez	aies souffert	ayez souffert
souffre	souffrent	ait souffert	aient souffert

IMPERFECT SUBJUNCTIVE		PLUPERFECT SUBJUNCTIVE	
souffrisse	souffrissions	eusse souffert	eussions souffert
souffrisses	souffrissiez	eusses souffert	eussiez souffert
souffrît	souffrissent	eût souffert	eussent souffert

COMMANDS	
	souffrons
souffre	souffrez

Usage

Je souffre de l'estomac.	*I've got stomach problems.*
Elle souffrait de maux de tête.	*She suffered from headaches.*
L'enfant a fait souffrir ses parents.	*The child made his parents suffer.*
Ce prof te fera souffrir.	*That teacher will give you trouble.*
La qualité du produit a souffert.	*The quality of the product has suffered.*
Je souffre de la chaleur.	*I really don't like heat.*
Tu vas souffrir pour lui faire entendre raison.	*You'll have a hard time getting him to listen to reason.*
Ils ont souffert de la faim.	*They went away hungry.*
Ta réputation va en souffrir.	*Your reputation will suffer for it.*
Cette règle souffre de beaucoup d'exceptions.	*This rule has many exceptions.*
Je ne peux pas souffrir mon patron.	*I can't bear my boss.*

regular -er verb · je souhaite · je souhaitai · souhaité · souhaitant

PRESENT

souhaite	souhaitons
souhaites	souhaitez
souhaite	souhaitent

PASSÉ COMPOSÉ

ai souhaité	avons souhaité
as souhaité	avez souhaité
a souhaité	ont souhaité

IMPERFECT

souhaitais	souhaitions
souhaitais	souhaitiez
souhaitait	souhaitaient

PLUPERFECT

avais souhaité	avions souhaité
avais souhaité	aviez souhaité
avait souhaité	avaient souhaité

PASSÉ SIMPLE

souhaitai	souhaitâmes
souhaitas	souhaitâtes
souhaita	souhaitèrent

PAST ANTERIOR

eus souhaité	eûmes souhaité
eus souhaité	eûtes souhaité
eut souhaité	eurent souhaité

FUTURE

souhaiterai	souhaiterons
souhaiteras	souhaiterez
souhaitera	souhaiteront

FUTURE ANTERIOR

aurai souhaité	aurons souhaité
auras souhaité	aurez souhaité
aura souhaité	auront souhaité

CONDITIONAL

souhaiterais	souhaiterions
souhaiterais	souhaiteriez
souhaiterait	souhaiteraient

PAST CONDITIONAL

aurais souhaité	aurions souhaité
aurais souhaité	auriez souhaité
aurait souhaité	auraient souhaité

PRESENT SUBJUNCTIVE

souhaite	souhaitions
souhaites	souhaitiez
souhaite	souhaitent

PAST SUBJUNCTIVE

aie souhaité	ayons souhaité
aies souhaité	ayez souhaité
ait souhaité	aient souhaité

IMPERFECT SUBJUNCTIVE

souhaitasse	souhaitassions
souhaitasses	souhaitassiez
souhaitât	souhaitassent

PLUPERFECT SUBJUNCTIVE

eusse souhaité	eussions souhaité
eusses souhaité	eussiez souhaité
eût souhaité	eussent souhaité

COMMANDS

	souhaitons
souhaite	souhaitez

Usage

Je vous souhaite une bonne année!	*I wish you a happy new year!*
On te souhaite le bonheur dans ton nouvel appartement.	*We wish you happiness in your new apartment.*
On lui a souhaité la bonne chance.	*We wished him luck.*
Il souhaitait travailler à son compte.	*He hoped to open his own business.*

RELATED WORDS

le souhait	*wish*
les souhaits de bonne année	*New Year's wishes*
Les enfants ont reçu des jouets à souhait.	*The children got as many toys as they could want.*
À tes souhaits!	*God bless you!* (after someone sneezes)
souhaitable	*desirable*
une qualité souhaitable	*a desirable quality*

| | **se souvenir** *to remember* |

je me souviens · je me souvins · s'étant souvenu · irregular reflexive verb
se souvenant

PRESENT		**PASSÉ COMPOSÉ**	
me souviens	nous souvenons	me suis souvenu(e)	nous sommes souvenu(e)s
te souviens	vous souvenez	t'es souvenu(e)	vous êtes souvenu(e)(s)
se souvient	se souviennent	s'est souvenu(e)	se sont souvenu(e)s

IMPERFECT		**PLUPERFECT**	
me souvenais	nous souvenions	m'étais souvenu(e)	nous étions souvenu(e)s
te souvenais	vous souveniez	t'étais souvenu(e)	vous étiez souvenu(e)(s)
se souvenait	se souvenaient	s'était souvenu(e)	s'étaient souvenu(e)s

PASSÉ SIMPLE		**PAST ANTERIOR**	
me souvins	nous souvînmes	me fus souvenu(e)	nous fûmes souvenu(e)s
te souvins	vous souvîntes	te fus souvenu(e)	vous fûtes souvenu(e)(s)
se souvint	se souvinrent	se fut souvenu(e)	se furent souvenu(e)s

FUTURE		**FUTURE ANTERIOR**	
me souviendrai	nous souviendrons	me serai souvenu(e)	nous serons souvenu(e)s
te souviendras	vous souviendrez	te seras souvenu(e)	vous serez souvenu(e)(s)
se souviendra	se souviendront	se sera souvenu(e)	se seront souvenu(e)s

CONDITIONAL		**PAST CONDITIONAL**	
me souviendrais	nous souviendrions	me serais souvenu(e)	nous serions souvenu(e)s
te souviendrais	vous souviendriez	te serais souvenu(e)	vous seriez souvenu(e)(s)
se souviendrait	se souviendraient	se serait souvenu(e)	se seraient souvenu(e)s

PRESENT SUBJUNCTIVE		**PAST SUBJUNCTIVE**	
me souvienne	nous souvenions	me sois souvenu(e)	nous soyons souvenu(e)s
te souviennes	vous souveniez	te sois souvenu(e)	vous soyez souvenu(e)(s)
se souvienne	se souviennent	se soit souvenu(e)	se soient souvenu(e)s

IMPERFECT SUBJUNCTIVE		**PLUPERFECT SUBJUNCTIVE**	
me souvinsse	nous souvinssions	me fusse souvenu(e)	nous fussions souvenu(e)s
te souvinsses	vous souvinssiez	te fusses souvenu(e)	vous fussiez souvenu(e)(s)
se souvînt	se souvinssent	se fût souvenu(e)	se fussent souvenu(e)s

COMMANDS	
	souvenons-nous
souviens-toi	souvenez-vous

Usage

Je me souviens de tout ce qu'il a dit.	*I remember everything he said.*
Tu te souviens de moi?	*Do you remember me?*
Souvenez-vous qu'elle est souffrante.	*Bear in mind that she is not feeling well.*
Il ne se souvient pas d'être entré dans le café.	*He doesn't remember having gone into the café.*
Je ne me souviens pas d'avoir lu cet article.	*I don't remember having read that article.*
On s'en souviendra!	*We won't forget this!*
Elle lui a flanqué une gifle dont il se souviendra.	*She gave him a slap he won't forget.*

RELATED WORD

le souvenir	*memory/souvenir*
des souvenirs d'enfance	*childhood memories*

irregular verb

PRESENT

suis	suivons
suis	suivez
suit	suivent

PASSÉ COMPOSÉ

ai suivi	avons suivi
as suivi	avez suivi
a suivi	ont suivi

IMPERFECT

suivais	suivions
suivais	suiviez
suivait	suivaient

PLUPERFECT

avais suivi	avions suivi
avais suivi	aviez suivi
avait suivi	avaient suivi

PASSÉ SIMPLE

suivis	suivîmes
suivis	suivîtes
suivit	suivirent

PAST ANTERIOR

eus suivi	eûmes suivi
eus suivi	eûtes suivi
eut suivi	eurent suivi

FUTURE

suivrai	suivrons
suivras	suivrez
suivra	suivront

FUTURE ANTERIOR

aurai suivi	aurons suivi
auras suivi	aurez suivi
aura suivi	auront suivi

CONDITIONAL

suivrais	suivrions
suivrais	suivriez
suivrait	suivraient

PAST CONDITIONAL

aurais suivi	aurions suivi
aurais suivi	auriez suivi
aurait suivi	auraient suivi

PRESENT SUBJUNCTIVE

suive	suivions
suives	suiviez
suive	suivent

PAST SUBJUNCTIVE

aie suivi	ayons suivi
aies suivi	ayez suivi
ait suivi	aient suivi

IMPERFECT SUBJUNCTIVE

suivisse	suivissions
suivisses	suivissiez
suivît	suivissent

PLUPERFECT SUBJUNCTIVE

eusse suivi	eussions suivi
eusses suivi	eussiez suivi
eût suivi	eussent suivi

COMMANDS

	suivons
suis	suivez

Usage

Suivez-moi, s'il vous plaît.	*Follow me, please.*
On les suivait de près.	*We were following them closely.*
Le beau temps suivra la pluie.	*After the rain, the weather will be nice.*
Quels cours suivez-vous?	*What courses are you taking?*
Il suit bien à l'école.	*He's a good student at school.*
On a fait suivre tout mon courrier.	*They forwarded all my mail.*
Je le suivais comme une ombre.	*I was following him like his shadow.*
J'ai suivi le train qui partait du regard.	*I followed the departing train with my eyes.*
—Vous me suivez ou pas?	*Do you get what I mean or not?*
—Je ne vous suis pas.	*I can't follow what you're saying.*
Descendez à l'arrêt qui suit le mien.	*Get off at the stop after mine.*
Voilà la ligne d'action à suivre.	*There's the path of action to follow.*
Ce souvenir me suit partout.	*That memory haunts me.*

je me tais · je me tus · s'étant tu · se taisant

irregular reflexive verb; compound tenses with être

PRESENT		PASSÉ COMPOSÉ	
me tais	nous taisons	me suis tu(e)	nous sommes tu(e)s
te tais	vous taisez	t'es tu(e)	vous êtes tu(e)(s)
se tait	se taisent	s'est tu(e)	se sont tu(e)s

IMPERFECT		PLUPERFECT	
me taisais	nous taisions	m'étais tu(e)	nous étions tu(e)s
te taisais	vous taisiez	t'étais tu(e)	vous étiez tu(e)(s)
se taisait	se taisaient	s'était tu(e)	s'étaient tu(e)s

PASSÉ SIMPLE		PAST ANTERIOR	
me tus	nous tûmes	me fus tu(e)	nous fûmes tu(e)s
te tus	vous tûtes	te fus tu(e)	vous fûtes tu(e)(s)
se tut	se turent	se fut tu(e)	se furent tu(e)s

FUTURE		FUTURE ANTERIOR	
me tairai	nous tairons	me serai tu(e)	nous serons tu(e)s
te tairas	vous tairez	te seras tu(e)	vous serez tu(e)(s)
se taira	se tairont	se sera tu(e)	se seront tu(e)s

CONDITIONAL		PAST CONDITIONAL	
me tairais	nous tairions	me serais tu(e)	nous serions tu(e)s
te tairais	vous tairiez	te serais tu(e)	vous seriez tu(e)(s)
se tairait	se tairaient	se serait tu(e)	se seraient tu(e)s

PRESENT SUBJUNCTIVE		PAST SUBJUNCTIVE	
me taise	nous taisions	me sois tu(e)	nous soyons tu(e)s
te taises	vous taisiez	te sois tu(e)	vous soyez tu(e)(s)
se taise	se taisent	se soit tu(e)	se soient tu(e)s

IMPERFECT SUBJUNCTIVE		PLUPERFECT SUBJUNCTIVE	
me tusse	nous tussions	me fusse tu(e)	nous fussions tu(e)s
te tusses	vous tussiez	te fusses tu(e)	vous fussiez tu(e)(s)
se tût	se tussent	se fût tu(e)	se fussent tu(e)s

COMMANDS	
	taisons-nous
tais-toi	taisez-vous

Usage

Tais-toi! Tu n'arrêtes pas de parler!	*Keep quiet! You don't stop talking!*
J'ai perdu une belle occasion pour me taire.	*I should have kept my mouth closed.*
Pour réussir, il faut savoir se taire.	*To succeed, you must learn discretion.*
Je me tairai là-dessus.	*I won't say anything about that.*
Dans ces cas, il vaut mieux se taire.	*In these cases, it's better not to say anything.*
Quand il est entré, tout le monde s'est tu.	*When he walked in, everyone fell silent.*
taire qqch	*to keep something quiet*
Ils ont tu ces rapports commerciaux.	*They kept these business relations quiet.*
—Tu aurais dû te taire.	*You should have kept quiet.*
—Personne ne me fera taire!	*No one will silence me!*

je tiens · je tins · tenu · tenant

irregular verb

PRESENT	
tiens	tenons
tiens	tenez
tient	tiennent

IMPERFECT	
tenais	tenions
tenais	teniez
tenait	tenaient

PASSÉ SIMPLE	
tins	tînmes
tins	tîntes
tint	tinrent

FUTURE	
tiendrai	tiendrons
tiendras	tiendrez
tiendra	tiendront

CONDITIONAL	
tiendrais	tiendrions
tiendrais	tiendriez
tiendrait	tiendraient

PRESENT SUBJUNCTIVE	
tienne	tenions
tiennes	teniez
tienne	tiennent

IMPERFECT SUBJUNCTIVE	
tinsse	tinssions
tinsses	tinssiez
tînt	tinssent

COMMANDS	
	tenons
tiens	tenez

PASSÉ COMPOSÉ	
ai tenu	avons tenu
as tenu	avez tenu
a tenu	ont tenu

PLUPERFECT	
avais tenu	avions tenu
avais tenu	aviez tenu
avait tenu	avaient tenu

PAST ANTERIOR	
eus tenu	eûmes tenu
eus tenu	eûtes tenu
eut tenu	eurent tenu

FUTURE ANTERIOR	
aurai tenu	aurons tenu
auras tenu	aurez tenu
aura tenu	auront tenu

PAST CONDITIONAL	
aurais tenu	aurions tenu
aurais tenu	auriez tenu
aurait tenu	auraient tenu

PAST SUBJUNCTIVE	
aie tenu	ayons tenu
aies tenu	ayez tenu
ait tenu	aient tenu

PLUPERFECT SUBJUNCTIVE	
eusse tenu	eussions tenu
eusses tenu	eussiez tenu
eût tenu	eussent tenu

Usage

tenir qqch dans la main	to hold something in one's hand
L'étudiant tient son livre dans la main.	The student is holding the book in his hand.
Il tenait sa fiancée dans ses bras.	He was holding his fiancée in his arms.
Sa maladie l'a tenu enfermé chez lui un mois.	His illness kept him shut in at home for a month.
Cet amphithéâtre tient 300 étudiants.	This lecture hall holds 300 students.
Tiens mon dîner au chaud. J'arrive dans une demi-heure.	Keep my dinner warm. I'll be there in half an hour.
Ce prof ne sait pas tenir sa classe.	This teacher can't control his class.
Le filet n'a pas tenu.	The net didn't hold./The net broke.
Les Dupont tiennent un café près de la place.	The Duponts run a café near the square.

TOP 30 VERB ☞

tenir = être solide; rentrer

Ce mur ne va pas tenir.	*This wall is not going to hold.*
Ces livres ne tiennent pas dans la serviette.	*These books can't fit into the briefcase.*
Mon analyse tiendra en quelques pages.	*My analysis will take a few pages.*
Cette voiture tient bien la route.	*This car drives well/holds the road well.*
L'autocar tient toute la route.	*The bus takes up the whole road.*

tenir à qqn, tenir à qqch

Cet enfant tient beaucoup à son père.	*This child is very attached to his father.*
Le malade tenait à la vie.	*The sick man clung to life.*
Sa sagesse tient à son âge.	*His wisdom derives from his age.*

tenir à + infinitif

Je tiens à le voir.	*I'd really like to see him.*
Il tenait à me rappeler ma dette envers lui.	*He was insistent about reminding me of my debt to him.*
On dînera en ville, si vous y tenez.	*We'll eat out if you insist.*

tenir à ce que + subjonctif

Je tiens à ce que tu reviennes avant dix heures.	*I insist you be back before ten o'clock.*
Je tiens à ce que vous sachiez que...	*I want you to know that . . .*

Expressions

Vous osez me tenir pareil langage!	*How dare you speak to me like that!*
Tout le monde le tient pour un escroc.	*Everyone has him pegged as a swindler.*
Qu'à cela ne tienne.	*That doesn't matter.*
Il ne tient qu'à vous de me tirer d'affaire.	*You're the only one who can help me out.*
Les étudiants sont tenus de respecter le règlement du lycée.	*Students are expected to respect the school rules.*
Il a pu tenir son rang dans cette discussion.	*He was able to hold his own in that discussion.*
Il a démissionné. Il n'a pas pu tenir le coup.	*He resigned. He couldn't take it.*
Tenez-vous-en là!	*Stop right there!*
Il a tenu ses engagements envers moi.	*He fulfilled his obligations to me.*
Qui tient la tête?	*Who's in the lead?*
Ton raisonnement ne tient pas debout.	*Your argument doesn't hold water.*
Il ne tient jamais parole.	*He never keeps his word.*
Tiens-moi au courant.	*Keep me informed.*

TOP 30 VERBS

regular -er verb

je tire · je tirai · tiré · tirant

PRESENT	
tire	tirons
tires	tirez
tire	tirent

IMPERFECT	
tirais	tirions
tirais	tiriez
tirait	tiraient

PASSÉ SIMPLE	
tirai	tirâmes
tiras	tirâtes
tira	tirèrent

FUTURE	
tirerai	tirerons
tireras	tirerez
tirera	tireront

CONDITIONAL	
tirerais	tirerions
tirerais	tireriez
tirerait	tireraient

PRESENT SUBJUNCTIVE	
tire	tirions
tires	tiriez
tire	tirent

IMPERFECT SUBJUNCTIVE	
tirasse	tirassions
tirasses	tirassiez
tirât	tirassent

COMMANDS	
	tirons
tire	tirez

PASSÉ COMPOSÉ	
ai tiré	avons tiré
as tiré	avez tiré
a tiré	ont tiré

PLUPERFECT	
avais tiré	avions tiré
avais tiré	aviez tiré
avait tiré	avaient tiré

PAST ANTERIOR	
eus tiré	eûmes tiré
eus tiré	eûtes tiré
eut tiré	eurent tiré

FUTURE ANTERIOR	
aurai tiré	aurons tiré
auras tiré	aurez tiré
aura tiré	auront tiré

PAST CONDITIONAL	
aurais tiré	aurions tiré
aurais tiré	auriez tiré
aurait tiré	auraient tiré

PAST SUBJUNCTIVE	
aie tiré	ayons tiré
aies tiré	ayez tiré
ait tiré	aient tiré

PLUPERFECT SUBJUNCTIVE	
eusse tiré	eussions tiré
eusses tiré	eussiez tiré
eût tiré	eussent tiré

Usage

Mon fils me tirait par la manche.	*My son was pulling me by the sleeve.*
Tire fort pour ouvrir ce placard.	*Pull hard to open that cupboard.*
Il a tiré son portefeuille de sa poche.	*He pulled his wallet out of his pocket.*
Cet enfant m'a tiré la langue!	*That child stuck his tongue out at me!*
Les soldats ont tiré contre l'ennemi.	*The soldiers shot at the enemy.*
Il a fallu me tirer du lit ce matin.	*I had to be dragged out of bed this morning.*
Tirez les rideaux. Il fait déjà nuit.	*Pull the curtains. It's dark already.*
Bien fait! Je vous tire mon chapeau!	*Well done! I take my hat off to you!*
C'est une vitrine qui tire l'œil.	*It's an eye-catching store window.*
tirer la chasse	*to flush the toilet*
Merci! Nous m'avez tiré du doute.	*Thanks! You've removed my doubts.*
Tirez dix copies du rapport.	*Make ten copies of the report.*

Le joueur de football est tombé en courant.

The soccer player fell while running.

Ne me pousse pas. Tu vas me faire tomber.

Don't push me. You'll make me fall.

Il est tombé raide mort.

He dropped dead.

Il s'est fait mal en tombant de la bicyclette.

He got hurt falling off the bicycle.

Il tombe de la pluie.

It's raining.

Ça tombe dru.

It's raining hard.

Elle est tombée dans ses bras.

She fell into his arms.

Les fruits tombent des arbres.

The fruit is falling off the trees.

Il est tombé sur la tête.

He's off his rocker.

Cette famille est tombée dans la mouise (dans la dèche).

That family has lost everything.

Laisse tomber. Ce n'est pas la peine d'en parler.

Forget it. It doesn't pay to talk about it.

Il a laissé tomber la photographie.

He's given up photography.

L'euro tombe.

The euro is falling (in value).

Je tombe de sommeil.

I'm falling over with fatigue.

Le pauvre vieillard est tombé bien bas.

The poor old man is at death's door.

Ça tombe à pic!

Perfect timing!

tomber = arriver par hasard

Tu tombes bien.

You've come at the right moment.

Tu tombes mal.

You've come at a bad time.

Ça tombe bien.

That's lucky.

Ça tombe à point.

What perfect timing.

Il tombe toujours au mauvais moment.

His timing is always off.

Les deux réunions tombent le même jour.

The two meetings fall on the same day.

Expressions

Nous sommes tombés d'accord.

We came to an agreement.

Tous nos projets sont tombés à l'eau.

All our plans fell through.

Elle n'est pas tombée de la dernière pluie.

She wasn't born yesterday.

Je tombe des nues.

I'm stunned.

Ma voiture est tombée en panne.

My car broke down.

Ta robe tombe bien.

Your dress fits/hangs well.

Le pays est tombé dans le désespoir.

The country fell into despair.

La pièce est tombée.

The play flopped.

Vous êtes tombé juste! C'est moi!

You guessed right! I'm the one!

TOP 30 VERBS

regular -er verb;
compound tenses with *être*

je tombe · je tombai · tombé · tombant

PRESENT		PASSÉ COMPOSÉ	
tombe	tombons	suis tombé(e)	sommes tombé(e)s
tombes	tombez	es tombé(e)	êtes tombé(e)(s)
tombe	tombent	est tombé(e)	sont tombé(e)s

IMPERFECT		PLUPERFECT	
tombais	tombions	étais tombé(e)	étions tombé(e)s
tombais	tombiez	étais tombé(e)	étiez tombé(e)(s)
tombait	tombaient	était tombé(e)	étaient tombé(e)s

PASSÉ SIMPLE		PAST ANTERIOR	
tombai	tombâmes	fus tombé(e)	fûmes tombé(e)s
tombas	tombâtes	fus tombé(e)	fûtes tombé(e)(s)
tomba	tombèrent	fut tombé(e)	furent tombé(e)s

FUTURE		FUTURE ANTERIOR	
tomberai	tomberons	serai tombé(e)	serons tombé(e)s
tomberas	tomberez	seras tombé(e)	serez tombé(e)(s)
tombera	tomberont	sera tombé(e)	seront tombé(e)s

CONDITIONAL		PAST CONDITIONAL	
tomberais	tomberions	serais tombé(e)	serions tombé(e)s
tomberais	tomberiez	serais tombé(e)	seriez tombé(e)(s)
tomberait	tomberaient	serait tombé(e)	seraient tombé(e)s

PRESENT SUBJUNCTIVE		PAST SUBJUNCTIVE	
tombe	tombions	sois tombé(e)	soyons tombé(e)s
tombes	tombiez	sois tombé(e)	soyez tombé(e)(s)
tombe	tombent	soit tombé(e)	soient tombé(e)s

IMPERFECT SUBJUNCTIVE		PLUPERFECT SUBJUNCTIVE	
tombasse	tombassions	fusse tombé(e)	fussions tombé(e)s
tombasses	tombassiez	fusses tombé(e)	fussiez tombé(e)(s)
tombât	tombassent	fût tombé(e)	fussent tombé(e)s

COMMANDS	
	tombons
tombe	tombez

Usage

Fais attention! Tu vas tomber!	*Be careful! You'll fall!*
Elle est tombée en traversant la rue.	*She fell while crossing the street.*
La nuit tombe.	*Night is falling.*
tomber amoureux/amoureuse	*to fall in love*
Il est tombé amoureux de sa collègue.	*He fell in love with his coworker.*
L'enfant est tombé de son lit.	*The child fell out of his bed.*
Je suis tombée sur une vieille lettre.	*I came across an old letter.*
Le jour de l'an tombe un vendredi.	*New Year's Day falls on a Friday.*
Une averse de grêle est tombée sur la ville.	*A hailstorm fell on the city.*
Les bras m'en tombent.	*I'm shocked./I'm pleasantly surprised.*
On ne laisse pas tomber ses amis.	*You don't let down your friends.*
Il me tombe sur les nerfs.	*He gets on my nerves.*

toucher *to touch*

je touche · je touchai · touché · touchant

regular -*er* verb

PRESENT

touche	touchons
touches	touchez
touche	touchent

PASSÉ COMPOSÉ

ai touché	avons touché
as touché	avez touché
a touché	ont touché

IMPERFECT

touchais	touchions
touchais	touchiez
touchait	touchaient

PLUPERFECT

avais touché	avions touché
avais touché	aviez touché
avait touché	avaient touché

PASSÉ SIMPLE

touchai	touchâmes
touchas	touchâtes
toucha	touchèrent

PAST ANTERIOR

eus touché	eûmes touché
eus touché	eûtes touché
eut touché	eurent touché

FUTURE

toucherai	toucherons
toucheras	toucherez
touchera	toucheront

FUTURE ANTERIOR

aurai touché	aurons touché
auras touché	aurez touché
aura touché	auront touché

CONDITIONAL

toucherais	toucherions
toucherais	toucheriez
toucherait	toucheraient

PAST CONDITIONAL

aurais touché	aurions touché
aurais touché	auriez touché
aurait touché	auraient touché

PRESENT SUBJUNCTIVE

touche	touchions
touches	touchiez
touche	touchent

PAST SUBJUNCTIVE

aie touché	ayons touché
aies touché	ayez touché
ait touché	aient touché

IMPERFECT SUBJUNCTIVE

touchasse	touchassions
touchasses	touchassiez
touchât	touchassent

PLUPERFECT SUBJUNCTIVE

eusse touché	eussions touché
eusses touché	eussiez touché
eût touché	eussent touché

COMMANDS

| | touchons |
| touche | touchez |

Usage

Elle m'a touché la joue.	*She touched my cheek.*
Ne touchez pas les fruits, s.v.p.	*Please don't touch the fruit.*
Ne touchez pas à mes affaires.	*Don't touch my things.*
Je vais toucher ce chèque.	*I'm going to cash this check.*
Il touche 1500 dollars par semaine.	*He gets (paid) 1500 dollars a week.*
Je n'ai pas touché d'alcool depuis mon infarctus.	*I haven't had any alcohol since my heart attack.*
Sa lettre m'a profondément touché.	*His letter moved me deeply.*
Son refus m'a touché au vif.	*His refusal really hurt me.*
Il en a touché un mot avec moi.	*He mentioned it to me.*

RELATED WORDS

| touchant(e) | *touching/moving* |
| touche-à-tout | *meddling with/touching everything* |

regular -er verb

PRESENT

tourne	tournons
tournes	tournez
tourne	tournent

PASSÉ COMPOSÉ

ai tourné	avons tourné
as tourné	avez tourné
a tourné	ont tourné

IMPERFECT

tournais	tournions
tournais	tourniez
tournait	tournaient

PLUPERFECT

avais tourné	avions tourné
avais tourné	aviez tourné
avait tourné	avaient tourné

PASSÉ SIMPLE

tournai	tournâmes
tournas	tournâtes
tourna	tournèrent

PAST ANTERIOR

eus tourné	eûmes tourné
eus tourné	eûtes tourné
eut tourné	eurent tourné

FUTURE

tournerai	tournerons
tourneras	tournerez
tournera	tourneront

FUTURE ANTERIOR

aurai tourné	aurons tourné
auras tourné	aurez tourné
aura tourné	auront tourné

CONDITIONAL

tournerais	tournerions
tournerais	tourneriez
tournerait	tourneraient

PAST CONDITIONAL

aurais tourné	aurions tourné
aurais tourné	auriez tourné
aurait tourné	auraient tourné

PRESENT SUBJUNCTIVE

tourne	tournions
tournes	tourniez
tourne	tournent

PAST SUBJUNCTIVE

aie tourné	ayons tourné
aies tourné	ayez tourné
ait tourné	aient tourné

IMPERFECT SUBJUNCTIVE

tournasse	tournassions
tournasses	tournassiez
tournât	tournassent

PLUPERFECT SUBJUNCTIVE

eusse tourné	eussions tourné
eusses tourné	eussiez tourné
eût tourné	eussent tourné

COMMANDS

	tournons
tourne	tournez

Usage

Les roues tournaient vite.	*The wheels were turning quickly.*
Tournez la page.	*Turn the page.*
Elle a tourné ses yeux vers la porte qui s'ouvrait.	*She turned her eyes to the door that was opening.*
Tournez à gauche au coin.	*Turn left at the corner.*
Il sait tout tourner à son avantage.	*He can turn everything to his advantage.*
La situation a mal tourné.	*The situation was turning out badly.*
Le lait a tourné.	*The milk soured.*
J'ai la tête qui tourne.	*I feel dizzy.*
Il tourne autour du pot.	*He's beating around the bush.*
Elle tourne tout en plaisanterie.	*She turns everything into a joke.*
Il lui a tourné la tête.	*He turned her head.*
Ne tourne pas le fer dans la plaie.	*Don't rub it in.*

PRESENT			
traduis	traduisons		
traduis	traduisez		
traduit	traduisent		

PASSÉ COMPOSÉ			
ai traduit	avons traduit		
as traduit	avez traduit		
a traduit	ont traduit		

IMPERFECT

traduisais	traduisions
traduisais	traduisiez
traduisait	traduisaient

PLUPERFECT

avais traduit	avions traduit
avais traduit	aviez traduit
avait traduit	avaient traduit

PASSÉ SIMPLE

traduisis	traduisîmes
traduisis	traduisîtes
traduisit	traduisirent

PAST ANTERIOR

eus traduit	eûmes traduit
eus traduit	eûtes traduit
eut traduit	eurent traduit

FUTURE

traduirai	traduirons
traduiras	traduirez
traduira	traduiront

FUTURE ANTERIOR

aurai traduit	aurons traduit
auras traduit	aurez traduit
aura traduit	auront traduit

CONDITIONAL

traduirais	traduirions
traduirais	traduiriez
traduirait	traduiraient

PAST CONDITIONAL

aurais traduit	aurions traduit
aurais traduit	auriez traduit
aurait traduit	auraient traduit

PRESENT SUBJUNCTIVE

traduise	traduisions
traduises	traduisiez
traduise	traduisent

PAST SUBJUNCTIVE

aie traduit	ayons traduit
aies traduit	ayez traduit
ait traduit	aient traduit

IMPERFECT SUBJUNCTIVE

traduisisse	traduisissions
traduisisses	traduisissiez
traduisît	traduisissent

PLUPERFECT SUBJUNCTIVE

eusse traduit	eussions traduit
eusses traduit	eussiez traduit
eût traduit	eussent traduit

COMMANDS

| | traduisons |
| traduis | traduisez |

Usage

Il m'a traduit le document.	He translated the document for me.
Elle a traduit le roman du français en anglais.	She translated the novel from French into English.
Cette expression est mal traduite.	This expression is badly translated.
J'ai les œuvres de Racine en traduction.	I have Racine's work in translation.
C'est une idée difficile à traduire en images.	It's an idea that's difficult to express in pictures.

RELATED WORDS

la traduction	translation
la traduction automatique	machine translation
le traducteur/la traductrice	translator
Elle travaille comme traductrice.	She works as a translator.

regular -er verb   **je travaille · je travaillai · travaillé · travaillant**

PRESENT		**PASSÉ COMPOSÉ**	
travaille	travaillons	ai travaillé	avons travaillé
travailles	travaillez	as travaillé	avez travaillé
travaille	travaillent	a travaillé	ont travaillé

IMPERFECT		**PLUPERFECT**	
travaillais	travaillions	avais travaillé	avions travaillé
travaillais	travailliez	avais travaillé	aviez travaillé
travaillait	travaillaient	avait travaillé	avaient travaillé

PASSÉ SIMPLE		**PAST ANTERIOR**	
travaillai	travaillâmes	eus travaillé	eûmes travaillé
travaillas	travaillâtes	eus travaillé	eûtes travaillé
travailla	travaillèrent	eut travaillé	eurent travaillé

FUTURE		**FUTURE ANTERIOR**	
travaillerai	travaillerons	aurai travaillé	aurons travaillé
travailleras	travaillerez	auras travaillé	aurez travaillé
travaillera	travailleront	aura travaillé	auront travaillé

CONDITIONAL		**PAST CONDITIONAL**	
travaillerais	travaillerions	aurais travaillé	aurions travaillé
travaillerais	travailleriez	aurais travaillé	auriez travaillé
travaillerait	travailleraient	aurait travaillé	auraient travaillé

PRESENT SUBJUNCTIVE		**PAST SUBJUNCTIVE**	
travaille	travaillions	aie travaillé	ayons travaillé
travailles	travailliez	aies travaillé	ayez travaillé
travaille	travaillent	ait travaillé	aient travaillé

IMPERFECT SUBJUNCTIVE		**PLUPERFECT SUBJUNCTIVE**	
travaillasse	travaillassions	eusse travaillé	eussions travaillé
travaillasses	travaillassiez	eusses travaillé	eussiez travaillé
travaillât	travaillassent	eût travaillé	eussent travaillé

COMMANDS	
	travaillons
travaille	travaillez

Usage

Je ne travaille pas le dimanche.	*I don't work on Sundays.*
Il travaille avec son père.	*He works with his father.*
Les paysans travaillent la terre.	*The peasants work the land.*
Il fait travailler toute sa parenté dans son restaurant.	*He put all his relatives to work in his restaurant.*
Ma femme travaille dans les assurances.	*My wife works in insurance.*
Cet élève ne fait pas travailler sa tête.	*This student doesn't use his head.*
Il faut que tu travailles un peu ta prose.	*You've got to work on your prose a bit.*
Il travaille du chapeau.	*He's nuts.*
C'est une étudiante qui travaille bien en classe.	*She's a student who does well in class.*
Il y a quelque chose qui le travaille.	*Something is bothering him.*

traverser *to cross*

PRESENT

		PASSÉ COMPOSÉ	
traverse	traversons	ai traversé	avons traversé
traverses	traversez	as traversé	avez traversé
traverse	traversent	a traversé	ont traversé

IMPERFECT

		PLUPERFECT	
traversais	traversions	avais traversé	avions traversé
traversais	traversiez	avais traversé	aviez traversé
traversait	traversaient	avait traversé	avaient traversé

PASSÉ SIMPLE

		PAST ANTERIOR	
traversai	traversâmes	eus traversé	eûmes traversé
traversas	traversâtes	eus traversé	eûtes traversé
traversa	traversèrent	eut traversé	eurent traversé

FUTURE

		FUTURE ANTERIOR	
traverserai	traverserons	aurai traversé	aurons traversé
traverseras	traverserez	auras traversé	aurez traversé
traversera	traverseront	aura traversé	auront traversé

CONDITIONAL

		PAST CONDITIONAL	
traverserais	traverserions	aurais traversé	aurions traversé
traverserais	traverseriez	aurais traversé	auriez traversé
traverserait	traverseraient	aurait traversé	auraient traversé

PRESENT SUBJUNCTIVE

		PAST SUBJUNCTIVE	
traverse	traversions	aie traversé	ayons traversé
traverses	traversiez	aies traversé	ayez traversé
traverse	traversent	ait traversé	aient traversé

IMPERFECT SUBJUNCTIVE

		PLUPERFECT SUBJUNCTIVE	
traversasse	traversassions	eusse traversé	eussions traversé
traversasses	traversassiez	eusses traversé	eussiez traversé
traversât	traversassent	eût traversé	eussent traversé

COMMANDS

	traversons
traverse	traversez

Usage

—On peut traverser la rue ici.   *We can cross the street here.*
—Non, il faut traverser entre les clous.   *No, we have to cross in the crosswalk.*
—Ce navire traversait l'Atlantique.   *This ship used to cross the Atlantic.*
—Oui, il mettait une semaine à faire   *Yes, it took a week to make the crossing.*
    la traversée.

Il va être difficile de traverser la foule.   *It's going to be hard to get through the crowd.*

—Ils ont traversé le lac en bateau?   *Did they cross the lake in a boat?*
—Non, ils l'ont traversé à la nage.   *No, they swam across it.*
Une pensée m'a traversé l'esprit.   *A thought crossed my mind.*
Notre région traverse un moment   *Our region is going through a difficult*
    difficile.   *time.*

regular -er reflexive verb;   je me trompe · je me trompai · s'étant trompé ·
compound tenses with *être*   se trompant

PRESENT

me trompe	nous trompons
te trompes	vous trompez
se trompe	se trompent

IMPERFECT

me trompais	nous trompions
te trompais	vous trompiez
se trompait	se trompaient

PASSÉ SIMPLE

me trompai	nous trompâmes
te trompas	vous trompâtes
se trompa	se trompèrent

FUTURE

me tromperai	nous tromperons
te tromperas	vous tromperez
se trompera	se tromperont

CONDITIONAL

me tromperais	nous tromperions
te tromperais	vous tromperiez
se tromperait	se tromperaient

PRESENT SUBJUNCTIVE

me trompe	nous trompions
te trompes	vous trompiez
se trompe	se trompent

IMPERFECT SUBJUNCTIVE

me trompasse	nous trompassions
te trompasses	vous trompassiez
se trompât	se trompassent

COMMANDS

	trompons-nous
trompe-toi	trompez-vous

PASSÉ COMPOSÉ

me suis trompé(e)	nous sommes trompé(e)s
t'es trompé(e)	vous êtes trompé(e)(s)
s'est trompé(e)	se sont trompé(e)s

PLUPERFECT

m'étais trompé(e)	nous étions trompé(e)s
t'étais trompé(e)	vous étiez trompé(e)(s)
s'était trompé(e)	s'étaient trompé(e)s

PAST ANTERIOR

me fus trompé(e)	nous fûmes trompé(e)s
te fus trompé(e)	vous fûtes trompé(e)(s)
se fut trompé(e)	se furent trompé(e)s

FUTURE ANTERIOR

me serai trompé(e)	nous serons trompé(e)s
te seras trompé(e)	vous serez trompé(e)(s)
se sera trompé(e)	se seront trompé(e)s

PAST CONDITIONAL

me serais trompé(e)	nous serions trompé(e)s
te serais trompé(e)	vous seriez trompé(e)(s)
se serait trompé(e)	se seraient trompé(e)s

PAST SUBJUNCTIVE

me sois trompé(e)	nous soyons trompé(e)s
te sois trompé(e)	vous soyez trompé(e)(s)
se soit trompé(e)	se soient trompé(e)s

PLUPERFECT SUBJUNCTIVE

me fusse trompé(e)	nous fussions trompé(e)s
te fusses trompé(e)	vous fussiez trompé(e)(s)
se fût trompé(e)	se fussent trompé(e)s

Usage

Tout le monde peut se tromper.	*Anyone can make a mistake.*
Si je ne me trompe pas,...	*If I'm not mistaken, . . .*
Ne vous trompez pas sur ses intentions.	*Make no mistake about his intentions.*
Ne vous trompez pas à son égard.	*Make no mistake about him.*
Nous nous sommes trompés de rue.	*We've taken the wrong street.*
Nous nous sommes trompés de porte.	*We've gone to the wrong door.*
Nous nous sommes trompés de train.	*We've gotten on the wrong train.*
Vous vous êtes trompé de numéro.	*You've got the wrong number.*
Vous vous êtes trompé de cent euros.	*You're off by a hundred euros.*

RELATED WORD

tromper	*to fool/trick/cheat*
Il trompe sa femme.	*He cheats on his wife.*
Je me suis fait tromper.	*I got cheated.*

trouver *to find*

je trouve · je trouvai · trouvé · trouvant

regular -er verb

PRESENT		PASSÉ COMPOSÉ	
trouve	trouvons	ai trouvé	avons trouvé
trouves	trouvez	as trouvé	avez trouvé
trouve	trouvent	a trouvé	ont trouvé

IMPERFECT		PLUPERFECT	
trouvais	trouvions	avais trouvé	avions trouvé
trouvais	trouviez	avais trouvé	aviez trouvé
trouvait	trouvaient	avait trouvé	avaient trouvé

PASSÉ SIMPLE		PAST ANTERIOR	
trouvai	trouvâmes	eus trouvé	eûmes trouvé
trouvas	trouvâtes	eus trouvé	eûtes trouvé
trouva	trouvèrent	eut trouvé	eurent trouvé

FUTURE		FUTURE ANTERIOR	
trouverai	trouverons	aurai trouvé	aurons trouvé
trouveras	trouverez	auras trouvé	aurez trouvé
trouvera	trouveront	aura trouvé	auront trouvé

CONDITIONAL		PAST CONDITIONAL	
trouverais	trouverions	aurais trouvé	aurions trouvé
trouverais	trouveriez	aurais trouvé	auriez trouvé
trouverait	trouveraient	aurait trouvé	auraient trouvé

PRESENT SUBJUNCTIVE		PAST SUBJUNCTIVE	
trouve	trouvions	aie trouvé	ayons trouvé
trouves	trouviez	aies trouvé	ayez trouvé
trouve	trouvent	ait trouvé	aient trouvé

IMPERFECT SUBJUNCTIVE		PLUPERFECT SUBJUNCTIVE	
trouvasse	trouvassions	eusse trouvé	eussions trouvé
trouvasses	trouvassiez	eusses trouvé	eussiez trouvé
trouvât	trouvassent	eût trouvé	eussent trouvé

COMMANDS	
	trouvons
trouve	trouvez

Usage

Tu as trouvé ton cahier?	*Did you find your notebook?*
Je ne trouve pas le mot.	*I can't think of the word.*
Elle a trouvé du travail.	*She found a job.*
Je trouve que tu te trompes.	*I think you're mistaken.*
Je trouve cette pièce ennuyeuse.	*I find this play boring.*
Je trouve le goût de cette soupe trop relevé.	*I find the taste of this soup too spicy.*
—Comment est-ce que tu l'as trouvé?	*What did you think of him?/How did you find him?*
—Je l'ai trouvé complètement abattu.	*I found him totally despondent.*
Il est important de trouver de la satisfaction dans le travail.	*It's important to find satisfaction in one's work.*

regular *-er* verb

je tue · je tuai · tué · tuant

PRESENT	
tue	tuons
tues	tuez
tue	tuent

IMPERFECT	
tuais	tuions
tuais	tuiez
tuait	tuaient

PASSÉ SIMPLE	
tuai	tuâmes
tuas	tuâtes
tua	tuèrent

FUTURE	
tuerai	tuerons
tueras	tuerez
tuera	tueront

CONDITIONAL	
tuerais	tuerions
tuerais	tueriez
tuerait	tueraient

PRESENT SUBJUNCTIVE	
tue	tuions
tues	tuiez
tue	tuent

IMPERFECT SUBJUNCTIVE	
tuasse	tuassions
tuasses	tuassiez
tuât	tuassent

PASSÉ COMPOSÉ	
ai tué	avons tué
as tué	avez tué
a tué	ont tué

PLUPERFECT	
avais tué	avions tué
avais tué	aviez tué
avait tué	avaient tué

PAST ANTERIOR	
eus tué	eûmes tué
eus tué	eûtes tué
eut tué	eurent tué

FUTURE ANTERIOR	
aurai tué	aurons tué
auras tué	aurez tué
aura tué	auront tué

PAST CONDITIONAL	
aurais tué	aurions tué
aurais tué	auriez tué
aurait tué	auraient tué

PAST SUBJUNCTIVE	
aie tué	ayons tué
aies tué	ayez tué
ait tué	aient tué

PLUPERFECT SUBJUNCTIVE	
eusse tué	eussions tué
eusses tué	eussiez tué
eût tué	eussent tué

COMMANDS	
	tuons
tue	tuez

Usage

On l'a tué à coups de couteau.	*He was stabbed to death.*
On l'a tué d'une balle.	*He was shot to death.*
Ces courses me tuent.	*These errands are killing me.*
Je me tuais à finir mes devoirs.	*I was killing myself to finish my homework.*
Il s'est tué.	*He killed himself.*
Il s'est fait tuer dans un accident de route.	*He got killed in a car accident.*
C'est un type qui est bon à tuer.	*He's an insufferable guy.*
Son travail la tue.	*Her work is exhausting.*
Les hypermarchés ont tué le petit commerce.	*The big supermarkets killed off the small stores.*
—Qu'est-ce que tu fais?	*What are you doing?*
—Je tue le temps.	*I'm killing time.*

tutoyer *to say* tu *to*

je tutoie · je tutoyai · tutoyé · tutoyant

-er verb; spelling change:
y > i/mute e

PRESENT		PASSÉ COMPOSÉ	
tutoie	tutoyons	ai tutoyé	avons tutoyé
tutoies	tutoyez	as tutoyé	avez tutoyé
tutoie	tutoient	a tutoyé	ont tutoyé

IMPERFECT		PLUPERFECT	
tutoyais	tutoyions	avais tutoyé	avions tutoyé
tutoyais	tutoyiez	avais tutoyé	aviez tutoyé
tutoyait	tutoyaient	avait tutoyé	avaient tutoyé

PASSÉ SIMPLE		PAST ANTERIOR	
tutoyai	tutoyâmes	eus tutoyé	eûmes tutoyé
tutoyas	tutoyâtes	eus tutoyé	eûtes tutoyé
tutoya	tutoyèrent	eut tutoyé	eurent tutoyé

FUTURE		FUTURE ANTERIOR	
tutoierai	tutoierons	aurai tutoyé	aurons tutoyé
tutoieras	tutoierez	auras tutoyé	aurez tutoyé
tutoiera	tutoieront	aura tutoyé	auront tutoyé

CONDITIONAL		PAST CONDITIONAL	
tutoierais	tutoierions	aurais tutoyé	aurions tutoyé
tutoierais	tutoieriez	aurais tutoyé	auriez tutoyé
tutoierait	tutoieraient	aurait tutoyé	auraient tutoyé

PRESENT SUBJUNCTIVE		PAST SUBJUNCTIVE	
tutoie	tutoyions	aie tutoyé	ayons tutoyé
tutoies	tutoyiez	aies tutoyé	ayez tutoyé
tutoie	tutoient	ait tutoyé	aient tutoyé

IMPERFECT SUBJUNCTIVE		PLUPERFECT SUBJUNCTIVE	
tutoyasse	tutoyassions	eusse tutoyé	eussions tutoyé
tutoyasses	tutoyassiez	eusses tutoyé	eussiez tutoyé
tutoyât	tutoyassent	eût tutoyé	eussent tutoyé

COMMANDS	
	tutoyons
tutoie	tutoyez

Usage

Nous ne tutoyons pas le professeur.	*We don't say* tu *to the teacher.*
On tutoie les animaux.	*You use the familiar form with animals.*
Est-ce qu'on peut se tutoyer?	*How about our saying* tu *to each other?*
On ne tutoie pas les serveurs.	*You don't say* tu *to waiters.*
—Ils se connaissent bien?	*Do they know each other well?*
—Je crois. Ils se tutoient.	*I think so. They say* tu *to each other.*

RELATED WORD

le tutoiement	*use of the familiar* tu *instead of the formal* vous
Le tutoiement est de rigueur ici.	*You have to use* tu *here.*

irregular verb | je vaincs · je vainquis · vaincu · vainquant

PRESENT

vaincs	vainquons
vaincs	vainquez
vainc	vainquent

PASSÉ COMPOSÉ

ai vaincu	avons vaincu
as vaincu	avez vaincu
a vaincu	ont vaincu

IMPERFECT

vainquais	vainquions
vainquais	vainquiez
vainquait	vainquaient

PLUPERFECT

avais vaincu	avions vaincu
avais vaincu	aviez vaincu
avait vaincu	avaient vaincu

PASSÉ SIMPLE

vainquis	vainquîmes
vainquis	vainquîtes
vainquit	vainquirent

PAST ANTERIOR

eus vaincu	eûmes vaincu
eus vaincu	eûtes vaincu
eut vaincu	eurent vaincu

FUTURE

vaincrai	vaincrons
vaincras	vaincrez
vaincra	vaincront

FUTURE ANTERIOR

aurai vaincu	aurons vaincu
auras vaincu	aurez vaincu
aura vaincu	auront vaincu

CONDITIONAL

vaincrais	vaincrions
vaincrais	vaincriez
vaincrait	vaincraient

PAST CONDITIONAL

aurais vaincu	aurions vaincu
aurais vaincu	auriez vaincu
aurait vaincu	auraient vaincu

PRESENT SUBJUNCTIVE

vainque	vainquions
vainques	vainquiez
vainque	vainquent

PAST SUBJUNCTIVE

aie vaincu	ayons vaincu
aies vaincu	ayez vaincu
ait vaincu	aient vaincu

IMPERFECT SUBJUNCTIVE

vainquisse	vainquissions
vainquisses	vainquissiez
vainquît	vainquissent

PLUPERFECT SUBJUNCTIVE

eusse vaincu	eussions vaincu
eusses vaincu	eussiez vaincu
eût vaincu	eussent vaincu

COMMANDS

	vainquons
vaincs	vainquez

Usage

Notre équipe va vaincre.	*Our team is going to win.*
Pendant la Deuxième Guerre mondiale, les alliés ont vaincu les Nazis.	*In the Second World War the Allies defeated the Nazis.*
Ils se sont avoués vaincus.	*They admitted defeat.*
L'armée a vaincu l'insurrection.	*The army put down the uprising.*
Il nous reste beaucoup d'obstacles à vaincre.	*We have a lot of obstacles left to overcome.*
Elle n'a pas pu vaincre sa peur.	*She couldn't overcome her fear.*

RELATED WORDS

les vaincus *(mpl)*	*the conquered*
le vainqueur	*victor/conqueror*
Il est sorti vainqueur du match.	*He won the game.*
Il parle en vainqueur.	*He speaks as conqueror.*

je vaux · je valus · valu · valant | irregular verb

PRESENT		PASSÉ COMPOSÉ	
vaux	valons	ai valu	avons valu
vaux	valez	as valu	avez valu
vaut	valent	a valu	ont valu

IMPERFECT		PLUPERFECT	
valais	valons	avais valu	avions valu
valais	valez	avais valu	aviez valu
valait	valaient	avait valu	avaient valu

PASSÉ SIMPLE		PAST ANTERIOR	
valus	valûmes	eus valu	eûmes valu
valus	valûtes	eus valu	eûtes valu
valut	valurent	eut valu	eurent valu

FUTURE		FUTURE ANTERIOR	
vaudrai	vaudrons	aurai valu	aurons valu
vaudras	vaudrez	auras valu	aurez valu
vaudra	vaudront	aura valu	auront valu

CONDITIONAL		PAST CONDITIONAL	
vaudrais	vaudrions	aurais valu	aurions valu
vaudrais	vaudriez	aurais valu	auriez valu
vaudrait	vaudraient	aurait valu	auraient valu

PRESENT SUBJUNCTIVE		PAST SUBJUNCTIVE	
vaille	valions	aie valu	ayons valu
vailles	valiez	aies valu	ayez valu
vaille	vaillent	ait valu	aient valu

IMPERFECT SUBJUNCTIVE		PLUPERFECT SUBJUNCTIVE	
valusse	valussions	eusse valu	eussions valu
valusses	valussiez	eusses valu	eussiez valu
valût	valussent	eût valu	eussent valu

COMMANDS	
	valons
vaux	valez

Usage

C'est une réponse qui en vaut une autre.	*It's as good an answer as any.*
Un service en vaut un autre.	*One good turn deserves another.*
Tu dois te faire valoir auprès du patron.	*You should get in good with the boss.*
Cette entreprise ne vaut rien.	*This firm is worthless.*
Ses idées ne valent rien.	*His ideas are worthless.*
Il a su faire valoir ses idées.	*He knew how to present his ideas.*

PROVERBS

Un homme averti en vaut deux.	*Forewarned is forearmed.*
Mieux vaut avoir affaire au bon dieu qu'à ses saints.	*Always go to the top man.*

regular -re verb · je vends · je vendis · vendu · vendant

PRESENT

vends	vendons
vends	vendez
vend	vendent

PASSÉ COMPOSÉ

ai vendu	avons vendu
as vendu	avez vendu
a vendu	ont vendu

IMPERFECT

vendais	vendions
vendais	vendiez
vendait	vendaient

PLUPERFECT

avais vendu	avions vendu
avais vendu	aviez vendu
avait vendu	avaient vendu

PASSÉ SIMPLE

vendis	vendîmes
vendis	vendîtes
vendit	vendirent

PAST ANTERIOR

eus vendu	eûmes vendu
eus vendu	eûtes vendu
eut vendu	eurent vendu

FUTURE

vendrai	vendrons
vendras	vendrez
vendra	vendront

FUTURE ANTERIOR

aurai vendu	aurons vendu
auras vendu	aurez vendu
aura vendu	auront vendu

CONDITIONAL

vendrais	vendrions
vendrais	vendriez
vendrait	vendraient

PAST CONDITIONAL

aurais vendu	aurions vendu
aurais vendu	auriez vendu
aurait vendu	auraient vendu

PRESENT SUBJUNCTIVE

vende	vendions
vendes	vendiez
vende	vendent

PAST SUBJUNCTIVE

aie vendu	ayons vendu
aies vendu	ayez vendu
ait vendu	aient vendu

IMPERFECT SUBJUNCTIVE

vendisse	vendissions
vendisses	vendissiez
vendît	vendissent

PLUPERFECT SUBJUNCTIVE

eusse vendu	eussions vendu
eusses vendu	eussiez vendu
eût vendu	eussent vendu

COMMANDS

	vendons
vends	vendez

Usage

Il a vendu sa maison.	*He sold his house.*
Il a vendu la mèche.	*He let the cat out of the bag.*
Lui, il vendrait père et mère.	*He'd sell his mother if it would help him.*
Ma voiture est à vendre.	*I'm selling my car.*
—Ils vendent à crédit?	*Do they sell on credit?*
—Oui, et leur magasin vend.	*Yes, and their store does a brisk business.*
—On y vend des livres anciens?	*Do they sell old books there?*
—Oui, mais on les vend cher.	*Yes, but their prices are high.*
Les œufs se vendent à la douzaine.	*Eggs are sold by the dozen.*
Ce roman se vend bien.	*This novel is selling well.*
Qu'est-ce que tu vends?	*What's your game?*
Son roman se vend comme des petits pains.	*Her novel is selling like hotcakes.*

venir = arriver

Le facteur n'est pas encore venu.	*The mailman hasn't come yet.*
Ce mot vient du grec.	*This word comes from the Greek.*
Ce fromage vient de Suisse.	*This cheese comes from Switzerland.*
L'orage venait vite.	*The storm was approaching quickly.*
Il ne m'est jamais venu à l'esprit de l'avertir.	*It never occurred to me to notify him.*
Ce projet vient mal à propos.	*This project comes at the wrong time.*
D'où vient que tu n'es pas au courant?	*How come you're not in the know?*
D'où vient cette impatience?	*Why so impatient?*
Je ne fais qu'aller et venir.	*I'll be right back./I'm just going out for a moment.*

faire venir

Le bébé a de la fièvre. Fais venir le médecin.	*The baby has a fever. Send for the doctor.*
J'ai fait venir ces CD de France.	*I got these CDs from France.*
Le directeur m'a fait venir dans son bureau.	*The principal called me into his office.*
Je crains vous avoir fait venir pour rien.	*I fear I have brought you here for nothing.*

venir de + infinitif

Il vient de sortir.	*He has just left.*
Te voilà! Je viens de te téléphoner.	*Here you are! I just called you.*
Tu viens d'arriver?	*Did you just get here?*
Il vient de se coucher.	*He has just gone to bed.*

Expressions

Cet arbre vient bien.	*This tree is coming along nicely.*
Comment venir à bout de ce roman?	*How can we ever get through this novel?*
Où veux-tu en venir?	*What are you getting at?*
J'espère qu'il en viendra au fait.	*I hope he'll get down to business.*
Je te vois venir.	*I know what you're up to.*
Tout le monde y viendra. Ne t'en fais pas.	*Everyone will come around. Don't worry.*
Alors, le dîner, ça vient?	*Will dinner be ready soon?* (brusque)
J'en viens à me demander si je pourrai.	*I'm beginning to wonder if I'll be able to.*
Viens-en aux faits!	*Get to the point!*
Qu'est-ce qu'on ferait s'il venait à démissionner?	*What would we do if he were ever to resign?*
les générations à venir	*future generations*

TOP 30 VERBS

irregular verb | je viens · je vins · venu · venant

PRESENT

viens	venons
viens	venez
vient	viennent

PASSÉ COMPOSÉ

suis venu(e)	sommes venu(e)s
es venu(e)	êtes venu(e)(s)
est venu(e)	sont venu(e)s

IMPERFECT

venais	venions
venais	veniez
venait	venaient

PLUPERFECT

étais venu(e)	étions venu(e)s
étais venu(e)	étiez venu(e)(s)
était venu(e)	étaient venu(e)s

PASSÉ SIMPLE

vins	vînmes
vins	vîntes
vint	vinrent

PAST ANTERIOR

fus venu(e)	fûmes venu(e)s
fus venu(e)	fûtes venu(e)(s)
fut venu(e)	furent venu(e)s

FUTURE

viendrai	viendrons
viendras	viendrez
viendra	viendront

FUTURE ANTERIOR

serai venu(e)	serons venu(e)s
seras venu(e)	serez venu(e)(s)
sera venu(e)	seront venu(e)s

CONDITIONAL

viendrais	viendrions
viendrais	viendriez
viendrait	viendraient

PAST CONDITIONAL

serais venu(e)	serions venu(e)s
serais venu(e)	seriez venu(e)(s)
serait venu(e)	seraient venu(e)s

PRESENT SUBJUNCTIVE

vienne	venions
viennes	veniez
vienne	viennent

PAST SUBJUNCTIVE

sois venu(e)	soyons venu(e)s
sois venu(e)	soyez venu(e)(s)
soit venu(e)	soient venu(e)s

IMPERFECT SUBJUNCTIVE

vinsse	vinssions
vinsses	vinssiez
vînt	vinssent

PLUPERFECT SUBJUNCTIVE

fusse venu(e)	fussions venu(e)s
fusses venu(e)	fussiez venu(e)(s)
fût venu(e)	fussent venu(e)s

COMMANDS

	venons
viens	venez

Usage

Tu viens avec nous?	*Are you coming with us?*
Elle est venue me voir à trois heures.	*She came to see me at three o'clock.*
Je ne sais pas s'il viendra.	*I don't know whether he'll come.*
—Tu es venu en avance.	*You've come early.*
—J'allais venir en autobus, mais je suis venu en taxi.	*I was going to come by bus, but I came by cab.*
—Elle n'est pas encore venue?	*She hasn't come yet?*
—Non. Je doute qu'elle vienne.	*No. I doubt she's coming.*
L'enfant est venu vers moi.	*The child came over to me.*
Tu ne viens pas à la bibliothèque?	*Are you coming along to the library?*
Elle ne vient jamais aux conférences.	*She never comes to the lectures.*
Il est venu me tenir compagnie.	*He came over to keep me company.*

vivre _to live_

je vis · je vécus · vécu · vivant

irregular verb

PRESENT		**PASSÉ COMPOSÉ**	
vis	vivons	ai vécu	avons vécu
vis	vivez	as vécu	avez vécu
vit	vivent	a vécu	ont vécu

IMPERFECT		**PLUPERFECT**	
vivais	vivions	avais vécu	avions vécu
vivais	viviez	avais vécu	aviez vécu
vivait	vivaient	avait vécu	avaient vécu

PASSÉ SIMPLE		**PAST ANTERIOR**	
vécus	vécûmes	eus vécu	eûmes vécu
vécus	vécûtes	eus vécu	eûtes vécu
vécut	vécurent	eut vécu	eurent vécu

FUTURE		**FUTURE ANTERIOR**	
vivrai	vivrons	aurai vécu	aurons vécu
vivras	vivrez	auras vécu	aurez vécu
vivra	vivront	aura vécu	auront vécu

CONDITIONAL		**PAST CONDITIONAL**	
vivrais	vivrions	aurais vécu	aurions vécu
vivrais	vivriez	aurais vécu	auriez vécu
vivrait	vivraient	aurait vécu	auraient vécu

PRESENT SUBJUNCTIVE		**PAST SUBJUNCTIVE**	
vive	vivions	aie vécu	ayons vécu
vives	viviez	aies vécu	ayez vécu
vive	vivent	ait vécu	aient vécu

IMPERFECT SUBJUNCTIVE		**PLUPERFECT SUBJUNCTIVE**	
vécusse	vécussions	eusse vécu	eussions vécu
vécusses	vécussiez	eusses vécu	eussiez vécu
vécût	vécussent	eût vécu	eussent vécu

COMMANDS	
	vivons
vis	vivez

Usage

vivre sa vie	_to live one's life_
J'ai su que sa mère vit encore.	_I found out that his mother is still living._
Il vit de ses rentes.	_He lives off his private income._
Cette famille n'a pas de quoi vivre.	_That family does not have enough to live on._
Il n'est pas très facile à vivre.	_He's not very easy to get along with._
Il lui reste peu de temps à vivre.	_He doesn't have much time left to live._
Il a toujours vécu d'expédients.	_He's always lived by his wits._
—J'ai l'impression qu'ils vivent au jour le jour.	_I have the impression that they live from hand to mouth._
—Oui, ils vivent dans la mouise.	_Yes, they live in poverty._
On peut pas vivre d'amour et d'eau fraîche.	_You can't live on love._
C'est un mode qui a vécu.	_It's a style that people don't use anymore._

irregular verb | je vois · je vis · vu · voyant

PRESENT		PASSÉ COMPOSÉ	
vois	voyons	ai vu	avons vu
vois	voyez	as vu	avez vu
voit	voient	a vu	ont vu

IMPERFECT		PLUPERFECT	
voyais	voyions	avais vu	avions vu
voyais	voyiez	avais vu	aviez vu
voyait	voyaient	avait vu	avaient vu

PASSÉ SIMPLE		PAST ANTERIOR	
vis	vîmes	eus vu	eûmes vu
vis	vîtes	eus vu	eûtes vu
vit	virent	eut vu	eurent vu

FUTURE		FUTURE ANTERIOR	
verrai	verrons	aurai vu	aurons vu
verras	verrez	auras vu	aurez vu
verra	verront	aura vu	auront vu

CONDITIONAL		PAST CONDITIONAL	
verrais	verrions	aurais vu	aurions vu
verrais	verriez	aurais vu	auriez vu
verrait	verraient	aurait vu	auraient vu

PRESENT SUBJUNCTIVE		PAST SUBJUNCTIVE	
voie	voyions	aie vu	ayons vu
voies	voyiez	aies vu	ayez vu
voie	voient	ait vu	aient vu

IMPERFECT SUBJUNCTIVE		PLUPERFECT SUBJUNCTIVE	
visse	vissions	eusse vu	eussions vu
visses	vissiez	eusses vu	eussiez vu
vît	vissent	eût vu	eussent vu

COMMANDS	
	voyons
vois	voyez

Usage

Regarde. Tu vois ce vieux bâtiment?	*Look. You see that old building?*
Je ne vois rien sans mes lunettes.	*I can't see anything without my glasses.*
—Tu as vu Thérèse en ville?	*Did you see Thérèse in town?*
—Non, je n'ai vu personne.	*No, I didn't see anyone.*
—Je passerai te voir demain soir.	*I'll come by to see you tomorrow evening.*
—Nous pouvons aller voir un film.	*We can go see a movie.*
Venez nous voir un de ces jours.	*Come see us one of these days.*
Je ne vois pas pourquoi tu l'as invité.	*I don't see why you invited him.*
Je l'ai vu de mes propres yeux.	*I saw it with my own eyes.*
Il ne voit que d'un œil.	*He's blind in one eye.*
C'est une pièce à voir.	*It's a play you should see.*

TOP 30 VERB ☞

voir = connaître à travers les yeux

Je ne vois absolument rien.	I don't see anything at all.
Je les ai vus arriver.	I saw them arrive.
Je n'ai jamais vu pareille cruauté.	I never saw such cruelty.
se voir	to see each other
—Quand est-ce qu'on se verra?	When will we see each other?
—Viens me voir au bureau demain.	Come see me at the office tomorrow.
faire voir	to show
Fais voir tes photos.	Show me your photos.
Après être tombé, il voyait trouble.	After falling, he had blurred vision.
Je n'avais jamais rien vu de semblable.	I'd never seen anything like that.
Je crois que j'ai laissé voir ma colère.	I think I showed that I was angry.
Je vois le chirurgien la semaine prochaine.	I'm seeing the surgeon next week.

voir = étudier, examiner, comprendre

Je ne vois pas de solution au problème.	I don't see any solution to the problem.
Voyons la question de plus près.	Let's look at the matter more closely.
Je ne vois pas ce qu'il veut dire par là.	I don't understand what he means by that.
J'ai vu clair dans son jeu.	I saw through his game.

Expressions

Il n'y voyait que du feu.	He was completely bamboozled.
Je ne peux pas le voir.	I can't stand him.
Cet enfant m'en a fait voir des vertes et des mûres!	That child gave me a hard time!
Toi et moi, on ne voit pas les choses du même œil.	You and I don't see things the same way.
Il faisait tellement noir qu'on n'y voyait pas à deux pas devant soi.	It was so dark you couldn't see your hand in front of your face.
Il ne voit que par son frère aîné.	He thinks the world of his older brother.
Il m'a donné un coup de poing et j'en ai vu 36 chandelles.	He gave me a punch that made me see stars.
Mais tu n'as rien a y voir!	But it's none of your business!
Ça n'a rien à voir avec la question.	That has nothing to do with the matter.
On aura tout vu!	Wouldn't that be something?
Tu ne vois pas plus loin que le bout de ton nez.	You don't see any further than the tip of your nose.
Rien qu'à le voir, je dirais qu'il est malade.	Just by looking at him I can tell he's sick.
Je vois la vie en rose.	I look on the bright side.

TOP 30 VERBS

regular -er verb | je vole · je volai · volé · volant

PRESENT

vole	volons
voles	volez
vole	volent

PASSÉ COMPOSÉ

ai volé	avons volé
as volé	avez volé
a volé	ont volé

IMPERFECT

volais	volions
volais	voliez
volait	volaient

PLUPERFECT

avais volé	avions volé
avais volé	aviez volé
avait volé	avaient volé

PASSÉ SIMPLE

volai	volâmes
volas	volâtes
vola	volèrent

PAST ANTERIOR

eus volé	eûmes volé
eus volé	eûtes volé
eut volé	eurent volé

FUTURE

volerai	volerons
voleras	volerez
volera	voleront

FUTURE ANTERIOR

aurai volé	aurons volé
auras volé	aurez volé
aura volé	auront volé

CONDITIONAL

volerais	volerions
volerais	voleriez
volerait	voleraient

PAST CONDITIONAL

aurais volé	aurions volé
aurais volé	auriez volé
aurait volé	auraient volé

PRESENT SUBJUNCTIVE

vole	volions
voles	voliez
vole	volent

PAST SUBJUNCTIVE

aie volé	ayons volé
aies volé	ayez volé
ait volé	aient volé

IMPERFECT SUBJUNCTIVE

volasse	volassions
volasses	volassiez
volât	volassent

PLUPERFECT SUBJUNCTIVE

eusse volé	eussions volé
eusses volé	eussiez volé
eût volé	eussent volé

COMMANDS

	volons
vole	volez

Usage

Les oiseaux volent vers le sud.	The birds are flying southwards.
L'avion vole entre la France et les USA.	The plane flies between France and the United States.
On entendait une mouche voler.	You could hear a pin drop.
L'assiette a volé en éclats.	The plate shattered.
Il m'a volé dans les plumes.	He let me have it.
voler qqch à qqn	to steal something from someone
On m'a volé ma bicyclette.	My bicycle was stolen.
Quelqu'un a volé mon idée.	Someone stole my idea.
Ma mère s'est fait voler son sac à main.	My mother had her handbag stolen.
Ce malheur, il ne l'a pas volé.	That misfortune was just what he deserved.
On n'est pas volé.	We got our money's worth.

vouloir = désirer

L'enfant veut de nouveaux jouets.	*The child wants new toys.*
Qu'est-ce que tu veux boire?	*What do you want to drink?*
Je veux une bouteille de lait.	*I want a bottle of milk.*
Que tu le veuilles ou non, on y va.	*Whether you want to or not, we're going.*
Il veut de moi un prêt.	*He wants a loan from me.*

vouloir + infinitif

J'ai voulu partir très tôt.	*I wanted to leave very early (and did).*
Pourquoi tu ne veux pas venir?	*Why don't you want to come?*
Il voudrait nous accompagner.	*He'd like to go with us.*
Je ne veux pas voir ce film.	*I don't want to see that movie.*
Veux-tu te taire?	*Would you shut up?*
Veuillez travailler en silence.	*Please work quietly.*
Veux-tu arrêter de m'embêter?	*Will you stop annoying me?*

vouloir que + subjonctif

Je veux que vous me disiez la vérité.	*I want you to tell me the truth.*
Il ne voulait pas que tu le saches.	*He didn't want you to know.*
Comment vouliez-vous que je le fasse?	*How did you expect me to do it?*
Que voulez-vous? Ils sont comme ça.	*What do you expect? That's the way they are.*

Expressions

Il m'en veut.	*He has a grudge against me.*
Elle m'en veut d'avoir oublié son anniversaire.	*She's mad at me for having forgotten her birthday.*
Ne m'en voulez pas, je vous en prie.	*Please don't hold it against me.*
Je voudrais bien vous y voir!	*I'd like to see you do it!*
Il nous a donné des livres en veux-tu en voilà.	*You can't imagine how many books he gave us.*
De quoi tu te plains? Tu l'as voulu.	*What are you complaining about? It's your fault.*
Je m'en veux de ne pas être parti avec eux.	*I'm kicking myself for not having gone away with them.*
Il nous fera savoir en temps voulu.	*He'll let us know in due time.*
Que veut dire ce mot?	*What does that word mean?*
Qu'est-ce que tu veux dire?	*What do you mean?*
Je ne savais pas ce qu'il voulait dire.	*I didn't know what he meant.*
Je veux être pendu s'il accepte.	*I'll be damned if he'll say yes.*

TOP 30 VERBS

irregular verb   je veux · je voulus · voulu · voulant

PRESENT

veux	voulons
veux	voulez
veut	veulent

PASSÉ COMPOSÉ

ai voulu	avons voulu
as voulu	avez voulu
a voulu	ont voulu

IMPERFECT

voulais	voulions
voulais	vouliez
voulait	voulaient

PLUPERFECT

avais voulu	avions voulu
avais voulu	aviez voulu
avait voulu	avaient voulu

PASSÉ SIMPLE

voulus	voulûmes
voulus	voulûtes
voulut	voulurent

PAST ANTERIOR

eus voulu	eûmes voulu
eus voulu	eûtes voulu
eut voulu	eurent voulu

FUTURE

voudrai	voudrons
voudras	voudrez
voudra	voudront

FUTURE ANTERIOR

aurai voulu	aurons voulu
auras voulu	aurez voulu
aura voulu	auront voulu

CONDITIONAL

voudrais	voudrions
voudrais	voudriez
voudrait	voudraient

PAST CONDITIONAL

aurais voulu	aurions voulu
aurais voulu	auriez voulu
aurait voulu	auraient voulu

PRESENT SUBJUNCTIVE

veuille	voulions
veuilles	vouliez
veuille	veuillent

PAST SUBJUNCTIVE

aie voulu	ayons voulu
aies voulu	ayez voulu
ait voulu	aient voulu

IMPERFECT SUBJUNCTIVE

voulusse	voulussions
voulusses	voulussiez
voulût	voulussent

PLUPERFECT SUBJUNCTIVE

eusse voulu	eussions voulu
eusses voulu	eussiez voulu
eût voulu	eussent voulu

COMMANDS

	veuillons *or* voulons
veuille *or* veux	veuillez *or* voulez

Usage

—Qu'est-ce que tu veux?	*What do you want?*
—Je veux du jus de pommes.	*I want some apple juice.*
—Qu'est-ce qu'il veut faire?	*What does he want to do?*
—Il veut jouer au football.	*He wants to play soccer.*
—Vous ne vouliez pas me voir?	*Didn't you want to see me?*
—Non, je voulais parler avec Mlle Boisvert.	*No, I wanted to speak with Ms. Boisvert.*
—Je ne sais pas s'il voudra descendre.	*I don't know if he'll want to go out.*
—Qu'il veuille descendre ou non, il faudra qu'il aille poster ses lettres.	*Whether he wants to or not, he'll have to go mail his letters.*
—Il n'a pas voulu attendre.	*He refused to wait.*
—Mais je voulais parler avec lui.	*But I wanted to speak with him.*

vouvoyer *to say* vous *to*

je vouvoie · je vouvoyai · vouvoyé · vouvoyant

-er verb; spelling change:
y > i/mute e

PRESENT

vouvoie	vouvoyons
vouvoies	vouvoyez
vouvoie	vouvoient

PASSÉ COMPOSÉ

ai vouvoyé	avons vouvoyé
as vouvoyé	avez vouvoyé
a vouvoyé	ont vouvoyé

IMPERFECT

vouvoyais	vouvoyions
vouvoyais	vouvoyiez
vouvoyait	vouvoyaient

PLUPERFECT

avais vouvoyé	avions vouvoyé
avais vouvoyé	aviez vouvoyé
avait vouvoyé	avaient vouvoyé

PASSÉ SIMPLE

vouvoyai	vouvoyâmes
vouvoyas	vouvoyâtes
vouvoya	vouvoyèrent

PAST ANTERIOR

eus vouvoyé	eûmes vouvoyé
eus vouvoyé	eûtes vouvoyé
eut vouvoyé	eurent vouvoyé

FUTURE

vouvoierai	vouvoierons
vouvoieras	vouvoierez
vouvoiera	vouvoieront

FUTURE ANTERIOR

aurai vouvoyé	aurons vouvoyé
auras vouvoyé	aurez vouvoyé
aura vouvoyé	auront vouvoyé

CONDITIONAL

vouvoierais	vouvoierions
vouvoierais	vouvoieriez
vouvoierait	vouvoieraient

PAST CONDITIONAL

aurais vouvoyé	aurions vouvoyé
aurais vouvoyé	auriez vouvoyé
aurait vouvoyé	auraient vouvoyé

PRESENT SUBJUNCTIVE

vouvoie	vouvoyions
vouvoies	vouvoyiez
vouvoie	vouvoient

PAST SUBJUNCTIVE

aie vouvoyé	ayons vouvoyé
aies vouvoyé	ayez vouvoyé
ait vouvoyé	aient vouvoyé

IMPERFECT SUBJUNCTIVE

vouvoyasse	vouvoyassions
vouvoyasses	vouvoyassiez
vouvoyât	vouvoyassent

PLUPERFECT SUBJUNCTIVE

eusse vouvoyé	eussions vouvoyé
eusses vouvoyé	eussiez vouvoyé
eût vouvoyé	eussent vouvoyé

COMMANDS

	vouvoyons
vouvoie	vouvoyez

Usage

Nous vouvoyons nos professeurs.	*We say* vous *to our teachers.*
Dans ce bureau tout le monde se vouvoie.	*In this office everyone uses* vous.
On vouvoie les serveurs et les vendeurs.	*You say* vous *to waiters and salesclerks.*
—Ils se connaissent bien?	*Do they know each other well?*
—Je ne crois pas. Ils se vouvoient.	*I don't think so. They say* vous *to each other.*

RELATED WORD

le vouvoiement — *use of the formal* vous *instead of the familiar* tu

-er verb; spelling change: **je voyage · je voyageai · voyagé · voyageant**
g > ge/a, o

PRESENT		PASSÉ COMPOSÉ	
voyage	voyageons	ai voyagé	avons voyagé
voyages	voyagez	as voyagé	avez voyagé
voyage	voyagent	a voyagé	ont voyagé

IMPERFECT		PLUPERFECT	
voyageais	voyagions	avais voyagé	avions voyagé
voyageais	voyagiez	avais voyagé	aviez voyagé
voyageait	voyageaient	avait voyagé	avaient voyagé

PASSÉ SIMPLE		PAST ANTERIOR	
voyageai	voyageâmes	eus voyagé	eûmes voyagé
voyageas	voyageâtes	eus voyagé	eûtes voyagé
voyagea	voyagèrent	eut voyagé	eurent voyagé

FUTURE		FUTURE ANTERIOR	
voyagerai	voyagerons	aurai voyagé	aurons voyagé
voyageras	voyagerez	auras voyagé	aurez voyagé
voyagera	voyageront	aura voyagé	auront voyagé

CONDITIONAL		PAST CONDITIONAL	
voyagerais	voyagerions	aurais voyagé	aurions voyagé
voyagerais	voyageriez	aurais voyagé	auriez voyagé
voyagerait	voyageraient	aurait voyagé	auraient voyagé

PRESENT SUBJUNCTIVE		PAST SUBJUNCTIVE	
voyage	voyagions	aie voyagé	ayons voyagé
voyages	voyagiez	aies voyagé	ayez voyagé
voyage	voyagent	ait voyagé	aient voyagé

IMPERFECT SUBJUNCTIVE		PLUPERFECT SUBJUNCTIVE	
voyageasse	voyageassions	eusse voyagé	eussions voyagé
voyageasses	voyageassiez	eusses voyagé	eussiez voyagé
voyageât	voyageassent	eût voyagé	eussent voyagé

COMMANDS	
	voyageons
voyage	voyagez

Usage

J'ai voyagé en autocar.	*I traveled by bus.*
Ils voyagent toujours en première.	*They always traveled first class.*
Elle voyage pour affaires.	*She travels on business.*
Ces vins voyagent mal. Ils s'abîment.	*It's hard to ship these wines. They spoil.*
Le colis voyage aux risques et périls de l'expéditeur.	*Any damage during transit is the responsibility of the shipper.*

RELATED WORDS

le voyage	*trip*
faire un voyage	*to take a trip*
Le voyage en TGV est assez commode.	*The trip by high-speed train is very comfortable.*
Ce train fait le voyage Londres-Paris.	*This train is on the London-Paris run.*
Il t'a emmené en voyage.	*He sold you a bill of goods.*

English-French Verb Index

Use the following index to look up the corresponding French verb conjugation chart by the English meaning. Some English verbs have more than one French equivalent. The usage notes in the verb charts will help you determine if you have located the appropriate French verb. Italic numbers preceded by "p." refer to pages in the French Tense Profiles section at the beginning of the book.

Irregular Verb Form Index

It can sometimes be difficult to derive the infinitive of a particularly irregular verb form. The following will guide you to the infinitive and model verb number so that you can see these irregular forms as part of a complete program. Italic numbers preceded by "p." refer to pages in the French Tense Profiles section at the beginning of the book.

French Verb Index

This index contains more than 2,700 verbs that are cross-referenced to a fully conjugated verb that follows the same pattern. Verbs that are models appear in bold type. Italic numbers preceded by "p." refer to pages in the French Tense Profiles section at the beginning of the book.

bayer to *daydream, stare into space* 240

bêcher to *dig up the earth* 237

becqueter to *peck at* 203

bégayer to *stammer* 240

bénéficier to *benefit* 172

bénir to *bless* 64

bercer to *rock in a cradle* 247

beugler to *bellow* 237

beurrer to *butter* 237

se bidonner to *laugh a lot* 237

bifurquer to *split in two* 237

blaguer to *kid, joke* 65

blâmer to *blame* 66

blanchir to *whiten* 181

blesser to *wound* 67

blinder to *put armor plating on* 237

blondir to *become more blond* 237

se blottir to *snuggle, curl up* 181

boire to *drink* 68

boiter to *limp* 237

bombarder to *bomb* 237

bondir to *leap* 181

bonifier to *improve* 172

border to *embroider* 237

borner to *limit* 237

bosser to *work* 237

botter to *put boots on* 237

boucher to *plug, block, stuff, cork* 237

boucler to *buckle* 237

bouder to *sulk* 237

bouffer to *eat, gobble, gobble up* 237

bouger to *move* 69

bouillir to *boil* 70

bouillonner to *bubble, seethe* 237

bouler to *roll* 237

bouleverser to *upset* 237

bourdonner to *buzz* 237

bourgeonner to *bud* 237

bourrer to *cram, stuff* 237

bousculer to *jostle, push* 237

bousiller to *mess up, botch* 237

bouter to *chase away, expel* 237

boutonner to *button* 237

boxer to *box* 237

boycotter to *boycott* 237

brader to *sell off, sell cheap* 237

brancher to *plug in, connect* 237

brailler to *yell, squawk* 237

brandir to *brandish* 181

branler to *shake* 237

braquer to *aim* 237

brasser to *brew* 237

braver to *defy* 237

bredouiller to *stammer, mumble* 237

bricoler to *putter* 237

brider to *bridle* 237

briller to *shine* 237

brimer to *browbeat, bully* 237

briquer to *scrub, scrub clean* 237

briser to *shatter* 237

broder to *embroider* 237

bronzer to *tan* 237

brosser to *brush* 71

brouiller to *muddle, confuse* 237

brouter to *graze* 237

broyer to *grind* 227

bruiner to *drizzle* 237

brûler to *burn* 72

brunir to *tan, make swarthy* 181

bûcher to *cram, work hard* 237

buriner to *engrave, chisel* 237

buter to *stumble, trip* 237

C

cabosser to *dent* 237

cabrer to *rear* (horse) 237

cacher to *hide* 73

cacheter to *seal* 203

cadrer to *fit in with* 237

cafouiller to *be all messed up* (organization) 237

cahoter to *jolt, shake up* 237

calcifier to *calcify* 172

calculer to *figure, calculate* 237

caler to *stall* (motor) 237

calibrer to *calibrate* 237

calmer to *calm* 237

enchanter to *delight* 237

enchevêtrer to *tangle* 237

enclaver to *close in* 237

encourager to *encourage* 158

encrasser to *dirty, make dirty* 237

encroûter to *stagnate* 237

endiguer to *contain, hold back* 98

endoctriner to *indoctrinate* 237

s'endormir to *fall asleep* 159

endosser to *put on, slip on* 237

enduire to *coat* 91

endurcir to *harden, toughen* 181

s'énerver to *get upset, annoyed* 237

enfermer to *lock up* 237

enfiler to *string; to thread* 237

enfoncer to *thrust into, push into, push through* 247

enfouir to *bury* 181

enfourcher to *mount, be astride* 237

enfreindre to *infringe on, violate* 169

s'enfuir to *flee, run away, escape* 160

enfumer to *make smoky* 237

s'engager to *commit oneself* 212

engendrer to *generate, engender* 237

englober to *include in* 237

engloutir to *swallow up, devour* 181

engouffrer to *devour* 237

engourdir to *make numb* 181

engraisser to *fatten, fertilize* 237

engueuler to *scold* (vulgar) 237

enhardir to *embolden* 181

s'enivrer to *get drunk* 237

enjamber to *step over* 237

enjôler to *cajole* 237

enlever to *take off, remove; to kidnap* 161

s'enliser to *get stuck* 237

ennuyer to *bore, annoy* 162

s'ennuyer to *be bored* 162

énoncer to *state, express, declare* 247

enorgueillir to *make proud* 181

s'enquérir to *inquire* 93

enquêter to *survey, poll* 237

enquiquiner to *annoy* (colloq.) 237

enraciner to *implant, entrench, make take root* 237

enrager to *be furious* 212

enrayer to *stop, stay, hold back* 240

enregistrer to *record* 237

s'enrhumer to *catch a cold* 237

enrichir to *enrich* 181

enrouler to *wind, roll* 237

ensabler to *cover with sand* 237

s'ensabler to *get stuck in the sand* 237

ensanglanter to *bloody* 237

enseigner to *teach* 237

ensevelir to *bury* 181

ensoleiller to *let in sunlight* 237

ensorceler to *bewitch* 37

s'ensuivre to *ensue* 310

entacher to *stain* (morally) 237

entamer to *start, broach, open* 237

entendre to *hear* 163

s'entendre to *get along* 163

entériner to *validate, ratify* 237

enterrer to *bury* 237

entôler to *swindle, con* 237

entortiller to *twist* 237

entraîner to *drag; to train* 237

entraver to *block; to interfere with* 237

entrebâiller to *open slightly* 237

entrecouper to *pepper with, sprinkle with* 237

entremêler to *mix together* 237

s'entremettre to *meddle* 217

entrouvrir to *leave ajar* 234

entreprendre to *undertake* 256

entrer to *enter, come/go in* 164

entretenir to *speak to* 312

s'entretuer to *kill each other* 98

entrevoir to *catch a glimpse of* 329

envahir to *invade* 181

envelopper to *envelop* 237

envenimer to *inflame, irritate, infect* 237

environner to *surround, be around* 237